中華人民共和国刑法

甲斐克則・劉 建利・謝 佳君 編訳

中華人民共和国刑法

— 第12次改正まで —

学術選書プラス
17
刑 法

信 山 社

は し が き

　本書は，中華人民共和国（以下「中国」という。）の刑法典について 2024 年の第 12 次改正まで射程に入れて，第一部「中国現行刑法の形成と展開 ── 第 12 次改正まで」（劉建利＝謝佳君）において中国刑法典のこれまでの推移を概観し，第二部「中国現行刑法の全訳 ── 第 12 次改正まで」（甲斐克則＝劉建利＝謝佳君編訳）において中国現行刑法典全体の日本語訳を収めたものである。

　本書の元になったのは，甲斐克則＝劉建利（編訳）『中華人民共和国刑法』（成文堂，2011 年）である。同書は，成文堂からアジア法叢書 31 として刊行されたものであり，2011 年の第 8 次改正までの中国刑法の内容を概観し，編訳したものであった。中国の刑法典は，改正の内容部分のみがその都度示される形式なので，条文全体を常時条文順に見ることに慣れている日本の関係者には，そのまま翻訳しても理解しにくいところがある。そこで，同書では，改正内容を条文順に入れ込んで編集し翻訳する手法を採用した。その結果，刊行後，かなり各方面で活用された。しかし，同書刊行から 13 年が経過し，その後重要な改正が次々と行われ，同書では対応できない部分が増えたので，同書の改訂版を刊行することも考えたが，同書がアジア法叢書として刊行された経緯から，それは困難である。そこで，このたび，先の手法を継受しつつ，信山社から新たに本書を刊行することにした。本書では，第 9 次改正から第 12 次改正までを射程に入れて全体を編訳した。比較検討に供するため，旧条文も随時入れ込んだ。それに伴い，分量も相当増えたが，本書により，最新の中国現行刑法典全体が詳細に理解できるようになったのではないか，と考える。

　本書の第一部でも述べられているように，中国では，1979 年 7 月 1 日に最初の刑法典が公布された（1980 年 1 月 1 日施行）が，その後，1997 年 3 月 14 日には，新刑法典（以下「97 年刑法」という。）が制定され，公布されるに至った（1997 年 10 月 1 日施行）。そして，1997 年以後，社会の発展や変化に応じて，「外国為替を詐欺の方法により購入し，逃避させ又は不法に売買する犯罪の処罰に関する全国人民代表大会常務委員会の決定」という 1 つの単行刑法，それと前後して 12 の「刑法改正法」が施行された。さらに，1 つの特別改正法「法律の一部を改正する決定」，13 の立法解釈が立法機関によって出されてきた。このように，中国では，97 年刑法施行以降，刑法の領域において活発な立法活動が為されてきた。特に第 9 次改正以降の変化は，著しいものがある。本書を読むことにより，その推移と内容が正確に理解されるであ

v

はしがき

ろう。

　本書の執筆には，前記の劉建利副教授（東南大学法学院）のほかに謝佳君副教授（西南政法大学法学院）が加わった。両名とも，早稲田大学大学院法学研究科に留学し，私の研究室で学び，博士(法学)の学位を取得した実に有能な研究者であり，日本語も実に堪能である。特に，伝統ある日中刑事法研究会（私も日本側代表を数年間つとめたことがある。）でもしばしば通訳を担当するなど，日中刑事法の学術交流に尽力しておられる。本書の元原稿は，両名が執筆し，私が日本語表記や配列等を徹底的にチェックし修正した。かつての留学生である門下生とこうして共同で本書が刊行できることを心から喜び，両氏に感謝したい。そして，本書が刑事法研究者のみならず，法実務家をはじめ広く中国と関わる仕事をしておられる多方面の方々や中国と交流がある方々にも広く活用されることを祈念したい。

　なお，最後に，本書の刊行に際しては，信山社の袖山貴社長と編集部の今井守氏に格別のご配慮を賜った。ここに特記して謝意を表したい。

　2024 年 11 月

編訳者を代表して

甲 斐 克 則

目　　次

編訳者はしがき（v）

◇ **第一部　中国現行刑法の形成と展開**
　　　── 第 12 次改正まで ………………………劉　建利・謝　佳君……3

Ⅰ　はじめに（5）
Ⅱ　1979 年刑法典の成立の経緯と特徴
　　（6）
Ⅲ　1997 年刑法典の制定，特徴及び評価
　　（11）

Ⅳ　1997 年以降の改正の動向（18）
Ⅴ　1997 年以降の改正の特徴（71）
Ⅵ　今後の改正に向けて（79）
Ⅶ　おわりに（87）

◇ **第二部　中国現行刑法の全訳**
　　　── 第 12 次改正まで ………甲斐克則・劉　建利・謝　佳君 編訳……89

◆ **第 1 編　総　　則** ────────────────────── 91

第 1 章　刑法の任務，基本原則及び適用の範囲 …………………………… 91

第 1 条　立 法 趣 旨（91）
第 2 条　本法の任務（91）
第 3 条　罪刑法定主義（91）
第 4 条　平 等 の 原 則（91）
第 5 条　罪刑均衡の原則（91）
第 6 条　属地主義の管轄権（91）
第 7 条　属人主義の管轄権（91）

第 8 条　保護主義の管轄権（91）
第 9 条　普遍主義の管轄権（92）
第 10 条　外国裁判に対する消極的承認
　　　　（92）
第 11 条　外交特権及び免責権（92）
第 12 条　刑法の遡及力（92）

第 2 章　犯　　罪 ………………………………………………………………… 92

第 1 節　犯罪と刑事責任 …………………………………………………………… 92

第 13 条　犯罪の概念（92）
第 14 条　故 意 犯（92）
第 15 条　過 失 犯（92）
第 16 条　不可抗力及び意外事件（92）
第 17 条　刑事責任年齢（92）

第 17 条の1　高 齢 者（93）
第 18 条　精神障害者及び酩酊者（93）
第 19 条　聾唖者及び盲人（94）
第 20 条　正 当 防 衛（94）
第 21 条　緊 急 避 難（94）

第 2 節　犯罪の予備，未遂及び中止 …………………………………………… 94

第 22 条　犯罪の予備（94）
第 23 条　犯罪の未遂（94）

第 24 条　犯罪の中止（94）

vii

目　次

第3節　共 同 犯 罪 ·· 94

第25条　共同犯罪の概念（94）　　　　第28条　被 脅 迫 犯（95）
第26条　主 　 犯（95）　　　　　　　第29条　教 唆 犯（95）
第27条　従 　 犯（95）

第4節　組織体犯罪 ·· 95

第30条　組織体の刑事責任の範囲（95）　第31条　組織体犯罪の処罰原則（95）

第3章　刑 　 罰 ··· 96

第1節　刑罰の種類 ·· 96

第32条　刑罰の種類（96）　　　　　　第36条　損害賠償及び民事優先（96）
第33条　主刑の種類（96）　　　　　　第37条　刑罰以外の処分（96）
第34条　付加刑の種類（96）　　　　　第37条の1　職業従事禁止（96）
第35条　外 国 追 放（96）

第2節　管 　 制 ·· 97

第38条　管制の期間及びその執行機関　　第40条　管制の解除（97）
　　　　　（97）　　　　　　　　　　第41条　管制刑期の計算（97）
第39条　被管制者の義務及び権利（97）

第3節　拘 　 役 ·· 98

第42条　拘役の期間（98）　　　　　　第44条　拘役刑期の計算（98）
第43条　拘役の執行（98）

第4節　有期懲役及び無期懲役 ··· 98

第45条　有期懲役の期間（98）　　　　第47条　有期懲役の刑期の計算（98）
第46条　有期懲役及び無期懲役の執行
　　　　　（98）

第5節　死 　 刑 ·· 98

第48条　死刑の適用対象及び許可手続　　第50条　死刑の執行猶予（98）
　　　　　（98）　　　　　　　　　　第51条　死刑執行猶予の期間（99）
第49条　死刑適用対象の制限（98）

第6節　罰 　 金 ·· 99

第52条　罰金額の裁量的決定（99）　　第53条　罰金の納付（99）

第7節　政治的権利の剥奪 ··· 100

第54条　政治的権利の剥奪の内容（100）　第57条　死刑及び無期懲役に伴う政治的
第55条　政治的権利の剥奪期間（100）　　　　　権利の剥奪（100）
第56条　政治的権利の剥奪の適用（100）　第58条　政治的権利の剥奪の刑期，効力
　　　　　　　　　　　　　　　　　　　　　　　及び執行（100）

第8節　財産の没収 ··· 100

第59条　財産の没収の範囲（100）　　第60条　没収財産及び債務弁済（100）

viii

目　次

第4章　刑罰の具体的適用 ………………………………………………… 101

　第1節　量　刑 ……………………………………………………………… 101
　　第61条　量刑の一般原則（101）　　第63条　刑 の 減 軽（101）
　　第62条　重罰及び軽罰（101）　　　第64条　犯罪物の処理（101）

　第2節　累　犯 ……………………………………………………………… 101
　　第65条　一般の累犯（101）　　　　第66条　特別の累犯（102）

　第3節　自首及び功績 …………………………………………………… 102
　　第67条　自首と自白（102）　　　　第68条　功 　 績（102）

　第4節　併 合 罪 …………………………………………………………… 103
　　第69条　判決前の併合罪（103）　　第71条　判決後の再犯の併合罪（104）
　　第70条　判決後の併合罪（104）

　第5節　刑の執行猶予 …………………………………………………… 104
　　第72条　執行猶予の適用要件（104）　第76条　執行猶予期間の満了及びその効
　　第73条　執行猶予の観察期間（104）　　　　　果（105）
　　第74条　累犯の除外（105）　　　　第77条　執行猶予の取消（105）
　　第75条　執行猶予中の遵守事項（105）

　第6節　減　刑 ……………………………………………………………… 106
　　第78条　減刑の要件及び制限（106）　第80条　無 期 懲 役 の 減 刑 の 刑 期 計 算
　　第79条　減刑の手続（107）　　　　　　　　　（107）

　第7節　仮 釈 放 …………………………………………………………… 107
　　第81条　仮釈放の適用要件（107）　第85条　仮釈放期間の満了及びその効果
　　第82条　仮釈放の手続（107）　　　　　　　　（108）
　　第83条　仮釈放の観察期間（107）　第86条　仮 釈 放 の 取 消 及 び そ の 効 果
　　第84条　仮釈放中の遵守事項（107）　　　　　（108）

　第8節　時　効 ……………………………………………………………… 108
　　第87条　公訴時効の期限（108）　　第89条　公訴時効の計算及び中断（109）
　　第88条　公訴時効の延長（109）

第5章　その他の規定 …………………………………………………… 109
　　第90条　民族自治地方の特例（109）　第96条　国家規定の範囲（110）
　　第91条　公共財産の範囲（109）　　第97条　首謀者の範囲（110）
　　第92条　国民の私的財産の範囲（109）第98条　親 告 罪（110）
　　第93条　公務員の範囲（109）　　　第99条　以上, 以下及び以内の意味（110）
　　第94条　司法要員の範囲（110）　　第100条　前科報告制度（110）
　　第95条　重 傷 害（110）　　　　　第101条　総則の効力（110）

ix

目 次

◆ 第 2 編　各　則 ─────────────────────── 111

第 1 章　国家の安全に危害を及ぼす罪 ································· 111

第 102 条　国家反逆罪（111）

第 103 条　国家分裂罪，国家分裂扇動罪
（111）

第 104 条　武装反乱・暴動罪（111）

第 105 条　国家政権転覆罪，国家政権転
覆扇動罪（111）

第 106 条　通謀の加重処罰（111）

第 107 条　国家安全危害罪の資金援助罪
（111）

第 108 条　投　降　罪（112）

第 109 条　逃　亡　罪（112）

第 110 条　ス パ イ 罪（112）

第 111 条　国（境）外へ国家機密・情報の
窃取，探知，買収又は不法提
供罪（112）

第 112 条　敵　援　助　罪（112）

第 113 条　国家安全危害罪に関する死刑
及び財産没収（112）

第 2 章　公共の安全に危害を及ぼす罪 ······························· 113

第 114 条　放火罪，出水罪，爆発罪，危
険物質投放罪，危険な方法に
よる公共安全危害罪（113）

第 115 条　放火罪，出水罪，爆発罪，危
険物質投放罪，危険な方法に
よる公共安全危害罪，失火罪，
過失出水罪，過失爆発罪，過
失危険物質投放罪，過失危険
な方法による公共安全危害罪
（113）

第 116 条　交通手段破壊罪（113）

第 117 条　交通設備破壊罪（113）

第 118 条　電力設備破壊罪，燃えやすく
爆発しやすい設備破壊罪
（113）

第 119 条　交通手段破壊罪，交通施設破
壊罪，電力設備破壊罪，燃え
やすい・爆発しやすい設備破
壊罪，過失交通設備破壊罪，
過失電力設備破壊罪，過失電
力設備破壊罪，燃えやすく爆
発しやすい設備の過失破壊罪
（114）

第 120 条　テロ組織結成指導参加罪（114）

第 120 条の1　テロ幇助罪（114）

第 120 条の2　テロ実施準備罪（115）

第 120 条の3　テロリズム，過激派の宣
伝，テロ活動の実施を煽動す
る罪（115）

第 120 条の4　過激派を利用して法律の実
施を破壊する罪（115）

第 120 条の5　テロリズム，過激派の服
装，標識強制着用罪（115）

第 120 条の6　テロリズム，過激派に関す
る物品の不法所持罪（115）

第 121 条　航空機ハイジャック罪（116）

第 122 条　船舶，自動車ハイジャック罪
（116）

第 123 条　暴行による飛行安全妨害罪
（116）

第 124 条　放送施設公共通信施設破壊罪，
放送施設公共通信施設過失破
壊罪（116）

第 125 条　銃器弾薬爆発物不法製造売買
運搬郵送貯蔵罪，危険物質不
法製造売買郵送貯蔵罪（116）

第 126 条　銃器不法製造販売罪（116）

第 127 条　銃器弾薬爆発物危険物質窃取
強取強盗罪（117）

第 128 条　銃器弾薬不法所持罪，銃器貸
出貸与罪（117）

第 129 条　銃器紛失不報告罪（117）

第 130 条　銃器弾薬規制刀剣危険物品不
法携帯罪（117）

目 次

第131条 重大飛行事故罪（117）

第132条 鉄道運営安全事故罪（117）

第133条 重大交通事故罪（118）

第133条の1 危険運転罪（118）

第133条の2 安全運転妨害罪（118）

第134条 重大責任事故罪，危険作業強
要・組織罪（118）

第134条の1 危険作業罪（119）

第135条 重大労働安全事故罪（119）

第135条の1 大型民衆的イベント重大安
全事故罪（120）

第136条 危険物品管理事故罪（120）

第137条 工事重大安全事故罪（120）

第138条 教育施設重大安全事故罪（120）

第139条 消防責任事故罪（120）

第139条の1 安全事故隠蔽虚偽報告罪
（120）

第3章　社会主義市場経済の秩序を破壊する罪 ……………………………… 120

第1節　偽物及び不良商品を生産し又は販売する罪 ………………………… 120

第140条 偽劣製品生産販売罪（120）

第141条 偽薬生産・販売・提供罪（121）

第142条 劣等薬生産・販売・提供罪
（121）

第142条の1 薬品管理妨害罪（122）

第143条 非安全食品生産販売罪（122）

第144条 有毒有害食品生産販売罪（122）

第145条 不良医療器具生産販売罪（123）

第146条 不良製品生産販売罪（123）

第147条 偽劣農薬獣薬化学肥料種子生
産販売罪（123）

第148条 不良化粧品生産販売罪（124）

第149条 偽劣商品生産販売行為の条文
適用原則（124）

第150条 偽劣商品生産販売罪に関する
両罰規定（124）

第2節　密輸の罪 ………………………………………………………………… 124

第151条 武器弾薬密輸罪，核材料密輸
罪，偽造通貨密輸罪，文化財
密輸罪，貴重金属密輸罪，珍
貴動物・同製品密輸罪，禁輸
貨物物品密輸罪（124）

第152条 猥褻物密輸罪，廃棄物密輸罪
（125）

第153条 普通貨物物品密輸罪（126）

第154条 特殊形式の普通貨物物品密輸
罪（127）

第155条 密輸罪とみなされる間接的密
輸行為（127）

第156条 密輸罪の共犯（127）

第157条 武装による密輸援護・密輸取
締抵抗に関する処罰規定
（127）

第3節　会社及び企業の管理秩序を妨害する罪 ………………………………… 128

第158条 資本登記虚偽申告罪（128）

第159条 虚偽出資・出資不法撤回罪
（128）

第160条 株式社債詐欺発行罪（128）

第161条 重要情報虚偽提供隠蔽罪（129）

第162条 清算妨害罪（129）

第162条の1 会計証明書会計帳簿財務会
計報告書隠匿廃棄罪（130）

第162条の2 虚偽破産罪（130）

第163条 非公務員収賄罪（130）

第164条 非公務員に対する供賄罪，外
国公務員国際公共団体官員に
対する供賄罪（131）

第165条 同種業務不法経営罪（132）

第166条 親戚友人不法図利罪（132）

第167条 契約背任罪（133）

第168条 国有会社・企業職員職責懈怠・
職権濫用罪（133）

第169条 会社・企業資産不正換算売却
罪（133）

xi

目　次

第169条の1　背任による上場会社利益損害罪（134）

第4節　金融管理秩序を破壊する罪 ……………………………………… 134

第170条　通貨偽造罪（134）

第171条　偽造通貨販売購入運搬罪，金融職員偽造通貨購買両替罪（135）

第172条　偽造通貨所持使用罪（135）

第173条　通貨変造罪（135）

第174条　金融機関不法設立罪，金融営業許可書・許可文書偽造変造譲渡罪（135）

第175条　高利転貸罪（136）

第175条の1　貸付金手形信用書金融保証書騙取罪（136）

第176条　公衆預金不法集金罪（136）

第177条　金融証券偽造変造罪（137）

第177条の1　クレジットカード管理妨害罪，クレジットカード情報窃取買付不法提供罪（137）

第178条　国家の有価証券偽造変造罪，株式社債偽造変造罪（138）

第179条　株式社債無断発行罪（138）

第180条　インサイダー取引罪，内部情報漏洩罪，内部情報利用取引罪（138）

第181条　証券先物虚偽情報捏造伝播罪，証券先物取引勧誘罪（139）

第182条　証券先物市場操縦罪（140）

第183条　職務横領罪，汚職罪（141）

第184条　非公務員収賄罪（141）

第185条　資金流用罪，公的資金流用罪（142）

第185条の1　信託財産無断運用罪，資金違法運用罪（142）

第186条　不法融資罪，対関係者不法融資罪（142）

第187条　収集資金不記帳罪（143）

第188条　金融証書不法発行罪（143）

第189条　不法手形引受支払保証罪（144）

第190条　外国為替逃避罪（144）

第191条　マネー・ロンダリング罪（144）

第5節　金融詐欺の罪 …………………………………………………… 146

第192条　集金詐欺罪（146）

第193条　融資詐欺罪（146）

第194条　手形詐欺罪，金融証書詐欺罪（147）

第195条　信用証書詐欺罪（147）

第196条　クレジットカード詐欺罪（147）

第197条　有価証券詐欺罪（148）

第198条　保険金詐欺罪（148）

第199条　死刑等に当たる金融詐欺罪（149）

第200条　金融詐欺罪の両罰規定（149）

第6節　徴税の管理に危害を及ぼす罪 …………………………………… 150

第201条　脱税罪（150）

第202条　納税拒否罪（150）

第203条　滞納税金逃避罪（151）

第204条　輸出還付金騙取罪（151）

第205条　付加価値税専用領収書・輸出還付・税金控除用証書不正作成罪（151）

第205の1　領収書不正発行罪（152）

第206条　付加価値税専用領収書偽造販売罪（152）

第207条　付加価値税専用領収書不法販売罪（153）

第208条　付加価値税専用領収書不法購入罪，偽造付加価値税専用領収書購入罪（153）

第209条　輸出税還付・税金控除用証書不法製造販売罪，納税証書不法製造販売罪，輸出税還付・税金控除用証書不法販売罪，納税証書不法販売罪（153）

xii

第210条 窃盗罪，詐欺罪（153）
第210条の1 偽造領収書所持罪（153）

第211条 税金徴収危害罪の両罰規定（154）
第212条 税務機関追徴優先の原則（154）

第7節　知的財産権を侵害する罪 ……………………………………………… 154

第213条 登録商標盗用罪（154）
第214条 登録商標盗用商品販売罪（154）
第215条 登録商標標識不法製造・不法登録商標標識販売罪（154）
第216条 特許盗用罪（155）
第217条 著作権侵害罪（155）
第218条 侵権複製品販売罪（156）

第219条 商業秘密侵害罪（156）
第219条の1 国（境）外へ商業機密又は情報の窃取・探知・買収・不法提供罪（157）
第220条 知的財産権侵害罪の両罰規定（157）

第8節　市場の秩序を乱す罪 ……………………………………………………… 157

第221条 商業信用商品名声毀損罪（157）
第222条 虚偽広告罪（157）
第223条 入札談合罪（157）
第224条 契約詐欺罪（157）
第224条の1 マルチ商法活動組織指導罪（158）
第225条 不法経営罪（158）
第226条 取引強要罪（159）

第227条 有価切符偽造・偽造有価切符転売罪，乗車券乗船券転売罪（159）
第228条 土地使用権不法譲渡転売罪（159）
第229条 虚偽証明文書提供罪，証明文書重大不実記載罪（159）
第230条 商品検査免脱罪（160）
第231条 市場の秩序を乱す罪の両罰規定（160）

第4章　国民の身体の権利及び民主的権利を侵害する罪 ……………………… 160

第232条 故意殺人罪（160）
第233条 過失致死罪（160）
第234条 故意傷害罪（160）
第234条の1 臓器売買組織罪（161）
第235条 過失重傷害罪（161）
第236条 強姦罪（161）
第236条の1 看護の職責を負う者による性侵害罪（162）
第237条 強制わいせつ，侮辱罪，児童わいせつ罪（162）
第238条 不法監禁罪（162）
第239条 略取罪（163）
第240条 女子児童誘拐売買罪（163）
第241条 被誘拐女子児童購買罪（164）
第242条 公務妨害罪，多衆集合被誘拐女子児童解放妨害罪（164）
第243条 誣告陥害罪（165）
第244条 労働強要罪（165）

第244条の1 未成年者を過酷・危険労働に従事させる罪（165）
第245条 不法捜査罪，不法住宅侵入罪（165）
第246条 侮辱罪，誹謗罪（165）
第247条 供述拷問強要罪，証言暴力強要罪（166）
第248条 被拘禁者虐待罪（166）
第249条 民族怨恨・民族差別扇動罪（166）
第250条 少数民族差別侮辱作品出版罪（166）
第251条 国民信教自由不法剥奪罪，少数民族風俗慣習侵害罪（166）
第252条 通信自由侵害罪（166）
第253条 郵便物電報開封隠匿破棄罪（166）
第253条の1 国民個人情報侵害罪（166）

xiii

目　次

第 254 条　報復陥れ罪（167）

第 255 条　会計士統計員打撃報復罪（167）

第 256 条　選挙妨害罪（167）

第 257 条　婚姻自由暴力干渉罪（167）

第 258 条　重　婚　罪（167）

第 259 条　軍婚破壊罪（167）

第 260 条　虐　待　罪（167）

第 260 条の1　被後見者・被看護者虐待罪（168）

第 261 条　遺　棄　罪（168）

第 262 条　児童誘拐罪（168）

第 262 条の1　身体障害者児童組織物金請わせ罪（168）

第 262 条の2　未成年を組織し治安管理違反させる罪（168）

第 5 章　財産を侵害する罪 ……………………………………………… 169

第 263 条　強　盗　罪（169）

第 264 条　窃　盗　罪（169）

第 265 条　窃　盗　罪（169）

第 266 条　詐　欺　罪（169）

第 267 条　奪　取　罪（170）

第 268 条　多衆奪取罪（170）

第 269 条　事後強盗罪（170）

第 270 条　横　領　罪（170）

第 271 条　業務上横領罪（170）

第 272 条　資金流用罪（171）

第 273 条　特定資金物資流用罪（171）

第 274 条　恐　喝　罪（172）

第 275 条　財物故意損壊罪（172）

第 276 条　生産経営破壊罪（172）

第 276 条の1　賃金不払い罪（172）

第 6 章　社会管理の秩序を乱す罪 ……………………………………… 173

第 1 節　公共の秩序を妨害する罪 ……………………………………… 173

第 277 条　公務妨害罪，警察襲撃罪（173）

第 278 条　法律執行暴力妨害扇動罪（173）

第 279 条　国家機関公務員偽称詐欺罪（174）

第 280 条　国家機関公文書証明書印章鑑偽造変造売買罪，国家機関公文書証明書印章強取破棄罪，会社企業事業体人民団体印章偽造罪，住民身分証明証偽造変造罪（174）

第 280 条の1　偽造身分証明書使用，身分証明書盗用罪（174）

第 280 条の2　身分窃取罪（174）

第 281 条　警察装備不法生産販売罪（175）

第 282 条　国家機密不法取得罪，国家極秘・機密文書資料等不法所持罪（175）

第 283 条　スパイ専用器材・盗聴・盗撮専用器材の不法生産販売罪（175）

第 284 条　盗聴盗撮専用器材不法使用罪（175）

第 284 条の1　試験カンニング組織罪，試験・答案不法提供販売罪，試験代替罪（175）

第 285 条　コンピュータ情報システム侵入罪，コンピュータ情報システムのデータ不法取得不法コントロール罪，コンピュータ情報システムのデータ不法取得不法コントロールソフト道具供与罪（176）

第 286 条　コンピュータ情報システム破壊罪（176）

第 286 条の1　インターネット安全管理義務の履行拒否罪（177）

第 287 条　コンピュータを利用する犯罪に関する規定（177）

第 287 条の1　インターネット不法利用罪（178）

第 287 条の2　インターネットによる犯罪活動幇助罪（178）

第 288 条　無線通信管理秩序妨害罪（178）

目　次

第289条　多衆集合殴打・破壊・略奪行
　　　　　為関する処理規定（179）

第290条　多衆集合社会秩序妨害罪，多
　　　　　衆集合国家機関乱入罪，国家
　　　　　機関勤務秩序妨害罪，不法集
　　　　　合組織，援助罪（179）

第291条　多衆集合公共場所秩序妨害罪
　　　　　（179）

第291条の1　偽危険物質投放罪，虚偽テ
　　　　　ロ情報捏造故意流布罪，虚偽
　　　　　情報捏造故意流布罪（179）

第291条の2　高所からの物品投棄罪
　　　　　（180）

第292条　多衆集合乱闘罪（180）

第293条　トラブル挑発引起罪（180）

第293条の1　不法債務要求罪（181）

第294条　黒社会的な組織結成指導参加
　　　　　罪，暴力団性質組織入境発展
　　　　　罪，暴力団性質組織庇護放任
　　　　　罪（181）

第295条　犯罪方法伝授罪（182）

第296条　不法集会行進示威罪（182）

第297条　武器・制限刃物類・爆発物不
　　　　　法携帯集会行進示威参加罪
　　　　　（182）

第298条　集会行進示威妨害罪（182）

第299条　国旗・国章・国歌侮辱罪（182）

第299条の1　英雄烈士の名誉及び栄誉侵
　　　　　害罪（183）

第300条　会道門邪教組織利用・迷信利
　　　　　用法律実施妨害罪，会道門邪
　　　　　教組織利用・迷信利用致死罪
　　　　　（183）

第301条　多衆集合淫行罪，未成年者多
　　　　　衆淫行勧誘罪（183）

第302条　死体・死骸・遺骨及び遺灰窃
　　　　　盗・侮辱・破壊罪（183）

第303条　賭博罪，賭博場開帳罪，国(境)
　　　　　外賭博組織罪（184）

第304条　郵便物故意遅延罪（184）

第2節　司法を妨害する罪 ……………………………………………… 184

第305条　偽　証　罪（184）

第306条　弁護人訴訟代理人証拠隠滅偽
　　　　　造証言妨害罪（184）

第307条　証言妨害罪，証拠隠滅偽造罪
　　　　　（184）

第307条の1　虚偽訴訟罪（185）

第308条　証人打撃報復罪（185）

第308条の1　不公開審理事件に関する情
　　　　　報漏洩罪，不公開審理事件に
　　　　　関する情報暴露又は報道罪
　　　　　（185）

第309条　法廷秩序妨害罪（185）

第310条　犯罪者隠避庇護罪（186）

第311条　スパイ犯罪・テロリズム犯罪・
　　　　　過激派犯罪に関する証拠提出
　　　　　拒否罪（186）

第312条　犯罪収益・果実仮装隠匿罪
　　　　　（186）

第313条　判決裁定執行拒否罪（186）

第314条　差押押収凍結財産不法処置罪
　　　　　（187）

第315条　監獄管理秩序破壊罪（187）

第316条　脱走罪，被護送者奪取罪（187）

第317条　組織的脱獄罪，暴動脱獄罪，
　　　　　多衆被拘禁者奪取罪（187）

第3節　国境（辺境）管理を妨害する罪。……………………………… 187

第318条　密航組織罪（187）

第319条　出境証明書騙取罪（188）

第320条　偽造変造の出入境証明文書提
　　　　　供罪，出入境証明文書販売罪
　　　　　（188）

第321条　密航者運搬罪（188）

第322条　密　航　罪（188）

第323条　国家辺境標識破壊罪，恒久測
　　　　　量標識破壊罪（188）

xv

目　次

第4節　文化財の管理を妨害する罪 ··· 189

第324条　文化財故意損壊罪，名所旧跡故意損壊罪，文化財過失損壊罪（189）

第325条　貴重文化財外国人不法売却贈与罪（189）

第326条　文化財転売罪（189）

第327条　文化財蔵品不法販売贈与罪（189）

第328条　古文化遺跡古墳盗掘罪，古人類化石古脊椎動物化石盗掘罪（189）

第329条　国有保存書類強取窃取罪，国有保存書類無断販売譲渡罪（190）

第5節　公共の衛生に危害を及ぼす罪 ·· 190

第330条　伝染病防止妨害罪（190）

第331条　伝染病菌種毒種拡散罪（191）

第332条　国境衛生検疫妨害罪（191）

第333条　血液組織的不法売却罪，血液売却強要罪（191）

第334条　血液不法採取供給・血液製品製造供給罪，採血輸血・血液製品製造供給事故罪（191）

第334条の1　人類の遺伝資源不法収集・人類の遺伝資源材料密輸罪（192）

第335条　医療事故罪（192）

第336条　医師不法開業罪，不法産児制限手術罪（192）

第336条の1　ヒトゲノム及びクローン胚不法移植罪（192）

第337条　動植物検疫防疫妨害罪（192）

第6節　環境資源の保護を破壊する罪 ·· 193

第338条　環境汚染罪（193）

第339条　輸入固体廃棄物不法処理罪，廃棄物無断輸入罪（193）

第340条　水産物不法捕獲罪（194）

第341条　絶滅危惧野生動物危害罪，不法狩猟罪，陸生野生動物不法捕獲購入運搬販売罪（194）

第342条　耕地不法占用罪（195）

第342条の1　自然保護地破壊罪（195）

第343条　鉱物不法採掘罪，鉱物破壊的採掘罪（195）

第344条　国家重点保護植物不法伐採毀損罪，国家重点保護植物・同製品不法購入運搬加工販売罪（196）

第344条の1　外来種不法輸入・釈放・遺棄罪（196）

第345条　林木盗伐罪，林木濫伐罪，盗伐濫伐林木不法購入運搬罪（196）

第346条　環境資源保護に関する罪の両罰規定（197）

第7節　薬物を密輸し，販売し，運搬し又は製造する罪 ································ 197

第347条　薬物密輸販売運搬製造罪（197）

第348条　薬物不法所持罪（197）

第349条　薬物犯罪者庇護罪，薬物等蔵匿罪（198）

第350条　薬物原料不法生産売買運搬罪，薬物原料密輸罪（198）

第351条　薬物植物不法栽培罪（198）

第352条　薬物植物種苗不法売買運搬携帯所持罪（199）

第353条　薬物使用勧誘教唆詐欺罪，薬物使用強要罪（199）

第354条　薬物使用場所提供罪（199）

第355条　麻薬向精神薬不法提供罪（199）

第355条の1　ドーピング管理妨害罪（199）

第356条　薬物犯罪の累犯（199）

第357条　薬物の定義及び薬物の数量の計算方法（199）

xvi

目　次

第8節　売春を組織し，強制し，勧誘し，場所を提供し又は紹介する罪 ………… 200

第358条　売春組織罪，売春強要罪，組
　　　　　織売春援助罪（200）

第359条　売春勧誘場所提供紹介罪，幼
　　　　　女売春勧誘罪（201）

第360条　性病蔓延罪（201）

第361条　特定業界人売春関与に関する
　　　　　規定（201）

第362条　売春庇護罪（201）

第9節　猥褻物を製作し，販売し又は頒布する罪 ……………………………………… 201

第363条　営利目的猥褻物製作複製出版
　　　　　販売頒布罪，猥褻図書雑誌出
　　　　　版許可番号提供罪（201）

第364条　猥褻物頒布罪，猥褻音像作品
　　　　　組織的放送罪（201）

第365条　猥褻興行組織罪（202）

第366条　猥褻物製作販売頒布罪の両罰
　　　　　規定（202）

第367条　猥褻物の定義（202）

第7章　国防利益に危害を及ぼす罪 ……………………………………………………… 202

第368条　軍人公務妨害罪，軍事行動妨
　　　　　害罪（202）

第369条　武器装備軍事施設軍事通信破
　　　　　壊罪，過失武器装備軍事施設
　　　　　軍事通信破壊罪（202）

第370条　不合格武器装備軍事施設提供
　　　　　罪，過失不合格武器装備軍事
　　　　　施設提供罪（203）

第371条　軍事禁止区域多衆乱入罪，軍
　　　　　事管理区域秩序多衆妨害罪
　　　　　（203）

第372条　軍人偽称詐欺罪（203）

第373条　軍人離脱扇動罪，離脱軍人雇
　　　　　用罪（203）

第374条　不適格兵士受け入れ罪（203）

第375条　武装部隊公文書証明書印章偽
　　　　　造変造売買罪，武装部隊公文
　　　　　書証明書印章窃取強取罪，武
　　　　　装部隊制服不法生産売買罪，
　　　　　武装部隊専用標識偽造窃盗売
　　　　　買不法供与使用罪（203）

第376条　戦時召集軍事訓練拒否逃避罪，
　　　　　戦時服役拒否逃避罪（204）

第377条　戦時虚偽敵情報故意提供罪
　　　　　（204）

第378条　戦時軍人士気撹乱罪（204）

第379条　戦時離脱軍人蔵匿罪（204）

第380条　戦時軍事物資注文拒否故意遅
　　　　　滞罪（204）

第381条　戦時軍事徴用徴収拒否罪（204）

第8章　横領賄賂の罪 ……………………………………………………………………… 204

第382条　横領罪（204）

第383条　横領罪の処罰規定（205）

第384条　公金流用罪（205）

第385条　収賄罪（206）

第386条　収賄罪の処罰規定（206）

第387条　組織体収賄罪（206）

第388条　斡旋収賄罪（206）

第388条の1　影響力収賄罪（206）

第389条　贈賄罪（207）

第390条　贈賄罪の処罰規定（207）

第390条の1　影響力者に対する贈賄罪
　　　　　　　（208）

第391条　対組織体贈賄罪（208）

第392条　賄賂斡旋罪（208）

第393条　組織体贈賄罪（209）

第394条　汚職罪（209）

第395条　莫大財産由来不明罪，境外預
　　　　　金隠匿罪（209）

第396条　国有資産不正分配罪，罰金没
　　　　　収財物不正分配罪（210）

xvii

目　次

第9章　汚職の罪 ·· 210

第397条　職権濫用罪，職務懈怠罪（210）

第398条　国家機密漏洩罪，過失国家機密漏洩罪（210）

第399条　私利枉法罪，民事行政枉法裁判罪，判決裁定執行懈怠罪，判決裁定執行職権濫用罪（210）

第399条の1　枉法仲裁罪（211）

第400条　被拘禁者不正釈放罪，被拘禁者逃亡懈怠罪（211）

第401条　不法減刑仮釈放監獄外執行罪（211）

第402条　刑事事件不移送罪（212）

第403条　会社証券管理上職権乱用罪（212）

第404条　税金不徴収過少徴収罪（212）

第405条　不法領収書発行・税金控除・輸出税還納罪，輸出税還納証明書不法提供罪（212）

第406条　国家機関公務員契約締結履行被詐欺罪（212）

第407条　林木採伐許可証不法発行罪（212）

第408条　環境監督管理懈怠罪（212）

第408条の1　食品薬品監督管理懈怠罪（212）

第409条　伝染病予防治療懈怠罪（213）

第410条　土地徴収徴用占用不法承認罪，国有土地使用権不法低価格譲渡罪（213）

第411条　密輸行為放任罪（213）

第412条　商品不正検査罪，商品検査懈怠罪（213）

第413条　動植物不正検疫罪，動植物検疫懈怠罪（213）

第414条　劣偽商品生産販売犯罪行為放任罪（214）

第415条　出入国証明書不法発行罪，密航者不法通過許可罪（214）

第416条　誘拐略取婦人児童不救助罪，誘拐略取女子児童救助妨害罪（214）

第417条　犯罪者処罰逃避幇助罪（214）

第418条　公務員不正募集罪（214）

第419条　懈怠による貴重文化財毀損流失罪（214）

第10章　軍人の職責違反罪 ·························· 214

第420条　軍人職責違反罪の定義（214）

第421条　戦時中命令抵抗罪（214）

第422条　軍事情報隠蔽虚偽報告罪，軍事命令伝達拒否虚偽伝達罪（214）

第423条　投降罪（215）

第424条　戦時中戦陣逃亡罪（215）

第425条　軍人職務無断離脱懈怠罪（215）

第426条　軍事職務執行妨害罪（215）

第427条　部下職責違反活動指示罪（215）

第428条　違令消極的作戦罪（215）

第429条　不救援罪（215）

第430条　軍人逃亡罪（215）

第431条　軍事機密不法取得罪，軍事機密の窃取，探知，買収又は不法提供罪（216）

第432条　故意軍事機密漏洩罪，過失軍事機密漏洩罪（216）

第433条　戦時流言流布罪（216）

第434条　戦時自傷罪（216）

第435条　部隊脱走罪（216）

第436条　武器装備事故罪（216）

第437条　武器装備用途無断変更罪（217）

第438条　武器装備軍用物資窃取奪取罪（217）

第439条　武器装備不法売却譲渡罪（217）

第440条　武器装備放棄罪（217）

第441条　武器装備紛失罪（217）

第442条　軍隊不動産売却譲渡罪（217）

第443条　部下虐待罪（217）

第444条　傷病軍人遺棄罪（217）

第445条　戦時傷病軍不救助治療罪（217）

目　次

第 446 条　戦時住民殺害財物強取罪（217）　　第 449 条　戦時執行猶予（218）

第 447 条　捕虜不正釈放罪（217）　　第 450 条　本章の適用範囲（218）

第 448 条　捕虜虐待罪（218）　　第 451 条　戦時の定義（218）

附　則 ……………………………………………………………………… 218

第 452 条【施行日】（218）

付属文書 1（218）

付属文書 2（219）

■付　録 ……………………………………………………………………… 220

1　中国刑法大事年表（220）

2　単行刑法——全国人民代表大会常務委員会の外国為替を詐欺の方法により購入し，
　逃避させ又は不法に売買する犯罪の処罰に関する決定（223）

3　1997 年以来の中国刑法の立法解釈（225）

参 考 文 献（230）

xix

中華人民共和国刑法

第一部

中国現行刑法の形成と展開
―― 第 12 次改正まで ――

劉　建利・謝　佳君

中国現行刑法の形成と展開

劉 建利・謝 佳君

I　は じ め に
II　1979 年刑法典の成立の経緯と特徴
III　1997 年刑法典の制定，特徴及び評価
IV　1997 年以降の改正の動向
V　1997 年以降の改正の特徴
VI　今後の改正に向けて
VII　お わ り に

I　は じ め に

　中国では，1979 年 7 月 1 日に最初の刑法典[1]（以下「79 年刑法」という。）が公布された（1980 年 1 月 1 日施行）。79 年刑法の公布は，新中国（中華人民共和国）成立以降 30 年間にわたり刑法典がない状態を終結させた。その後，1997 年 3 月 14 日には，79 年刑法が施行されて以降の司法経験や発展した刑法理論を吸収した上で，新刑法典[2]（以下「97 年刑法」という。）が制定され，公布されるに至った（1997 年 10 月 1 日施行）。そして，1997 年以後，社会の発展や変化に応じて，「外国為替を詐欺の方法により購入し，逃避させ又は不法に売買する犯罪の処罰に関する全国人民代表大会常

1　この 1979 年中国刑法の制定に関する日本語文献として，陳逸松「中華人民共和国の新刑法」法律時報 52 巻 1 号（1980 年）140 頁以下，松尾浩也「刑法・刑事訴訟法」加藤一郎編『中国の現代化と法 —— 法律家の見た新しい中国』（東京大学出版会，1980 年）301 頁以下，徐益初＝井戸田侃編著『現代中国刑事法論』（法律文化社，1992 年）1 頁以下，蘇恵漁「「中華人民共和国刑法」の形成と発展」西原春夫編『中国刑事法の形成と特色』（成文堂，1992 年）1 頁以下などがある。邦訳として，夏目文雄「中華人民共和国刑法」法経論集（愛知大学）93 号（1980 年）129 頁以下，奥原唯弘＝許慶雄「中華人民共和国刑法」比較法政 17 号（1980 年）135 頁以下，中国研究所編「中国基本法令集」（日本評論社，1988 年），中国総合研究所編「現行中華人民共和国六法 1・2」（ぎょうせい，1988 年），宮坂広編「現代中国法令集」（専修大学出版局，1993 年）などがある。
2　この中国 1997 年刑法の邦訳として，野村稔＝張凌「中華人民共和国新刑法（1997 年）について」比較法学 32 巻 2 号（1999 年）189 頁以下，全理其訳＝木村峻郎監訳「中華人民共和国刑法」（早稲田経営出版，1997 年）がある。全訳及び注釈は，野村稔＝張凌『注解・中華人民共和国新刑法』（成文堂，2002 年）を参照されたい。

務委員会の決定」（以下「外国為替犯罪に関する決定」という。）という1つの単行刑法[3]，それと前後して第一次から第十二次までの12の「刑法改正法」が施行された。さらに，1つの特別改正法「法律[4]の一部を改正する決定」（以下「特別改正法」という。），13の立法解釈[5]が立法機関によって出されてきた。つまり，中国では，97年刑法施行以降，刑法の領域において活発な立法活動が為されてきたといえる。これまでのところ，中国の79年刑法や97年刑法を紹介する優れた研究が既に公表されているが[6]，97年刑法が制定されて以降の立法動向について日本国内で詳細に紹介するものは，見当たらない。また，97年刑法が施行されて10年以上経過したところであり，97年刑法の運用に関して，また，その改正法などに関して，中国国内での評価も行われ始めている。

　このような事情に鑑みて，本書は，主に中国の現行刑法の形成と展開及びそれに関する中国国内での評価を概観し，検討を加えようとするものである。具体的な構成としては，まず，79年刑法の成立の経緯と特徴を概観し，その限界を示す（Ⅱ）。次に，97年刑法の制定の経緯と特徴及びそれに関する中国国内での評価を紹介する（Ⅲ）。そして，97年刑法を改正する1つの単行刑法，12の刑法改正法，1つの特別改正法及び13の立法解釈を取り上げる（Ⅳ）。その際，単行刑法と改正法については，すべての条項について詳細に取り上げることはせず，その特徴的な点を取り上げる。それを踏まえて，これらの改正の特徴をまとめる（Ⅴ）。最後に，中国国内での評価を参考にしながら，これらの動向について検討を加える（Ⅵ）。

Ⅱ　1979年刑法典の成立の経緯と特徴

　1949年に中華人民共和国が誕生して以降，国民党政府の「六法全書」などの代表的な法律はすべて廃止された。また，刑事裁判において国民党の法律条文を引用することも許されなかった[7]。初めて刑法典が制定されたのは，1979年であった。それまでの30年あまりにわたり刑事実体法としての役割を果たしてきたのは，1950年に制

3　単行刑法とは，立法機関である全国人民代表大会常務委員会が制定する形式上刑法典に独立する刑罰法規である。
4　中国において，「法律」は，広義の法律と狭義の法律に分けられる。狭義の法律とは，全国人民代表大会及び人民代表大会常務委員会がつくる法規範をいう。「法規」とは，行政機関及び地方立法機関がつくる法規範であり，広義の法律に含まれる。
5　中国において，立法機関が出した立法解釈は，法律と同様の効力をもつ。
6　例えば，前掲注(1)及び注(2)に掲載した諸文献参照。
7　蘇恵漁・前掲注(1)3頁参照。

定された「アヘン麻薬厳禁通令」や「貴重な図書文化財輸出禁止暫定条例」，1951年に制定された「反革命処罰条例」，1952年4月に制定された「汚職処罰条例」，「国家通貨妨害行為処罰暫定条例」及び「国家機密保護暫定条例」などの断続的に制定された単行法や政府の法令であった。また，これらの条例以外に，政治情勢などに応じて，中央政府の規定や共産党の政治指導文書，さらには最高裁判所や最高検察院の司法解釈なども刑事実体法として適用された時期があった[8]。

現代中国の刑法典の起草作業は，1950年から開始された。政府の法制委員会は，ソ連，フランス，ドイツ，アメリカなどの諸外国の刑法典の翻訳に着手し，内外の大量の資料を収集・研究するとともに，根拠地政府以来の刑事立法の経験の総括に基づいて，相次いで「中華人民共和国刑法大綱（草案）」と「中華人民共和国刑法指導原則草案（初稿）」を起草し，1955年6月，ついに「中華人民共和国刑法草案」（第1稿）を起草するに至った。そして，各方面より広く意見を募集して修正を重ねた上で，1957年6月に「中華人民共和国刑法草案」（第22稿）が編纂された。しかし，その後，「反右派闘争」が展開され，起草作業は停止を余儀なくされた。5年後の1962年5月，起草作業が再開され，1963年10月に第33稿が書き上げられた。だが，この草稿に対する改訂作業は，「文化大革命」により中断された。「四人組」が倒された後，1978年の中国共産党第11期3中全会において，「社会主義民主と法制の建設を進めよう。」という提案がなされた。これを受け，刑法草案（第33稿）に対する改訂が再開され，29年の歳月を経て，37の草稿が次々に改訂され，ようやく1979年7月6日に中国初の刑法典が公布され，1980年1月1日に施行された[9]。

79年刑法は，「詳しいものより，概略的なもののほうがよい。」という指導思想の下で作られたので[10]，2編に分かれ，その条文数はわずか192箇条であった。第1編は総則であり，89箇条から構成され，犯罪と刑罰に関する基本原理を規定している。具体的には，① 刑法の指導思想と任務，② 犯罪の概念，故意・過失，責任年齢・能力，正当防衛，緊急避難，予備・未遂・中止，共同犯罪その他の犯罪論の基本原理，③ 管制，懲役，罰金その他の刑罰，④ 量刑，累犯，自首，仮釈放その他の刑罰の具体的運用，⑤ 類推制度及びその他の内容，という5章に分かれている。第2編は各則であり，103箇条から構成され，各種の具体的犯罪とその法定刑を規定している。

---

8 王雲海「刑事法」西村幸次郎編『現代中国法講義（第3版）』（法律文化社，2008年）72頁参照。

9 高銘暄＝趙秉志「中国刑法立法之演進」（法律出版社，2007年），39-43頁，徐益初＝井戸田侃編著・前掲注(1)4-5頁参照。

10 趙秉志＝王艶玲「改革開放30年刑法立法基本問題研究述評（下）」法学雑誌2009年第3期，44頁。

第一部　中国現行刑法の形成と展開 —— 第12次改正まで

具体的には，① 反革命罪，② 公共安全危害罪，③ 経済秩序破壊罪，④ 国民の人身権利と民主的権利を侵害する罪，⑤ 財産罪，⑥ 社会安全危害罪，⑦ 家庭婚姻妨害罪，⑧ 汚職の罪，という 8 章が設けられている。

　この刑法典は，中国の伝統的な法の歴史的経験，革命根拠地法の経験及びソ連その他の外国法の有益な経験を同時に吸収して制定されたものである[11]。その中には，中国が独自に創り出したものが存在している。それこそが，中国 79 年刑法の特色を表していると言える。そのうち，とくに特徴と言える点として，以下の 4 つを挙げておこう。

　第一に，管制刑を創設したことである。

　管制は，中国刑法の刑罰の一つであり，最も軽い主刑である[12]。これは，身体の自由を制限するのではなく，受刑者の政治的権利の行使などの自由に一定の制限を加える刑罰である。これは，中国の長期にわたる革命闘争の中で創設された刑罰である。管制を宣告された犯罪者は，法律・行政法規を遵守し，執行機関や大衆の監督に従い，集団労働，集団生産その他の仕事に積極的に参加しなければならない。また，執行機関に対して自己の活動状況を報告し，居住都市を離れ，又はそこから転居するときは，執行機関の許可を得なければならない。管制の期間は，3 月以上 2 年以下である（79 年刑法第 33-36 条）。管制のメリットとしては，以下のものが考えられる。すなわち，① 管制の受刑者は，刑務施設に拘禁されないので，互いにさらなる悪習が移される弊害を回避でき，国庫の負担も減軽される。② 大衆に，犯罪者を監督し矯正する積極性を発揮させることにつながる。③ 犯罪者の仕事や家庭生活に影響を及ばさないので，犯罪者の社会復帰にも有利であると考えられる。「実際的な効果からみれば，非常に多数の管制された犯罪者が適切な刑罰と教育を受けて，改造された。新たな罪を犯すこともなかった。とにかく，管制は，犯罪者を改造するのに効果的な方法である。それは，実践により証明された。[13]」と言われている。

　第二に，死刑執行猶予制度を創設したことである。

　79 年刑法第 43 条第 1 項によれば，「死刑は極めて凶悪な犯罪者だけに適用する。死刑の判決を下すべき犯罪者については，直ちに執行する必要がない者に対して，死刑の判決と同時に 2 年の執行猶予を宣告して労働改造を行い，その効果をみること

11　徐益初＝井戸田侃編著・前掲注(1)21 頁参照。
12　中国の 79 年刑法における刑罰は，主刑と付加刑の 2 種類を分かれている。主刑には，管制，拘役，有期懲役，無期懲役，死刑があり，付加刑には，罰金，政治的権利の剥奪，財産の没収がある。また，外国人犯罪者に対しては，国外退去を独立して又は付加的に科することができる。この刑罰体系は，後の 97 年刑法でも維持されている。
13　蘇恵漁・前掲注(1)14 頁参照。

ができる。」。これが，中国の死刑執行猶予制度である。死刑の執行猶予は，死刑の即時執行と並立している。その効果については，「死刑猶予の判決を受けた者が，死刑の執行猶予期間中に確実に改悛したときは，2年の期間が満了した後，無期懲役に減刑する。確実に改悛し，重大かつ確実な功績を立てたときは，2年の期間が満了した後，15年以上20年以下の有期懲役に減刑する[14]。労働改造を拒絶し，情状が悪質であることが調査により立証されたときは，最高裁判所が裁定し又は許可して死刑を執行する。」（79年刑法第46条）と規定されている。これは，生命刑に関する中国の独創的な点であり，重要である。死刑の執行猶予は，生死をかけて，その本人に充分な自主権を自覚させ，死刑囚をして自己改造させるのに効果的であると思われる。また，「実態からみると，多くの死刑執行猶予判決を受けた受刑者は，2年の改造を経て，皆無期懲役又は有期懲役に減刑された。」[15] と指摘されている。こうしたことから考えると，この制度には死刑の威嚇効果を維持しながら，その結果（死刑の執行）を大幅に回避する効果があると言ってよい。従って，この制度は，死刑を存置している国家にとって，参考に値するものと思われる。

　第三に，罪刑法定主義が欠如していたことである。

　79年刑法の最大の特徴は，罪刑法定主義を徹底しなかったことである。79年刑法第79条は，「この法律の各則に明文の規定のない犯罪については，この法律の各則に最も類似した条文に照らして犯罪を認定し刑を下すことができる。但し，最高裁判所に報告してその許可を得なければならない。」と規定している。つまり，「制限的類推適用」を採用し，罪刑法定主義を全面的には取り入れなかった。その理由として，国土の広さ，人口の多さ，地域的格差，立法経験の乏しさなどが主張されている[16]。最後の点について言えば，79年刑法は，中国の最初の刑法として，当時の犯罪闘争の経験に基づき総括したものにとどまるのである。複雑多岐にわたるあらゆる犯罪形態を予測することは不可能であり，新たな犯罪が起こった場合でも，すぐに処理することはできない。そのため，刑法に明文の規定がなくとも，司法機関が社会に確実に危害をもたらす行為に対処し，国家と国民の利益を保護するため，制限のある類推を許容したのである。そして，これによって新たな形態の犯罪に対処する経験を蓄積した上で，将来の現実の状況に応じて刑法に補充的な改正を加えようというのであ

14　この規定は97年刑法に受けつがれたが，2011年の「刑法改正法」により，「25年の有期懲役に減軽する」と改正された。
15　蘇恵漁・前掲注(1)15頁参照。
16　陳宝樹「罪刑法定原則」徐益初＝井戸田侃編著・前掲注(1)110頁参照。

る[17]。つまり，社会に起こりうる犯罪への対処としてこの刑法が不十分であることを立法者自身が予測し，罪刑法定主義を優先して治安上の隙間を作るわけにもいかないという判断があったことがうかがえる[18]。この 79 年刑法は，罪刑法定主義を採用していたと考える学者もいるが[19]，現代刑法の「罪刑法定主義」の本質から見れば，79 年刑法は「罪刑法定主義」を採用していなかったと言わなければならない。このことは，当時の事情を考えればやむを得ないとも言えるが，79 年刑法の最も惜しまれるところだと思われる。

第四に，政治的色彩が強かったことである。

79 年刑法第 1 条は，「中国刑法はマルクス・レーニン主義及び毛沢東思想の指導原則に基づき，憲法を根拠として，懲罰と寛大を結合する政策によって制定された。」と規定している。また，第 2 条は，「刑罰をもって反革命及びその他の刑事犯罪行為と闘争し，もってプロレタリア独裁制度を守り，社会主義の全人民所有財産及び勤労大衆集団所有財産を保護し，……（中略）……社会主義革命及び社会主義建設事業を順調に行うことを保障する」ことを任務としていた。この 2 つの条文に鑑みると，階級闘争と人民民主主義に関するマルクス・レーニン主義と毛沢東思想が，79 年刑法に重要な影響を与えたことは疑いない。また，この 79 年刑法の各則第 1 章には「反革命罪」が規定され，第 2 章以下の普通犯罪と区別されている。「反革命罪」は，「プロレタリア階級独裁の政権及び社会主義制度の転覆を目的とし，中華人民共和国に危害を加える行為」とされ，第 2 章以下に規定されていた犯罪に対し，刑が加重されていた。さらに，79 年刑法が「懲罰と寛大を結合する政策」（懲罰与寛大相互結合）思想を採用したことは明らかである。これは，戦争中に毛沢東により提起されたものである。要するに，ときどきの政策により敵とされる者のうち少数の主要な者のみを厳しく処罰し，その他の者は寛大に処理して更生させ，可能なかぎり味方につける政策である。だが，社会状況に応じて主要な敵は変わるのであり，刑法は，何が主要な敵であるかについては定めず，政治の判断に委ねられていた[20]。このようなことから，79 年刑法は，政治的色彩が強いと言うことができる。

もちろん，刑法典を欠いたそれまでの状況と比べれば，79 年刑法の制定は画期的なことであった。だが，その当時の歴史的条件や立法経験の乏しさのため，全体の体

17　蘇恵漁・前掲注(1)12 頁参照。
18　木間正道＝鈴木賢＝高見澤磨＝宇田川幸則『現代中国法入門（第 4 版）』（有斐閣，2006 年）271 頁参照。
19　陳宝樹・前掲注(16)112 頁参照。
20　木間正道＝鈴木賢＝高見澤磨＝宇田川幸則・前掲注(18)270 頁以下参照。

系性，規範内容及び立法技術において幾つか不十分なところが残っていた。この点で，79年刑法は過渡期的な性格を有するものであって，後にその広範囲にわたる改正が求められたことには必然性があった，と言えよう。

Ⅲ　1997年刑法典の制定，特徴及び評価

1979年からの「改革・開放」政策の実行と共に，経済が急速に発展する一方で，経済犯罪を中心とする新たな犯罪類型も次々と生じてきた。このような情況を背景に，刑法の改正が79年刑法の施行からわずか3年後に行われた。1982年3月8日，「経済を著しく破壊する犯罪者を厳罰に処すことに関する決定」が全国人民代表大会（日本の国会に相当する。）の常務委員会によって制定され公布された（1982年4月1日施行）。この決定により，79年刑法の一部の条文が初めて改正された。その後，1984年から1987年までの間に，密輸の罪，職務上横領の罪，賄賂の罪に関する単行刑法[21] が制定された[22]。

1988年7月1日に報告された「第7期全国人民代表大会常務委員会工作要点」において，79年刑法の改正作業が明確に立法計画に組み入れられた。このことを契機として，刑法の改正作業が正式に開始された[23]。同年12月25日に「中華人民共和国刑法改正稿」が全国人民代表大会常務委員会（以下「全国人大常委会」という。）法制工作委員会の刑法室により提出された[24]。だが，翌1989年の「天安門事件」の影響を受け，刑法改正の作業が一時停止することになった[25]。

1992年10月，中国共産党第14期代表大会が開かれ，中国の経済体制が計画経済から市場経済に変更されるに至った。市場経済には健全な法整備が必要とされるので，全国人大常委会は，刑法改正作業の専門チームを設立した。これを契機に，改正作業が本格化した。まず，1995年8月に暫定的な成果として，「刑法総則改正草案」と「刑法各則条文集」が全国人大常委会により編纂された。次に，これをベースにして，中央の司法機関や専門家の意見を踏まえ，1996年9月，「中華人民共和国刑法改

21　全国人民代表大会常務委員会が制定した刑法分野の「条例」，「補充規定」及び「決定」を指す。中国の憲法や立法法により，全国人民代表大会は憲法，基本法律及び法律を制定するが，その常務委員会は憲法や基本法律以外の法律を作る権限を有する。また，常務委員会は，全国人民代表大会の閉会期間に基本法律を改正する権限を持つ。「補充規定」や「決定」は，法律と同じ効力を有する。

22　野村稔＝張凌・前掲注(2)「中華人民共和国新刑法（1997年）について」191頁以下参照。

23　趙秉志編「新旧刑法比較与統一罪名理解与適用」（中国経済出版社，1998年）9頁以下参照。

24　崔慶森「中国当代刑法改革」（社会科学文献出版社，1991年）31頁以下参照。

25　趙秉志「刑法改革問題研究」（中国法制出版社，1996年）110頁参照。

正草案（意見募集稿）」が起草され，全国に公開された。また，北京において10日あまりの大型座談会が開かれ，全国各地から集まった法律専門家により活発な議論が行われた。その結果，同年12月，成熟した刑法改正草案が全国人大常委会に提出された。その後の1997年2月，第8期全国人大常委会第24回会議において，出席した代表から，幾つかの意見が出された。それに基づいて修正が加えられ，同年3月第8期全国人民代表大会の審議を受けることになった。この修正案は，全国人民代表大会の代表の意見に基づいてさらなるいくつかの修正を加えられ，同年3月14日，ようやく第8期全国人民代表大会第5回会議にて採択され，97年刑法が公布されるに至った（1997年10月1日施行）[26]。

　この改正の指導思想は3つある，と言われている。第一に，統一的であり完備した刑法典をつくることである。実は，1981年から1997年までに，全国人大常委会は，25の単行刑法[27]を制定して公布し，経済，民事，行政，軍事などの刑事法以外の法律の中で付属的に107の刑法規範[28]を設けてきた。これらの単行刑法や付属刑法規範により，79年刑法には，多数の改正や補充が加えられてきた。1997年の改正は，1979年以降に制定されたこれらすべての単行刑法や付属刑法規範を新刑法典の具体的な条文にしたのである。その上，編纂中の「汚職・賄賂取締法」や審議中の「軍人職責違反罪を処罰する条例」もまた，新刑法典に取り入れられた。また，刑事責任を追及する必要性がある新たな形態の行為に対しては，条文を新設して刑法の処罰対象とした。第二に，法律の連続性や安定性に配慮することである。97年刑法は，まず，79年刑法の独創性が示されているとも言える点，例えば，共犯規定，情状規定，管制など刑罰体系を受け継いだ。また，79年刑法の条文について，文言や法定刑を含め，原則として重大な問題がない限り改正しなかった。第三に，犯罪構成要件を明確化・具体化することである。79年刑法は，「空投機取引罪」（第117条），「不良行為罪」（第160条），さらには「職務懈怠罪」（第187条）といった具体性に欠ける条

26　高銘暄＝趙秉志・前掲注(9)56-58頁参照。

27　例えば，「中華人民共和国軍人職責違反罪暫定処罰条例」（1981年6月1日），「社会治安破壊の重大犯罪者の厳罰に関する決定」（1983年9月2日），「国家機密漏洩犯罪の処罰に関する補充規定」（1988年9月5日），「麻薬禁止に関する規定」（1990年12月28日），「航空機ハイジャック犯罪者の処罰に関する決定」（1992年12月18日），「著作権侵害犯罪の処罰に関する決定」（1994年7月5日）などが挙げられる。97年刑法の付属文書1と付属文書2を参照されたい。

28　例えば，「中華人民共和国文化財保護法」（1982年11月19日），「中華人民共和国特許法」（1984年3月12日），「中華人民共和国兵役法」（1984年5月31日），「中華人民共和国軍事施設保護法」（1990年2月23日），「中華人民共和国保険法」（1995年6月30日）などが挙げられる。これらの法律には，「犯罪に該当するものは，法により刑事責任を追及する。」という規定が設けられている。

文を設けていた。97 年刑法は，このような過度に抽象的で曖昧な規定を細分化して個別具体的な罪名に変更した。その結果，各則条文数は，103 箇条から 350 箇条に増加した。また，各則における犯罪の構成要件や量刑事情についても，曖昧で概略的な規定が可能な限り回避され，より詳細に規定された。これも，罪刑法定主義に資するものと考えられる[29]。かくして，97 年刑法は，単に 79 年刑法を改正しただけではなく，良い伝統を維持しながら，79 年以降の単行刑法や付属刑法規範を取り込み，新たな条文を創設し，すべての面において 79 年刑法より優れた新刑法典となったのである[30]。

97 年刑法は，総則，各則及び附則に分かれ，全 15 章，452 箇条から構成されている。総則は，全 5 章 101 箇条を設けており，① 刑法の任務，基本原則及び適用範囲，② 犯罪に関する一般原理，③ 刑罰の種類及び内容，④ 刑罰の具体的運用，⑤ 重要な概念の定義及びその他の規定を定めるものである。各則は，全 10 章 350 箇条を有し，① 国家の安全に危害を及ぼす罪，② 公共の安全に危害を及ぼす罪，③ 社会主義市場経済の秩序を破壊する罪，④ 国民の身体及び民主的権利を侵害する罪，⑤ 財産を侵害する罪，⑥ 社会管理の秩序を乱す罪，⑦ 国防利益に危害を及ぼす罪，⑧ 横領賄賂の罪，⑨ 汚職の罪，⑩ 軍人の職責に違反する罪，という個別の犯罪とその法定刑を規定している。附則は，第 452 条だけである。同条は，97 年刑法の施行時期及び 97 年刑法とその成立以前の単行刑法，付属刑法規範との関係を明確に定めている。

97 年刑法の主な成果をまとめれば，以下のとおりである[31]。

第一に，刑法の基本原則を明確に規定したことである。

前述のように，79 年刑法は，「制限的類推制度」を採用し「罪刑法定主義」を徹底していなかった。これに対し，97 年刑法は，第 3 条において「法律が明文で犯罪行為と規定するときは，法律により罪を認定し，処罰する。法律が明文で犯罪行為と規定していないときは，罪を認定し，処罰してはならない。」と規定し，類推解釈の制度を廃し，明文で「罪刑法定の原則」を採用した。また，第 4 条において「何人による犯罪に対しても，法律の適用は一律平等でなければならない。何人も，法律を超える特権を有することは許されない。」とし，第 5 条において「刑罰の軽重は，犯罪者が犯した罪及びその負うべき刑事責任と相応しなければならない。」と規定して，

29　法律出版社法規中心編「中華人民共和国刑事法典：応用版」（法律出版社，2008 年）1 頁参照。

30　高銘暄＝趙秉志・前掲注(9)58 頁参照。

31　謝望原＝陳琴「改革開放 30 年的刑事法制 —— 以刑法立法为視角」法学論壇第 6 期（第 23 巻，総第 120 期）（2008 年 11 月）6-7 頁，野村稔＝張凌・前掲注(1)193-203 頁，高銘暄＝趙秉志・前掲注(9)59-93 頁参照。

第一部　中国現行刑法の形成と展開 —— 第 12 次改正まで

「平等の原則」及び「罪刑均衡の原則」を新設した。中国は，長きにわたる封建社会の歴史を有しているために，専制主義，人治主義，特権思想が根強く存在していることからすると，97 年刑法が「罪刑法定主義」，「平等の原則」，「罪刑均衡の原則」の3 つを中国刑法の基本原理として確定したことは，法治国家を実現するための第一歩として，1997 年改正の最大の成果と言えるであろう。

　第二に，政治的色彩を弱めたことである。

　前述のように，79 年刑法は，中国が大衆的政治闘争（革命）を至上任務としていた時に制定されたものであり，政治性の強さが見受けられる。これに対して，97 年刑法は，まず，79 年刑法の「マルクス・レーニン主義・毛沢東思想」という指導思想の規定を削除した。また，「反革命罪」という章の見出しが「国家の安全に危害を及ぼす罪」に改められるとともに，その内容にも改正が加えられた。「反革命罪」は，79 年刑法に規定されていた 20 の個別的罪名の総称であるが，その共通の特徴は，プロレタリアの独裁政権や社会主義制度を倒すことを目的としている点であった。これらの犯罪は，政治的色彩が強すぎるため，97 年刑法において上記のように改正されたのである。より具体的に説明すると，政治闘争を至上原理としていた従来の中国では，国家政権が革命の政治基準で人々を「人民」と「敵」（反革命者）に，物事を「人民内部の矛盾」と「人民と敵との矛盾」（反革命事件）に分けて，完全に違った対応をしていた。前者の場合には，説得などの方法で対応するのに対して，後者の場合には，「強制・独裁」的方法で闘っていく。この「強制・独裁」的方法は，事実上の非法的・暴力的なやり方を意味する。その結果，人々が一旦「反革命罪」の犯罪者とされると，もはや法的保護を一切受けられなくなり，法外化されてしまう。この 1997 年改正は，少なくとも法制度上は，もはや政治基準によって有罪か否かを判断しないこと，あらゆる犯罪を一律に法に従って処理していくことを意味している[32]。こうしたことから，この点の改正は，中国刑法の現代化や科学化の過程において大きな前進とされ，海外でも注目されている。

　第三に，各側における条文を詳細化したことである。

　97 年刑法は，79 年刑法を受け継いでおり，各則の多数の条文が行為の特徴，結果，情状などについて具体的に規定している。とにかく，「数額・金額・量」，「情状」，「結果」及び「損失」を多用しており，これらの多寡，多少などに応じて複数の法定刑 —— すなわち，1 個の罪名に対して，複数の幅の法定刑 —— を規定する条文が多くある。これは，日本刑法と比較した場合，特徴の 1 つと言えよう。例えば，

32　王雲海「中国刑法改正の到達点およびその問題点」法律時報 69 巻 7 号（1996 年）47 頁参照。

Ⅲ　1997年刑法典の制定，特徴及び評価

97年刑法第266条「詐欺罪」は，「公私の財物を騙取した者は，数額が比較的大きいときは，3年以下の有期懲役，拘役又は管制に処し，罰金を併科し又は単科する。数額が非常に大きいとき又はその他の重い情状があるときは，3年以上10年以下の有期懲役に処し，罰金を併科する。数額が極めて大きいとき又はその他の特に重い情状があるときは，10年以上の有期懲役又は無期懲役に処し，罰金又は財産の没収を併科する。」と規定しており，数額の多寡・情状の軽重に応じて3つの法定刑を含んでいる。つまり，ある違法行為にはそれに相応する基本的な量刑相場があり，ある「情状」が加わると，その量刑相場よりさらに重い又は軽い量刑相場が適用されることになる。この意味で，中国刑法は，客観的量刑基準[33]があることを前提としている。裁判官の量刑に関する自由裁量権は，日本と比べるとかなり制限されている，と言える[34]。

　第四に，刑法の適用範囲を広げたことである。

　まず，外国において，中国の普通の国民が法定最高刑3年を超える罪を犯した場合，公務員や軍人が罪を犯した場合には，97年刑法を適用するとされた（「97年刑法」第7条）。また，中国が締結し又は参加した国際条約に規定された犯罪行為に対しては，条約の義務を負う範囲内で97年刑法が適用されると新たに規定された（同第8条）。

　第五に，未成年者の刑事責任を明確に規定したことである。

　97年刑法は，第17条において「①16歳以上の者が罪を犯したときは，刑事責任を負わなければならない。②14歳以上16歳未満の者が，殺人，重傷害，傷害致死，強姦，強盗，麻薬販売，放火，爆発又は投毒の罪を犯したときは，刑事責任を負わなければならない。③14歳以上18歳未満の者が罪を犯したときは，その刑を軽くし又は減軽しなければならない。④16歳未満のために処罰されない者については，その家長又は後見人に管理及び教育を命じる。必要なときは，政府が収容して矯正させ

33　「数額」，「金額」，「量」，「情状」，「結果」及び「損失」といった「客観的量刑基準」は，条文に定められておらず，「司法解釈」の形でこれらを規定するのが原則である。

34　なぜこのような構造が採用されたのか。その理由は2つあると考えられる。まず1つ目の理由は，総則の犯罪の定義からの必然的要求である。97年刑法総則13条は，「…社会に危害を及ぼすすべての行為が，法律によって刑罰を受けなければならないときは，いずれも犯罪である。ただし，情状が著しく軽く，危害の大きくないときは，犯罪としない。」と規定している。従って，「情状」や「危害の大きさ」は，各犯罪にとってきわめて重要な意味を持つ。犯罪と非犯罪を明確に区別するため，加重処罰を明確にするためにやはり各則の条文を具体的に規定する必要があると思われる。次に，2つ目の理由は，中国の社会事情を考慮したことである。97年刑法が制定された当時も法律実務家の人数が少なく，その能力も多様であったので，過度の裁量権を実務家に与えることは確かに好ましくないと思われる。従って，刑法の各則の条文を詳細に規定することで，法的平等や公平性を一定程度保とうとしたと考えられる。

15

ることができる。」と規定し，未成年者の刑事責任に関する 79 年刑法の概略的な規
定を改正した。

第六に，正当防衛の要件を緩和したことである。

過剰防衛について，79 年刑法は，「防衛行為が必要な限度を超えて重大な損害を生
じさせた」と規定していたが，97 年刑法第 20 条第 2 項は，「防衛行為が著しく必要
な限度を超えて重大な損害を生じさせた」と規定する。つまり，「著しく」という要
件が加えられ，過剰防衛の基準が厳格化された。また，第 20 条第 3 項は，「現に行
われている暴行，殺人，強盗，強姦，身代金略取その他の身体の安全に著しい危害を
及ぼす暴力犯罪に対して，防衛行為を行うことによって不法侵害者に死傷の結果を生
じさせたときは，過剰防衛とはならず，刑事責任を負わない。」と規定する。この規
定は，「無制限の防衛権」を認めたものではないかと注目を集め，学説上の論争を引
き起こした。いずれにせよ，過剰防衛の範囲が狭められ，その反面として正当防衛の
範囲が拡大したのである

第七に，自首の定義規程を設けるとともに，その範囲を拡大したことである。

97 年刑法は，第 67 条第 1 項において，「自首とは，犯罪後自ら出頭し，ありのま
まに自己の犯行を供述することをいう。」とし，「自首」の概念を初めて明文で規定し
た。そして，第 2 項では，「強制措置が執行されている被疑者若しくは被告人又は服
役中の犯罪者は，司法機関にいまだ認知されていない本人の余罪をありのまま供述し
たときは，自首として論ずる。」と規定し，自首の範囲を拡大した。

第八に，刑の減軽制度を改善したことである。

79 年刑法第 59 条は，「犯罪者が，この法律に規定する減軽事情を有しなくても，
事件の具体的情状に基づき法定刑の下限による判決がなお重すぎるときは，裁判所の
審判委員会の決定により，法定刑以下の刑を科することができる。」とし，例外的
に，特殊な事件の具体的情状に応じ，各級の裁判所の審判委員会は，犯罪者に本来あ
たるべき法定刑の下限以下の刑を科すことができた。これに対し，97 年刑法は，「犯
罪者が，この法律に規定する減軽事情を有しなくても，事件の特別の状況に基づい
て，最高裁判所の許可を得て，法定刑の下限以下の刑を科することができる。」(「97
年刑法」第 63 条第 2 項) とし，各級の裁判所からこの「刑の酌量減軽権」を取り上
げ，これを最高裁判所のみに限定した。また，刑の法定減軽制度について，97 年刑
法第 68 条第 2 項は，「罪を犯した後，自首し，かつ，重大な功績を立てたとき[35] は，

---

35 他人の犯罪行為を供述してこれが調査により明らかになるか，又は重要な手掛かりを提供し
てこれにより他の事件が検挙されたことなどである（刑法第 68 条第 1 項)。

Ⅲ　1997 年刑法典の制定，特徴及び評価

その刑を減軽し，又は免除しなければならない。」と規定し，「自首」＋「立功」（功績を立てる）による刑の法定減軽事由を加えた。

第九に，刑の種類を調整したことである。

97 年刑法は，拘役期間を「15 日以上 6 月以下」から「1 月以上 6 月以下」に改正した（「97 年刑法」第 42 条）。また，罰金刑の適用が大幅に拡大された。罰金刑を規定する条文は，各則条文全体のうち 4 割を占めている。そして，罰金の徴収方法について，「1 回払い又は分割払い」，「強制納付」，「減免」以外に「随時追徴」が新設された（同第 53 条）。

第十に，死刑制度を改善したことである。

97 年刑法が公布される前に，中国の刑法規定（単行刑法を含む。）においては，死刑となりうる罪名は 71 種であったが，97 年刑法においては 68 種（新設された罪名も含まれる。）となった[36]。つまり，死刑を科すことができる罪名が減少した。また，79 年刑法は，「16 歳以上 18 歳未満の者の犯した罪が，特に重大なときは，2 年の猶予期間つきの死刑判決を科すことができる。」（「79 年刑法」第 44 条）としたが，97 年刑法は，これを削除した。つまり，わずかながら死刑の適用対象が縮小された。

第十一に，組織体犯罪に関する規定を新設したことである。

中国おいて，組織体犯罪は，法人犯罪のほか，法人資格を取得していない組織体による犯罪をも含むとされる。97 年刑法は，総則第 30 条おいて初めて「両罰規定」を設けた。すなわち，「会社，企業，事業体，機関又は団体が社会に危害を及ぼす行為を行った場合において，その行為が法律に組織体犯罪として規定されているときは，刑事責任を負わなければならない。」。そして，第 31 条において，「組織体が罪を犯したときは，組織体に対して罰金を科すほか，その直接責任を負う主管者及びその他の直接責任者を処罰する。」と規定されている。だが，「組織体犯罪」はあらゆる犯罪に適用されるのではなく，財産犯罪，経済犯罪その他の営利的な犯罪に限定されている。各則において，組織体犯罪を規定する条文は多数存在する。

第十二に，軍事犯罪を刑法典に編入し，また，「横領賄賂罪」を独立させたことである。

軍事犯罪とは，国家の軍事的利益を侵害する犯罪をいう。97 年刑法は，1981 年に公布された「軍人の職責違反の罪を処罰する暫定条例」を改正し，第 10 章「軍人の職責違反罪」とした。そして，一般市民が国家の軍事的利益を侵害する罪を第 7 章

36　高銘暄「刑法肆言」（法律出版社，2004 年）481 頁。なお，高銘暄＝趙秉志・前掲注(9)76 頁参照。

第一部　中国現行刑法の形成と展開 —— 第12次改正まで

「国防利益に危害を及ぼす罪」として新たに設けた。また，79年刑法は，横領罪を財産犯罪の1つとして，賄賂罪を汚職罪の犯罪類型としてそれぞれ規定していた。これに対し，97年刑法は，この2つの犯罪類型を独立させ，新設した第8章「横領賄賂罪」にまとめた。

　第十三に，現代的な犯罪類型を新設したことである。

　97年刑法でもう1つ注目すべきなのは，79年刑法と比べると，多くの新たな犯罪類型が新設された点である。中心的なものとして，国際的犯罪，黒社会的な組織[37]犯罪，コンピュータ犯罪，証券犯罪，環境犯罪などが挙げられる。

　97年刑法は，数多くの乱雑な刑法規範を統一し，社会の変化やニーズに応じて多数の新たな犯罪類型を整備し，伝統を守りつつ諸外国の近代刑法の基本原則を導入しており，まさに中国の司法改革の重要な成果の1つと言うことができるであろう。また，政治的色彩を弱め，刑法の人権保護機能を強化した点で，法治国家の建設にとって重大な意義があると思われる。もちろん，重罰主義の顕在化，死刑の多用化，保安処分の欠落など，不十分な点が多々あると指摘されているが，全体としては，97年刑法を好意的に評価する意見が多数派である[38]。例えば，「今回の刑法改正は中国の刑法が近代市民刑法に仲間入りしたことを物語るといっても過言ではなかろう。」[39]と言われ，また「97年刑法は，中国の歴史において，もっとも系統的で，整備され，時代の息吹を吸収した歴史的な意義のある刑法典である。」という評価がなされている[40]。

Ⅳ　1997年以降の改正の動向

　法律は，常に社会の発展や司法実践より遅れている。これは，すべての国が直面している問題である。時代に応じて，法制度を改正し又は新設しなければならないことがある。中国の刑法も，この例外ではない。97年刑法が施行されて以降，全国人大常委会は，97年刑法に対して，12回にわたり改正を行った。また，13の立法解釈が

37　「黒社会的な組織」とは，地方の悪勢力を示し，一定の地域又は業界の範囲において，市場を独占し又は重大な影響力を持ち，経済の秩序又は社会生活の秩序を著しく破壊する組織である。刑法第294条を参照されたい。

38　趙秉志「積極促進刑法立法的改革与完善 —— 紀念97刑法典頒布10周年感言」法学2007年第9期，9頁参照。

39　王雲海・前掲注(32)47頁参照。

40　中国の著名な刑法学者である高銘暄教授の「和諧社会与中国現代刑法建設 —— 紀念新刑法頒布十周年学術研討会」における発言である。なお，黄京平「新刑法实施十周年的走向及評价」法学家2008年第1期57頁参照。

出された。以下では，これらの改正や立法解釈の背景及び内容について，順次概観していくことにする。

1 単行刑法

1997 年に起きたアジア金融危機[41] は，中国に重大な影響を与えた。中国はこの危機を乗り越えたが，国家の為替管理秩序を破壊する行為を撲滅するには刑法典が不十分であることが露わになってきた。そのため，国家の外国為替の管理秩序を維持するために，1998 年 12 月 29 日，「外国為替犯罪に関する決定」[42] が公布・施行され。

この単行刑法は，9 箇条の条文から構成されている。そのうち最も重要な内容は，第 1 条において，97 年刑法を補充するために，外国為替を詐欺の方法により購入した行為を犯罪化したことである。すなわち，「(1) 偽造若しくは変造された税関が発行した申告書若しくは輸入証明書又は外国為替管理部門が発行した許可文書その他の証書若しくは証票を行使したこと。(2) 税関が発行した申告書若しくは輸入証明書，又は外国為替管理部門が発行した許可文書その他の証書若しくは証票を繰り返して行使したこと。(3) その他の方法により外国為替を詐欺の方法により購入したこと」のいずれかの事情により，外国為替を詐欺の方法により購入した行為は犯罪であり，「数額が比較的大きいときは，5 年以下の懲役又は拘役に処し，詐欺の方法により購入された外国為替額の 5％以上 30％以下の罰金を併科する。数額が非常に大きいとき又はその他の重い情状があるときは，5 年以上 10 年以下の懲役に処し，詐欺の方法により購入された外国為替額の 5％以上 30％以下の罰金を併科する。数額が極めて大きいときその他の極めて重い情状があるときは，10 年以上の有期懲役又は無期懲役に処し，詐欺の方法により購入された外国為替額の 5％以上 30％以下の罰金又は財産の没収を併科する。」。また，第 2 項は，「税関が発行した申告書若しくは輸入証明書又は外国為替管理部門が発行した許可文書その他の証書若しくは証票を偽造し又は変造し，かつこれにより外国為替を詐欺の方法により購入したときは，前項の規定により重く処罰する。」と規定する。さらに，第 3 項は，「外国為替を詐欺の方法により購入することを知りながらその者に人民元の資金を提供したときは，共犯として処罰する。」と規定する。

41　これは，1997 年 7 月よりアジア各国の急激な通貨下落現象をいう。この通貨下落は米国のヘッジファンドを主とした機関投資家による通貨の空売りによって惹起され，東アジア，東南アジアの各国経済に大きな悪影響を及ぼした。

42　この単行刑法「外国為替犯罪に関する決定」の原文については，法律出版社法規中心編「中華人民共和国刑法注釈本」（法律出版社，2024 年）356-357 頁参照。

第一部　中国現行刑法の形成と展開 —— 第 12 次改正まで

　この単行刑法の 2 番目に重要な内容としては，第 3 条において，97 年刑法の第 190 条（外国為替逃避罪）の量刑規定を改正し，情状が最も重い場合の法定刑を「5 年以下の懲役」から「5 年以上の有期懲役」に改正したことが挙げられる。

2　刑法改正法[43]

(1)　改 正 法 一

　1999 年 12 月 25 日，社会主義市場経済秩序を破壊する犯罪を処罰し，社会主義の現代化を順調に促進するために，「中華人民共和国刑法改正法一」（以下「改正法一」という。)[44] が公布・施行された。この「改正法一」は，9 箇条から構成され，その当時審議中であった 2 つの単行刑法草案，すなわち「会計法違反の犯罪を処罰する決定（草案）」及び「先物に関する犯罪を処罰する決定（草案）」をまとめて，中国の立法史上初めて「改正法」の形で刑法典を改正したものである[45]。

　A　「改正法一」第 1 条は，刑法 162 条の 1 として「会計証明書会計帳簿財務会計報告書隠匿廃棄罪」を新設した。すなわち，「① 法律上保存すべき会計証明書，会計帳簿若しくは財務会計報告書を隠匿し又は故意に廃棄した者は，情状が重いときは，5 年以下の有期懲役又は拘役に処し，2 万元以上 20 万元以下の罰金を併科又は単科する。② 組織体が本条に規定する罪を犯したときは，組織体に対して罰金を科するほか，その直接責任を負う主管者及びその他の直接責任者も，前項と同様に処罰する。」という規定を新設した。

　B　「改正法一」は，いくつかの犯罪構成要件を改正した。

　まず，「改正法一」第 2 条は，刑法第 168 条（職責懈怠職権濫用による破産損失罪）を改正して，「① 国有会社又は企業の職員が，職責を著しく怠り又は職権を濫用し，国有の会社又は企業の破産又は重大な損失を生じさせ，国家の利益に特に重大な損失を与えたときは，3 年以下の有期懲役又は拘役に処する。国家の利益に特に重大な損失を与えたときは，3 年以上 7 年以下の有期懲役に処する。② 国の事業部門の職員が前項の行為を行い，国家の利益に重大な損失を与えたときも，前項と同様とする。③ 国有の会社，企業又は事業部門の職員が，私利を図るために汚職し，前 2 項の罪を犯したときは，第 1 項の規定により重く処罰する。」とした。つまり，本罪の犯罪

43　「中国刑法改正法一, 二, 三, 四, 五, 六, 七, 八, 九, 十, 十一, 十二」の原文は，法律出版社法規中心編・前掲注(42)380-455 頁以下参照。「中国刑法改正法八」の原文は，王尚新＝黄太云編「中華人民共和国刑法解読」（中国法制出版社，2011 年）844 頁以下参照。

44　原文のタイトルは「中華人民共和国刑法改正法」である。

45　高銘暄＝趙秉志編「中国刑法立法文献資料精選」（法律出版社，2007 年）95 頁参照。

20

者の身分を「国有の会社又は企業の直接責任を負う主管者」から「国有会社又は企業の職員」にまで拡大し，処罰範囲を拡張したのである。

また，「改正法一」は，刑法各則における市場経済の秩序を破壊する罪のうちの幾つかについて，処罰範囲を拡大した。すなわち，刑法第180条（インサイダー取引罪，内部情報漏洩罪，未公開情報利用取引罪）の客体「証券取引の内部情報」を「証券若しくは先物取引の内部情報」に，刑法第181条（証券先物虚偽情報捏造伝播罪，証券先物取引勧誘罪）の「証券の取引に影響を与える虚偽の情報」を「証券又は先物の取引に影響を与える虚偽の情報」に，刑法第182条（証券先物市場操縦罪）の「証券の取引価額」を「証券若しくは先物の取引価額」に，刑法第174条（金融機関不法設立罪，金融営業許可書・偽造変造譲渡罪）と第185（資金流用罪，公的資金流用罪）条における「商業銀行その他の金融機関」を「商業銀行，証券取引所，先物取引所，証券会社，先物会社，保険会社その他の金融機関」にそれぞれ改正したのである（「改正法一」第3条，第4条，第5条，第6条，第7条）。

(2) 改 正 法 二

2001年08月31日，森林を毀損して開墾し，又は林地を不法に占用し，濫用する犯罪を処罰し，森林資源を確実に保護するために，「中華人民共和国刑法改正法二」（以下「改正法二」という。）が公布・施行された。

「改正法二」は，2箇条から成り，もっぱら刑法第342条（耕地不法占用罪）の内容を以下のように改正したにとどまる。すなわち，「土地管理法規の規定に違反して，耕地，林地その他の農用地を不法に占用し又は転用し，その量が比較的大きく大量の耕地，林地その他の農用地を破壊した者は，5年以下の有期懲役又は拘役に処し，罰金を併科し又は単科する。」。つまり，構成要件中の客体が，改正前は「耕地」だけであったのに対し，改正後は「耕地，林地その他の農用地」となったのである（「改正法二」第1条）。

(3) 改 正 法 三

2001年9月11日，アメリカで4つの同時テロ事件が発生した。航空機を使った前代未聞の規模のテロ事件であり，それは，全世界に衝撃を与えた。同年9月29日，国際連合安全保障理事会は，第1373号決議（2001）を採択し，各国は，資金をテロ活動に提供し又は集める行為を犯罪化しなければならない，とした[46]。これを背景に，テロ犯罪を処罰し，国家の安全，人民の生命及び財産の安全を保障し，社会秩序を擁護するために，「中華人民共和国刑法改正法三」（以下「改正法三」という。）が，

46　高銘暄＝趙秉志・前掲注(45)104頁参照。

第一部　中国現行刑法の形成と展開 ── 第 12 次改正まで

2001 年 12 月 29 日に公布・施行された。この「改正法三」は，9 箇条の条文を設けている。その主な内容は，以下のように要約できる。

　A　「改正法三」は，3 つの罪を新設した。

　「改正法三」において最も注目されている点は，国連安保理第 1373 号決議（2001）に応じて「テロ援助罪」を新設したことである。すなわち，「改正法三」第 4 条は，刑法第 120 条の 1 を新設して，「① テロ組織又はテロリストを経済的に援助した者は，5 年以下の有期懲役，拘役，管制又は政治的権利の剥奪に処し，罰金を併科する。情状が重いときは，5 年以上の有期懲役に処し，罰金又は財産の没収を併科する。② 組織体が前項の罪を犯したときは，組織体に対して罰金を科するほか，その直接責任を負う主管者及びその他の直接責任者も，前項と同様に処罰する。」とした。

　また，「改正法三」第 8 条は，「偽危険物質投放罪」及び「虚偽テロ情報捏造故意流布罪」を新設した。すなわち，刑法第 291 の 1 として「偽の爆発物，毒性物，放射性物，伝染病の病原体その他の物質を投放し又は爆破の脅威，生物化学性脅威若しくは放射性脅威に関するテロ情報を捏造し若しくは捏造されたテロ情報と知りながらそれを故意に流布し，社会秩序を著しく乱した者は，5 年以下の有期懲役，拘役又は管制に処する。重い結果を生じさせたときは，5 年以上の有期懲役に処する。」という規定を新設した。

　B　「改正法三」は，いくつかの犯罪構成要件を改正した。

　まず，刑法第 114 条（放火罪，出水罪，爆発罪，危険物投放罪，危険な方法による公共安全危害罪）と第 155 条（放火罪，出水罪，爆発罪，危険物投放罪，危険な方法による公共安全危害罪，失火罪，過失出水罪，過失爆発罪，過失危険物投放罪，危険な方法による過失公共安全危害罪）に規定されていた「投毒」を「毒性物，放射性物，伝染病の病原体その他の物質を投放する」に改正した（「改正法三」第 1 条，第 2 条）。第 127 条（銃器弾薬爆発物危険物質窃取強取強盗罪）の犯罪対象物は，「銃器，弾薬若しくは爆発物」であったが，新たに「毒性物，放射性物，伝染病の病原体その他の物質」が追加された（同第 6 条）。

　また，刑法第 191 条の「マネー・ロンダリング罪」の資金源は，「薬物犯罪，黒社会的な組織犯罪又は密輸犯罪から得た不法な収益又はその果実」に限定されていたが，この改正により，テロ犯罪から得た不法な収益又はその果実も，この資金源に加えられた（「改正法三」第 7 条）。

　さらに，刑法第 125 条第 2 項（危険物質不法製造売買運搬貯蔵罪）を改正し，「毒性物，放射性物，伝染病の病原体その他の物質を不法に製造し，売買し，郵送し又は貯蔵した」行為を犯罪化した（「改正法三」第 5 条）。

C 「改正法三」第3条は，刑法第120条（テロ組織結成指導参加罪）における「テロ活動の組織を結成し，指導した」行為の法定刑を「3年以上10年以下の有期懲役」から「10年以上の有期懲役又は無期懲役」に引き上げた。

(4) 改正法四

2001年前後，国家標準，業界標準に適わない医療器具又は医療用衛生材料が生産又は販売される現象が数多く存在していた。また，利益を一方的に追求するために，未成年者を雇って，過酷又は危険な労働に従事させることもしばしばあった。そして，国家司法機関の職員の汚職又は職権乱用行為が，判決の執行段階においても存在すると指摘されてきた[47]。これらの状況を背景に，社会の管理秩序の妨害又は国家機関の職員の汚職その他の犯罪行為を処罰し，社会主義の現代化を順調に進展させ，国民の人身の安全を保障するために，「中華人民共和国刑法改正法四」（以下「改正法四」という。）が制定され，2002年12月28日に公布・施行された。この「改正法四」は，9箇条から構成される。その内容は以下のとおりである。

A 「改正法四」は，4つの罪を新設した。

第一に，「改正法四」第4条は，刑法第244条の1として「未成年者を過酷・危険労働に従事させる罪」を新設した。すなわち，「① 労働管理規定に違反して16歳未満の未成年者を雇い，過酷な肉体労働に従事させ，高空作業若しくは地下採鉱作業に従事させ又は爆発性，易燃性，放射性，有毒性その他の危険な環境下で働かせ，情状が重いときは，その直接責任者は，3年以下の有期懲役又は拘役に処し，罰金を併科する。情状が特に重いときは，3年以上7年以下の有期懲役を処し，罰金を併科する。② 前項の行為行い，事故を引き起こし，他の罪も犯したときは，併合罪の規定により処罰する。」。

第二に，「改正法四」第2条は，刑法第152条に次のような規定を追加し，「廃棄物密輸罪」を新設した。すなわち，「税関の管理を逃れ，境外の固体廃棄物，液体廃棄物又は気体廃棄物を境内に運搬した者は，情状が重いときは，5年以下の有期懲役に処し，罰金を併科又は単科する。情状が特に重いときは，5年以上の有期懲役に処し，罰金を併科する。」。

第三に，第8条は，刑法第399条に以下の内容を追加し，「判決裁定執行懈怠罪，判決裁定執行職権濫用罪」を新設した。すなわち，「判決又は裁定を執行するに当たり，特に職務を怠り又は職権を濫用し，法に違反して訴訟保全措置を行わず，法による執行の職責を履行せず，又は不法に訴訟保全措置若しくは強制執行措置を行い，当

47　高銘暄＝趙秉志・前掲注(45)111-112頁参照。

事者又はその他の者に重大な損失を与えたときは，5年以下の有期懲役又は拘役に処する。当事者又はその他の者に特に重大な損失を与えたときは，5年以上10以下の有期懲役に処する。」。

B 「改正法四」は，いくつかの罪の犯罪構成要件を改正した。

第一に，「改正法四」第1条は，刑法第145条（不良医療器具生産販売罪）を以下のように改正し，これまでの結果犯に加えて，新たに危険犯を設けた。すなわち，「人の健康を保障する国家標準若しくは業界標準に達していない医療器具若しくは医療用衛生材料を生産し又は人の健康を保障する国家標準若しくは業界標準に達していない医療器具若しくは医療用衛生材料であることを知りながらこれを販売した者は，人の健康に重大な危害を及ぼしうるときは，3年以下の有期懲役又は拘役に処し，売上金額の50％以上2倍以下の罰金を併科する。人の健康に重大な危害を及ぼしたときは，3年以上10年以下の有期懲役に処し，売上金額の50％以上2倍以下の罰金を併科する。結果が特に重いときは，10年以上の有期懲役又は無期懲役に処し，売上金額の50％以上2倍以下の罰金又は財産の没収を併科する。」。

第二に，「改正法四」第6条は，刑法第344条（国家重点保護植物不法伐採毀損罪，国家重点保護植物・同製品不法購入運搬加工販売罪）を改正して「国家規定に違反して，貴重な樹木若しくはその他の国が特に保護する植物を不法に伐採し若しくは毀損し又は貴重な樹木若しくはその他の国がとくに保護する植物若しくはその製品を不法に購入し，運搬し，加工し若しくは販売した者は，3年以下の有期懲役，拘役又は管制に処し，罰金を併科する。情状が重いときは，3年以上7年以下の有期懲役に処し，罰金を併科する。」とした。つまり，客体が，「貴重な樹木」から「貴重な樹木又はその他の国家がとくに保護する植物」に改正された。また，行為態様も「不法に伐採し若しくは毀損する」行為のみであったが，「不法に購入し，運搬し，加工し若しくは販売する」行為にまで拡大された。

第三に，「改正法四」第5条は，刑法第339条第3項（廃棄物無断輸入罪）における「固体廃棄物」を「固体廃棄物，液体廃棄物又は気体廃棄物」に改正した。また，刑法第155条第2項（密輸罪とみなされる間接的密輸行為）の犯罪地「内海又は領海」が「内海，領海，境川又は境湖」と改正された（「改正法四」第3条）。さらに，刑法第345条の「金儲けの目的で」という文言が削除された（同第7条）。

(5) 改 正 法 五

97年刑法は，177条において，「クレジットカード偽造罪」を規定するが，2000年以降，クレジットカードの普及に伴い，クレジットカードに関する犯罪は，急激に増えてきた。しかも，犯罪者は，海外の犯罪組織と連携し，組織化，専門化する傾向に

あった。その上，当時，全国的に不動産の建設ラッシュがあり，軍事通信光ケーブルなどの軍事通信設備が，違法な建築作業によって破壊されるケースも目立っていた。かくして，国家の軍事施設及び通信の安全が脅かされていた[48]。このような状況に対応し，金融の安全や軍事通信の安全を守るために，「中華人民共和国刑法改正法五」（以下「改正法五」という。）が2005年07月28日に公布・施行された。

「改正法五」は4箇条から成り，3つの「改正内容」を含んでいる。

まず，「改正法五」第1条は，刑法第177条の1として「クレジットカードの管理妨害罪」を新設した。すなわち，第1項として「次に掲げる事情のいずれかにより，クレジットカードの管理を妨害した者は，3年以下の有期懲役又は拘役に処し，1万元以上10万元以下の罰金を併科又は単科する。数が非常に多いとき又はその他の重い情状があるときは，3年以上10年以下の有期懲役に処し，2万元以上20万元以下の罰金を併科する。(1) 偽造のクレジットカードであることを知りながらこれを所持し若しくは運搬し又は偽造の空白のクレジットカード[49]であることを知りながらこれを所持し若しくは運搬し，その数が比較的多いこと。(2) 他人のクレジットカードを不法に所持し，その数が比較的多いこと。(3) 虚偽の身分証明書を用いてクレジットカードを不正に取得したこと。(4) 偽造された又は虚偽の身分証明書を用いて取得されたクレジットカードを販売し，購入し又は他人に提供したこと。」，第2項として「他人のクレジットカードの情報を窃取し，買い集め又は他人に不法に提供した者についても，前項と同様とする。」，第3項として「銀行又はその他の金融機関の職員が，職務上の有利な立場を利用して，第2項の罪を犯したときは，重く処罰する。」という規定を新設した。

また，「改正法五」第2条は，第196条（クレジットカード詐欺罪）を改正し，「虚偽の身分証明書を用いて取得したクレジットカードを行使する行為」を処罰行為にした。

さらに，「改正法五」第3条は，刑法第369条（武器装備軍事施設軍事通信設備破壊罪，過失武器装備軍事施設軍事通信設備破壊罪）を以下のように改正した。すなわち，第1項として「武器装備，軍事施設又は軍事通信設備を破壊した者は，3年以下の有期懲役，拘役又は管制に処する。重要な武器装備，軍事施設又は軍事通信設備を破壊した者は，3年以上10年以下の有期懲役に処する。情状が特に重いときは，10年以上の有期懲役，無期懲役又は死刑に処する。」，第2項として「過失により前項の罪

48　高銘暄＝趙秉志・前掲注(45)118-119頁参照。

49　磁気情報を含まないクレジットカードのことをいう。

25

を犯し，重い結果を生じさせたときは，3年以下の有期懲役又は拘役に処する。特に重い結果を生じさせたときは，3年以上7年以下の有期懲役に処する。」，第3項として「戦時において前2項の罪を犯したときは，重く処罰する。」という規定を新設した。つまり，刑法第369条は，これまで故意犯のみを処罰していたが，改正によって，過失犯も処罰できるようにされたのである。

(6) 改正法六

1978年からの改革開放政策が実施されて以降，中国経済は目覚ましい発展を遂げてきた。それと同時に，中国は，深刻な生産安全問題に直面している。例えば，炭鉱事故など一度に多数の死傷者を出すような重大な安全事故が頻発している。工業基盤の弱さと労働者の質の低さなどのファクターもあるが，経済的利益を一方的に追及するために，安全管理と監督が不十分であることが，その最も大きな理由と考えられる。また，金融産業の発展に伴い，金融犯罪も多様化し，増加しつつある。かくして，こうした状況に応じて，「中華人民共和国刑法改正法六」（以下「改正法六」という。）が，2006年06月29日に公布・施行された。「改正法六」は21の条文から構成されている。その主な内容は，以下のように要約できる。

A 「改正法六」は，8つの犯罪類型を新設した。

第一に，「改正法六」第3条が，刑法第135条の1として，「大型民衆的イベント重大安全事故罪」を新設した。すなわち，「大型民衆的イベント（大型群衆性活動）を開催するに当たって，安全管理規定に違反し，重大な死傷事故又はその他の重い結果を生じさせたときは，その直接責任を負う主管者及びその他の直接責任者は，3年以下の有期懲役又は拘役に処する。情状が特に悪質であるときは，3年以上7年以下の有期懲役に処する。」。

第二に，「改正法六」第4条は，刑法第139条の1として「安全事故隠蔽虚偽報告罪」を新設した。すなわち，「安全事故が起きた後，報告の職責を尽くすべき者が事故情況に関して報告をせず又は虚偽の報告をし，事故の救助活動を誤らせ，情状が重いときは，3年以下の懲役又は拘役に処する。情状が特に重いときは，3年以上7以下の懲役に処する。」。

第三に，「改正法六」第6条は，刑法第162条の2として，「偽装破産罪」を新設した。すなわち，「会社又は企業が，財産の隠匿，虚偽の債務の負担又はその他の方法により資産を移転し又は処分することによって，虚偽の破産を行い，債権者又はその他の人の利益に重大な損害を生じさせたときは，その直接責任を負う主管者及びその他の直接責任者については，5年以下の有期懲役又は拘役に処し，2万元以上20万元以下の罰金を併科又は単科する。」。

第四に，「改正法六」第9条は，刑法第169条の1として，「背任による上場会社利益損害罪」を新設した。すなわち，第1項として「上場会社の理事，監事又は高級管理者が，会社への忠実義務に背き，職務上の有利な立場を利用し，上場会社を操縦して次に掲げる行為のいずれかを行い，上場会社の利益に重大な損失を与えたときは，3年以下の有期懲役又は拘役に処し，罰金を併科し又は単科する。上場会社の利益に極めて重大な損失を与えたときは，3年以上7年以下の有期懲役に処し，罰金を併科する。(1) 資金，商品，サービス又はその他の資産を他の組織体又は個人に無償で供与する行為。(2) 資金，商品，サービス又はその他の資産を明らかに不公平な条件で供与する行為。(3) 明らかに弁済能力を備えていない組織体又は個人に資金，商品，サービス又はその他の資産を供与する行為。(4) 明らかに弁済能力を備えていない組織体若しくは個人の保証人になり又は正当な理由がないのにその他の組織体若しくは個人の保証人になる行為。(5) 正当な理由がないのに債権を放棄し又は債務を引き受ける行為。(6) その他の方法により上場会社の利益に損失を与える行為。」，第2項として「上場会社の筆頭株主又は実際の株支配者が，上場会社の理事，監事又は高級管理者に前項の行為を行わせたときも，前項と同様とする。」，第3項として「前項の罪を犯した上場会社の筆頭株主又は実際の株支配者が組織体であるときは，組織体に対して罰金を科するほか，その直接責任を負う主管者及びその他の直接責任者については，第1項と同様に処罰する。」という規定を新設した。

第五に，「改正法六」第10条は，刑法第175条の1として「貸付金手形信用書金融保証書騙取罪」を新設した。すなわち，第1項として「詐欺の手段により銀行又はその他の金融機関から，貸付金，手形引受，信用書，保証書その他のものを取得した者は，銀行又はその他の金融機関に重大な損失を与えたとき又はその他の重い情状があるときは，3年以下の有期懲役又は拘役に処し，罰金を併科又は単科する。銀行又はその他の金融機関に特に重大な損失を与えたとき又はその他の特に重い情状があるときは，3年以上7年以下の有期懲役に処し，罰金を併科する。」，第2項として「組織体が前項の罪を犯した場合は，組織体に対して罰金を科するほか，その責任を負う主管者及び他の直接責任者も，前項と同様に処罰する。」という規定を新設した。

第六に，「改正法六」第12条は，刑法第185条の1として，「信託財産の無断運用罪，資金違法運用罪」を新設した。すなわち，第1項として「商業銀行，証券取引所，先物取引所，証券会社，先物会社，保険会社又はその他の金融機関が，受けた委託に違反して，顧客の資金又はその他の信託財産を無断で運用し，情状が重いときは，組織体に対して罰金を科するほか，その直接責任を負う主管者及びその他の直接責任者についても，3年以下の有期懲役又は拘役に処し，3万元以上30万元以下の

罰金を併科する。情状が特に重いときは，3年以上10年以下の有期懲役に処し，5万元以上50万元以下の罰金を併科する。」，第2項として「社会保障基金管理機関，住宅公共積立金管理機関その他の公衆資金管理機関又は保険会社，保険資産管理会社若しくは証券投資基金管理会社が，国家規定に違反して資金を運用したときは，その直接責任を負う主管者及びその他の直接責任者は，前項と同様に処罰する。」という規定を新設した。

第七に，「改正法六」第17条は，刑法第262条の1として「身体障害者児童組織物金請わせ罪」を新設した。すなわち，「暴行又は脅迫を用いて，身体障害者又は14歳未満の未成年者を組織して通行人に物又は金銭を請わせた者は，3年以下の有期懲役又は拘役に処し，罰金を併科する。情状が重いときは，3年以上7年以下の有期懲役に処し，罰金を併科する。」。

第八に，「改正法六」第20条は，刑法第399条の1として，「枉法仲裁罪」を新設した。すなわち，「法により仲裁を担当する者が，仲裁活動において，故意に事実又は法律に違反して仲裁を行い，情状が重いときは，3年以下の懲役又は拘役に処する。情状が特に重いときは，3年以上7年以下の懲役に処する。」。

B 「改正法六」は，いくつかの罪の構成要件を改正又は補充した。

第一に，「改正法六」第1条及び第2条は，それぞれ刑法第134条（重大責任事故罪，危険作業強要罪）及び第135条（重大労働安全事故罪）に規定されていた「工場，鉱山，営林場，建築企業その他の企業又は事業体の従業員」という犯罪主体に関する要件を削除し，何人でも犯しうる犯罪に改め，その処罰対象を拡大した。

第二に，「改正法六」第5条は，刑法第161条（重要情報虚偽提供隠蔽罪）における「会社が，株主及び一般の公衆に対し，虚偽の又は重要な事実を隠蔽した財務会計報告を提供して，株主又はその他の人の利益に重大な損害を生じさせたとき」という要件を以下のように改正した。すなわち，「法により情報を公開する義務を負う会社又は企業が，株主及び社会の一般公衆に対し，虚偽の情報を提供し，重要な事実に関する財務会計報告を隠蔽し又は法的に公開すべき重要情報を規則に反して公開せず，株主又はその他の人の利益に重大な損害を生じさせたとき又はその他の重い情状があるとき」とされた。つまり，本罪の主体と行為態様に変更が加えられた。

第三に，「改正法六」第7条は，刑法第163条（非公務員収賄罪）の犯罪主体を「会社又は企業の職員」から「会社，企業又はその他の組織体の職員」に改正した。

第四に，「改正法六」第11条は，刑法第182条（証券先物市場操縦罪）の犯罪主体を「証券又は先物の取引価額を操縦して，不当な利益を取得し又はリスクを転嫁した者」から「証券又は先物市場を操縦した者」に改正した。また，「自己が実際に管理

している口座の間で証券の取引を行う」行為も処罰行為に加えられた。

第五に,「改正法六」第 8 条は,刑法第 164 条(非公務員に対する供賄罪)の供賄対象を「会社又は企業の職員」から「会社,企業又はその他の組織体の職員」に拡張した。

第六に,「改正法六」第 16 条は,刑法第 191 条(マネー・ロンダリング罪)の前提犯罪を「薬物犯罪,黒社会的な組織犯罪,テロ犯罪又は密輸犯罪」から「薬物犯罪,黒社会的な組織犯罪,テロ犯罪,密輸犯罪,横領賄賂犯罪,金融管理秩序を破壊する犯罪又は金融詐欺犯罪」に拡張した。

第七に,「改正法六」第 19 条は,刑法第 312 条(犯罪収益・果実仮装隠匿罪)の行為態様を「隠匿し,移転し,買収し又は販売の代行をした」から「隠蔽,移転,買収,販売の代行又はその他の方法によりそれを仮装し又は隠蔽した」に改正した。

C 賭博場開帳罪(刑法第 303 条)の法定刑は,「3 年以下の有期懲役,拘役又は管制に処し,罰金を併科する。」のみであったが,「改正法六」第 18 条により,その直後に「情状が重いときは,3 年以上 10 年以下の懲役に処し,罰金を併科する。」という規定を追加した。つまり,刑罰が一段と重くされたのである。

⑺ 改 正 法 七

近年,インターネットなどの通信技術の普及に伴い,国民の個人情報が違法に暴露され,使用されることがしばしばあり,国民の人身,財産,プライバシーの安全が危険に晒されている。また,証券会社などの金融機関の職員が,職務上知った内部情報その他の未公開情報を利用し,違法に利益を図り,リスクを転嫁する行為が散見される。そして,マルチ商法活動が多発し,その被害が拡大し,社会秩序の安定,国民の財産の安全が脅かされている[50]。これらを背景に「中華人民共和国刑法改正法七」(以下「改正法七」という。)が,2009 年 2 月 28 日に公布・施行された。「改正法七」は,15 個条から構成される。主な改正内容は,以下のとおりである。

A 「改正法七」は,以下の 5 つの犯罪類型を新設した。

第一に,「改正法七」第 4 条は,刑法第 224 条の 1 として「マルチ商法活動組織指導罪」を新設した。すなわち,「商品又はサービスを売りさばく活動の名目で,加入資格と引換えに参会者に費用を納付させ又は商品若しくはサービスを購入させ,かつ,一定の順序により階層を作り,増やした会員の数を直接若しくは間接に報酬若しくは返還する利益に関連させて参加者を誘惑し又は脅迫して継続的に会員を増やさせて,財物を騙取し,社会秩序を妨害するマルチ商法活動を組織し又は指導した者は,

---

50 倪哥「刑法改正案十大亮点」政府法制 2008 年第 19 期 7-8 頁参照。

第一部　中国現行刑法の形成と展開 —— 第 12 次改正まで

5 年以下の有期懲役又は拘役に処し，罰金を併科する。情状が重いときは，5 年以上の有期懲役に処し，罰金を併科する。」。

　第二に，「改正法七」第 7 条は，「国民個人情報売買不法提供罪，国民個人情報不法取得罪」を新設し，個人情報の不法利用行為を犯罪化した。すなわち，第 253 条の 1 として「① 国家機関又は金融，電信，交通，教育，医療その他の分野に関する組織体の職員が，国家規定に違反して，当該組織体が職務を執行する際又はサービスを提供する際に得た国民の個人情報を他人に売買し又は不法に提供し，情状が重いときは，3 年以下の有期懲役又は拘役に処し，罰金を併科する。② 前記の情報を窃取又はその他の方法により不法に取得し，情状が重いときは，前項と同様に処罰する。③ 組織体が前 2 項の罪を犯したときは，組織体に対して罰金を科するほか，その直接責任を負う主管者及びその他の直接責任者も，前 2 項と同様に処罰する。」という規定を新設した。

　第三に，「改正法七」第 9 条は，刑法第 285 条に第 2 項及び第 3 項として次の各規定を追加して，「コンピュータ情報システムのデータ不法取得不法管理罪」及び「コンピュータ情報システムのデータ不法取得不法管理ソフト道具供与罪」を新設した。すなわち，第 2 項として「国家規定に違反して，前項に規定する以外のコンピュータのデータシステムに侵入すること又はその他の技術的手段により，当該コンピュータの情報システムにおいて保存，処理若しくは転送されているデータを取得し又は当該コンピュータの情報システムを不法に管理した者は，情状が重いときは，3 年以下の有期懲役又は拘役に処し，罰金を併科又は単科する。情状が特に重いときは，3 年以上 7 年以下の有期懲役に処し，罰金を併科する。」，第 3 項として「専らコンピュータに侵入し若しくはコンピュータを不法に管理するために作られた専用のソフト若しくは道具を提供し又は他人がコンピュータに侵入し若しくはコンピュータを不法に管理する犯罪行為を行うことを知りながらソフト若しくは道具を提供した者が，情状が重いときも，前項と同様とする。」という規定を追加した。

　第四に，「改正法七」第 8 条は，刑法第 262 条の 2 として，「未成年を組織し治安管理妨害をさせる罪」を新設した。すなわち，「未成年者を組織して，窃盗，詐欺，奪取，恐喝その他の治安管理を妨害する行為を行わせた者は，3 年以下の有期懲役又は拘役に処し，罰金を併科する。情状が重いときは，3 年以上 7 年以下の有期懲役に処し，罰金を併科する。」。

　第五に，「改正法七」第 13 条は，刑法第 388 条の 1 として，「影響力収賄罪」を新設した。つまり，収賄罪の主体は，それまで「公務員」のみであったが，「公務員の近親又は公務員と親しい関係にある者」と「退職した公務員又はその公務員の近親若

しくはその公務員と親しい関係にある者」にまで拡張された。この規定の内容は以下のとおりである。すなわち，第1項として「公務員の近親又は公務員と親しい関係にある者が，当該公務員の職務上の行為を通じ又はこの公務員の職権若しくは地位により形成された有利な条件を利用して他の公務員の職務上の行為を通じ，請託者の不正な利益を図り，請託者に財物を要求し又は請託者から財物を収受し，数額が比較的大きいとき又はその他の比較的重い情状があるときは，3年以下の有期懲役又は拘役に処し，罰金を併科する。数額が非常に大きいとき又はその他の重い情状があるときは，3年以上7年以下の有期懲役に処し，罰金を併科する。数額が極めて大きいとき又は特に重い情状があるときは，7年以上の有期懲役に処し，罰金又は財産の没収を併科する。」，第2項として「退職した公務員又はその公務員の近親若しくはその公務員と親しい関係にある者が，当該退職した公務員の元の職権又は地位により形成された有利な条件を利用し，前項の行為を行ったときは，前項の規定により罪を認定し，処罰する。」という内容の規定が新設された。

B 「改正法七」は，いくつかの罪の構成要件を改正又は補充した。

第一に，「改正法七」第10条は，刑法第312条に第3項として次の規定を追加し，「犯罪収益・果実仮装隠匿罪」の両罰規定を増設し，処罰範囲を拡張した。すなわち，「組織体が前項の罪を犯したときは，組織体に対して罰金を科するほか，その責任を負う主管者及びその他の直接責任者も，前2項と同様に処罰する。」。

第二に，「改正法七」第1条は，刑法第151条第3項の客体を「珍奇な植物及びその製品」から「珍奇な植物及びその製品その他の国が輸出入を禁止する貨物又は物品」に拡張した。

第三に，「改正法七」第2条は，刑法第180条（インサイダー取引罪）の処罰対象を拡張した。すなわち，それまで「証券若しくは先物取引の内部情報を知る者，又は証券若しくは先物取引の内部情報を不法に取得した者が，証券の発行，証券若しくは先物の取引又は証券若しくは先物の取引価格に重大な影響を与える情報が公開される前に，当該情報が関わる証券を購入し若しくは売り出し，関係する先物の取引を行い又は当該情報を漏洩」する行為のみが処罰されていたが，新たに「明示的若しくは暗示的に他人にこれらの取引を行わせる」行為も処罰対象に加えられた。また，同条第4項として「未公開情報利用取引罪」を新設し，「職務上の有利な立場を利用して内部情報を除く未公開情報を取得して，規定に違反して当該情報が関わる証券若しくは先物の取引を行い又は明示的若しくは暗示的に他人にこれらの取引を行わせ，情状が重いときも，第1項と同様とする。」とした。

第四に，「改正法七」第5条は，刑法第225条（不法経営罪）第3項の「国の関係

する主管部門の許可を得ずに，法に違反して，証券業，先物業若しくは保険業を営む行為」を「国の関係する主管部門の許可を得ずに，法に違反して，証券業，先物業若しくは保険業を営み又は不法に資金の支払い決算業を営む行為」と改正し，「不法に資金の支払い決算業を営む行為」を犯罪行為とした。

第五に，「改正法七」第11条は，刑法第337条（動植物検疫防疫妨害罪）の処罰対象を「動植物出入境検疫法の規定に違反して，動植物の検疫を回避し，動植物に重大な疫病を引き起こした者」から「動植物の防疫及び検疫に関する国家規定に違反して，動植物に重大な疫病を引き起こした者又は重大な疫病の危険を生じさせ，情状が重い者」に拡張した。つまり，「結果犯」のみならず，「危険犯」も処罰されるようになったのである。

第六に，「改正法七」第12条は，刑法第375条に規定されている「武装部隊専用標識偽造窃盗売不法供与使用罪」の行為態様を「武装部隊の車両のナンバープレートその他の専用標識を不法に生産し又は売買した」から「武装部隊の車両のナンバープレートその他の専用標識を偽造し，窃取し，売買し，不法に供与し又は使用した」に改めた。また，その法定刑についても，それまでは「3年以下の有期懲役，拘役又は管制に処し，罰金を併科し又は単科する。」という規定があるのみであったが，その直後に「情状が特に重いときは，3年以上7年以下の有期懲役に処し，罰金を併科する」という規定が追加され，一段と厳しくなった。

C 「改正法七」は，いくつかの罪の法定刑を調整した。例えば，以下のものが挙げられる。

第一に，「改正法七」第3条は，刑法第201条（脱税罪）に第4項を追加して，「第1項の行為を行い，税務機関が法に従って納付催告を発した後，税金の不足分及び滞納金を納めて，行政処罰を受けた者は，刑事責任を追及しない。ただし，5年以内に脱税行為で刑事処罰を受けた者又は税務機関により2回以上行政処罰を受けた者については，この限りでない。」とした。つまり，脱税罪の初犯は，一定の条件のもとで，処罰が免除されうることとなったのである。これは，中国刑法が初めて犯罪の処罰を免除したことを意味しており，大きな意義を有すると思われる。

第二に，「改正法七」第14条は，刑法第395条（莫大財産由来不明罪）の法定刑を「5年以下の懲役又は拘役に処し，財産の差額部分を追徴する。」から「5年以下の懲役又は拘役に処する。その差額が極めて大きいときは，5年以上10年以下の懲役に処し，財産の差額部分を追徴する。」に改正し，法定刑の上限が引き上げられた。

第三に，刑法第239条（略取罪）の法定刑は，それまで「10年以上の有期懲役又は拘役に処し，罰金又は財産の没収を併科する。」であったが，「改正法七」第6条に

より，その直後に「情状が比較的軽いときは，5年以上10年以下の有期懲役に処し，罰金を併科する。」という規定が追加され，より軽く処罰することができるようになった。

(8) 改 正 法 八

　近年，経済の発展とともに，いくつかの新たな社会情勢や社会問題が現れてきた。例えば，危険運転，臓器売買，悪意による労働報酬不払い行為が急増してきた。そのため，刑法の一部規定の改正が要求されることになった。また，「寛大と厳罰を結合する」（寛严相済）刑事政策が中央立法府により一層重視されるようになった[51]。これを背景として，「中華人民共和国刑法改正法八」（以下「改正法八」という。）が，2011年02月25日に公布され，2011年5月1日に施行された。「改正法八」は，50箇条から構成され，1997年以来最も大幅な改正が行われた。しかも，初めて総則部分に対しても改正が行われた。「改正法八」による改正の内容は，以下のように要約できる。

　A　「改正法八」は，「寛大と厳罰を結合する」刑事政策に基づいて，死刑に当たる罪を減らし，死刑と無期懲役・有期懲役の重さの格差を縮め，未成年者と老人に対して寛大な処理を行うなど，97年刑法の刑罰体系を大幅に改めた。

　第一に，「改正法八」は，死刑に当たる13個の罪において死刑を廃止した。その罪とは，「文化財密輸罪」，「貴重金属密輸罪」，「珍奇動物・同製品密輸罪」，「普通貨物物品密輸罪」，「手形詐欺罪」，「金融証書詐欺罪」，「信用証書詐欺罪」，「付加価値税専用領収書，輸出還付金用証書・税金控除用証書不正作成罪」，「付加価値税専用領収書偽造販売罪」，「窃盗罪」，「犯罪方法伝授罪」，「古文化遺跡古墳盗掘罪」，「古人類化石古脊椎動物化石盗掘罪」である。そのうち，経済犯罪が9個，財産犯が1個，社会管理秩序妨害罪は3個と分類できる（「改正法八」第26条，第27条，第31条，第32条，第34条，第39条，第44条，第45条）。

　第二に，「改正法八」第4条は，刑法第50条を改正し，死刑の執行猶予に付された者の減刑に制限を加えた。すなわち，まず，死刑の執行猶予期間中に故意による罪を犯すことがなく，重大かつ確実な功績を上げたときの減刑幅を「15年以上20年以下の有期懲役」から「25年の有期懲役」に改正した。さらに，「死刑の執行猶予に付された累犯並びに殺人，強姦，強盗，略取，放火，爆発，危険な物質の投放及び組織的暴力的犯罪で死刑の執行猶予に処せられた者に対しては，裁判所により，犯罪の情状に応じて，同時に刑の減刑を制限することができる。」という規定が追加された。

51　王尚新＝黄太云・前掲注(43)854頁参照。

第一部　中国現行刑法の形成と展開 —— 第 12 次改正まで

　第三に，「改正法八」第 16 条は，刑法第 81 条を改正し，仮釈放の適用条件をより
厳格にした。すなわち，まず，無期懲役に処せられた犯罪者が，刑務所の規則を真面
目に遵守し，教育更生を受け，明らかに改悛の情があり，再犯の危険がなくなったと
きにおける仮釈放の前提条件としての服役期間が，「実際に懲役 10 年以上を執行さ
れる。」から「実際に懲役 13 年以上を執行される。」に引き延ばされた。さらに，「犯
罪者に対して，仮釈放を決定する際，仮釈放後の居住地の社区に与える影響を考慮し
なければならない。」という規定も加えられた。

　第 4 に，「改正法八」は，累犯になる者の範囲を改めた。一方で，刑法第 65 条は，
それまで「有期懲役以上の刑に処せられた犯罪者が，その刑の執行が完了し又は刑の
執行を赦免された後，5 年以内に再び有期懲役以上の刑を科すべき罪を犯したとき
は，累犯であり，重く処罰しなければならない。ただし，過失による犯罪は，この限
りでない。」と規定していたが，本改正により本条但書は，「ただし，過失による罪を
犯した者及び 18 歳未満の者による犯罪は，この限りでない。」と改正された。つま
り，18 歳未満の未成年が新たに累犯の適用範囲から除外された（「改正法八」第 6
条）。他方で，第 66 条は，それまで「国家の安全に危害を及ぼす犯罪者が，その刑の
執行が完了し又は赦免された後に，国家の安全に危害を及ぼす罪を再び犯したときは
何時でも，すべて累犯と論ずる。」と規定していたが，本改正により，「国家の安全に
危害を及ぼす罪，テロ活動に関する罪又は黒社会的な組織犯罪を犯した者が，その刑
の執行が完了し又は刑の執行を赦免された後に，前記のいずれかの罪を再び犯したと
きは何時でも，すべて累犯として論ずる。」とされ，特別累犯の範囲が拡張された（同
第 7 条）。

　第五に，「改正法八」は，未成年と老人に対して，いくつかの寛大な規定を設け
た。① 第 17 条の 1 が新設され，「75 歳以上の者が故意による罪を犯したときは，そ
の刑を軽くし又は減軽することができる。過失による罪を犯したときは，その刑を軽
くし又は減軽しなければならない。」とされた（「改正法八」第 1 条）。② 刑法第 49 条
に第 2 項が追加され，「裁判時に 75 歳に達した者には，死刑を適用しない。ただし，
特に残虐な手段を用いて人を死亡させたときは，この限りでない。」とされた。これ
により，老人に死刑が科される場合が大幅に減少した（同第 3 条）。③ 刑法第 65 条が
改正され，犯罪時に 18 歳未満の未成年が累犯規定の適用対象から除外されたことは
前述した（同第 6 条）。④ 刑法第 72 条が改正され，一定の条件に満たした 18 歳未満
の犯罪者と 75 歳に達した犯罪者に対しては，刑の執行猶予を宣告しなければならな
い，とされた（同第 11 条）。⑤ 刑法第 100 条が改正され，犯罪時に 18 歳未満であ
り，5 年以下の有期懲役に処せられた者は，刑法第 99 条に規定されている報告義務

が免除されることになった（同第19条）。

第六に，「改正法八」は，管制，執行猶予，仮釈放の執行方法を改めた。まず，管制に関して，刑法第38条が，「管制に処せられた者に対しては，犯罪の情状に基づいて，執行期間内において，特定の活動への従事，特定の区域若しくは場所への進入又は特定の人との接触を禁止することができる。管制に処せられた者に対しては，法に基づき社区矯正を行う。」と改正され，新たな執行方法が追加された（「改正法八」第2条）。また，刑法第76条及び第85条が改正され，刑の執行猶予を宣告された犯罪者及び仮釈放された犯罪者も，仮釈放後の観察期間内において，法により社区矯正を受けることとなった（同第13条，第17条）。

B 「改正法八」は，以下の6つの犯罪類型を新設した。

第一に，「改正法八」第22条は，刑法第133条の1として「危険運転罪」を新設した。すなわち，「① 道路上で自動車を運転して追いかけ若しくは競い合いをする者が，情状が悪質であるとき，又は道路上で酒酔い運転をする者は，拘役に処し，罰金を併科する。② 前項に規定する行為を行い，同時に他の罪を構成するときは，その処罰が重い規定により罪を認定し，処罰する。」。それまでは，刑法第133条において，「交通運輸管理法規に違反し，よって重大な事故を引き起こし，人に重傷害を負わせ若しくは人を死亡させ又は公私の財産に重大な損害を生じさせた」行為のみが処罰されていたが，本改正により，暴走や酒酔い運転といった危険な運転行為は，重大な事故を引き起こさなくても処罰されることになった[52]。

第二に，「改正法八」第33条は，刑法第205条の1として「領収書不正発行罪」を新設した。すなわち，「この法律の第205条に規定する以外の領収書を不正に発行した者が，情状が重いときは，2年以下の有期懲役，拘役又は管制に処し，罰金を併科する。情状が特に重いときは，2年以上7年以下の有期懲役に処し，罰金を併科する。」。

第三に，「改正法八」第35条は，刑法第210条の1として「偽造領収書所持罪」を新設した。すなわち，「偽造の領収書であることを知りながらそれを所持する者が，数量が多いときは，2年以下の有期懲役，拘役又は管制に処し，罰金を併科する。数量が非常に多いときは，2年以上7年以下の有期懲役に処し，罰金を併科する。」。

第四に，「改正法八」第37条は，「臓器売買組織罪」を新設し，臓器売買を組織す

---

52 この条文の改正を詳細に紹介した日本語文献として，岡村志嘉子「中国 —— 飲酒運転・危険運転の厳罰化」ジュリスト1426号（2011年）63頁がある。

第一部　中国現行刑法の形成と展開 —— 第 12 次改正まで

る行為及び不法に臓器を摘出する行為を犯罪化した[53]。すなわち，刑法第 234 条の 1
として「① 他人に働きかけて臓器を売らせる者は，5 年以下の有期懲役に処し，罰
金を併科する。情状が重いときは，5 年以上の有期懲役に処し，罰金又は財産の没収
を併科する。② 本人の同意を得ずにその臓器を摘出し，18 歳未満の者の臓器を摘出
し又は脅迫若しくは詐欺を用いて他人に臓器を提供させた者は，この法律の第 234
条又は第 232 条の規定により罪を認定し処罰する。③ 本人の生前の意思に反してそ
の死体の臓器を摘出した者又は本人が生前に同意を表明していなかった場合におい
て，国家規定に違反しその親族の意思に反してその死体の臓器を摘出した者は，この
法律の第 302 条の規定により罪を認定し，処罰する。」という規定を新設した。

　第五に，「改正法八」第 41 条が，刑法第 276 条の 1 として「賃金不払い罪」を新
設した。すなわち，「① 財産の移転，逃げ隠れその他の方法により，労働者への報酬
の支払いを免れ又は支払能力があるにもかかわらずこれを支払わなかった者が，数額
が比較的大きく政府の関係部門に命じられても依然として支払わなかったときは，3
年以下の有期懲役又は拘役に処し，罰金を併科又は単科する。重い結果を生じさせた
ときは，3 年以上 7 年以下の有期懲役に処し，罰金を併科する。② 組織体が前項の
罪を犯したときは，組織体に対して罰金を科するほか，その直接責任を負う主管者及
びその他の直接責任者も，前項と同様に処罰する。」。もっとも，第 3 項として「前 2
項の行為を行い，重い結果を生じさせず，公訴を提起される前に労働者に報酬を支払
い，かつ法律上相応の賠償責任を負う者は，その刑を減軽し又は免除することができ
る。」という規定がある。

　第六に，「改正法八」第 49 条は，刑法第 408 条の 1 として「食品監督管理懈怠罪」
を新設した。すなわち，「① 食品の安全を監督管理する職責を負う国家機関公務員
が，職権を濫用し又は職責を怠り，重大な食品安全事故又はその他の重い結果を生じ
させたときは，5 年以下の有期懲役又は拘役に処する。特に重い結果を生じさせたと
きは，5 年以上 10 年以下の有期懲役に処する。② 私利を図るために汚職し，前項の
罪を犯した者は，重く処罰する。」。

　C　「改正法八」は，幾つかの罪の構成要件を改正又は補充した。

　第一に，刑法第 109 条（逃亡罪）の構成要件は，「国家機関公務員が，公務の執行
中にその職務から無断で離れ，境外に逃亡し又は境外で国を裏切り，中華人民共和国
の安全に危害を及ぼした」というものであったが，「改正法八」第 20 条により，「国

53　中国においては，臓器移植を詳細に規制する法律は，「人体臓器移植条例」（2007 年 3 月 21
日）である。本条例の紹介及び日本語訳として，劉建利「中国の『人体臓器移植条例』につい
て」早稲田大学大学院法研論集 133 号（2010 年）265 頁以下がある。

36

家機関公務員が，公務の執行中にその職務から無断で離れ，境外に逃亡し又は境外で国を裏切った」のみとなり，「中華人民共和国の国家安全に危害を及ぼした」という要件が除外された。つまり，「逃亡罪」の処罰要件が緩和されたのである。

第二に，刑法第343条（鉱物不法採掘罪，鉱物破壊的採掘罪）の構成要件は，「鉱産物資源法の規定に違反して，採鉱の許可書を取得せずに無断で採鉱し，国の企画鉱区に進入して国民経済において重要な価値を有する鉱区若しくは他人の鉱区内で採鉱し又は国が規定する保護対象となっている特定の鉱種を無断で採鉱し，採掘停止を命令されても停止せずに鉱産物資源を破壊した」というものであったが，「改正法八」第47条により，「鉱物資源法の規定に違反して，採鉱の許可書を取得せずに無断で採鉱し，国の企画鉱区に進入して国民経済において重要な価値を有する鉱区若しくは他人の鉱区内で採鉱し又は国が規定する保護対象となっている特定の鉱種を無断で採鉱した者は，情状が重いとき」と改正された。要するに，要件の1つが「採掘停止を命令されても停止せずに鉱産物資源を破壊した」から「情状が重いとき」に改正され，鉱物を不法に採掘する行為の刑事責任が一層追及しやすくされた。

第三に，「改正法八」は，刑法第294条（黒社会的な組織結成指導参加罪，黒社会的な組織入境発展罪，黒社会的な組織庇護放任罪）に「黒社会的な組織」の定義規定を追加した。「改正法八」の第43条によれば，黒社会的な組織と言えるためには，同時に次の特徴を有しなければならない。すなわち，「(1) 比較的安定した犯罪組織が形成されており，人数が多く，明確な組織者及び指導者を持ち，中堅の構成員が概ね固定的であること。(2) 組織の活動を支えるために，犯罪活動又はその他の方法により経済的利益を取得し，一定の経済的実力を持つこと。(3) 暴行，脅迫又はその他の方法により犯罪活動を組織的に繰り返し行い，悪事を働き，国民大衆を抑圧し又は残害するものであること。(4) 犯罪活動の実施を通じて又は公務員の庇護若しくは放任を利用して，地方の悪勢力を示し，一定の地域又は業界の範囲において，市場を独占し又は重大な影響力を持ち，経済の秩序又は社会生活の秩序を著しく破壊するものであること。」。

第四に，「改正法八」第39条は，刑法第264条（窃盗罪）におけるそれまでの加重情状「(1) 金融機関において窃盗をし，数額が極めて大きいこと。(2) 貴重な文化財を窃取し，情状が重いこと」を削除した。この加重情状があるときは，法定刑が，「無期懲役又は死刑に処し，財産の没収を併科する。」であったので，この改正により，「窃盗罪」は死刑に当たる罪ではなくなった。

第五に，「改正法八」第46条は，刑法第338条（環境汚染罪）の情状要件を，「重大な環境汚染事故を生じさせ，公私の財産に重大な損失を与え又は人を死傷させる重

大な結果を発生させた」から「環境を著しく汚染した」に改正した。この改正は，環境汚染行為を早い段階で処罰できるようにしたものと思われる。

D 「改正法八」は，いくつかの罪の法定刑を調整した。

第一に，刑法第226条（取引強要罪），第244条（労働強要罪），第274条（恐喝罪）の法定刑の上限は，それぞれ「有期懲役3年」，「有期懲役3年」，「有期懲役10年」から「有期懲役7年」，「有期懲役10年」，「有期懲役15年」へと引き上げられた（「改正法八」第36条，第38条，第40条）。

第二に，刑法第293条（挑発混乱引起罪）に第2項が追加され，「他人を集めて繰り返して前項の行為を行わせ，社会秩序を著しく破壊した者は，5年以上10年以下の有期懲役に処し，罰金を併科する。」とされた。これにより，「挑発混乱引起罪」の法定刑の上限が5年の有期懲役から10年の有期懲役に引き上げられた（「改正法八」第42条）。

第三に，刑法第294条（黒社会的な組織結成指導参加罪，黒社会的な組織入境発展罪，黒社会的な組織庇護放任罪）における黒社会的な組織に積極的に参加する行為の法定刑の上限が，10年の有期懲役から7年の有期懲役に引き下げられた。他方で，この黒社会的な組織犯罪を庇護又は放任した公務員については，法定刑が，「3年以上10年以下の有期懲役」から「5年以上の有期懲役」に引き上げられた（「改正法八」第43条）。

第四に，刑法第141条（偽薬生産販売罪），第143条（非安全食品生産販売罪）および第144条（有毒有害食品生産販売罪）に科される罰金の額について，「売上金額の50％以上2倍以下の罰金」という具体的な文言が削除され，単に「罰金を併科する」と改正された（「改正法八」第23条，第24条，第25条）。

(9) 改 正 法 九

「改正法（八）」の後，新たな社会問題も現れ，刑法の一部規定の改正がまた要求されることになった。2015年8月29日に「中華人民共和国刑法改正法（九）」（以下「改正法（九）」という。）が公布され，同年11月1日に施行された。「改正法（九）」は，12の改正法の中で最も大幅な改正が行われ[54]，52箇条から構成された。犯罪規定においては，テロ犯罪やサイバー犯罪等に関する20の罪を新設し，犯罪類型がさらに厳密になった。刑罰規定においては，9つの罪名の死刑が削除され，横領賄賂犯罪に対して終身監禁が増設されて刑の減軽及び仮釈放ができないことになり，いくつ

54　改正法（一）」は9箇条，「改正法（二）」は2箇条，「改正法（三）」は9箇条，「改正法（四）」は9箇条，「改正法（五）」は4箇条，「改正法（六）」は21箇条，「改正法（七）」は15箇条，「改正法（八）」は50箇条から構成された。

かの犯罪にも罰金刑が新設され，罰則もさらに整備された。

A　総則に対する改正である。

第一に，「改正法九」は，総則に対して初めて「職業従事禁止」制度を設けた。「改正法（九）」第 1 条は，97 年刑法第 37 条の後に第 37 条の 1 を増設し，第 1 項で「職業上の便宜を利用して犯罪を犯し又は職業が要求する特定の義務を背く犯罪を実行した場合，人民法院は，当該犯罪の状況と再犯の予防により，刑の執行が完了した日又は仮釈放期間の満了日から，関連する職業に従事するのを禁止することができる。期限は，3 年から 5 年までである。」と規定し，第 2 項で「関連する職業に従事することが禁止された犯罪者が，人民法院の上記規定に基づく決定に反した場合，公安機関は，法により処罰する。情状が重いときは，本法第 313 条の規定により罰する。」と規定した。この制度に関して，学説においては，自ら犯した犯罪と関連する職業を禁止するのは刑罰措置の資格刑である刑罰説[55]と，行政措置の一つである行政処罰説及び犯罪を予防する措置である保安処分説[56]に分かれている。実務においては，この条文が適用されたのは，主に第 3 章の社会主義市場経済の秩序を破壊する罪（そのうち，有毒有害食品生産販売罪，非安全食品生産販売罪及び偽薬生産・販売・提供罪が 90％を占めている。），第 4 章の国民の身体の権利及び民主的権利を侵害する罪（そのうち，強制猥褻侮辱罪と児童猥褻罪が 85％を占めている。），第 6 章の社会管理の秩序を乱す罪（そのうち，第 1 節の公共の秩序を妨害する罪と第 6 節の環境資源の保護を破壊する罪が 60％を占めている。）であった[57]。しかし，ここで注意すべきなのは，第 3 項で「他の法律又は行政法規に，関連する職業に関する禁止又は制限規定がある場合には，その規定に従う。」と規定し，他の法律又は行政法規にすでに禁止又は制限規定があり，その期間と禁止される具体的な内容が本条と違う場合には，その規定に従う，とする点である。

第二に，「改正法九」第 2 条は，97 年刑法第 50 条第 1 項が規定する死刑の執行猶予を「故意により罪を犯したことが調査によって確認されたときは，最高人民法院が許可して死刑を執行する。」から，「故意により犯罪を犯し，情状が悪質であるときは，最高人民法院の許可を得て死刑を執行する。故意により犯罪を犯して死刑が執行されないとき，死刑の執行猶予期間は，再度計算し，最高人民法院へ報告し記録する。」に改正し，死刑の執行猶予の適用対象を拡張し，死刑を直ちに執行する範囲を

55　陳興良「『改正法(九)』に対する解釈と評論」貴州民族大学学報（哲学社会科学版）2016 年第 1 号（2016 年）122 頁参照。

56　羅翔「犯罪の付随性制裁制度の廃止」政法論壇第 41 巻 5 号（2023 年）26 頁参照。

57　魏佳軒＝劉学敏「刑事従業禁止：実務，困難と反省」（2023 年）刑事法評論 425 頁参照。

第一部　中国現行刑法の形成と展開 ── 第12次改正まで

縮小した。これは，死刑に対する世界の死刑廃止論に呼応したものだと考えられる。

　　第三に，罰金納付方法の増加である。多くの国と同じように，中国においても罰金刑は多用され，刑罰の中で重要な地位を占めている。しかし，中国は現在，罰金刑が執行され難い状況に直面している。その状況を改善するために，「改正法（九）」の第3条は，97年刑法第53条が規定する罰金刑の納付方法[58] の上に，人民法院の裁定により延期納付という納付方法を加え，罰金刑の納付方法を多様化したが，これは刑罰人道主義の体現とも言えよう。

　　第四に，異種自由刑の併合の新設である。97刑法第32条から第47条が規定する自由刑は，管制[59]，拘役[60]，有期懲役，無期懲役である。管制は，受刑者の身体の自由を制限せずに，その政治的権利の行使などの自由に一定の制限を加える刑罰であり，刑期は3月以上2年以下である。拘役は1月以上6月以下の短期自由刑であり，住居地又は裁判地に近接する拘禁場所で執行され，受刑者は月に1日ないし2日帰宅することができ，労働に参加した場合は，一定の報酬を受けられる。それゆえ，管制と拘役は，刑期の長さはもちろん，執行場所や強制労働されるか否かなどの面で，有期懲役，無期懲役と全然異なり，異種の自由刑であり，併合される場合はどういうふうに併合するかは条文上においては規定されていなかったため，学説上はずっと争われてきた。主に換算説，吸収説と独立処罰説が挙げられる。換算説は，管制と拘役を有期懲役に換算すべきだとして，管制の1日を有期懲役の2日，拘役の1日を有期懲役の1日として算入する，と主張する。吸収説は，重い刑罰の有期懲役と無期懲役が軽い刑罰の管制と拘役を吸収し，有期懲役か無期懲役を執行する，と考える。独立処罰説は，有期懲役が執行された後にまた管制と拘役を執行する，と主張する。実務においては換算説を採った場合が多いとはいえ，未だに定着していなかった。「改正法（九）」第4条は，刑法の第69条に第2項を増設し，数罪の中に有期懲役と拘役に処せられたものがあるときは，有期懲役を執行し，数罪の中に有期懲役及び管制又は拘役及び管制に処せられたときは，有期懲役，拘役の執行が完了した後，なお管制が執行されなければならない，と規定した。

　　B　各則に対して，一部の罪の死刑廃止である。

58　「改正法（九）」が施行される前の罰金刑の納付方法は，1回又は数回に分けて納付，強制的に納付，任意追徴，減免納付である。

59　管制とは，受刑者の身体の自由を制限せずに，その政治的権利の行使などの自由に一定の制限を加える刑罰である。刑期は3月以上2年以下である。

60　拘役は，短期自由刑である。刑期は1月以上6月以下であり，住居地又は裁判地に近接する拘禁場所で執行される。受刑者は月に1日ないし2日帰宅することができ，労働に参加した場合は，一定の報酬を受けられる。

現在，死刑制度に対して，死刑廃止の方向に向かっている，と言えよう。世界各国においては，死刑を刑罰制度上，あるいは事実上廃止した国は，100か国以上に及んでいる。中国においては，被害者や社会の応報感情などを考量し，死刑存置論を主張する声が依然として高い。しかし，死刑が誤判の場合に回復できないこと，人道的に許されないことや，犯罪の抑止力があるかどうかなどの点があり，中国においても死刑廃止論を主張する見解がある。中国刑法も世界の死刑廃止論に呼応しながら，2011年「改正法（八）」が13の罪の最高刑である死刑を削除した後，「改正法（九）」は，さらに9つの最高刑が死刑である罪を削除した。それは，第151条の武器弾薬密輸罪と核材料密輸罪と偽造通貨密輸罪，第170条通貨偽造罪，第192条集金詐欺罪，第358条の売春組織罪と売春強要罪，第426条軍事職務執行妨害罪，第433条戦時流言流布罪である。

　C　「幼女買春罪」の削除である。

　幼女買春罪は，97年刑法の第360条第2項により，「14歳未満の幼女と買春した者は，5年以上の有期懲役に処し，罰金を併科する。」と規定された。しかし，14歳未満の女子に対して，性同意能力があるかどうかについて，学説上はもちろん，実務においてもずっと前から争いがあった。「改正法（九）」第43条では，幼女買春罪が削除され，14歳未満の幼女には「絶対的な保護」が与えられ，初めて14歳未満の幼女は性交を行うか否かについての判断能力がなく，性同意能力が認められない，という結論を出した。すなわち，14歳未満の幼女であることを知りながら，該幼女と性行為を行った場合，幼女の同意の有無を問わず，すべて強姦罪になる。

　D　20の罪名が新設された。

　第一に，テロ犯罪に関する改正である。「改正法（九）」の改正において一番注目されたのは，テロ犯罪の予防及び抑制のために2001年「改正法（三）」により改正された2つの罪が二回改正され，第120条の2から6まで5つの条文が追加されたことである。

　① 第120条「テロ組織結成指導参加罪」についてテロ活動の組織を結成又は指導した者に財産の没収，積極的に参加した者に罰金の併科，その他の参加者に罰金併科可能とし，罰則を整えた。そして，2001年「改正法（三）」が新設した第120条の1「テロ援助罪」に第2項を追加し，テロ活動組織，テロ活動の実施又はテロ活動訓練のために人を募集し，輸送した場合もテロ援助罪と同様に処罰する，と改正されている。

　② それから，第120条の2「テロ実施準備罪」を新設し，以下の4つの場合に本罪が成立し（5年以下の有期懲役，拘役，管制又は政治的権利の剥奪，罰金を併科），情状

41

が重いときは加重犯となる（5年以上の有期懲役，罰金又は財産の没収を併科）。すなわち，第一に，テロ活動のために凶器，危険物品又は他の道具を用意した場合であり，第二に，テロ活動の訓練を組織し，又は積極的にテロ活動の訓練に参加した場合であり，第三に，テロ活動を実施するために，海外のテロ活動組織又は人員に連絡した場合であり，第四に，テロ活動を実施するための計画を立案し又は他の準備をした場合である。そして，本罪は，他の罪と競合したときは，処罰が重い規定により罰せられる。

③ 第120条の3「テロリズム，過激派の宣伝，テロ活動の実施を煽動する罪」を新設し，テロリズム，過激派に関する図書，音声，録画資料若しくはその他の物品を製作し，配布した場合又は，講義，情報の配布等の方法でテロリズム，過激派を宣伝し，テロ活動の実施を煽動した場合に本罪が成立するとし（5年以下の有期懲役，拘役，管制又は政治的権利の剥奪，罰金を併科），情状が重いときは加重犯となる（5年以上の有期懲役，罰金又は財産の没収を併科）。

④ 第120条の4「過激派を利用して法律の実施を破壊する罪」を新設し，過激派を利用して群衆を煽動し，脅迫し，国家が定める法律によって確定された婚姻，司法，教育，社会管理等の制度を破壊した場合に本罪が成立する（3年以下の有期懲役，拘役，管制，罰金を併科），情状が重いときは3年以上7年以下の有期懲役に処し，罰金を併科する。情状が特に重いときは，7年以上の有期懲役に処し，罰金又は財産の没収を併科する。

⑤ 第120条の5「テロリズム，過激派の服装，標識強制着用罪」を新設し，暴力，脅迫などの方法で他人を強制し，公共の場でテロリズム，過激派の服装，標識を着用させた場合に本罪が成立する（3年以下の有期懲役，拘役又は管制，罰金を併科）。

⑥ 第120条の6「テロリズム，過激派に関する物品の不法所持罪」を新設し，テロリズム，過激派の図書，音声録画資料又はその他の物品であることを知りながら，これらを不法に所持した者は，情状が重い場合に本罪が成立する（3年以下の有期懲役，拘役又は管制，罰金を併科又は単科）。

第二に，サイバー犯罪に関する新設である。近年，インターネットなどの通信技術が全国に普及するとともに，インターネットを利用する犯罪も急速に増えている。サイバー犯罪を抑制するために，「改正法（九）」は，4つのサイバー犯罪を新設した。

① 第286条の1「インターネット安全管理義務の履行拒否罪」を新設し，ネットサービスを提供する者は，法律又は政法規が規定するインターネットの安全管理義務を履行せずに，監督部門による改善措置の命令を拒んでこれを改善しない場合，以下の4つのいずれかの事情があるときは本罪を構成する，とした（3年以下の有期懲役，

拘役又は管制，罰金を併科又は単科）。すなわち，違法情報を大量に拡散したとき，利用者の情報を漏えいさせ重い結果を生じさせたとき，刑事事件の証拠を隠滅しその情状が重いとき及びその他重い情状があるとき，である。また，組織体が本罪を犯した場合に両罰規定により罰する。そして，本罪が他の罪と競合したときは，処罰が重い規定により罰する。

② 第287条の1「インターネット不法利用罪」を新設し，インターネットを利用し，以下のいずれかの行為を実行した場合に本罪が成立する，とした（3年以下の有期懲役，又は拘役，罰金を併科又は単科）。(a)詐欺，犯罪の方法を伝授し，違法な物品又は規制品を製造又は販売するウェブサイトを開設し又は連絡帳を設置した場合である。(b)薬物，銃器，猥褻物などの違法な物品，規制品又はその他犯罪に関する違法な情報を作出し又は販売した場合である。(c)詐欺などの違法な犯罪活動を実施するために情報を公開した場合である。また，組織体が本罪を犯した場合に両罰規定により罰する。そして，本罪が他の罪と競合したときは，処罰が重い規定により罰する。

③ 第287条の2「インターネットによる犯罪活動幇助罪」を新設し，他の者がインターネットを利用して犯罪を実施することを知りながら，その犯罪にインターネットの接続，サーバ・サイトの管理，インターネット存貯，通信伝出などの技術サポートを提供し又は広告の宣伝，支払決算などを幇助した者は，その情状が重いときは本罪が成立する，とした（3年以下の有期懲役又は拘役，罰金を併科又は単科）。また，組織体が本罪を犯した場合には，両罰規定により罰する。そして，本罪が他の罪と競合したときは，処罰が重い規定により罰する。

④ 第291条の1の第2項「虚偽情報変造・宣伝罪」を新設し，虚偽の険情，疫情，災情，警情を，インターネット若しくはその他の媒体で拡散し又は上述の情報が虚偽であることを知りながら，インターネット又はその他の媒体で故意に拡散し，社会秩序を大きく乱した場合に本罪が成立する，とした（3年以下の有期懲役，拘役又は管制）。重い結果を生じさせたときは本罪の加重犯になる（3年以上7年以下の有期懲役）。

第三に，国家試験カンニングに関する改正である。「改正法（九）」第25条は，刑法第284条の1として「試験カンニング組織罪」，「試験・答案不法提供販売罪」，「試験代替罪」を新設した。すなわち，まず法律により規定する国家試験において，カンニングを組織した者又はカンニングの器材を提供し，又はその他の幇助を提供した者は「試験カンニング組織罪」を構成し（3年以下の有期懲役又は拘役，罰金を併科し又は単科），情状が重いときは加重犯になる（3年以上7年以下の有期懲役，罰金を併科）。カンニング行為を実施するために，他人に，法律により規定する国家試験の問題，答

案を不法に販売し又は提供した者は「試験答案不法提供販売罪」を構成し，試験カンニング組織罪と同様に処罰される。他人を替え玉とし又は自分を他人の替え玉として，法律により規定する国家試験に参加した者は「試験代替罪」を構成する（拘役又は管制，罰金を併科又は単科）。

　第四に，「改正法九」は，「被後見者・被看護者虐待罪」を新設した。97年刑法第260条「虐待罪」が規定し，家庭の構成員を虐待した者が，情状が悪質であるときは「虐待罪」を構成し（2年以下の有期懲役，拘役又は管制），被害者に重傷害を負わせたとき又は死亡させたときは加重犯になる（2年以上7年以下の有期懲役）。しかし，当該虐待罪の保護対象は家庭の構成員に限られ，一緒に暮らしている家族同士の身体的権利を守っているだけである。近年，社会のニーズに応じながら，保育園，高齢者の養老施設や病院などが大幅に増加し，施設の介護員や看護婦などが未成年者，高齢者，障碍者を虐待した事案も相次いで発生した。そこで，「改正法（九）」第19条は，刑法第260条「虐待罪」に引き続き，第260条の1「被後見者，被看護者虐待罪」を新設し，未成年者，高齢者，疾患を患っている者，障害者などに対して後見，看護の義務を負う者は，被後見者，被看護者を虐待し，情状が悪質であったときは本罪を構成する，とした（3年以下の有期懲役又は拘役）。また，組織体が本罪を犯した場合に両罰規定により罰する。そして，本罪が他の罪と競合したときは，処罰が重い規定により罰する。

　第五に，近年，正当な債務を逃れること又は他人の財物を不法に領得することなどを目的とし，虚偽の事実によって民事訴訟を提起し，司法秩序を妨害した事案が相次いで発生した。そこで，「改正法（九）」第35条は，刑法第307条の1「虚偽訴訟罪」を新設し，虚偽の事実によって民事訴訟を提起し，司法秩序を妨害し又は他人の合法権益を著しく侵害した場合に本罪が成立する，とした（3年以下の有期懲役，拘役又は管制，罰金を併科又は単科）。情状が重いときは加重犯になる（3年以上7年以下の有期懲役，罰金を併科）。また，第2項を追加し，組織体が本罪を犯した場合に両罰規定により罰する。そして，第3項を追加し，本罪が他の罪と競合したときは，処罰が重い規定により罰する。第4項は，「司法要員が職務上の立場を利用し，他人と共同して前3項の罪を犯したときは，重く処罰する。同時に他の罪を構成したときは，その処罰が重い規定により罪を認定し，処罰する。」と追加された。

　第六に，第280条の1「偽造身分証明書使用，身分証明書盗用罪」を新設し，国家規定により身分証明を提示すべき活動において，偽造し，変造し又は窃取した住民身分証明証，パスポート，社会保障カード又は運転証など，法律により身分を証明することができる証明書を使用した場合，情状が重いときは本罪を構成する，とした（拘

役又は管制，罰金を併科又は単科）。また，本罪が他の罪と競合したときは，処罰が重い規定により罰する。

第七に，第290条第3項「国家機関勤務秩序妨害罪」を新設し，国家機関の勤務秩序を繰り返し乱し，行政処罰を受けたにもかかわらず改善せず，重い結果を生じさせた場合に本罪が成立する，とした（3年以下の有期懲役，拘役又は管制）。

第八に，第290条第4項「不法集合組織，援助罪」を増設し，繰り返し他人を組織，援助し不法に集合して社会秩序を乱し，情状が重い場合に本罪が成立する，とした（3年以下の有期懲役，拘役又は管制）。

第九に，第308条の1第1項「不公開審理事件に関する情報漏洩罪」を新設し，司法要員，弁護人，訴訟代理人又はその他の訴訟参加者が，法が定める不公開審理事件に関する公開すべきでない情報を漏洩し，情報を公開に伝播させ又はその他の重い結果を生じさせた場合に本罪が成立する，とした（3年以下の有期懲役，拘役又は管制，罰金を併科又は単科）。そして，本条が規定する行為を行い，国家の機密を漏洩したときは，この法律の第398条「国家機密漏洩罪，過失国家機密漏洩罪」の規定により罪を認定し，処罰する。

第十に，第308条の1第3項「不公開審理事件に関する情報暴露又は報道罪」を新設し，不公開審理事件に関する情報漏洩罪が規定する事件の情報を公的に暴露又は報道し，その情状が重いときは本罪を構成する，とした（3年以下の有期懲役，拘役又は管制，罰金を併科又は単科）。

第十一に，第390条の1「影響力者に対する贈賄罪」を新設し，第1項で，不正な利益を図るために，公務員の近親者若しくは公務員と親しい関係にある者又は退職した公務員若しくは同人の近親者若しくは同人と親しい関係にある者に贈賄した場合に本罪が成立する，とした（3年以下の有期懲役又は拘役，罰金を併科）。情状が重いとき又は国家の利益に重大な損失を与えたときは，3年以上7年以下の有期懲役に処し，罰金を併科する。情状が特に重いとき又は国家の利益に特に重大な損失を与えたときは，7年以上10年以下の有期懲役又に処し，罰金を併科する。第2項では，組織体が本罪を犯した場合の両罰規定を設けた。

E　罰則が改正された罪がある。

第一に，略取罪に関する罰則の改正である。「改正法（九）」第14条は，刑法第239条「略取罪」の死刑適用事情を「略取罪を犯して，略取された者を死亡させ又は殺害したときは，死刑に処し，財産の没収を併科する。」から「略の罪を犯して，略取された者を殺害したとき若しくは故意により略取した者を傷害し，重傷を負わせ又は同人を死亡させたときは，無期懲役又は死刑に処し，財産の没収を併科する。」に

改正した。

　第二に，被誘拐女子児童購買罪に関する罰則の改正である。近年，中国では，女子及び児童の誘拐事件が相次いで起き，刑法第 240 条だけでは当該犯罪への抑制力が弱いと考えられているが，当該犯罪の対向犯である「被誘拐女子児童購買罪」の罰則は軽すぎることも一つの原因と考えられる。そこで，「改正法（九）」第 15 条は，97 年刑法第 241 条「被誘拐女子児童購買罪」が規定する「刑事責任を追及しない」事情を削除し，「誘拐され売買された女子又は児童を買い受けた後，その児童に対し虐待行為を加えずこれが開放されるのを妨害しなかったときは，その刑を軽くすることができる。その女子の希望に従い，その女子がその原居住地に戻ることを妨害しなかったときは，その刑を軽くし又は減軽することができる。」と改正した。

　第三に，コンピュータ情報システム破壊罪に対する改正である。「改正法（九）」第 28 条は，97 年刑法第 286 条「コンピュータ情報システム破壊罪」の第 3 項の後に第 4 項を追加し，組織体が本罪になるときの両罰規定を増設した。

　第四に，会道門邪教組織利用・迷信利用法律実施妨害罪に対する罰則の改正である。「改正法（九）」第 33 条は，97 年刑法第 300 条第 1 項「会道門邪教組織利用・迷信利用法律実施妨害罪」につき，会道門若しくは邪教団体を結成し若しくは利用し又は迷信を利用して，国家の法律若しくは行政法規の執行を妨害した者は「3 年以上 7 年以下の有期懲役」とするのに加えて，罰金の併科を追加した。情状が特別に重いときは「7 年以上の有期懲役又は無期懲役」の上に，罰金又は財産の没収の併科を追加した。そして，本罪の減刑犯を追加し，情状が軽い場合は，3 年以下の有期懲役，拘役，管制又は政治的権利の剥奪に処し，罰金を単科又は併科する，とした。そして，本条第 3 項が規定する「会道門若しくは邪教団体を結成し若しくは利用し又は迷信を利用して，婦人を姦淫し又は財物を騙取した」場合には，97 年刑法の第 236 条「強姦罪」又は第 266 条「詐欺罪」が成立することから併合罪として処罰するという改正が行われた。

　第五に，判決裁定執行拒否罪に対する改正である。「改正法（九）」第 39 条は，97 年刑法第 313 条「判決裁定執行拒否罪」につき，人民法院による判決又は裁定に対して，履行能力があるにもかかわらずこれを拒否した者に対して，情状が重い場合という本罪の基本犯（3 年以下の有期懲役，拘役又は罰金）の上に，情状が特に重い場合を追加し，「3 年以上 7 年以下の有期懲役に処し，罰金を併科する。」という具合に改正された。また，本罪の主体を拡張し，第 2 項「組織体の両罰規定」も追加された。

　第六に，横領罪に関する罰則の改正である。社会経済が発展するとともに，横領罪を犯す者は大分増え，横領された金額もますます高額になっている。そこで，「改正

法（九）」第44条では，97年刑法第383条「横領罪」の罰則が大幅に改正された。まず，法定刑は，97年刑法の「5千元以上5万元未満のときは，1年以上7年以下の有期懲役に処する。情状が重いときは，7年以上10年以下の有期懲役に処する。」から「横領額が比較的大きいとき又はその他比較的重い情状があるときは，3年以下の有期懲役又は拘役に処し，罰金を併科する。」に，また，「個人の横領額が5万元以上10万元未満のときは，5年以上の有期懲役に処し，財産の没収を併科することができる。情状が特に重いときは，無期懲役に処し，財産の没収を併科する。」から「横領額が非常に大きいとき又はその他重い情状があるときは，3年以上10年以下の有期懲役，罰金又は財産の没収を併科する。」に，そして，「個人の横領額が10万元以上のときは，10年以上の有期懲役又は無期懲役に処し，財産の没収を併科することができる。情状が特に重いときは，死刑に処し，財産の没収を併科する。」から「横領額が極めて大きいとき又はその他特に重い情状があるときは，10年以上の有期懲役又は無期懲役に処し，罰金又は財産の没収を併科する。その金額が極めて大きいとき，及び国家並びに人民の利益に重大な損失を与えたときは，無期懲役又は死刑に処し，財産の没収を併科する。」に改正された。

　そして，一番注目されたのは，横領罪に対する終身監禁の増設である。横領をした金額が極めて大きいとき及び国家並びに人民の利益に重大な損失を与え，死刑執行猶予に処せられた者に対して，同時に人民法院により犯罪情状などに応じて，2年の刑期が満了し，法により無期懲役に減刑された後は，終身監禁とし，減刑及び仮釈放ができないと決定することができる，と規定された。これは，「改正法（八）」の後を受け，二回目の限定的刑の減軽制度の措置である[61]。

　第七に，贈賄罪の処罰規定に対する改正である。「改正法（九）」第45条は，97年刑法第390条「贈賄罪の処罰規定」につき，「贈賄罪を犯した者」（5年以下の有期懲役又は拘役）に罰金の併科を追加し，「贈賄により不正な利益を取得して，情状が重いとき」の上に「又は国家の利益に重大な損失を与えたとき」を追加し，罰金の併科も追加した。そして，第2項につき，「贈賄者が公訴を提起される前に自発的に贈賄行為を供述した場合にその刑を軽く又は減軽することができる」の上に，「そのうち，犯罪が比較的軽いときは，これにより重大事件の検挙に重要な役割を果たしたとき又は重大な功績を上げたときは，その刑を減軽し又は免除することができる。」と

61　「改正法（八）」第4条は，総則の第50条に第2項を増設し，「死刑の執行猶予に処せられた累犯並びに故意殺人，強姦，強盗，略取，放火，爆発，危険物質の投放及び組織的暴力犯罪で死刑の執行猶予に処せられた者に対しては，人民法院により，犯罪の情状に応じて，同時に刑の減軽を制限することができる。」と規定された。

第一部　中国現行刑法の形成と展開 —— 第 12 次改正まで

いう規定を追加した。

　第八に，罰金の併科を追加される。「改正法（九）」第 47 条，48 条，49 条は，97 年刑法第 391 条「対組織体贈賄罪」，第 392 条「賄賂斡旋罪」，第 393 条「組織体贈賄罪」につき，罰金の併科を追加した。

　F　各論に対して 6 個の罪名を変更した。

　第一に，「改正法（七）」が増設した第 253 条の 1「個人情報販売不法提供罪」を「国民個人情報侵害罪」に変更し，構成要件を「国家機関又は金融，電信，交通，教育，医療その他の分野に関する組織体の職員が，国の規定に違反して，当該組織体が職務を執行する際又はサービスを提供する際に得た国民の個人情報を他人に売買し又は不法に提供し，情状が重いとき」から，「国家規定に違反して，国民の個人情報を他人に販売し又は提供し，情状が重いとき」に改正した。

　第二に，「改正法（九）」は，97 年刑法が規定した第 280 条第 3 項の「住民身分証明証偽造変造売買罪」の犯罪対象を「住民身分証明書」から「住民身分証明証，パスポート，社会保障カード又は運転証など，法律により身分を証明することができる証明書」に拡張し，行為も「偽造又は変造」から「偽造，変造又は売買」に改正した。

　第三に，97 年刑法第 283 条「スパイ専用器材不法生産販売罪」を「スパイ専用器材・盗聴・盗撮専用器材の不法生産販売罪」に改正し，「3 年以下の有期懲役，拘役又は管制」に「罰金を併科し又は単科」が追加され，情状が重いときの加重犯（3 年以上 7 年以下の有期懲役，罰金を併科）も追加された。第 2 項に組織体の両罰規定も増設された。

　第四に，97 年刑法第 302 条の「死体窃盗侮辱罪」を「死体・死骸・遺骨及び遺灰窃盗・侮辱・破壊罪」に変更し，犯罪の対象を死体から死体，死骸，遺骨と遺灰に拡張し，犯罪手段も窃盗から窃盗，侮辱及び破壊までに拡大した。

　第五に，「改正法（九）」は，97 年刑法第 311 条「スパイ犯罪証拠提出拒否罪」を「スパイ犯罪・テロリズム犯罪・過激派犯罪に関する証拠提出拒否罪」に変更し，構成要件を「他人のスパイ犯罪行為，テロリズム，過激派による犯罪行為を知りながら，司法機関が関係事実を調査し又は関係証拠を収集する際に，その提出を拒否したこと」に改正した。

　第六に，97 年刑法の第 350 条の罪名「薬物原料密輸罪，薬物原料不法売買罪」を「薬物原料不法生産，売買，運搬罪，薬物原料密輸罪」に変更し，不法生産，運搬という犯罪手段が増設され，法定刑も「3 年以下の有期懲役，拘役又は管制に処し，罰金を併科する。その量が多いときは，3 年以上 10 年以下の有期懲役に処し，罰金を併科する。」から「3 年以下の有期懲役，拘役又は管制に処し，罰金を併科する。情

48

状が重いときは，3年以上7年以下の有期懲役に処し，罰金を併科する。情状が特に重いときは，7年以上の有期懲役に処し，罰金又は財産の没収を併科する。」に改正した。

　G　罪名が変更されず，犯罪の構成要件だけを改正した罪がある。

　第一に，97年刑法第133条の1「危険運転罪」の構成要件が，「道路上で自動車を運転して追いかけ若しくは競い合いをする者が，情状が悪質であるとき又は道路上で酒酔い運転をすること」から次の4つの場合へと改正された。すなわち，(a)追跡又は競争をしてその情状が悪質な場合である。(b)道路上で酒酔い運転をした場合である。(c)通学送迎若しくは乗客運送業に従事する者が定員を大幅に超過して乗客を乗せた又は法定速度を大幅に超過して運転した場合である。(d)化学危険物品安全管理規定に違反して化学危険物品を運送し公共の安全に危害を及ぼした場合である。(c)と(d)の場合の主体は，直接責任を負う自動車の所有者及び管理者に及んだ。

　第二に，「改正法（九）」第13条では，97年刑法第237条「強制わいせつ罪」（5年以下の有期懲役又は拘役）の犯罪対象が拡張され，暴行，脅迫又はその他の方法により，強制的に猥褻な行為を行った対象が「婦人」から「他人」に改正された。第2項の加重犯（5年以上の有期懲役）が，「多衆集合し又は公共の場所において前項の罪を公然と犯したとき」から「多衆集合し又は公共の場所において前項の罪を公然と犯したとき若しくはその他悪質な情状があったとき」に改正された。

　第三に，「奪取罪」につき，97年刑法第267条「奪取罪」の「公私の財物を奪取した者が，数額が比較的大きいとき」という構成要件の上に，「又は繰り返し財物を奪取したとき」を加えた。

　第四に，97年刑法第277条「公務妨害罪」の条文に第5項を加え，暴行を用いて職務を執行している人民警察を攻撃したときは，公務妨害罪になり，重く処罰するという改正が行われた。

　第五に，「改正法（九）」第30条は，97年刑法第288条「無線通信管理秩序妨害罪」の「使用停止の命令を受けてもこれを拒否し」という構成要件を削除し，罰則も「重い結果を生じさせたときは，3年以下の有期懲役，拘役又は管制に処し，罰金を併科し又は単科する。」から「情状が重いときは，3年以下の有期懲役，拘役又は管制に処し，罰金を併科し又は単科する。情状が特に重いときは，3年以上7年以下の有期懲役に処し，罰金を併科する。」に改正された。

　第六に，「改正法（九）」第31条は，97年刑法290条第1項「多衆集合社会秩序妨害罪」の構成要件に，「医療」を加え，「多衆集合して社会秩序を乱し，情状が重く，勤務，生産，営業，教育学習，科学研究又は医療を不可能にして重い損失を与えたと

きは，その首謀者は，3年以上7年以下の有期懲役に処し，積極的にこれに参加したその他の者は，3年以下の有期懲役，拘役，管制又は政治的権利の剥奪に処する。」と改正された。

第七に，刑法第309条「法廷秩序妨害罪」は，「改正法（九）」第37条により法廷の秩序を乱す行為が以下4つの場合に具体化された。すなわち，第一は，多衆集合して，騒乱を引き起こし，法廷に乱入した場合である。第二は，司法要員又は訴訟参加者を殴打した場合である。第三は，司法要員又は訴訟参加者を侮辱し，誹謗し又は脅迫し，法廷の制止を聞かず法廷の秩序を著しく乱した場合である。第四は，法廷の施設を損壊し，訴訟文書，証拠等を奪取，損壊し，法廷の秩序を乱す行為を行い，情状が重い場合である。

第八に，「改正法（九）」第40条は，97年刑法第322条「密航罪」が規定する「国境（辺境）管理法規に違反して，不法に国境（辺境）を越えた者は，情状が重いときは，1年以下の有期懲役，拘役又は管制に処し，罰金を併科する。」の下に，テロ犯罪を抑制するためにテロ犯罪の予備行為を犯罪化し，「テロ活動組織，テロ活動の訓練又はテロ活動の実施のために，不法に国境（辺境）を越えた者は，1年以上3年以下の有期懲役に処し，罰金を併科する。」という規定を増設した。

H 「ただし書」を追加した。

「改正法（九）」第18条は，97年刑法第260条第3項「第1項の罪は，告訴がなければ処理しない。」の上に，「ただし，被害者に告訴能力がない場合，又は強制，威嚇により告訴ができない場合は，この限りでない。」を追加した。

(10) 改 正 法 十

2017年11月4日，国歌を侮辱した犯罪行為を抑制するため，「中華人民共和国刑法改正法（十）」（以下「改正法（十）」という。）が公布され，同日に施行された。「改正法（十）」は，2箇条から構成され，本改正案の施行日を規定した第2条を除けば，実質的な内容がもっぱら第1条にある。「改正法（十）」第1条は，97年刑法第299条「国旗国章侮辱罪」の第1項の後に第2項を増設し，「公共の場所において，故意に中華人民共和国の国歌の歌詞，曲譜を改ざんし，曲解し，貶めるといった方法で国歌を奏唱し又はその他の方法により国歌を侮辱し，情状が重い者は，前項の規定により処罰する。」という改正が行われ，罪名も「国旗国章侮辱罪」から「国旗国章国歌侮辱罪」に変更された。

(11) 改 正 法 十 一

近代社会になって経済や科学技術が急速に発展するとともに，リスク社会にもなりつつあり，国の安全，人の生命及び財産の安全等に対する国民の不安感も増加してい

る。そこで，2020 年 12 月 26 日に「中華人民共和国刑法改正法（十一）」（以下「改正法（十一）」という。）が公布され，翌年 3 月 1 日に施行された。「改正法（十一）」は，97 年刑法成立から今までの 12 回の改正案の中で一番注目された改正案と言われ，48 箇条から構成され，13 箇条の条文を新設し，34 箇条の条文を修正した[62]。「改正法（十一）」の施行により，中国刑法は，積極的な予防主義を採って，正式に安全刑法となり，安全刑法が中国刑法の性質と特色になった[63]。

　A　「改正法（十一）」は，総則に関して，1 箇条を改正し，刑事責任年齢を引き下げた。近年，中国においてはインターネットの普及や個人メディアの急増により，大連で刑事責任年齢に満たない 13 歳の少年が 10 歳の幼女を強姦目的で殺害した悪質な事件[64] が発生したとたんに，影響が全国まで広がり，14 歳の刑事責任年齢を引き下げる声が高まった。国民の「刑事司法の無力さ」を嘆く「被害者感情」に応えながら，「改正法（十一）」第 1 条では 97 年刑法第 17 条「刑事責任年齢」の改正が行われた。すなわち，97 年刑法 17 条第 2 項の後に第 3 項を増設し，「12 歳以上 14 歳未満の者が，故意の殺人，故意の傷害の罪を犯し，人を死亡させたとき又は特に残虐な方法により人に重傷害を負わせ，重要な身体機能を喪失させ，情状が悪質であり，最高人民検察院により訴追の許可を得たときは，刑事責任を負わなければならない。」とする規定が追加された。また，元の第 4 項が第 5 項になり，16 歳未満のゆえに処罰されない者については，その家長又は後見人に管理及び教育を命じるほか，必要なときに，「政府がこの者を収容して矯正させることができる。」から「法により専門的な矯正教育を受けさせることができる。」に改正された。ここで注意すべきは，刑罰法令に触れる行為を行った 14 歳未満の未成年者に対して相変わらず保護と更生が中心とされ，「12 歳以上 14 歳未満の者」が刑事責任を負うには厳しい条件を満たさなければならない点である。(a)罪質の条件であるが，犯した罪は故意殺人，故意傷害罪でなければならない[65]。(b)結果の条件であるが，被害者を死亡させ又は特に残虐な方法により被害者に重傷害を負わせ，重要な身体機能を喪失させたのでなければならな

62　許永安「我が国今までの修正案の総括」中国法律評論（総）第 56 期（2024 年第 2 期）188 頁。

63　劉艶紅「中国刑法の発展方向：安全刑法か自由刑法か」政法論壇第 41 巻第 2 期（2023 年）62 頁。

64　https://baike.baidu.com/item/10%C2%B720%E5%A4%A7%E8%BF%9E%E6%95%85%E6%84%8F%E6%9D%80%E4%BA%BA%E6%A1%88/24067783?fr=ge_ala。

65　ここにいう「故意の殺人，故意の傷害の罪」とは「殺人罪および傷害罪」だけを指すのか或いは略取殺人や強盗重傷害のように「殺人罪及び傷害罪」と同じ罪質の犯罪かについては，学説上も実務上も議論していた。通説は，同じ罪質の犯罪である「罪質説」をとっている（黎宏「「改正法（十一）」若干要点の解析」上海政法学院学報〔法治論従〕2022 年第 2 期 4 頁）。

い。(c)情状の条件であるが，情状が悪質でなければならない。(d)手続きの条件であるが，最高人民検察院により訴追の許可を得なければならない。

B 「改正法（十一）」は，17 の罪を新設したが，その中の大部分は危険犯である。

第一に，刑法 133 条の 2「安全運転妨害罪」を増設し，第 1 項と第 2 項により，走行中の公共交通機関内の運転手に対して暴行を加え又は運転操縦装置を奪取し，公共交通機関の正常な走行をかく乱させ，公共の安全に危害を及ぼした者又は運転手が無断で走行中の公共交通機関を離れ，他人との殴り合い又は他人を殴打し，公共の安全に危害を及ぼした者は，安全運転妨害罪になる（1 年以下の有期懲役，拘役又は管制，罰金を併科又は単科）。そして，第 3 項に本罪が他の罪と競合したときは，その処罰が重い規定により処罰する，という改正が行われた。

第二に，刑法 134 条の 1「危険作業罪」を新設した。生産又は作業過程において，安全管理規定に違反し，以下のいずれかの行為が行われたときは，重大な死傷事故又はその他の重い結果を生じさせる現実の危険性がある場合には本罪が成立する（1 年以下の有期懲役，拘役又は管制）。すなわち，(a)生産の安全及びこれに直接関わる監視，警報，防護，救命設備，施設を閉鎖，破壊し又はその関連データ及び情報を改ざん，隠匿，廃棄した行為である。(b)重大な事故が発生する恐れがあるため，法により生産，施工，関連設備，施設，場所の使用を停止するよう又は直ちに危険を排除する改善措置をとるように通知されたにもかかわらず，それを実施しなかった行為である。(c)生産の安全に関わる事項につき，法による批准又は許可を得ずに，無断で鉱山採掘，金属製錬，建築施工及び危険物品の生産，経営，貯蔵等に危険性の高い生産作業活動を従事した行為である。

第三に，刑法 142 条の 1「薬品管理妨害罪」を新設した。薬品管理法規に違反し，以下の 4 つのいずれかの事情があり，人の健康に重大な危害を及ばすに足りる危険を生じさせた者は，薬品管理妨害罪になる（3 年以下の有期懲役又は拘役，罰金を併科又は単科）。すなわち，(a)国務院薬品監督管理部門が使用禁止の薬品を生産又は販売したことである。(b)薬品に関する許可証明書を取得せずに薬品を生産，輸入し，前記薬品を販売したことである。(c)薬品の登録申請において，虚偽の証明，データ，資料，見本を提供し，又はその他の詐欺的な方法でこれを使用したことである。(d)生産，検査記録を捏造したことである。人の健康に重大な危害を及ぼしたとき又はその他情状が重いときは本罪の加重犯となる（3 年以上 7 年以下の有期懲役，罰金を併科）。そして，第 2 項では本罪が他の罪と競合したときは，その処罰が重い規定により処罰するという改正が行われた。

第四に，刑法 219 条の 1「国（境）外へ商業機密又は情報の窃取探知買収不法提供罪」

を新設した。「境外における機構，組織又は個人のために，商業秘密を窃取し，探知し，買収し又は不法に提供した者は，5年以下の有期懲役に処し，罰金を併科し又は単科する。情状が重いときは，5年以上の有期懲役に処し，罰金を併科する。」という条文が追加された。

第五に，刑法第236条の1「監護の職責を負う者による性侵害罪」を新設した。監護の職責を負う者による性侵害罪は，14歳以上16歳未満の未成年女性に対して後見，里親，監護，教育，医療など特殊な職責を負う者が，当該未成年女性と性的関係をもった場合に成立する（3年以下の有期懲役）。情状が悪質であるときは，加重犯になる（3年以上10年以下の有期懲役）。第2項では，本罪と強姦罪が競合したとき，その処罰が重い規定により罪を認定して処罰する，と規定された。

第六に，刑法277条の第4項に「警察襲撃罪」を新設した。暴力により職務を執行している人民警察を攻撃した場合に警察襲撃罪が成立し（3年以下の懲役，拘役又は管制）又は銃器，規制された刀剣若しくは自動車を運転し衝撃などの手段を使用し，又はその他の身体の安全を著しい危害を及ぼした場合は警察襲撃罪の加重犯になる（3年以上7年以下の有期懲役）。

第七に，刑法第280条の2「身分窃取罪」を新設した。第1項の規定によると，身分窃取罪は，他人の身分を窃取し又は盗用し，その人の代わりに高等学歴教育入学資格，公務員雇用資格，就職安置処遇を取得した場合に成立する（3年以下の有期懲役，拘役又は管制，罰金を併科）。第2項は「他人を組織し，指示して前項の行為を行ったときは，前項の規定により重く処罰する。」と規定し，第3項は「公務員が前2項の行為を行い，他の罪も犯したときは，併合罪の規定により処罰する。」と規定した。

第八に，刑法第291条の2「高所からの物品投棄罪」が新設された。第1項により，建築物又はその他高所から物品を投棄した者は，情状が重いときは，1年以下の有期懲役，拘役又は管制に処し，罰金を併科し又は単科する。第2項によると，本罪が他の罪と競合したときは，その処罰が重い規定により処罰する。

第九に，刑法293条の1「不法債務要求罪」を新設した。暴行又は脅迫を用いたことか，人の身体の自由を制限し又は人の住居に侵入したことか，あるいは人を恐喝し，尾行し又はパワハラを行ったことを通じて，高利貸付金等で生じた不法債務を要求し，その情状が重い場合は不法債務要求罪になる（3年以下の有期懲役，拘役又は管制，罰金を併科）。

第十に，刑法299条の1「英雄烈士の名誉及び栄誉侵害罪」を新設した。侮辱，誹謗又はその他の方法で英雄烈士の名誉，栄誉を侵害し，社会の公共の利益を侵害し，情状が重い場合に成立する（3年以下の有期懲役，拘役若しくは管制又は政治的権利を剥

奪）。

　第十一，刑法第303条第2項の後に第3項「国（境）外賭博組織罪」が追加された。すなわち，「中華人民共和国の公民を組織し，国（境）外において賭博をし，金額が非常に大きいとき又はその他重い情状がある」場合に国（境）外賭博組織罪が成立し（5年以下の有期懲役，拘役又は管制），情状が重いときは加重犯として処罰する（5年以上10年以下の有期懲役，罰金の併科）。

　第十二に，刑法第334条の1「人類の遺伝資源不法収集・人類の遺伝資源材料密輸罪」を新設した。国の規定に違反して，本邦の人類の遺伝資源を不法に採取し又は本邦の人類の遺伝資源材料を不法に境外に輸出し，郵送し若しくは携帯し，公衆の健康若しくは社会の公益を害し，情状が重い場合は本罪が成立する（3年以下の有期懲役又は拘役，罰金を併科又は単科）。情状が特に重い場合は加重犯になる（3年以上7年以下の有期懲役，罰金を併科）。

　第十三に，刑法第336条の1「ヒトゲノム及びクローン胚不法移植罪」を新設した。ヒトゲノム又はクローン胚を人体若しくは動物に移植し又はゲノム編集，クローン動物胚を人体に移植した者は，情状が重い場合に本罪が成立する（3年以下の有期懲役又は拘役，罰金を併科）。情状が特に重い場合は加重犯になる（3年以上7年以下の有期懲役，罰金を併科）。

　第十四に，刑法第341条の第2項の後に第3項「陸生野生動物不法捕獲購入運搬販売罪」が追加された。すなわち，野生動物保護管理法規に違反して，食用目的で野原の自然環境において，第1項が規定するもの以外の自然の中で成長繁殖の陸生野生動物を不法に捕獲し，購入し，運搬し若しくは販売した者は，情状が重い場合には本罪が成立する（3年以下の有期懲役，拘役，管制又は罰金）。

　第十五に，刑法第342条の1「自然保護地破壊罪」を新設した。第1項によると，本罪は，自然保護地管理法規に違反して，国営公園，国家が管理する自然保護区域内において，開墾，開発活動又は建物を建築した者が，重い結果を生じさせた場合又はその他悪質な情状があった場合に成立する（5年以下の有期懲役又は拘役，罰金を併科又は単科）。そして，第2項で，他の罪と競合した場合はその処罰が重い規定により罪を認定して処罰する規定が追加された。

　第十六に，刑法344条の1「外来種不法輸入釈放遺棄罪」を新設した。国の規定に違反して，外来種を不法に輸入，釈放又は遺棄した者は，その情状が重い場合は外来種不法輸入釈放遺棄罪になる（3年以下の有期懲役又は拘役，罰金を併科又は単科）。

　第十七に，刑法355条の1「ドーピング管理妨害罪」を新設した。第1項により，ドーピング管理妨害罪は勧誘，教唆又は詐欺を用いてアスリートにドーピングさせ，

国内又は国際の重要な競技会に参加させ，又はアスリートが前記大会を参加すること
を知りながらドーピングを提供し，情状が重い場合に成立する（3年以下の有期懲役又
は拘役，罰金を併科又は単科）。そして，第2項で，アスリートを組織し又は強制して
ドーピングさせ，国内又は国際の重要な競技会に参加させ者は，重く処罰する規定が
追加された。

　C 「改正法十一」は以下の犯罪に対して罪名，罰則と構成要件を改正した。

　第一に，「改正法（十一）」第3条は，2006年「改正法（六）」により改正された
134条第2項「危険作業強要罪」を「危険作業強要組織罪」に変更し，規則に違反し
危険を冒して，重大な事故を発生するおそれを知りながら，事故防止の措置を取ら
ず，危険を冒して作業を組織して行わせた場合を追加し，危険作業強要行為の上に危
険作業組織行為を加えた場合，危険作業強要組織罪が成立する（5年以下の有期懲役又
は拘役）。そして，情状が特に悪質であるときは，本罪の加重犯になる（5年以上の有
期懲役）。

　第二に，未成年者を侵害する性犯罪の処罰を加重した。「改正法（十一）」第26
条，第27条及び28条により，未成年者を侵害する性犯罪が改正された。まず，第
26条が97年刑法第236条「強姦罪」の加重犯第3項に第5款「10歳未満の幼女を
姦淫したこと又は傷害を負わせたこと」を追加し，第3款「公共の場所において女
子を公然と姦淫したこと」に，「女子」の上に「幼女」も加えた。すなわち，10歳未
満の幼女を姦淫し情状が悪質である者，多数の幼女を姦淫した者又は公共の場所にお
いて幼女を公然と姦淫した者は，10年以上の有期懲役，無期懲役又は死刑に処され
ることになった。

　また，97年刑法の「児童わいせつ罪」が2015年「改正法（九）」の改正で「その
他の悪質な情状があったとき」の加重犯が追加されたが，実務においては特別保護対
象としての児童に対する猥褻の悪質な情状があったときの判断基準がやはり明らかで
はなかった。そこで，「改正法（十一）」28条は，第237条第3項「児童わいせつ罪」
（5年以下の有期懲役又は拘役）の加重犯（5年以上の有期懲役）を4つの場合に具体化
にした。すなわち，(a)多数の児童にわいせつな行為を行い又は繰り返して児童にわい
せつな行為を行った場合である。(b)衆集合し又は公共の場所において児童にわいせつ
な行為を行い，その情状が悪質であった場合である。(c)児童に傷害を負わせたこと又
はその他重い結果を生じさせた場合である。(d)わいせつの手段が悪質であったこと又
はその他悪質な情状があった場合である。

　D 近年，中国の経済が発展するとともに，色々な社会問題も出てきた。社会の経
済秩序を維持するために，「改正法（十一）」は経済犯罪につき一番多くの改正が行わ

第一部　中国現行刑法の形成と展開 —— 第 12 次改正まで

れた。軽くするか減軽する場合もあるにもかかわらず，総じて見れば，圧倒的に厳罰
化する傾向があった。

　第一に，非国有財産に対する保護である。まず，刑法第 163 条「非公務員収賄罪」
と刑法第 271 条「業務上横領罪」の法定刑は，「改正法（十一）」により大幅に引き
上げられた。「非公務員収賄罪」の最高刑は，2006 年に「改正法（六）」により改正
された「その金額が比較的大きいときは，5 年以下の有期懲役又は拘役に処する。そ
の金額が非常に大きいときは，5 年以上の有期懲役に処する。」から「その金額が比
較的大きいときは，3 年以下の有期懲役又は拘役に処し，罰金を併科する。金額が非
常に大きいとき又はその他の重い情状があるときは，3 年以上 10 年以下の有期懲役
に処し，罰金を併科する。その金額が極めて大きいとき又はその他の特に重い情状が
あるときは，10 年以上の有期懲役又は無期懲役に処し，罰金を併科する。」に引き上
げられた。「業務上横領罪」の最高刑も，97 年刑法が規定した「5 年以上の有期懲役」
から「10 年以上の有期懲役又は無期懲役」に改正された。それから，貸付金手形信
用書金融保証書騙取罪に対しては，軽緩化の方向に改正された。改正法（十一）」第
11 条は，2006 年「改正法（六）」により追加された第 175 条の 1「貸付金手形信用
書金融保証書騙取罪」につき，「その他の重い情状があるとき」を削除し，詐欺の手
段により銀行又はその他の金融機関から，貸付金，手形引受，信用書，保証書その他
の物を取得したにもかかわらず，占有目的を持たず，そして銀行又はその他の金融機
関に重大な損失を与えていない場合には，一般的には貸付金手形信用書金融保証書騙
取罪が成立しない，という改正が行われた。

　第二に，「改正法（十一）」は，証券類に関する罪を厳罰化し，4 箇条の条文を改正
した。(a) 97 年刑法第 160 条「株式社債詐欺発行罪」に対して法定刑を「5 以上の有
期懲役」に引き上げ，罰金比例も高くなり，第 2 項を増設し，犯罪の主体も「筆頭
株主又は実際に株を支配する者」まで拡張した。(b) 刑法第 161 条「重要情報虚偽提
供隠蔽罪」につき，法定刑を「3 年以下の有期懲役」から「5 年以下の有期懲役」と
「5 年以上 10 年以下の有期懲役」に引き上げ，罰金も「2 万元以上 20 万元以下」か
ら無制限の「罰金を併科又は単科する」になり，第 2 項を増設し，主体も「会社又
は企業の筆頭株主又は実際の株支配者」に拡張し，第 3 項の組織体の処罰規定も増
設した。(c) 刑法 182 条「証券先物市場操縦罪」につき，第 4 款，第 5 款，第 6 款を
追加し，取引の成功を目的とせず，証券又は先物を購入し，販売する契約を頻繁に又
は大量に申し込み，それを取り消したこと，虚偽又は不確定の重大な情報を利用し，
投資者を誘惑して証券又は先物を取り引きしたこと，証券，証券発行者又は先物取引
を公に評価し，予測し又は投資を勧めながら，反向証券又は先物を取り引きしたこ

56

と，という犯罪類型を追加し，構成要件が拡大された。(d)「改正法（十一）」は，97年刑法第229条「虚偽証明文書提供罪」の加重規定を追加した（5年以上10年以下の有期懲役）。すなわち，証券発行に関係する資産評価，会計，会計監査，法律サービス，保薦等不実の証明文書を提供したとき，重大な資産取引に関係する資産評価，会計，会計監査等不実の証明文書を提供し，情状が特に重いとき，公共の安全と関係ある重大なプロジェクトで，安全評価，環境影響評価等を含む不実の証明文書を提供し，公共の財産又は国家若しくは国民の利益に重大な損失を与えたとき，という加重的行為類型を加えた。

　第三に，「改正法（十一）」第12条と第30条は，97年刑法第176条「公衆預金不法集金罪」と刑法第272条「資金流用罪」に対して罰則を寛大化と厳罰化の両面での改正を行った。まず，第176条「公衆預金不法集金罪」の最高刑が「10年以下」から「金額が極めて大きいとき又はその他の特に重い情状があるときは，10年以上の有期懲役に処する。」に厳罰化され，第272条「資金流用罪」の最高刑が「10年以下」から「その金額が極めて大きいときは，7年以上の有期懲役に処する。」に引き上げられた。それと同時に，この二つの罪に対して，それぞれ「公訴を提起される前に積極的に贓物を返還し，賠償し，損害結果を減少させたときは，その刑を軽くし又は減軽することができる。」と「公訴提起前に積極的に流用された資金を返還したときは，その刑を軽くし又は減軽することができる。そのうち，犯罪が比較的軽いときは，その刑を減刑し又は免除することができる。」と罰則が改正された。また，第192条「集金詐欺罪」につき，不法領得の目的で，詐欺的方法を用いて比較的大きな資金を不法に集めた者に対して，法定刑が「5年以下の有期懲役又は拘役」から「3年以上7年以下」と「7年以上の有期懲役又は無期懲役」に引き上げられ，罰金も最高の「50万元」から無制限の「罰金又は財産の没収を併科する」という改正が行われた。さらに，刑法第200条「金融詐欺罪の両罰規定」は，2011年「改正法（八）」の改正により罰金刑の増加という改正が行われたが，「改正法（十一）」第16条は，二回この条文が改正され，第192条を条文から削除した。つまり，刑法第192条「集金詐欺罪」の主体を組織体犯罪から除外し，自然人に限定した。

　第四に，刑法第191条のマネー・ロンダリング罪に対する改正は，97年刑法典が公布されてから，2001年「改正法（三）」と2006年「改正法（六）」の改正を経て，「改正法（十一）」でも行われた。今回の改正案は，不法収益の追徴を目的とし，以下のように改正した。(a)「薬物犯罪，闇社会的な組織犯罪，テロ犯罪，密輸犯罪，横領賄賂犯罪，金融管理秩序を破壊する犯罪又は金融詐欺犯罪から得た不法収益又はその果実であることを知りながら」の「知りながら」という前提が削除された。(b)本条第

1項第2款，第3款，第4款の97年刑法が規定した「財産を現金，金融手形又は有価証券に交換することに協力する行為」，「振込み又はその他の決済方法を通じて資金の移転に協力する行為」，「資金を境外に送金することに協力する行為」の「協力する」を削除し，自分のマネーのロンダリング行為も本罪を構成する，と改正された。(c)マネー・ロンダリングの行為方式第1項第3款に「その他の支払決算方法」を追加し，第4款に「資金を境外に送金したこと」から「資産を境外に転移したこと」に改正し，マネー・ロンダリングの行為方式を整えた。(d)罰金刑が，「マネー・ロンダリング金額の5％以上20％以下の罰金を併科し又は単科する。」と情状が重いときの「マネー・ロンダリング金額の5％以上20％以下の罰金を併科する。」という制限された罰金刑から「罰金を併科し又は単科する。」と，情状が重いときの「罰金を併科する」という制限されない罰金刑に改正された。

　E　「改正法十一」は，薬品犯罪に対して以下の3箇条を改正した。

　第一に，刑法第141条「偽薬生産販売提供罪」に対して，まずは97年刑法が規定した第2項「偽の薬品」の定義の規定を削除し，第2項として薬品を使用する組織体の人員が偽薬であることを知りながら，それを提供し，他人に使用させた場合に偽薬提供罪が成立するとし，141条の構成要件を「提供」まで拡張した。

　第二に，「改正法（十一）」第6条は，97年刑法第142条第2項「劣等の薬品」の定義を削除し，第2項として薬品を使用する組織体の人員が劣等薬であることを知りながら，それを提供し，他人に使用させた場合を劣等薬提供罪に成立し，142条の構成要件を「提供」まで拡張し，罪名も「劣等薬生産販売罪」から「劣等薬生産販売提供罪」に改正した。

　第三に，「改正法（十一）」第45条は，2011年「改正法（八）」により増設した刑法408条の1のもとに薬品を犯罪対象に追加し，「食品監督管理懈怠罪」を「食品薬品監督管理懈怠罪」に変更し，構成要件を具体的に5つの場合に食品薬品監督管理懈怠罪は成立する（5年以下の有期懲役又は拘役），と改正した。すなわち，(イ)食品の安全性に関する事故又は薬品の安全性に関する事件を隠蔽し若しくは虚偽の報告をした場合である。(ロ)食品又は薬品の安全性に関する重大な違法行為が発覚し，規定に従って取締が行われていなかった場合である。(ハ)薬品及び特殊な食品の審査プロセスにおいて，条件を満たさない申込みに対して許可を下した場合である。（二）法により司法機関に移送して刑事責任を追及すべき者を移送しなかった場合又はその他職権を濫用し又は職責を怠った行為があった場合である。(オ)その他職権を濫用し又は職責を怠った行為があった場合である。そして，加重犯（5年以上10年以下の有期懲役）の「特に重い結果を生じさせた」場合の上に「又はその他特に重い情状がある場合」

が追加された。

　F　「改正法（十一）」は，知的財産権を侵害する罪に対して8箇条が改正された。

　第一に，知的財産権を侵害する罪の罰則を厳罰化し，下限の「拘役」が削除され，法定刑が引き上げられた。また，上限の法定刑が「7年」から「10年」に引き上げられたのは，第213条「登録商標盗用罪」，第214条「登録商標盗用商品販売罪」，第215条「登録商標標識不法製造・不法登録商標標識販売罪」，第217条「著作権侵害罪」，第219条「商業秘密侵害罪」など5箇条の罪である。第218条「侵権複製品販売罪」は，上限の法定刑が「3年」から「5年」に引き上げられた。

　第二に，情状犯が追加された。第214条「登録商標盗用商品販売罪」の構成要件が，盗用した登録商標を使用している商品であることを知りながらこれを販売した者が「売上金額が比較的大きいとき」から「その不法収益の金額が比較的大きいとき又はその他重い情状があるとき」に改正された。第218条「侵権複製品販売罪」の構成要件が，営利の目的で，この法律の第217条に規定する権利侵害の複製品であることを知りながらこれを販売した者は，「不法に取得した金額が非常に大きいとき」の上に「又はその他重い情状があるとき」という情状犯を追加した。第219条「商業秘密侵害罪」の構成要件が，次に掲げる商業秘密を侵害する行為のいずれかを行い，「商業秘密の権利者に重大な損失を与えた者」という結果犯から「重い情状があるとき」という情状犯に改正された。

　第三に，第217条「著作権侵害罪」は，「改正法（十一）」第20条により法定刑が引き上げられたほか，構成要件も改正された。一番注目されたのは，第1款と第3款，そして追加された第4款に「インターネットを通じて公衆に伝播したこと」を加えた点である。第1款の犯罪対象も，「文字作品，音楽，映画，テレビ，録画作品，コンピュータ・ソフトウェアその他の作品」から「文字作品，音楽，視聴作品，コンピュータ・ソフトウェア及び法律，行政法が規定するその他の作品」に拡大された。追加された第4款「出演者の許可を得ずに，その録画製品を複製し，発行し又はインターネットを通じて公衆に伝播した」場合と，追加された第6款「著作権者又は著作権関係者の許可を得ずに，権利者がその作品，録音録画製品等の著作権又は著作権に関係する権利を保護するための技術措置を講じることを故意に避け又は破壊した」場合にも「著作権侵害罪」が成立する。

　第4に，第219条「商業秘密侵害罪」は，「改正法（十一）」の第22条により法定刑が引き上げ及び情状犯の追加のほか，構成要件も改正された。まず，本条第1項第1款で，権利者の商業秘密を取得する行為が，97年刑法が規定した「窃盗，誘惑，脅迫又はその他の不正の手段」から「窃盗，賄賂，詐欺，脅迫，電子侵入又はその他

第一部　中国現行刑法の形成と展開 —— 第 12 次改正まで

不正の手段」に改正された。それから，第 1 項第 3 款につき，罪となる前提を「約定に違反」することから「守秘約定に違反」することに改正された。また，第 2 項につき，「前項に掲げる行為を知り又は知るべきである場合において，他人の商業秘密を取得し，使用し又は開示したときは，商業秘密の侵害として論ずる。」から「前項に掲げる行為を知りながら，他人の商業秘密を取得し，開示し，使用し又は他人が使用することを許可したときは，商業秘密の侵害として論ずる。」に改正された。最後に，本条第 2 項商業秘密の概念の規定が削除された。

　G　新型コロナ感染症の影響を受け，生物安全法律法規体系の構築が迫られ，「改正法十一」は，公共の衛生に危害を及ぼす罪に対して改正を行った。「改正法（十一）」により，第 334 条の 1「人類の遺伝資源不法収集・人類の遺伝資源材料密輸罪」及び第 336 条の 1「ヒトゲノム及びクローン胚不法移植罪」が新設されたほか，第 330 条「伝染病防止妨害罪」の構成要件も改正された。まず，本条がいう「伝染病」は，97 年刑法が規定した「甲類伝染病」から「甲類伝染病及び法により甲類伝染病予防，制御の措置を取る伝染病」に改正された。また，第 4 款「疫区において伝染病の病原体に汚染された物品又は汚染された可能性のある物品を販売，運搬又は消毒処理を行わなかった」場合が追加された。さらに，第 5 款を「衛生防疫機関が伝染病防止治療法に基づいて勧告した予防又は防止措置の執行を拒否したこと」から「市庁以上の人民政府又は疾病防疫制御機関が伝染病防止治療法に基づいて勧告した予防措置又は防止措置の執行を拒否したこと」に修正した。

　H　「改正法（十一）」は環境資源の保護を破壊する罪につき，第 342 条の 1「自然保護地破壊罪」と第 344 条の 1「外来種不法輸入釈放遺棄罪」を増設したほか，2 箇条の条文の構成要件を改正した。

　第一に，第 338 条「環境汚染罪」では，「改正法（十一）」により第 1 項に加重犯（7 年以上の有期懲役）が追加された。すなわち，以下の 4 つの場合に環境汚染罪の加重犯が成立する。(a)飲用水保護地域，自然保護地核心保護地域等法により規定された重点保護地域において，放射性廃棄物，伝染病の病原体を含有する廃棄物又は毒性物質を排出し，放置し又は処分し，情状が特に重い場合である。(b)国家が指定する重要な河川，湖泊水域に放射性廃棄物，伝染病の病原体を含有する廃棄物，毒性物質又はその他の有害物質を排出し，放置し又は処分し，情状が特に重い場合である。(c)大量の永久基本農田の基本機能を喪失させたこと又は永久に破壊した場合である。(d)多数人に重傷害若しくは重い疾病を負わせこと又は人を重要な身体機能を喪失させ若しくは死亡させた場合である。そして，本罪が他の罪と競合したとき，「処罰が重い規定により罪を認定し，処罰する。」という第 2 項が追加された。

60

第二に，第341条「絶滅危惧野生動物不法捕獲殺害罪，絶滅危惧野生動物・同製品不法購入運搬加工販売罪，不法狩猟罪」の第2項に第3項を追加し，「野生動物保護管理法規に違反して，食用目的で野原の自然環境において，第1項が規定するもの以外の自然の中で成長繁殖の陸生野生動物を不法に捕獲し，購入し，運搬し若しくは販売した者は，情状が重い」ときに第1項と同様に処罰する，という改正が行われた。

Ⅰ 「改正法（十一）」は，軍人の職責違反罪に対して2箇条の改正を行った。

第一に，刑法第431条第2項「軍事機密の窃取，探知，買収又は不法提供罪」の法定刑が改正された。すなわち，境外の機関，組織又は個人のために，軍事機密を窃取し，探知し，買収し又は不法に提供した者は，97年刑法が規定した法定刑「10年以上の有期懲役，無期懲役又は死刑に処する。」から「5年以上10年以下の有期懲役に処する。情状が重いときは，10年以上の有期懲役，無期懲役又は死刑に処する。」に変更された。

第二に，第450条「本章の適用範囲」につき，本章の罪の主体が，97年刑法が規定した「中国人民解放軍の現役将校，文官の幹部，兵士及び軍籍を有する学生，中国人民武装警察部隊の現役警官，文官の幹部，兵士及び軍籍を有する学生，軍事任務を執行する予備役の者又はその他の者」の上に「文官職員」も追加された。

⑿ 改正法十二

2023年12月29日，民営企業の保護と賄賂犯罪の厳罰化のため，「中華人民共和国刑法改正法（十二）」（以下「改正法（十二）」という。）が公布され，翌年3月1日に施行された。「改正法（十二）」は，8箇条から構成され，主に民営企業の保護と賄賂犯罪の厳罰化に関する改正が行われた。

A 「改正法（十二）」は，民営企業の平等保護を強めるために，第3章の「社会主義市場経済の秩序を破壊する罪」の第3節「会社及び企業の管理秩序を妨害する罪」につき，第165条「同種業務不法経営罪」，第166条「親戚友人不法図利罪」，第169条「会社企業資産不正換算売却罪」の主体が拡張された[66]。

第一に，97年刑法第165条「同種業務不法経営罪」によると，「国有会社又は国有

---

[66] 「改正法（十二）」の検討に関する論文として，彭文華「『刑法改正法（十二）』における賄賂犯罪の罪刑関係及び司法適応」中国刑事法雑誌2024年第1期128-143頁，劉艶紅「軽罪時代に刑事立法の拡大化と重罰化への理性的反省」法学評論2024年第2期（総第244期）11-22頁，張明楷「贈賄罪の処罰根拠 ——『刑法改正法（十二）』が贈賄罪に対する改正の検討」政法論壇第42巻第2期（2024年3月）3-17頁，黄明儒「刑法が民営企業を平等に保護する意味 ——『刑法改正法（十二）』に関する検討」政法論壇第42巻第2期（2024年3月）30-41頁，張義健「『刑法改正法（十二）』の理解と適応」法律適応2024年第2期71-83頁などがある。

企業の理事又は取締役が，職務上の有利な立場を利用し，勤めている会社又は企業と同種の業務を自己又は他人のために経営して不法な利益を獲得し，その金額が非常に大きい」場合は本条が成立する（3年以下の有期懲役又は拘役，罰金を併科又は単科）。その金額が極めて大きいときは本罪の加重犯が成立する（3年以上7年以下の有期懲役，罰金を併科）。「改正法（十二）」第1条は，第1項の後に第2項を新設し，「その他の会社又は企業の理事，監査又は高級管理者が法律又は行政法規に違反し，前項の行為を行い，会社又企業の利益に重大な損害を生じさせた」場合は第1項と同様に処罰する。

第二に，97年刑法第166条「親戚友人不法図利罪」の規定により，国有会社，国有企業又は事業体の職員が，職務上の有利な立場を利用し，国家の利益に重大な損失を与えたときは，以下の3つの場合に本罪が成立する（3年以下の有期懲役又は拘役，罰金を併科又は単科）。国家の利益に特に重大な損失を与えた場合には，本罪の加重犯が成立する（3年以上7年以下の有期懲役，罰金を併科）。第1は，当該組織体の営利業務を自己の親戚又は友人に経営させた場合である。第2は，市場価格より明らかに高価額で自己の親戚若しくは友人の経営する企業から商品を購入し又は市場価額より明らかに低価格で自己の親戚若しくは友人が経営する企業に商品を売却した場合である。第3は，自己の親戚又は友人が経営する企業から不合格の商品を購入した場合である。「改正法（十二）」第2条は，第1項の後に第2項を新設し，「その他の会社又は企業の職員が，法律又は行政法規に違反し，前項の行為を行い，会社又企業の利益に重大な損害を生じさせた」場合は第1項と同様に処罰する。

第三に，97年刑法第169条「会社企業資産不正換算売却罪」の規定により，国有会社若しくは国有企業又はその上級管理部門の直接責任を負う主管人員が，私利を図るために汚職し，国有資産を低価格で株式に転換し又は低価格で売却し，国家の利益に重大な損失を与えた場合に本罪が成立する（3年以下の有期懲役又は拘役）。国家の利益に特に重大な損失を与えた場合には，本罪の加重犯が成立する（3年以上7年以下の有期懲役）。「改正法（十二）」第3条は，第1項の後に第2項を新設し，「その他の会社又は企業の直接責任を負う主管人員が，私利を図るために汚職し，会社又は企業の資産を低価格で株式に転換し又は低価格で売却し，会社又企業の利益に重大な損害を生じさせ」場合は第1項と同様に処罰する。

B 「改正法（十二）」では，賄賂犯罪を抑制するため，第8章横領賄賂の罪につき，第387条「組織体収賄罪」，第390条「贈賄罪」，第391条「対組織体贈賄罪」，393条「組織体贈賄罪」の法定刑又は構成要件の改正が行われた。

第一に，97年刑法第387条「組織体収賄罪」により，国家機関，国有会社，国有

企業，事業体又は人民団体が，他人に財物を要求し又はこれを不法に収受して，他人のために利益を図り，情状が重い場合に本条が成立し，組織体に対して罰金を科するほか，その直接責任を負う主管人員及びその他の直接責任者についても，5年以下の有期懲役又は拘役に処する，とされていたが，「改正法（十二）」第4条では，その法定刑を「3年以下の有期懲役又は拘役」と情状が特に重いときの「3年以上10年以下の有期懲役」に改正された。

　第二に，第390条「贈賄罪の処罰規定」に対する改正である。実は贈賄罪に対して，2015年「改正法（九）」により罰金の追加という改正がすでに行われていたが，「改正法（十二）」第5条は，まず，第390条「贈賄罪」第1項の法定刑について改正された。贈賄罪を犯した者の法定刑が，97年刑法が規定した「5年以下の有期懲役又は拘役」から「3年以下の有期懲役又は拘役」に，贈賄により不正な利益を取得して，情状が重いとき又は国家の利益に重大な損失を与えたときは，97年刑法が規定した「5年以上10年以下の有期懲役」から「3年以上10年以下の有期懲役」に改正された。それから，第390条「贈賄罪」第1項の後に第2項が追加され，以下の7つの場合には重く処罰される。すなわち，(a)繰り返して贈賄をし又は多数の人に贈賄をした場合である。(b)公務員が贈賄をした場合である。(c)国の重要な工事，重大なプロジェクトにおいて，贈賄をした場合である。(d)職務の取得，職務の昇進又は調整を図るために贈賄をした場合である。(e)監察，行政執法又は司法要員に贈賄をした場合である。(f)生態環境，財政金融，安全生産，食品薬品，防災救済，社会福祉，教育又は医療の領域において贈賄をし，違法行為又は犯罪行為を実施した場合である。(g)不法収益を使用し，贈賄をした場合である。

　第三に，97年刑法第391条「対組織体贈賄罪」（3年以下の有期懲役又は拘役）は，2015年「改正法（九）」により罰金刑の併科が追加されたが，「改正法（十二）」第6条では，「対組織体贈賄罪」第1項に本罪の加重犯が追加され，情状が重いときは3年以上7年以下の有期懲役に処し，罰金を併科する。

　第四に，「改正法（十二）」第7条は，第393条「組織体贈賄罪」につき，2015年「改正法（九）」による罰金刑の併科の追加の上に，本罪の法定刑の改正が行われた。すなわち，組織体が，不正な利益を図るために，贈賄し又は国の規定に違反して公務員に割戻金若しくは手数料を供与し，情状が重いときは，組織体に対して罰金を科するほか，その直接責任を負う主管人員及びその他の直接責任に対する法定刑が「5年以下の有期懲役又は拘役」から「3年以下の有期懲役又は拘役，罰金の併科」と情状が特に重いときの「3年以上10年以下の有期懲役，罰金の併科」に改正された。

第一部　中国現行刑法の形成と展開 —— 第 12 次改正まで

3　特別改正法

2009 年 8 月 27 日，「法律の一部を改正する決定」（以下「特別改正法」という。）が，全国人大常委会により制定され，公布・施行された。この「特別改正法」は，95 箇条から構成され，刑法だけではなくて，その他の数多くの中国の法律及び立法解釈をも改正するものであった。刑法に関わる条文は，3 箇条のみである。すなわち，「特別改正法」第 12 条，第 13 条，第 14 条は，刑法第 381 条及び第 410 条，「刑法第 93 条第 2 項に関する立法解釈」，「刑法第 228 条，第 342 条及び第 410 条に関する立法解釈」における「徴用」を「徴収又は徴用」に改正した。これにより，刑法及び刑法の立法解釈における「徴用」という文言はすべて，「徴収又は徴用」と改正されたことになる。

4　立　法　解　釈

中国において，2000 年以降，刑法の立法解釈[67] は，13 回出された。刑法の立法解釈とは，全国人大常委会という立法機関が「憲法」や「立法法」の規定により，刑法の条文や文言の意味を確定することである。刑法の条文には，抽象的，概略的な内容が多い。また，立法当時の立法技術や立法経験などの制約のため，刑法の条文そのものに，いくつか不十分な点が残ってしまった。さらに，実務においては，司法解釈権を持つ「最高裁判所」と「最高検察所」が，同じ刑法条文に対して，異なる理解を示すこともしばしばあった。そこで，これらの問題を解決するために，全国人大常委会が，立法解釈を提示する必要性が出てきたわけである。中国の立法法第 47 条によれば，「全国人民代表大会常務委員会の立法解釈は，法律と同じ効力をもつ。」。したがって，刑法の立法解釈は，中国において刑法を補完し，司法を円滑に運用する 1 つの重要な手段と考えられているのである[68]。

(1)　「中華人民共和国刑法」第 93 条第 2 項に関する解釈

刑法の公務員犯罪は身分犯であり，行為者が公務員の身分を有しなければ，単独でこの種の犯罪に該当しえない。したがって，公務員の範囲をいかに定めるかは，理論上も実務上も重要な問題である。刑法第 93 条によれば，「この法律において『公務員』とは，国家機関において公務に従事する者をいう。」（第 1 項）。「国有の会社，企業，事業体又は人民団体において公務に従事する者，国家機関又は国有の会社，企業

67　この 13 の刑法立法解釈の原文については，法律出版社法規中心編・前掲注(42) 373-379 頁参照。

68　趙秉志「積極促進刑法立法的改革与完善 —— 紀念 97 刑法典頒布 10 周年感言」法学 2007 年第 9 期，11 頁参照。

若しくは事業体から非国有の会社，企業，事業体又は社会団体に派遣されて公務に従事する者及びその他の法律に基づいて公務に従事する者は，公務員として論ずる。」（第2項）。だが，実務において，「村民委員会その他の村基層組織の人員が人民政府に協力して次のような行政管理業務に従事するとき」が第93条第2項に含まれるか否かについては，意見が統一されておらず，悩ましい問題の1つと言われていた。2000年4月29日，全国人大常委会は，「刑法第93条第2項に関する解釈」を採択し，この困難な問題を解決した。

　この立法解釈によれば，村民委員会その他の村基層組織の者が人民政府に協力して次のような行政管理業務に従事するときは，刑法第93条第2項の「その他の法律により公務に従事する者」に該当する。すなわち，「(1) 災害救済，緊急対応，洪水防止，優待慰問，貧困援助，移民又は救災のための資金又は物の管理業務。(2) 社会が寄付した公益事業の資金又は物の管理業務。(3) 国有地の経営及び管理業務。(4) 土地の徴収又は徴用[69] 補償費用の管理業務。(5) 税金徴収の代理業務。(6) 産児制限，戸籍又は徴兵に関する義務。(7) 人民政府に協力するその他の行政管理業務」である。

(2) 「中華人民共和国刑法」第228条，第342条及び第410条に関する解釈

　土地資源の保護を強化するために，土地資源を破壊する犯罪行為を処罰するにあたり，明確な法律上の根拠を提供しようと，2001年8月31日，全国人大常委会は「刑法第228条，第342条及び第410条に関する解釈」を制定して公布した。この立法解釈によれば，刑法第228条（土地使用権不法譲渡転売罪），第342条（耕地不法占用罪）及び第410条（土地徴収徴用占用不法許可罪，国有土地使用権不法低価格譲渡罪）の「土地管理法規の規定に違反し」とは，「土地管理法，森林法，草原法その他の法律又は関係行政法規における土地管理に関する規定に違反することをいう。」。また，「刑法第410条中の『土地の徴収，徴用若しくは占用を不法に許可し』とは，『耕地，林地その他の農業用地又はその他の土地の徴収，徴用又は占用を不法に許可することをいう。』」[70]。

(3) 「中華人民共和国刑法」第384条第1項に関する解釈

　刑法第384条（公金流用罪）によれば，「公務員が職務上の立場を利用して，公金を流用し，自己のために使用し不法な活動を行ったとき，流用した公金の数額が比較

69　ここでの「徴収又は徴用」は，「法律の一部を改正する決定」（2009年8月27日）により改正されたものである。改正される前は「徴用」のみであった。

70　本条文は「特別改正法」により改正されたものである。改正される前の条文は，「刑法第410条の『土地の徴用若しくは占用を不法に許可し』とは，「耕地，林地その他の農業用地又はその他の土地の徴用又は占用を不法に許可することをいう。」」であった。

的多く営利活動に使用したとき又は流用した公金の数額が比較的多く3箇月を超えても返還しなかったときは，公金流用罪である。」。実務において，公務員が私利を図るために，職務上の立場を利用して，公金を他の者又は組織体に使わせる事件がしばしばみられた。このような場合が「公金を流用して自己のために使用し」に当たるか否かについて，学説上も実務上も意見が対立していた。この状況に応じて，全国人大常委会は，各方面からの意見に基づき議論を行った上で，2002年4月28日，「刑法第384条第1項に関する解釈」を公布した。

この立法解釈によれば，次に掲げるいずれかの行為を行ったときは，「公金を流用し自己のために使用し」に該当する。すなわち，「(1) 公金を本人，親族又はその他の自然人に提供して使用させる行為。(2) 個人の名義で公金を他の組織体に提供して使用させる行為。(3) 個人の利益を図り，個人が組織体の名義で公金をその他の組織体に提供して使用させる行為。」。

(4) 「中華人民共和国刑法」第294条第1項に関する解釈

「黒社会的な組織」の認定基準については，学説上意見が分かれており，実務においても，意見が統一されていなかった。そこで，最高裁判所は，2000年12月10日に「黒社会的な組織犯罪事件の法律適用問題に関する解釈」を制定し，黒社会的な組織の特徴を示した。だが，この司法解釈は，「保護傘」（保護勢力）の存在を必要条件としていたため，結果として，背後の「保護傘」を見出さなければ，黒社会的な組織犯罪を処罰することは難しかった。司法機関は，黒社会的な組織犯罪を処罰したいが，背後の「保護傘」を摘発しにくいというジレンマに陥った[71]。そこで，全国人大常委会は，2002年4月28日，「刑法第384条第1項に関する解釈」を公布して，新たに「黒社会的な組織」を定義し，立法解釈によってこの問題を終局的に解決した。

この立法解釈によれば，刑法第294条第1項に規定する「黒社会的な組織」とは，同時に次に挙げる特徴を有するものである。すなわち，「(1) 比較的安定した犯罪組織が形成されており，人数が多く，明確な組織者及び指導者を持ち，中堅の構成員が固定的であること。(2) 組織の活動を支えるために，犯罪活動又はその他の方法により経済的利益を取得し，一定の経済的実力を持つこと。(3) 暴行，脅迫又はその他の方法により犯罪活動を組織的に繰り返して行い，悪事を働き，国民大衆を抑圧し又は残害するものであること。(4) 犯罪活動の実施を通じて又は公務員の庇護若しくは放任を利用して，地方の悪勢力を示し，一定の地域又は業界の範囲において，市場を独占し又は重大な影響力を持ち，経済の秩序又は社会生活の秩序を著しく破壊するもので

71　高銘暄＝趙秉志・前掲注(9)110頁参照。

あること」。

(5)「中華人民共和国刑法」第313条に関する解釈

刑法第313条（判決裁定執行拒否罪）は，「裁判所による判決又は裁定に対して，履行能力があるにもかかわらずこれを拒否した者が，情状が重いときは，3年以下の有期懲役，拘役又は罰金に処する。」と規定している。この条文中の「判決又は裁定」及び「履行能力がある」という文言は，抽象的すぎて実務上理解が分かれていたため，当事者の合法的な利益が平等に保護されてこなかった。この問題を解決するために，全国人大常委会は，2002年8月29日，「刑法第313条に関する解釈」を公布した。

この立法解釈は，まず，「裁判所による判決又は裁定」の定義を明確にした。すなわち，「「裁判所による判決又は裁定」とは，裁判所が下した執行内容つきの法的効力のある判決又は裁定をいう。支払い命令，有効な調停書，仲裁裁決，公証した債権文書を法により執行するために，裁判所が下した裁定は本条の裁定に含まれる。」とされた。

また，この立法解釈は，「履行能力があるにもかかわらずこの執行を拒否した者は，情状が重いとき」という本罪の構成要件を具体化した。すなわち，「(1) 被執行人が財産を隠匿し，移転し，故意に毀損し，無償で譲渡し又は明らかに不合理な低価格で譲り渡し，よって判決又は裁定が執行できなくなったこと。(2) 保証人又は被執行人が，裁判所に提供した担保財産を隠匿し，移転し，故意に毀損し又は譲渡し，よって判決又は裁定が執行できなくなったこと。(3) 執行に協力する義務を負う者が，裁判所の執行協力通知書を受け取った後，執行の協力を拒否し，よって判決又は裁定が執行できなくなったこと。(4) 被執行人，保証人又は執行協力義務者が公務員と共謀し，公務員の職権を利用して執行を妨害し，よって判決又は裁定が執行できなくなったこと。(5) その他の履行能力があるにもかかわらず執行を拒否し，情状が重いとき」は「履行能力があるにもかかわらずこれを拒否し，情状が重いとき」に該当するとされた。

(6)「中華人民共和国刑法」第9章の汚職罪の主体の問題に関する解釈

「汚職の罪」は，97年刑法による修正により第9章として独立させられた。この章の罪は真正身分犯であり，その主体は公務員一般ではなく国家機関公務員である。中国の憲法によれば，国家機関は，国家の立法機関，行政機関，裁判機関，検察機関，軍事機関を含む。国家機関公務員とは，上述の国家機関において公務に従事する者をいう。近年，体制改革にともない司法実務において新しい状況が現れてきた。すなわち，① 法により，一部の非国家機関が，権限を与えられ特定の領域において国家機

関を代理して，管理・監督の職権を行使すること，② 機関改革により本来の一部の国家機関が事業組織にされたが，一部の行政管理職権がまだ保留されていること，③ 一部の国家機関がその職権を法に基づき他の組織に委託することがあること，④ 実際上，一部の国家機関が業務上の必要性に応じて，国家機関公務員でない者を雇って公務に従事させていることがそれであり，これらの者は，形式上は国家機関公務員ではないが，事実上国家機関公務員の権限を行使しており，その職権濫用や職務懈怠が社会にもたらす危害は国家公務員と変わらない[72]。これらの者が汚職の罪の主体になりうるかについては，学説上意見が分かれており，実務上も混乱が生じていた。この問題を解決するために，最高裁判所と最高検察院がその職権の範囲において，それぞれ司法解釈を出したが，司法解釈だけでは限界があり，根本的な解決は得られなかった。そこで，全国人大常委会は，2002 年 12 月 28 日，「刑法第 9 章の汚職罪の主体の問題に関する解釈」を公布した。

この立法解釈によれば，「法律若しくは法規の規定に従って国家行政管理権を行使する組織において公務に従事する者，国家機関の委託を受け国家機関の代理として職権を行使する組織において公務に従事する者又は国家機関公務員ではないが，国家機関において公務に従事する者が，国家機関を代理して職権を行使する際，汚職行為を行い，犯罪を構成するときは，刑法の汚職罪に関する規定により刑事責任を追及する。」。

(7) 「中華人民共和国刑法」のクレジットカードに関する解釈

刑法第 177 条及び第 196 条は，クレジットカードの偽造及びクレジットカードを利用した詐欺の罪を規定している。当初，これらの規定中の「クレジットカード」は，「商業銀行その他の金融機関が発行する電子支払いカード」の意味で用いられていた。しかし，その後，金融機関の業務の発展にともない，多種多様な電子支払いカードが金融機関により作成されていった。こうしたことより，法実務において，この種の電子支払いカードを偽造する行為又はこれを用いて詐欺を行う行為の可罰性に関して，以下の 4 つの異なる理解が生じていた。すなわち，① 刑法第 196 条の「クレジットカード詐欺罪」として処罰される。② 刑法第 194 条第 2 項の「金融証書詐欺罪」として処罰される。③ 刑法第 266 の普通「詐欺罪」として処罰される。④ 犯罪ではなく処罰されない[73]。この混乱を解消するために，全国人大常委会は，2004 年 12 月 29 日，「刑法のクレジットカードに関する解釈」を公布した。

72 　全国人大常委会法制工作委員会刑法室編「「中華人民共和国刑法」条文説明，立法理由以及相関規定」（北京大学出版社，2009 年）804 頁参照。

73 　高銘暄＝趙秉志・前掲注(9)114 頁参照。

この立法解釈によれば，刑法において「クレジットカード」とは，「商業銀行その他の金融機関が発行する電子支払いカードであって，消費支払い，信用貸付け，振替決済，現金の預かり及び引出しその他の機能の全部又は一部を有するものをいう。」。

(8) 「中華人民共和国刑法」の文化財に関する規定は科学的価値のある古脊椎動物化石及び古人類化石に適用されるとする解釈

　近年，科学的価値のある古脊椎動物化石及び古人類化石の密輸，窃取，毀損，転売又は不法譲渡が深刻化してきた。この種の行為に刑法の文化財に関する規定が適用できるか否かについては，司法機関において意見が統一されていなかった。中国の文化財保護法第2条によれば，「科学的価値のある古脊椎動物化石及び古人類化石は文化財と同様に国家の保護を受ける。」。また，中国が加盟した国際条約における文化財の定義にも，化石が含まれている[74]。これらの事情に基づいて，全国人大常委会は，2005年12月29日，「刑法の文化財に関する規定は科学的価値のある古脊椎動物化石及び古人類化石に適用されるとする解釈」を制定して公布した。

　この立法解釈により「刑法の文化財に関する規定は，科学的価値のある古脊椎動物化石及び古人類化石に適用される」ことになった。

(9) 「中華人民共和国刑法」における「輸出後の還付金若しくは税金の控除に用いられるその他の証書」に関する解釈

　徴税の管理に危害を及ぼす罪に関する刑法規定は，付加価値税専用領収書又は輸出後の還付金若しくは税金の控除の利益を騙取する際に用いられるその他の証書の不正作成，偽造，窃取，騙取の各行為を処罰している。だが，近年，税関の発行した付加価値税代理徴収専用証書を偽造して輸出後の還付金若しくは税金の控除の利益を騙取する事件が増えてきた。司法機関では，この行為が刑法における「輸出後の還付金若しくは税金の控除に用いられるその他の証書」に当たるか否かについて，意見が分かれていた。実務の対応を統一するために，全国人大常委会は，2005年12月29日，「刑法の輸出後の還付金若しくは税金の控除に用いられるその他の証書に関する解釈」を制定して公布した[75]。

　この立法解釈によれば，刑法中の「輸出後の還付金若しくは税金の控除に用いられるその他の証書」は，「付加価値税専用証書を除く輸出後の還付金又は税金の控除に利用できる機能を持つ収支証書又は税金の完納証明書をいう」。これにより，「税関の発行した付加価値税代理徴収専用証書」は「輸出後の払戻金若しくは税金の控除に用

74　高銘暄＝趙秉志・前掲注(9)115頁参照。

75　高銘暄＝趙秉志・前掲注(9)115頁参照。

いるその他の証書」に含まれることが明確に示された。

⑽「中華人民共和国刑法」第 30 条に関する解釈

刑法第 30 条「組織体の刑事責任の範囲」は，会社，企業，事業体，機関又は団体等の組織体が，社会に危害を及ぼす行為を行った場合において，その行為が法律に組織体犯罪として規定されているときは，刑事責任を負わなければならない。しかし，組織体が社会に危害を及ぼす行為を行ったが，同行為が法律に組織体犯罪として規定されていない場合はどのように処理するかについて，意見が分かれていた。全国人大常委会は，2014 年 4 月 24 日に「『中華人民共和国刑法第三十条』に関する解釈」を公布した。

この立法解釈によれば，会社，企業，事業体，機関又は団体等の組織体が，社会に危害を及ぼす行為を行った場合において，法律は組織体の刑事責任を追及すると規定されていないときは，「当該社会危害行為を組織，企画，実施した者に法律により刑事責任を追及する。」。

⑾「中華人民共和国刑法」第 158 条，第 159 条に関する解釈

2013 年 12 月 28 日に「中華人民共和国会社法」が第 3 回目の改正を行い，会社の登記条件が変更された。すなわち，法律，行政規定又は国務院の特別規定が規定する「出資全額支払い込み登記制の会社」を除き，法律は出資の全額の払い込みを会社登記の法定条件としない。この状況に応じて，全国人大常委会は，2014 年 4 月 24 日に「『中華人民共和国刑法』第百五十八条，第百五十九条に関する解釈」を公布した。

この立法解釈によれば，刑法第 158 条「資本登記虚偽申告罪」及び第 159 条「虚偽出資・出資不法撤回罪」は，法律によって出資の全額の払い込みを会社登記の法定条件とする会社のみに適用する。

⑿「中華人民共和国刑法」第 266 条に関する解釈

中国刑法第 266 条の規定により，公私の財物を騙取した者が，その金額が比較的大きいときは，詐欺罪が成立する。実務的には，年金，医療，労災，失業，産児等に関する社会保険料又はその他の社会保障処遇を騙取した事件が相次いで発生した。これらの行為が「公私の財物を騙取した」と認定できるか否かについて，意見が分かれている。実務の対応を統一するために，全国人大常委会は，2014 年 4 月 24 日に「『中華人民共和国刑法』第二百六十六に関する解釈」を公布した。

この立法解釈によれば，詐欺，証明資料の偽造又はその他の手段を利用して年金，医療，労災，失業，産児等に関する社会保険料又はその他の社会保障処遇を騙取した行為は，刑法第 266 条が規定する「公私の財物を騙取した」行為に含まれることが明確に示された。

⒀「中華人民共和国刑法」第341条，第312条に関する解釈

刑法第341条第1項によれば，「国が特に保護する貴重で絶滅の危機に瀕する野生動物を不法に捕獲し若しくは殺害し又は国が特に保護する貴重で絶滅の危機に瀕する野生動物若しくはその製品を不法に購入し，運搬し，加工し若しくは販売した者」には「絶滅危惧野生動物不法捕獲殺害罪，絶滅危惧野生動物・同製品不法購入運搬加工販売罪」が成立する。同条第2項によれば，「狩猟法規に違反して，狩猟禁止区域若しくは狩猟禁止期間において又は使用禁止の道具若しくは方法により狩猟を行い，野生動物資源を破壊した者」には「不法狩猟罪」が成立する。しかし，この条文は行為者の故意の内容についての規定が抽象的すぎて実務上理解が分かれていたため，全国人大常委会は，2014年4月24日に「『中華人民共和国刑法第三百四十一条，第三百十二条』に関する解釈」を公布した。

この立法解釈によれば，「国が特に保護する貴重で絶滅の危機に瀕する野生動物若しくはその製品」と知りながら又は知るべきである場合，食用又はその他の目的で不法に購入したときは，刑法第341条第1項が規定する「国が特に保護する貴重で絶滅の危機に瀕する野生動物若しくはその製品を不法に購入した」行為に含まれる。そして，「刑法第341条第2項が規定する不法に狩猟した野生動物」であることを知りながら又は知るべきであってもそれを購入した行為は，刑法第312条（「犯罪収益・果実仮装隠匿罪」）が規定する「犯罪により得た不法な収益又はその果実であることを知りながら，それを買収した」行為に含まれることが明確に示された。

V　1997年以降の改正の特徴

以下では，Ⅳで概観した1997年以降の刑法改正の動向について，その特徴を分析してみたい。

1　改正方法が刑法改正法に固定されつつある

上述のように，79年刑法が施行されて以降，25の単行刑法と100あまりの付属刑法規範が設けられ，79年刑法に対して改正や補充が加えられた。これに対し，97年刑法は，その施行以来，1つの単行刑法，12の刑法改正法，1つの特別改正法，13の立法解釈を通じて改正が行われてきた。しかし，単行刑法が制定されたのは一度だけであったこと，特別改正法は刑法のみを改正するために制定されたものではないこと，立法解釈は刑法の個々の文言に関して説明を加えたり，司法機関の意見を統一したりすることしかできないことから，中国では，97年刑法が施行されて以降，単行

刑法や付属刑法規範に代わり，刑法改正法が，刑法に対する主たる改正方法となり，刑法の改善に中心的な役割を果たすようになった。

単行刑法は，立法機関である全国人大常委会が制定する形式上の刑法典から独立する刑罰法規であり，簡潔で，タイムリーかつ対応力に優れているというメリットがあるが，刑法典の統一性，権威性，安定性を阻害する。また，付属刑法規範は，経済，民事，行政，軍事などの刑事法以外の法律の中で付属的に設けられている刑法規範であり，タイムリーで利便性が高いが，刑法典の形式を具備していないため，その威嚇力が社会に軽視されやすく一般予防効果が弱い。これに対し，刑法改正法は，利便性が高く，タイムリーで対応力に優れているという単行刑法や付属刑法規範のメリットを有するのみならず，刑法典の元の条文を改正し又は刑法典に条文を新設するため，施行後に刑法典に吸収され，刑法典の一部になるわけであり，その結果，刑法典の統一性，権威性，安定性を害するという単行刑法の問題点を解消できる。また，刑法改正法は，刑法典の本体になるため，その効力は刑法典の他の条文と同じであり，その結果，予防効果が低下しない。さらに，刑法改正法は，刑法典の元の条文の順番を変更するものではないので，刑法典の連続性，安定性が守られ，また，国民の学習や司法機関の運用の負担が軽減される。つまり，刑法改正法は，単行刑法や付属刑法規範のデメリットを解消できるだけでなく，それ以上のメリットを有するのである。これからも，刑法典を部分的に改正又は整備する際には，刑法改正法がより理想的な方法だと言われている[76]。

2　改正された条文数が多く，経済犯罪に集中している

単行刑法，特別改正法及び立法解釈を別にしても，12 の「刑法改正法」は，延べ 217 箇条にわたり刑法の条文を改正又は新設した。その内訳は，総則 24 箇条，各則 193 箇条である。これは，中国刑法の条文総数（452 箇条）の 48.0％を占めており，総則の条文数（101 箇条）の 23.8％，各則の条文数（351 箇条）の 54.99％に達している。各「刑法改正法」を見てみると，改正条文数が一番少ないのは，「改正法二」と「改正法十」であり，それぞれ 1 箇条のみであったが，他の刑法改正法は，それぞれ多数の条文を改正した。最も多かったのは，「改正法九」であり，51 箇条に及んだ。

また，改正内容を具体的にみると，刑法第 2 章「公共の安全に危害を及ぼす罪」と第 3 章「社会主義市場経済の秩序を破壊する罪」と第 6 章「社会管理の秩序を乱す

76　趙秉志＝王俊平「改革開放三十年我国刑法立法的成就与展望」人民検察 2008 年第 22 期，10 頁参照。

罪」に属するものが139箇条もあり，改正された条文総数217箇条の約6割（64.1%）を占めている。特に経済犯罪に関するものが73箇条あり，改正された条文総数の3割（33.6%）を超えている。つまり，1997年以降の改正は，多数の条文に及んでいるが，内容的には経済犯罪に集中していることが明らかであり，中国の市場経済はなお成熟しておらず，とりわけ金融証券市場の発展はまだ始まったばかりだからである。これらの刑法改正の動きは，中国の経済体制の改革や金融体制の改革に応じたものだと言われている[77]。

3　社会の変化に敏感に反応している

　中国は，1978年に改革開放政策が実施されて以降，計画経済制度から市場経済制度に移行しつつある。また，1999年と2004年に憲法が改正され，国家が非公有経済を発展させ，国民の合法的な私有財産を守り，外国との交流を促進することが憲法に明記され，富を生み出そうとする国民の熱意が多く引き出されてきた。さらに，証券市場，保険市場などの新たな市場が急速に開拓されてきた。その結果，光と影が同時に存在するように，発展と同時に，様々な新たな犯罪，特に経済犯罪が増えてきた。前述のように，改正法の約3割（33.6%）の内容が，経済犯罪に関するものである。これは，改正法の内容が社会の変化を反映していることを示している，と言えよう。

　具体的な改正過程を見ると，刑法改正は国内の重大な社会問題に敏感に反応していることが明らかである。例えば，2000年前後には，企業が利益を一方的に追求するために，未成年者を雇って，過酷又は危険な労働に従事させることが多く見られた。未成年者を保護するために，「改正法四」は，「未成年者を危険又は重労働に従事させる罪」を新設した。また，2000年以降の金融産業の急激な発展により，クレジットカードが普及するようになってきたが，その一方で，クレジットカードに関する犯罪も急増した。これに対応するために，「改正法五」は，「クレジットカード管理妨害罪」，「クレジットカード詐欺罪」を改正した。さらに，近年，マルチ商法活動が全国的に蔓延し，数多くの被害者を生み出したため，社会秩序の安定，国民の財産の安全が脅かされている。このことに対して，大衆からの処罰要請が高まってきた。これに応じて，「改正法七」は，「マルチ商法活動組織指導罪」を新設した。そのほか，近年，車の普及とともに交通事故が急増しており，しかも，飲酒運転や危険運転によるものが多く見受けられる[78]。加えて，重大な環境汚染事件が頻発し[79]，国民の生命，

77　叶静「刑法新改正案70%内容渉及経済犯罪」中国経済周刊2006年第28期32頁。

78　統計によれば，2010年の上半期は，全国で99,282件の交通事故が発生し，それにより27,270人が死亡し，116,982人が傷害を負った。そのなかで，飲酒運転による事故は，3,262件

健康，財産の安全が著しく脅かされている。これらの問題を解消するために，「改正法八」は，「危険運転罪」を新設し，「環境汚染罪」の構成要件を改正した。14 歳未満の女子に対して，性同意能力があるかどうかについて，学説上はもちろん，実務においてもずっと前から争いがあった。「改正法（九）」は，幼女買春罪が削除され，14 歳未満の幼女には「絶対的な保護」を与え，14 歳未満の幼女であることを知りながら，該幼女と性行為を行った場合，幼女の同意の有無を問わず，すべて強姦罪になる，とした。近代社会になって経済や科学技術が急速に発展するとともに，リスク社会にもなりつつ，国民が国の安全，人の生命および財産の安全等に対する不安感も増加し，「改正法（十一）」では 17 の罪が新設された。その大部分は，「安全運転妨害罪」や「高所からの物品投棄罪」などの危険犯である。

　こうしてみると，これらの一連の刑法改正は，中国の大きな社会変化のみならず，国内の社会問題にも敏感に反応しており，犯罪を撲滅し，国民の合法的な権益を守る要求に応じて実施されてきたものである，と言える[80]。

4　国際化の傾向が見られる

　中国の刑法改正は，国内状況に応じた結果だけではなく，積極的に国際化の道を歩んだ結果でもある，と思われる。このことを 3 点にわたり説明しよう。第一に，中国の刑法改正は国際情勢の変動を迅速に取り込んできた。例えば，① 1998 年の単行刑法「外国為替犯罪に関する決定」は，外国為替に対する管理を強化するものであり，1997 年に起きたアジア金融危機に対する反省の産物であった。② 2001 年 12 月の「改正法三」が制定されたきっかけは，2001 年 9 月にアメリカで発生した同時多発テロであった。国際連合安全保障理事会の第 1373 号決議（2001 年）を執行するため，この「改正法三」は，テロ活動を経済的に支援する行為を犯罪化した。そして，「改正法九」では，第 120 条の 2（「テロ実施準備罪」）から 6（「テロリズム，過激派に関する物品の不法所持罪」）まで 5 つの条文が追加された。

　③ 2005 年 10 月 27 日，全国人大常委会は，2003 年 10 月 31 日に国連大会で可決

　であった。また，2009 年の 1-8 月において，飲酒運転による事故は 3,206 件あり，それにより 1,302 人が死亡した。なお，張兵「风险时代的风险刑法」甘肃政法学院学报 2011 年 1 月期 8 頁参照。

79　統計によれば，2010 年の 1-8 月において，摘発された環境汚染事件は 131 件にも上った。冷羅生「刑法将修"达摩克利斯之剑"已悬 —— 刑法修正案（八）（草案）的主要动机与要点释疑」環境保护第 20 期 45 頁参照。

80　陈洪吉「浅析七个刑法改正案的特点」社会科学学科研究 2010 年 3 月期 96，102 頁参照。

された「国連腐敗防止条約」を批准した[81]。これを背景に，2009年，「改正法七」は，「収賄罪」の構成要件を改正した。「改正法（十二）」は，賄賂犯罪の厳罰化に関する改正を行った。

　第二に，国際化に応じた結果と思われるのは，「改正法八」による一部の犯罪における死刑廃止の動きである。中国97年刑法においては，最高刑として死刑を定めている条文が45箇条あり，死刑を科されうる罪は68種類にも及び，全世界において，死刑に当たる罪を最も多く有する国の1つである[82]。また，実務において死刑は過度に適用され，年間の死刑判決件数は世界一と言われており，国際社会から批判を浴びている。2000年以降，この問題が重視されるようになり，学説において死刑廃止の問題は，激しく議論されてきた。現在最も支持されている見解は，「保留死刑，逐步減少，最終廃止」である[83]。すなわち，死刑は，不合理ではあるが，国民のコンセンサスがまだ得られない現状ではこれを保留すべきであり，将来に向けて段階的に減少させていき，終局的には廃止すべきである，とされる。この意見が立法機関に採用され，「改正法八」は，初めて死刑廃止に向けて，13個の罪名において死刑を廃止するに至った。そして，「改正法九」は，最高刑が死刑である9つの罪をさらに削除した。

　このような一部の罪名における死刑廃止は，国内における長年の議論の成果であるが，国際的な状況から影響を受けた結果でもある，と考えられる。1998年，中国は，「市民的及び政治的権利に関する国際規約」に加入した。全国人民代表大会は，いまだこれを承認してないが，いずれにしても，加入した以上，義務を果たさなければならない。同条約第6条第2項によれば，「死刑を廃止していない国においては，死刑は……最も重大な犯罪についてのみ科することができる。」。ここに言う「最も重大な犯罪」とは，故意の犯罪行為により被害者の死亡又はその他の重い結果を生じさせた罪を言う。後者は，故意による重い暴力犯罪又は人の生命に相当する法益を侵害する故意犯罪である。中国刑法における死刑に当たる罪の多くは，この範囲を明らかに超えている。また，世界的動向は，死刑廃止に向かっている，と言わざるをえない。これも，中国刑法にとって1つの無形の圧力になっている，と思われる[84]。「改正法八」と「改正法九」は，それまであまり死刑が選択されてこなかった22個の非暴力的犯

81　但し，この条約の第66条第2項は適用されないとの声明が出された。

82　李連博「我国刑法三十年的回顧与前瞻」広西大学学報（哲学社会科学版）2009年第4期97頁参照。

83　趙秉志「中国刑法改革新思考 ―― 以《刑法修正案（八）（草案）》为主要视角」北京師範大学学報（社会科学版）2011年第1期94頁参照。

84　高銘暄＝苏惠渔＝于志剛「从此踏上废止死刑的征途 ――《刑法修正案（八）草案》死刑问题三人谈」法学2010年第9期4-7頁参照。

75

罪において，死刑を廃止した。以上より，中国で一部の犯罪における死刑が廃止されたことは，中国刑法の国際化の1つの現れと言える。

第三に，国際化に応じたもう1つの結果としては，社区矯正の新設が挙げられる。「改正法八」第2条により，「管制に処せられた者に対しては，法に基づき社区矯正を行う。」という刑の新たな執行方法が刑法に規定された。また，「改正法八」第13条と第17条により，刑の執行猶予を宣告された犯罪者と仮釈放された犯罪者についても，執行猶予又は仮釈放後の観察期間内において社区矯正を受けることが義務付けられた。中国における「社区矯正」とは，一定の条件を満たした犯罪者をコミュニティーにおいて，専門の国家機関，社会団体，民間組織又はボランティアの協力により，判決，裁定又は決定に確定された期間中に，犯罪傾向及び行為の悪習慣を矯正し，順調な社会復帰を促進する非拘禁刑の執行活動を言う[85]。

社区矯正は，1970年代のイギリスにおいて創設された制度であり，その後瞬く間に全世界に普及していった。現在多くの国において，社区矯正を受けている受刑者の数は拘禁刑を科されている受刑者の数を大きく上回っている，とされる[86]。中国でも近年，犯罪率が上昇し，監獄などの刑務施設が過剰収容となり，大きな負担を抱えている。そこで，中国は，2003年7月10日から北京，上海など6つの省又は市を指定し，社区矯正制度の試験的な実施を始めた。その後，実施エリアは，2005年に18の省又は市に拡大し，2009年には全国に拡大された。そしてついに，この社区矯正は，「改正法八」により，正式な刑罰の執行方法として刑法に規定されるに至った。以上より，中国の刑法改正は，外国の優れた刑事法制度を積極的に取り込んできた，と言える。

かくして，中国の刑法改正は，不備を改善しながら，世界的な刑事法の動向をフォローし，自国の国際化にも努めてきた。言うまでもなく，この刑法の国際化は，経済の国際化の必然的な要求でもある。

5 犯罪化，厳罰化から寛厳両極化へ移行する

1997年以降，「改正法七」までの改正は，圧倒的に犯罪化，厳罰化の道を進んできた。

第一に，「外国為替犯罪に関する決定」は，外国為替を詐欺の方法により購入し，

---

85 この定義は，中国の最高人民法院，最高人民検察院，公安部及び司法部により共同で出された「社区矯正の試験的実施に関する通達」によるものである。

86 刘权坤「浅议"社区矫正"要走群众路线」黒龙江省政法管理干部学院学报2010年第10期53頁。

逃避させ又は不法に売買する行為を犯罪化した。「改正法一」から「改正法七」までの7つの「刑法改正法」は，73の罪名に触れたが，その中31の罪名（42.5％）を新設した[87]。例えば，「改正法一」は，「会計証明書会計帳簿財務会計報告書隠匿廃棄罪」を新設し，「改正法三」は，「テロ援助罪」，「偽の危険物投放罪」及び「偽のテロ情報捏造故意流布罪」を新設した。

　第二に，これら7つの改正法は，犯罪身分，行為態様又は行為客体などの構成要件要素を改正し，処罰範囲を拡大してきた。例えば，「改正法六」は，刑法第134条に掲げられていた犯罪身分を削除し，この罪を身分犯から非身分犯に改正した。また，「改正法二」は，刑法第342条における犯罪客体である「耕地」を「耕地，林地その他の農用地」に改正した。さらに，「改正法五」は，刑法第196条における処罰行為態様を「偽造のクレジットカードを使用する」行為から「偽造し又は偽造された身分証明書で取得したクレジットカードを使用する」行為に改正した。

　第三に，これら7つの改正法は，法定刑を調整した。緩刑化を示すのは，わずか2箇条のみである。すなわち，「改正法七」は，新たな内容を刑法第201条に追加し，「脱税罪」の初犯について一定の条件の下で処罰が免除されうることにした。また，「改正法七」は，刑法第239条「略取罪」を改正し，法定刑の下限を「懲役10年」から「懲役5年」に引き下げた。この2つを除き，法定刑が調整された条項は，すべてその刑を引き上げている。つまり，全体として「改正法七」までの改正は，一定範囲での緩刑化がみられるものの，犯罪化，重罰化の傾向にある，と言えよう。

　しかし，「改正法八」及び「改正法九」は，この流れを変えた。「改正法八」及び「改正法九」は，いくつかの違法行為を犯罪化，厳罰化したが，それと同時に緩刑化，寛大化の方向を強く示すものであったことも窺える。

　第一に，緩刑化，寛大化の表れとしてまず挙げなければならないのは，前述の一部の犯罪における死刑の廃止である。死刑に当たる罪の多少は，一国の刑罰制度の厳格さを判断する重要なファクターである，と考える。「改正法八」及び「改正法九」により死刑が廃止された22個の罪においては，元々あまり死刑は適用されていなかったのであるから，実際上の意味はあまりない，という批判があるかもしれない。しかし，この動きは，立法機関が本格的に死刑廃止のプロセスに入ったことを意味する。また，それは，死刑をめぐる争点が，廃止すべきか否かから，どのように廃止していくかに変わったということでもある[88]。そして，「改正法九」は，死刑の執行猶予の

87　黒静洁「刑法改正案之立法质量的实证考察」中国刑事法杂志 2010 年第 5 期 11 頁。
88　高铭暄＝苏惠渔＝于志剛・前掲注(71)4 頁参照。

適用対象を拡張し，死刑を直ちに執行する範囲を縮小した。これは，死刑に対する世界の死刑廃止論に呼応したものである，と考えられる。要するに，「改正法八」及び「改正法九」による一部罪名における死刑廃止及び死刑執行猶予適用対象の拡張の動きは，刑法の緩刑化及び寛大化の表れである，と言える。

第二に，「改正法八」は，老人に対して，いくつかの寛大な規定を設けた。まず，75歳以上の者が故意による罪を犯したときは，その刑が任意的に減軽され，過失による罪を犯したときは，必要的に減軽されることとなった。また，特に残虐な手段により人を死亡させた場合を除き，裁判時に75歳に達した者には，死刑を適用しない，とされた。さらに，75歳に達した犯罪者は，一定の条件を満たせば，刑の執行猶予を必要的に受けられることとなった。「改正法九」は，罰金納付方法を増加し，罰金刑の納付方法を多様化した。これは，刑罰人道主義の体現とも言えよう。

第三に，「改正法八」は，未成年者に対しても，寛大な規定を新設した。まず，犯罪時に18歳未満の未成年には累犯規定が適用されないことになった。また，一定の条件を満たせば，18歳未満の犯罪者は，刑の執行猶予を必要的に受けられるようになった。さらに，刑法第100条が改正され，犯罪時に18歳未満であり，5年以下の有期懲役に処せられた者は，刑法第99条に規定されている報告義務が免除される。

実のところ，中国では，「老人や幼児を哀れむ」(矜老恤幼) という立法伝統が古くから継承されてきた。中国の西周時代にもすでに「80歳以上の老人又は7歳以下の児童が罪を犯したときは，刑罰を科さず。」という規定がみられた。唐の時代には，この制度はさらに発展し，精密化された。すなわち，老人を90歳以上，80歳以上，70歳以上という3つのグループに，児童を7歳以下，10歳以下，15歳以下という3つのグループにそれぞれ分類し，その上で，グループごとに緩刑制度を適用するのである。例えば，「90歳以上又は7歳以下の者は，死刑を科すべき罪を犯したとしても，刑を科さない。」と明確に規定されていた[89]。この伝統は，その後の宋代，明代，清代へと受け継がれていったが，1949年に国民党が「六法全書」を全面廃棄したことにより中断されてしまった。「改正法八」は，この「老人や幼児を哀れむ」伝統を約60年を経て復活させた。つまり，この伝統の復活により，刑罰の緩刑化，寛大化が現実に実施されるようになったのである。

「改正法八」は，刑罰を一方的に緩刑化，寛大化したものではない。6つの行為類型を犯罪化し，「危険運転罪」，「臓器売買組織罪」，「賃金不払い罪」などの罪を新設

89　蔡枢衡「中国刑法史」(中国法制出版社，2005年) 185-186頁。なお张璐「刑八草案关于老年人犯罪立法新动向的法律文化解读」南阳师范学院学报，第10巻第1期2011年1月38頁参照。

した。さらに，多くの犯罪構成要件を改正し，処罰範囲を拡大した。「改正法九」は，犯罪規定においては，テロ犯罪やサイバー犯罪等に関する 20 の罪を新設し，犯罪類型がさらに厳密になった。刑罰規定においては，9 つの罪名の死刑が削除され，横領賄賂犯罪に対して終身監禁が増設されて刑の減軽及び仮釈放ができないことになり，いくつかの犯罪にも罰金刑が新設され，罰則もさらに整備された。「改正法十一」は，13 箇条の条文を新設し，34 箇条の条文を修正し，積極的な予防主義を採ったことにより，中国刑法は，正式的に安全刑法となり，安全刑法も中国刑法の性質と特色になった。「改正法十二」では，主に民営企業の保護と賄賂犯罪の厳罰化に関する改正が行われた。つまり，緩刑化，寛大化の傾向にあることが窺えるのであるが，犯罪化，厳罰化の傾向もなお維持されている，と言える。

　要するに，1997 年以降の中国の刑法改正は，当初一方的な犯罪化，厳罰化の傾向にあったが，その後は犯罪化・厳罰化とともに緩刑化・寛大化も重視されるようになり，二極化しつつある，と言えよう。

Ⅵ　今後の改正に向けて

　以下では，この一連の改正の動きに対する中国国内で出された評価を参照しながら，今後の改正に向けて，さらに改善すべきいくつかの問題点を検討したい。

1　立法主体の是正

　97 年刑法に対する改正法の立法主体は，全国人民代表大会ではなく，すべて全国人大常委会である。改正法に対する批判の矛先は，この方法に向けられている。主な批判的意見は 2 つある。

　第一に，この方法は，中国の憲法や立法法に違反するおそれがある，という批判がなされている。中国憲法第 57 条及び第 58 条によれば，中国全国人民代表大会は，中国の最高権力機関であり，全国人大常委会はその常設機関であって，両者とも中国の立法機関である。しかし，両者の立法権限は異なる。立法法第 7 条（憲法第 62 条，第 67 条も参照）によれば，「全国人民代表大会は，刑事的，民事的，行政的その他の基本法律を制定又は改正する。全国人民代表大会常務委員会は，全国人民代表大会が制定すべき法律以外の法律を制定又は改正する。全国人民代表大会の閉会時期において，全国人民代表大会が制定した法律を部分的に補充又は改正することができる。但し，当該法律の基本原則と抵触してはならない。」。つまり，刑法という基本法律の制

定権及び改正権は，基本的に全国人民代表大会に属するのであり，補充権や改正権が全国人大常委会に属するのは，一定の条件の下で例外にすぎないのである。

　だが，先述のように，12 の刑法改正法だけでも，延べ 217 箇条という多数の条文に関わるものであった。具体的には，169 の条文が改正され，48 の条文が新設された。新設された部分は，明らかに新たな罪を創設するものであるので，「補充，改正」と言うより「制定」と言ってよい，と思われる。また，刑法の基本原理，基本制度に関わる刑法総則に関して，「改正法八」は 19 箇条，「改正法九」は 4 箇条，「改正法十一」は 1 箇条もの条文を改正した。これも，例外的，補充的な限度にとどまっている，とは言い難い。しかし，この「刑法制定権」は，基本法律の制定権であり，やはり全国人民代表大会の職権に属すべきものである。全国人大常委会がこれを頻繁に用いるなら，憲法や立法法に違反することになろう[90]。

　第二に，立法の質が損なわれるかもしれないとの主張がなされている。一般的に，法案は，全国人民代表大会より全国人大常委会において採択されやすい。なぜなら，全国人民代表大会の立法手続は，より厳格なものだからである[91]。法案は，全国人民代表大会の審議にかけられる前に，全国人大常委会において何度も議論され，そして修正されることが多い。例えば，中国の「物権法」は，全国人民代表大会を通過する前に，全国人大常委会において 7 回の審議が行われた。しかし，これまでの「刑法改正法」のほとんどは，全国人大常委会における審議が 3 回以内で成立に至った[92]。両方とも採択には過半数以上の賛成が必要であるが，全国人民代表大会の代表は約 3000 人いるのに対し，全国人大常委会の代表は 200 人弱であるから，当然後者の方が採択されやすい，と言えよう[93]。

　刑法改正法の内容それ自体は，刑法典の一部になるので，刑法典の従来の条文と同等の効力を有する。国民の権利や自由に与える影響は，新刑法の制定と同等である。ゆえに，制定手続は，厳格でなければならず，刑法典と同様に，全国人民代表大会によって制定されるべきである。これにより，国民の基本的人権に関わる刑法改正法が，より多くの民意を代表する立法機関で審議されることになり，その合理性，つまり立法の質が，手続上担保されることになるのである。

　以上の理由から，刑法改正法の立法権の帰属問題を考え直す必要がある，と言える

90　黄京平＝彭輔順「刑法改正案的若干思考」政法论丛 2004 年第 3 期 52 頁。
91　人民代表大会の立法手続は，憲法 12 条-23 条に規定されている。人民代表大会常務委員会の立法手続は，憲法 24 条-41 条に規定されている。
92　「改正法六」及び「改正法八」の審議は 4 回であった。
93　陈振「论我国刑法修改方式不足及完善」湖南公安高等专科学校学报 2010 年第 3 期 98 頁。

であろう。今後の刑法改正法の立法権は，全国人大常委会ではなく，全国人民代表大会によって行使されるべきである，と考える。また，実際に，全国人民代表大会がこの職権を行使することには何らの障害もないのである。全国人民代表大会は，年に1回会議を開くので，犯罪の変化に応じて刑法改正法を審議し，採択することは可能である[94]。

2　改正の内容について

(1) 刑法の謙抑性と非犯罪化・緩刑化

上述のように，1997年以降の刑法改正は，軽刑化，寛大化の部分もみられるものの，全体としては犯罪化，厳罰化の傾向が目立っている。その理由は，中国においては，刑法の謙抑性原理が一般の国民のみならず，一部の学者，立法者の間にも浸透・定着していないことにある。一旦社会にある種の危害行為が多発するようになると，刑法典に新たな罪を創設しようとする声が現れてくる。例えば，近年，国民の個人情報が侵害されるケースが増えてきたが，これに対しては，「国民の個人情報の不法暴露罪」を新設せよ，という意見が多く寄せられた。また，出稼ぎ農民への賃金の支払いを遅延させる現象が多発した際には，刑法に「農民工給料遅延罪」を新設せよ，という提言がなされた。結果として，「改正法七」によって，「国民個人情報売買不法提供罪，国民個人情報不法取得罪」が新設され，個人情報を侵害する行為が刑法上処罰されることとなり，また，「改正法八」において，「賃金不払い罪」が新設されることになった。「改正法九」は，テロ犯罪やサイバー犯罪などに関する罪を新設した。「改正法十一」は，「安全運転妨害罪」や「高所からの物品投棄罪」などの罪を新設した。つまり，現在の中国においては，すべての社会問題が刑法で解決できるという「刑法崇拝」や「刑法万能主義」の考え方がいまだ根強く存在している，と思われるのである[95]。

しかし，すでにある日本の学者が指摘したように，「刑法は，その規定する刑罰による物理的強制力を持つ故に，その発動は，きわめて慎重で，謙抑的でなければならない。つまり，刑法は，たとえ『法益』の保護という大義名分があるとしても，なお他の制裁手段による代替の方法を探すべきである。……さらに，法益侵害行為が発生しても，それを『刑罰』によって処罰し，もって社会秩序を維持する必要性が乏しい時には，その処罰を思い止まるべきである。……刑事政策によって社会の有害な行為

94　黄京平＝彭輔順・前掲注(77)53頁。

95　呉情樹「我国刑法改正指导思想的检讨」云南大学学报法学版2009年第4期19頁参照。

を完全に抑圧・予防することはできるものではない。刑法は，その限界を弁えつつ，謙抑的でなければならない。」[96]。

したがって，ある種の社会問題が発生したときには，刑法を投入する前に，まず原因に応じてより穏当な法律規範として，民事，経済，行政的制裁手段を選択すべきであろう。他の方法で解決できる場合には，刑法を用いる必要性がなくなるからである。そうでなければ，立法の科学性が損なわれる。例えば，「改正法七」は，「国民個人情報売買不法提供罪，国民個人情報不法取得罪」を新設した。だが，この刑法規定が施行される前に，国民の個人情報を保護する「個人情報保護法」のようなより穏当な法律規範が整備されることはなかった。他の法律での対応を一切試していないにもかかわらず，個人情報を不法に利用する行為をいきなり犯罪として扱うこととなった。これは，少し行きすぎではないか，と思われる。今後の改正においては，刑法の謙抑性をより一層考慮する必要があろう。

ところで，犯罪圏とは，刑法に規定されている犯罪の限界と範囲を指す。犯罪圏を拡大することを「犯罪化」という。これに対して犯罪圏を縮小することを「非犯罪化」という[97]。犯罪化と非犯罪化は犯罪圏変動の両側面であり，各国は自国の具体的状況及び社会のニーズに応じ，時には犯罪化を，時には非犯罪化をすることで，犯罪圏を調整していく必要がある。なぜなら，「犯罪化と非犯罪化は，車のアクセルとブレーキのようなものである。アクセルを踏みすぎると，確かに車のスピードは上がるが，他方で交通事故を起こしやすくなる。反対に，ブレーキをかけすぎると，当然車は安全になるが，なかなか前に進まない。つまり，アクセルとブレーキを一方に片寄らずに交互に使用することが大切なのである。」[98]。また，犯罪に対する評価基準は，相対的なものであり，時代とともに変化している，と言える。例えば，姦通や同性愛に対する評価が，その一例である。したがって，刑法改正は，犯罪化の手段となるだけではなく，非犯罪化の方法にもなるべきである。犯罪圏は，生物圏と同じように，周囲の環境との交換により，吸収もあれば放出もあるべきであり，良い新陳代謝があってこそより効率的に犯罪を予防できるのである[99]。中国の刑法改正は，死刑に当

96　加藤久雄「刑事政策学入門」（立花書房，1991 年）16 頁。同旨の主張は，加藤久雄「ボーダーレス時代の刑事政策」（新版，有斐閣，1999 年）9 頁以下，同「医事刑法入門」（新訂版，東京法令出版社，2005 年）40 頁以下でも見られる。

97　叶文婷「論我国刑法改正案中的犯罪圏的拡大与刑法謙抑性的関系」経済与法 2009 年 09 期 77 頁。

98　林山田「刑法的革新」（台北学林文化出版有限公司，2001 年）第 154 頁。

99　张笑英＝谢焱「动态犯罪圏的完善 ── 以刑法改正案的实体考量为视角」法学杂志 2009 年第 3 期，88 頁参照。

たる罪の削減，老人及び未成年者に対する寛大な制度の新設を除けば，主に犯罪圏を拡大し，犯罪化・厳罰化を進める傾向にあったが，今後の改正は，犯罪化・厳罰化を進めるだけではなく，非犯罪化・緩刑化の役割をもより一層果たしていくべきではないであろうか。

(2) 罪名の立法化

　刑法改正においては，新設された罪及び改正された罪について，罪名が一切定められてこなかった。これには問題がある，と考える。

　97 年刑法が制定された当時，学説と実務は，罪名を明記する立法方式を採用すべきである，という意見でほぼ一致していた。だが，刑法各則の条文が大幅に増やされたため，罪名を確定する作業は，量が多く，内容的に困難になり，結局 97 年刑法は，79 年刑法と同じように罪名を明記しない方式を採用した。その結果，97 年刑法の施行後，実務において，罪名確定に関する大きな混乱が生じた。この問題を解決するために，1997 年 12 月，最高裁判所と最高検察所は，共同して罪名を確定する司法解釈を出した。その後，刑法改正法によって新設され，改正された罪の名称は，最高裁判所と最高検察所の解釈によりこれを確定することが慣習となった。実は，罪名確定は立法権の職権に属するので，司法解釈で罪名を確定することは，当面の応急措置であって，最高裁判所や最高検察所の職権を超えており，越権行為ではないかとの疑問も提起されている[100]。

　また，罪名の確定権の問題を別としても，司法解釈による罪名確定は常に立法より遅れている。例えば，「改正法一」，「改正法二」，「改正法三」により新設された罪又は改正された罪の罪名を規定する最高裁判所と最高検察所の司法解釈は，2002 年 3 月 15 日に公布されたが，これは，3 つの刑法改正法の公布日にそれぞれ 2 年，7 カ月，3 カ月遅れていた。「改正法四」の罪名に関する司法解釈は，改正法の施行日の 8 カ月後に公布された。「改正法五」の罪名確定は，本改正法の施行より約 2 年半遅れた。また，「改正法六」と「改正法七」の罪名に関する司法解釈は，2 つの刑法改正法の公布日からそれぞれ 1 年 4 カ月，8 カ月遅れた。「改正法八」，「改正法九」及び「改正法十一」は，2 カ月遅れていた。最も短期間で出されたのは，「改正法十二」の罪名であり，19 日間遅れた。この現状は，司法実務において，同一の条文を適用したにもかかわらず，事件ごとに言い渡された罪名が異なるという事態をもたらした。また，逮捕状や起訴状において罪名に触れずに違反された罰条だけが記載される

100　張文 = 劉艶紅「罪名立法模式論要」法苑精粋編委会編「中国刑法学精粋 2001 巻」（机械工業出版社，2002 年）423 頁参照。

という事態も生じている。これらが，刑法規範の有効な適用や刑法の権威性の維持に悪影響を与えていることは言うまでもない[101]。

したがって，今後の改正においては，新設された罪及び改正された罪について，罪名を付して公布することが望ましい。

(3) 総則と各則の調和

1997年以降の刑法改正のうち，「改正法一」から「改正法七」までは，すべて97年刑法の各則に対する改正であった。そして，初めて総則に対する改正を行ったのが，「改正法八」である。前述のように，「改正法八」により，死刑の執行猶予に付された者の減刑幅は，「15年以上20年以下の有期懲役」から「25年の有期懲役」に改正された。また，累犯及び故意殺人，強姦，強盗などの重い暴力的犯罪で死刑の執行猶予に付された者は，減刑が制限されることになった。さらに，仮釈放の適用条件が一層厳しくされた。これらの改正は，同時になされた一部の犯罪における死刑廃止の動きに呼応したものと考えられる。つまり，各則における死刑適用範囲を縮小する反面として，総則では重大犯罪の減刑に制限を加えたわけである。「改正法八」に引き続き，「改正法九」も，総則部分を2箇条改正し，職業従事禁止制度の創立と死刑の執行猶予制度適用対象の拡張に関する内容であった。「改正法十一」では，総則について1箇条が改正され，刑事責任年齢が「14歳」から「12歳」に引き下げられた。このように総則と各則を一体化して改正したことは，評価できる。

では，これ以外に，総則は改正する必要がないということであろうか。もちろん，答えは否である。実際，総則については，少なくとも1つの内容を改正する必要がある，と言われている。すなわち，条文の記述ミスである。例えば，刑法第15条第2項は，「過失犯罪は，法律に規定があるものに限り，刑事責任を負う。」と規定している。しかし，この条文には文法的な誤りがあるので，「過失行為は，法律に規定があるものに限り，刑事責任を負う。」と改正すべきである。また，刑法第20条第2項と第21条第2項の規定にも類似の問題が存在する。条文中の「正当防衛」と「緊急避難」という文言は，「防衛行為」と「避難行為」に改正すべきである。したがって，今後の改正においては，必要に応じて，このような総則の部分をも改正していくべきであろう[102]。

101　潘家永「刑法改正案述評」安徽大学学報（哲学社会科学版）2008年第4期75-76頁参照。
102　呉情樹「我国刑法改正指導思想的検討」云南大学学報法学版2009年第4期20頁参照。

3 立法技術について

(1) 改正の効率

中国の 97 年刑法が施行されて以降 27 年の間に，単行刑法，刑法改正法，特別改正法を合わせると 14 回の改正が行われてきた。平均すると，2 年も経たないうちに，1 回の改正が行われている。また，1 年以内に 2 回の改正がなされたこともある。例えば，「改正法二」と「改正法三」はともに，2001 年に公布された。しかも，この 2 つの改正法の公布日の間隔は，4 カ月しかなかった。さらに，同一条文の改正回数に注目すると，27 箇条（第 120 条，第 134 条，第 141 条，第 161 条，第 162 条，第 163 条，第 175 条，第 180 条，第 185 条，第 199 条，第 200 条，第 225 条，第 237 条，第 239 条，第 244 条，第 253 条，第 277 条，第 285 条，第 303 条，第 312 条，第 338 条，第 358 条，第 390 条，第 391 条，第 393 条，第 399 条，第 408 条）が，2 回改正されていた。6 箇条（第 151 条，第 164 条，第 182 条，第 191 条，第 133 条，第 291 条）が 3 回改正された。つまり，中国の刑法改正は，同一の条文を複数回に分けて改正することが多く，効率的とは言い難い[103]。もちろん，このことは，中国の社会発展のスピードや犯罪行為の変化と関連していると考えられる。だが，刑法は，あまり容易に変更されると，その安定性と権威性が損なわれるおそれがある。したがって，今後の改正は，効率を上げて頻度を下げていくべきであろう。

(2) 施 行 日

法律の施行日は 2 種類ある，と思われる。すなわち，① 法律の内容が簡潔であり，かつ，社会にとって差し迫って必要な場合には，公布と同時に施行される。② 内容が複雑であり，国民の生活にとって極めて重要な場合には，公布され，一定の時間を経てから施行される。97 年刑法に対する改正法は，犯罪と刑罰に関わるので，国民にとって重要であることは言うまでもないが，残念ながら前出の 1 つの単行刑法，一から七まで及び十一の刑法改正法，特別改正法のすべてが公布日に施行された。しかし，これには問題がある。その理由は 2 つある，と考えられる。第一に，国民に新規定を学び，理解する時間を与える必要がある。新たな規範が国民に内在化されないかぎり，行為規範として機能しないからである。第二に，司法機関には，新規範の運用について準備をする時間が必要である。人的，物的準備が整わないと，新規範は，制裁規範として機能しえないからである[104]。中国の立法機関がすでにこの問題に気づいたためかもしれないが，「改正法八」は，2011 年 2 月 25 日に公布されたが，

103　左良凱「試論我国刑法改正案的現状，問題与完善」広西政法管理干部学院学報第 2007 第 1 期 30 頁。

104　付立忠「我国刑法新変化与存在問題述評」公安大学学報 2002 年第 6 期 37 頁参照。

その施行日は 2011 年 5 月 1 日であり，「改正法九」は 2015 年 8 月 29 日に公布されたが，その施行日は 2015 年 11 月 1 日であり，公布日の約 2 か月後であった。「改正法十一」は 2020 年 12 月 26 日に公布されたが，その施行日は 2021 年 3 月 1 日であり，「改正法十二」は 2023 年 12 月 29 日に公布されたが，その施行日は 2024 年 3 月 1 日であり，公布日の約 3 カ月後であった。これは，以前と比べて大きな前進であるので，評価すべきである。だが，この 3 カ月という期間だけでは，国民への周知，国民の勉強と理解及び司法機関の準備にとっては，なお不十分ではないか，と思われる。したがって，今後新たに刑法改正を行う際には，公布日と施行日の間に，少なくとも半年以上の間隔を設けるべきではないであろうか。

(3) 刑法典の新たな公布

中国において，97 年刑法は，単行刑法，刑法改正法，特別改正法により，14 回の改正が行われてきた。しかし，その際，「刑法改正法」それ自体は公布されてきたが，その都度の改正内容を盛り込んだ結果として新たに形成された内容が，新刑法という形式で改めて公布されたことはまだ一度もない。言い換えると，97 年刑法と，1 つの単行刑法，12 の「刑法改正法」，1 つの特別改正法がそれぞれ単独存在しており，両者が表現形式において一体化されていない。これは望ましくない，と思われる。それには 3 つの理由が挙げられる。すなわち，① 中国の立法法に違反する恐れがある。中国の立法法 53 条第 2 項は，「法律の一部の条文が改正され又は廃止されたときは，新しい法律文書を公布しなければならない。」と規定している。同条によれば，「刑法改正法」の公布後，刑法典を改めて公布しないと，立法法に違反することになる。② 法曹にとって援用しにくい。この点，改正された条文の援用については，2 つの見解が主張されていた。第 1 の見解は，刑法改正法の条文番号を援用することを主張する。第 2 の見解は，刑法典の条文番号を援用すべきと考える。2007 年 4 月 11 日，最高裁判所が，刑法改正法の内容を如何に援用するか，という下級審の質問に対して，意見を出した[105]。これを受けて論争は一旦沈静化したが，実務においては，被害者や被告人に新旧規定両方を説明しなければならないので，依然として不便である。③ 国民にとっても刑法の全容を理解するのが難しい。現状では，97 年刑法を読んだ上で，1 つの単行刑法，12 の「刑法改正法」，1 つの特別改正法全部を読みきらないかぎり，刑法の態度が分からないが，それには多くの時間がかかる。以上の理由から，今後の改正においては，「刑法改正法」の公布と共に，刑法典も改めて

105　この意見は，「裁判所が，判決文において，刑法改正法の規定を適用するときは，直接に改正された後の刑法条文を援用すべきである。」とする。

公布すべきではないだろうか[106]。

Ⅶ　おわりに

　中国の 79 年刑法は，初めて現代中国刑法体系の枠組みを作り上げた。97 年刑法は，79 年刑法の体系を受け継ぎながら，大幅な改正を行い，現代刑法の基本原則を採用し，人権保障機能を強化し，刑法体系を現代化させた。1997 年以降の刑法改正は，刑法典の改善及び整備のために，重要な役割を果たしてきた。このうち，「改正法八」と「改正法九」による一部の犯罪における死刑の廃止は，中国刑法体系が成熟化に向けて踏み出した大きな一歩であって，特に大きな意義を持ち，中国刑法の発展過程における新たな転換点と言える。この一連の動きは，様々な問題点を抱えてはいるが，社会情勢の変化に応じ，社会の安全や国民の基本的権利を保護するために発展し，総じて法治国家の建設に資するものであり，評価することができよう。

　法律は，社会を超え，孤立した存在ではない。法律は，特定の社会の経済，政治，文化及び自然条件の変化に応じて発展しなければならない。中国は，現在激変の時代にあり，社会の発展とともに新たな犯罪行為が後を絶たずに現れてくるだろう。国民の基本的権利を保護するために，そして社会の安全を維持するために，中国の刑法は，これからも改正されていく必要がある。

　今後の改正においては，立法主体を是正し，立法技術を改善することが望ましい。また，改正内容についても，犯罪化のみならず，国際的な刑法の発展の流れを考慮し，適度にさらなる非犯罪化や緩刑化を進めていくべきではないだろうか。諸外国の刑事改革の成果を積極的に取り入れ，特に死刑制度の廃止，自由刑の調整，未成年者の処遇制度の改善，保安処分の整備などの問題に取り組む必要がある，と思われる。

106　黄京平＝彭輔順・前掲注(77)54-55 頁，高銘暄＝呂华艳「论刑法改正案对刑法典的修订」河南省政法管理干部学院学报 2009 年第 1 期 19-20 頁参照。

第二部

中国現行刑法の全訳
― 第 12 次改正まで ―

甲斐克則・劉　建利・謝　佳君　編訳

1979 年 7 月 1 日第 5 次全国人民代表大会第 2 回会議で採択，1997 年 3 月 14 日第 8 次全国人民代表大会第 5 回会議で改正，1997 年 3 月 14 日中華人民共和国主席令第 83 号により公布，1997 年 10 月 1 日施行。

「全国人民代表大会常務委員会の外国為替を詐欺の方法で購入し，逃避させ又は不法に売買する犯罪を処罰することに関する決定」(1998 年 12 月 29 日)，「中華人民共和国刑法改正法一」(1999 年 12 月 25 日)，「中華人民共和国刑法改正法二」(2001 年 8 月 31 日)，「中華人民共和国刑法改正法三」(2001 年 12 月 29 日)，「中華人民共和国刑法改正法四」(2002 年 12 月 28 日)，「中華人民共和国刑法改正法五」(2005 年 2 月 28 日)，「中華人民共和国刑法改正法六」(2006 年 6 月 29 日)，「中華人民共和国刑法改正法七」(2009 年 2 月 28 日)，「法律の一部分を改正する決定」(2009 年 8 月 27 日)，「中華人民共和国刑法改正法八」(2011 年 2 月 25 日)，「中華人民共和国刑法改正法九」(2015 年 8 月 29 日)，「中華人民共和国刑法改正法十」(2017 年 11 月 4 日)，「中華人民共和国刑法改正法十一」(2020 年 12 月 26 日)，「中華人民共和国刑法改正法十二」(2023 年 12 月 29 日)に基づき編訳。

第1編　総　則

第1章　刑法の任務，基本原則及び適用の範囲

第1条【立法趣旨】　犯罪を処罰し，人民を保護するために，憲法に基づいて，犯罪と闘ってきた我が国の具体的経験及び現状を踏まえて，本法を制定する。

第2条【本法の任務】　中華人民共和国刑法の任務は，刑罰を用いてすべての犯罪行為と闘い，それによって国家の安全を保護し，人民民主独裁の政権及び社会主義制度を防衛し，国有財産及び勤労大衆による集団所有の財産を保護し，国民[1] の私的所有の財産を保護し，国民の身体の権利，民主的権利その他の権利を保護し，社会秩序及び経済秩序を維持し，社会主義建設事業の順調な進展を保障することである。

第3条【罪刑法定主義】　法律が明文で犯罪行為と規定するときは，法律により罪を認定し，処罰する。法律が明文で犯罪行為と規定していないときは，罪を認定し，処罰してはならない。

第4条【平等の原則】　何人による犯罪に対しても，法律の適用においては一律平等でなければならない。何人も，法律を超える特権を有することは許されない。

第5条【罪刑均衡の原則】　刑の軽重は，犯罪者が犯した罪及びその負うべき刑事責任と相応しなければならない。

第6条【属地主義の管轄権】　① この法律は，法律に特別の規定がある場合を除き，中華人民共和国の領域内において罪を犯したすべての者に適用する。

② 中華人民共和国の船舶又は航空機内において罪を犯した者についても，この法律を適用する。

③ 犯罪の行為又は結果のいずれかが中華人民共和国の領域内において生じたときは，中華人民共和国の領域内での犯罪とみなす。

第7条【属人主義の管轄権】　① 中華人民共和国の国民が，中華人民共和国の領域外においてこの法律が規定する罪を犯したときは，この法律を適用する。ただし，この法律の規定により刑の長期が3年以下の有期懲役であるときは，これを追及しないことができる。

② 中華人民共和国の公務員及び軍人が，中華人民共和国の領域外においてこの法律が規定する罪を犯したときは，この法律を適用する。

第8条【保護主義の管轄権】　外国人が中華人民共和国の領域外において中華人民共和国の国家又は国民に対して罪を犯し，この法律の規定により刑の短期が3年以上の有期懲役に当たるときは，本法を適用することができる。ただし，犯罪地の法律により処罰されないときは除く。

1　原文は「公民」である。

第二部　中国現行刑法の全訳 ── 第12次改正まで

第9条【普遍主義の管轄権】　中華人民共和国が締結し又は参加した国際条約に規定されている犯罪行為に対しては，中華人民共和国が条約に基づいて義務を負う範囲内で刑事管轄権を行使するとき，この法律を適用する。

第10条【外国裁判に対する消極的承認】　中華人民共和国の領域外において罪を犯し，この法律に基づいて刑事責任を負うべき者は，外国において裁判を受けたとしても，なおこの法律に基づいて刑事責任を追及することができる。ただし，外国においてすでに刑の執行を受けた者は，刑を免除し又は減軽することができる。

第11条【外交特権及び免責権】　外交特権及び免責権を有する外国人の刑事責任については，外交ルートを通じて解決する。

第12条【刑法の遡及力】　①中華人民共和国成立後，この法律が施行される前の行為であり，当時の法律により犯罪とされていないときは，当時の法律を適用する。当時の法律により犯罪とされ，この法律の総則第4章第8節の規定により訴追すべきときは，当時の法律に基づいて刑事責任を追及する。ただし，この法律によれば犯罪とされないとき又は刑が軽いときは，この法律を適用する。

　　②この法律が施行される以前，当時の法律に基づいて下された有効な判決は，引き続き有効である。

第2章　犯　罪

第1節　犯罪と刑事責任

第13条【犯罪の概念】　国家の主権，領土の保全並びに安全に危害を及ぼし，国家を分裂させ，人民民主独裁の政権を転覆し，社会主義制度を覆し，社会秩序及び経済秩序を破壊し，国有財産又は勤労大衆による集団所有の財産を侵害し，国民の私有財産を侵害し，国民の身体の権利，民主的権利その他の権利を侵害し，又はその他社会に危害を及ぼすすべての行為が，法律に基づいて刑を受けなければならないときは，いずれも犯罪である。ただし，情状が著しく軽く，危害が大きくないときは，犯罪としない。

第14条【故意犯】　①自己の行為が社会に危害を及ぼす結果を生じさせることを知りながら，その結果の発生を希望し又は放任したことにより犯罪を構成したときは，故意による犯罪とする。

　　②故意による犯罪は，刑事責任を負わなければならない。

第15条【過失犯】　①自己の行為が社会に危害を及ぼす結果を生じさせる可能性を予見すべきであるのに，不注意により予見せず又はすでに予見していたにもかかわらず結果を回避できるものと軽信したため，これらの結果を生じさせたときは，過失による犯罪とする。

　　②過失の犯罪は，法律に規定がある場合に限り，刑事責任を負う。

第16条【不可抗力及び意外事件】　行為が客観的に損害を生じさせたが，故意又は過失によるものではなく，不可抗力又は予見できない事由によって引き起こされたときは，犯罪ではない。

（2020・改正十一）

第17条【刑事責任年齢】　①16歳以上の者が罪を犯したときは，刑事責任を負わなければ

92

ならない。

　②14歳以上16歳未満の者が，故意の殺人，故意の重傷害又は傷害致死，強姦，強盗，麻薬販売，放火，爆発，危険物質投放の罪を犯したときは，刑事責任を負わなければならない。

　③12歳以上14歳未満の者が，故意の殺人，故意の傷害の罪を犯し，人を死亡させたとき又は特に残虐な方法により人に重傷害を負わせ，重要な身体機能を喪失させ，情状が悪質であり，最高人民検察院により訴追の許可を得たときは，刑事責任を負わなければならない。

　④前3項の規定により刑事責任を負う18歳未満の者は，その刑を軽くし又は減軽しなければならない。

　⑤16歳未満未満のゆえに処罰されない者については，その家長又は後見人に管理及び教育を命じる。必要なときには，法により専門的な矯正教育を受けさせることができる。

　＊この条文の第3項は，2020年の改正法十一により追加された。

―――――――――――――――

（1997・刑法）

第17条【刑事責任年齢】　①16歳以上の者が罪を犯したときは，刑事責任を負わなければならない。

　②14歳以上16歳未満の者が，故意殺人，故意重傷害又は傷害致死，強姦，強盗，麻薬販売，放火，爆発，投毒の罪を犯したときは，刑事責任を負わなければならない。

　③14歳以上18歳未満の者が罪を犯したときは，その刑を軽くし又は減軽[2]しなければならない。

　④16歳未満のゆえに処罰されない者については，その家長又は後見人に管理及び教育を命じる。必要なときには，政府がこの者を収容して矯正させることができる。

（2011・改正八）

第17条の1【高齢者】　75歳以上の者が故意による罪を犯したときは，その刑を軽くし又は減刑することができる。過失による罪を犯したときは，その刑を軽くし又は減軽しなければならない。

　＊本条は，2011年の改正法八により追加。

第18条【精神障害者及び酩酊者】　①精神病者が，自己の行為を弁別し又は制御することができないときに危害を及ぼす結果を招いた場合，それが法定の手続を経て，鑑定により確認されたときは，刑事責任を負わない。ただし，その家族又は後見人に厳重に看護又は医療を命じなければならない。必要なときは，政府が強制的医療を受けさせることができる。

　②間欠性精神病者が精神正常時に罪を犯したときは，刑事責任を負わなければならない。

　③自己の行為を弁別し又は制御する能力を完全に喪失していない精神病者が罪を犯したときは，刑事責任を負わなければならない。ただし，その刑を軽くし又は減軽することができる。

―――――――――――――――

2　その刑を軽くする［従軽］は，法定刑の範囲内で軽く処罰することをいい，その刑を減軽する［減軽］は，法定刑の下限以下で処罰することをいう。第62条及び第63条参照されたい。

第二部　中国現行刑法の全訳 —— 第 12 次改正まで

④ 酩酊者が罪を犯したときは，刑事責任を負わなければならない。

第 19 条【聾唖者及び盲人】　聾唖者又は盲人が罪を犯したときは，その刑を軽くし，減軽し又は免除することができる。

第 20 条【正当防衛】　① 現に行われている不法な侵害から，国家及び公共の利益，本人若しくは他人の身体，財産その他の権利を守るために，不法な侵害を制止する行為を行って，不法侵害者に損害を生じさせたときは，正当防衛であり，刑事責任を負わない。

② 防衛行為[3]が著しく必要な限度を超えて重大な損害を生じさせたときは，刑事責任を負わなければならない。ただし，その刑を減軽し又は免除しなければならない。

③ 現に行われている暴行，殺人，強盗，強姦，身代金略取その他の身体の安全を著しい危害を及ぼす暴力犯罪に対して，防衛行為を行うことによって不法侵害者に死傷の結果を生じさせたときは，過剰防衛とはならず，刑事責任を負わない。

第 21 条【緊急避難】　① 現に発生している危険から国家及び公共の利益，本人又は他人の身体，財産その他の権利を守るため，やむを得ずにした緊急避難の行為が損害を生じさせたときは，刑事責任を負わない。

② 避難行為が必要な限度を超えて，不当な損害を生じさせたときは，刑事責任を負わなければならない。ただし，その刑を減軽し又は免除しなければならない。

③ 第 1 項における本人ための避難に関する規定は，職務上又は業務上特定の義務を負う者には，適用しない。

第 2 節　犯罪の予備，未遂及び中止

第 22 条【犯罪の予備】　① 犯罪のために，道具を準備し，条件を造り出すときは，犯罪の予備とする。

② 予備犯に対しては，既遂犯に照らしてその刑を軽くし，減軽し又は免除することができる。

第 23 条【犯罪の未遂】　① 犯罪の実行に着手し，犯罪者の意思以外の原因によって犯罪を遂げなかったときは，犯罪の未遂とする。

② 未遂犯に対しては，既遂犯に照らしてその刑を軽くし又は減軽することができる。

第 24 条【犯罪の中止】　① 犯罪の過程において，自ら犯罪を中止し又は犯罪結果を有効に防止したときは，犯罪の中止とする。

② 中止犯に対しては，損害の結果が生じなかったとき，その刑を免除しなければならない。損害の結果が生じたときは，その刑を減軽しなければならない。

第 3 節　共 同 犯 罪

第 25 条【共同犯罪の概念】　① 共同犯罪とは，2 人以上共同して故意による罪を犯すことをいう。

② 2 人以上共同して過失による罪を犯したときは，共同犯罪として処断しない。刑事責

3　原文は「正当防衛」である。立法のミスと思われる。

94

任を負うべき者は，それらが犯した罪に応じてそれぞれ処罰する。

第26条【主犯】 ① 犯罪集団を結成し若しくは指導して犯罪活動を行った者又は共同犯罪において主要な役割を果たした者は，主犯である。

② 3人以上共同して罪を犯すために結成した比較的固定的な犯罪組織は，犯罪集団である。

③ 犯罪集団を結成し又は指導する首謀者⁴に対しては，その犯罪集団が犯したすべての犯行に応じて処罰する。

④ 第3項に規定する以外の主犯に対しては，その者が参加し，組織し又は指揮したすべての犯行に応じて処罰しなければならない。

第27条【従犯】 ① 共同犯罪において副次的又は補助的な役割を果たした者は，従犯である。

② 従犯に対しては，その刑を軽くし，減軽し又は免除しなければならない。

第28条【被脅迫犯】 脅迫されて犯罪に参加した者は，その犯罪の情状に応じて，その刑を減軽し又は免除しなければならない。

第29条【教唆犯】 ① 人を教唆して罪を犯させた者は，共同犯罪において果たした役割に応じて処罰しなければならない。18歳未満の者を教唆して罪を犯させた者は，その刑を重くしなければならない⁵。

② 被教唆者が教唆された罪を犯さなかったときには，教唆犯に対して，その刑を軽くし又は減軽することができる。

第4節　組織体⁶犯罪

第30条【組織体の刑事責任の範囲】 会社，企業，事業体，機関⁷又は団体が，社会に危害を及ぼす行為を行った場合において，その行為が法律に組織体犯罪として規定されているときは，刑事責任を負わなければならない。

第31条【組織体犯罪の処罰原則】 組織体が罪を犯したときは，組織体に対して罰金を科するほか，その直接責任を負う主管人員及びその他の直接責任者⁸を処罰する。この法律の各則及びその他の法律に規定があるときは，それらの規定に従う。

4　原文は「首要分子」である。

5　その刑を重くする［従重処罰］は，法定刑の上限内で重く処罰することをいう。

6　組織体犯罪［単位犯罪］は，法人犯罪の範囲より広く，法人格を有しない組織体による犯罪をも含む。

7　立法機関，行政機関，裁判機関及び検察機関を含む。

8　直接責任を負う主管人員とは，組織体の指導者をいい，他の直接責任者とは，組織体犯罪の実行者をいう。

第二部　中国現行刑法の全訳 ── 第 12 次改正まで

第 3 章　刑　罰

第 1 節　刑罰の種類

第 32 条【刑罰の種類】　刑罰は，主刑と付加刑に分ける。

第 33 条【主刑の種類】　主刑の種類は，次の通りである。

(1) 管　制[9]。

(2) 拘　役[10]。

(3) 有期懲役。

(4) 無期懲役。

(5) 死　刑。

第 34 条【付加刑の種類】　① 付加刑の種類は，次の通りである。

(1) 罰　金。

(2) 政治的権利の剥奪。

(3) 財産の没収。

② 付加刑は，単独で適用することもできる。

第 35 条【外国追放】　罪を犯した外国人に対しては，国外追放を単独適用し又は付加適用することができる。

第 36 条【損害賠償及び民事優先】　① 犯罪行為によって被害者に経済的損失を被らせたときは，犯罪者に対して法による刑を科するほか，状況に応じて経済的損害賠償の判決を下さなければならない。

② 民事賠償責任を負う犯罪者が，同時に罰金刑に処せられ，その財産により全額を支払うことができないとき又は財産の没収に処せられたときは，まず被害者に対する民事賠償責任を負わなければならない。

第 37 条【刑罰以外の処分】　犯罪の情状が軽微であり，刑を科する必要がないときは，刑事処罰を免除することができる。ただし，それぞれの事件の状況に基づいて，訓戒を与え，改悛の誓約，謝罪の表明若しくは損害賠償を命じ又は主管部門により行政処罰若しくは行政処分を科することができる。

（2015・改正九）

第 37 条の 1【職業従事禁止】　① 職業上の便宜を利用して犯罪を犯し又は職業が要求する特定の義務を背く犯罪を実行した場合，人民法院は，当該犯罪の状況と再犯の予防により，刑の執行が完了した日又は仮釈放期間の満了日から，関連する職業に従事するのを禁止することができる。期限は 3 年から 5 年までである。

② 関連する職業に従事することが禁止された犯罪者が，人民法院の上記規定に基づく

9　管制とは，受刑者の身体の自由を制限せずに，その政治的権利の行使などの自由に一定の制限を加える刑罰である。刑法 38-41 条を参照されたい。

10　拘役は，短期自由刑である。刑期は 1 月以上 6 月以下であり，住居地又は裁判地に近接する拘禁場所で執行される。受刑者は月に 1 日ないし 2 日帰宅することができ，労働に参加した場合は，一定の報酬を受けられる。刑法 42-44 条を参照されたい。

96

決定に反した場合，公安機関は，法により処罰する。情状が重いときは，本法第313条の規定により罰する。

　③ 他の法律又は行政法規に，関連する職業に関する禁止又は制限規定がある場合には，その規定に従う。

　＊この条文は，2015年の改正法九により追加。

第2節　管　制

（2011・改正八）
第38条【管制の期間及びその執行機関】　① 管制の期間は，3月以上2年以下とする。

　② 管制に処せられた者に対しては，犯罪の情状に基づいて，執行期間内において，特定の活動への従事，特定の区域若しくは場所への進入又は特定の人との接触を禁止することができる。

　③ 管制に処せられた者に対しては，法により社区矯正[11]を行う。

　④ 第2項に規定する禁止命令に違反したときは，公安機関が「中華人民共和国治安管理処罰法」の規定により処罰する。

――――――――――――
（1997・刑法）
　第38条　① 管制の期間は，3月以上2年以下とする。

　　② 管制に処せられた犯罪者については，公安機関がこれを執行する。

第39条【被管制者の義務及び権利】　① 管制に処せられた犯罪者は，その執行期間内において，次に掲げる規定を遵守しなければならない。

　(1) 法律及び行政法規を遵守し，監督に従うこと。

　(2) 執行機関の許可を得ずに，言論，出版，集会，結社，行進及び示威の自由の権利を行使してはならないこと。

　(3) 執行機関の規定に従って自己の活動状況を報告すること。

　(4) 執行機関の面会に関する規定を遵守すること。

　(5) 居住する市若しくは県を離れ又はそこから転居するときは，執行機関に報告し，その許可を受けなければならない。

　② 管制に処せられた犯罪者に対しては，仕事において，同一の労働に対する報酬は同一でなければならない。

第40条【管制の解除】　管制に処せられた犯罪者の管制期間が満了したとき，執行機関は，直ちに本人及びその所属している職場又はその居住地の大衆に管制の解除を宣告しなければならない。

第41条【管制刑期の計算】　管制の刑期は，判決執行の日から起算する。判決執行前に拘禁したときは，拘禁1日を刑期2日として算入する。

――――――――――――
11　「社区矯正」とは，一定の条件を満たした犯罪者をコミュニティーにおいて，専門の国家機関，社会団体，民間組織又はボランティアの協力により，判決，裁定又は決定に確定された期間中に，犯罪心理及び行為の悪習慣を矯正し，順調な社会復帰を促進する非拘禁刑の執行活動という。

第二部　中国現行刑法の全訳 —— 第 12 次改正まで

第 3 節　拘　役

第 42 条【拘役の期間】　拘役の期間は，1 月以上 6 月以下とする。

第 43 条【拘役の執行】　① 拘役に処せられた犯罪者は，最寄りの公安機関がこれを執行する。

　　② 拘役に処せられた犯罪者は，執行期間中に，毎月 1 日ないし 2 日帰宅することができる。労働に参加した者には，酌量のうえ報酬を支給することができる。

第 44 条【拘役刑期の計算】　拘役の刑期は，判決執行の日から起算する。判決執行の前に拘禁したときは，拘禁 1 日を刑期 1 日として算入する。

第 4 節　有期懲役及び無期懲役

第 45 条【有期懲役の期間】　有期懲役の期間は，第 50 条及び第 69 条の規定を除き，6 月以上 15 年以下とする。

第 46 条【有期懲役及び無期懲役の執行】　有期懲役又は無期懲役に処せられた犯罪者は，監獄又はその他の執行場所で刑を執行する。労働能力を有するすべての者は，労働に参加し，教育及び更生を受けなければならない。

第 47 条【有期懲役の刑期の計算】　有期懲役の刑期は，判決執行の日から起算する。判決執行の前に拘禁したときは，拘禁 1 日を刑期 1 日として算入する。

第 5 節　死　刑

第 48 条【死刑の適用対象及び許可手続】　① 死刑は，犯行が極めて重い犯罪者のみに適用される。死刑判決を下すべき犯罪者に対しても，直ちに執行しなければならないものを除き，死刑判決を下すと同時に 2 年の死刑執行猶予を宣告することができる。

　　② 死刑は，法により最高人民法院が判決を下したものを除き，すべて最高人民法院に報告して許可を得なければならない。死刑の執行猶予は，高級人民法院が判決を下し又はこれを許可することができる。

（2011・修正八）

第 49 条【死刑適用対象の制限】　① 犯罪時に 18 歳未満の者及び裁判時に妊娠している女子には，死刑を適用しない。

　　② 裁判時に 75 歳に達した者には，死刑を適用しない。ただし，特に残虐な手段を用いて人を死亡させたときは，この限りでない。

（1997・刑法）

　第 49 条　犯罪時に 18 歳未満の者及び裁判時に妊娠している女子には，死刑を適用しない。

（2015・改正九）

第 50 条【死刑の執行猶予】　① 死刑の執行猶予に処せられた者が，死刑の執行猶予期間中に故意による犯罪を犯さない限り，2 年の期間が満了した後，無期懲役に減刑する。重大

98

かつ確実な功績を上げたときは，2年の期間が満了した後，25年有期懲役に減刑する。故意により犯罪を犯し，情状が悪質であるときは，最高人民法院の許可を得て死刑を執行する。故意により犯罪を犯して死刑が執行されないとき，死刑の執行猶予期間は，再度計算し，最高人民法院へ報告し記録する。

　② 死刑の執行猶予に処せられた累犯並びに故意殺人，強姦，強盗，略取，放火，爆発，危険物質の投放及び組織的暴力犯罪で死刑の執行猶予に処せられた者に対しては，人民法院により，犯罪の情状に応じて，同時に刑の減軽を制限することができる。

（2011・改正八）
第50条【死刑の執行猶予】　① 死刑の執行猶予に処せられた者が，死刑の執行猶予期間中に故意による罪を犯さない限り，2年の期間が満了した後，無期懲役に減刑する。重大かつ確実な功績を立てたときは，2年の期間が満了した後，25年の有期懲役に減刑する。故意により罪を犯したことが調査によって確認されたときは，最高人民法院が許可して死刑を執行する。

　② 死刑の執行猶予に処せられた累犯並びに故意殺人，強姦，強盗，略取，放火，爆発，危険物質の投放及び組織的暴力犯罪で死刑の執行猶予に処せられた者に対しては，人民法院により，犯罪の情状に応じて，同時に刑の減軽を制限することができる。

（1997・刑法）
第50条　死刑の執行猶予に処せられた者が，死刑の執行猶予期間中に故意による罪を犯さない限り，2年の期間が満了した後，無期懲役に減刑する。重大かつ確実な功績を立てたときは，2年の期間が満了した後，15年以上20年以下の有期懲役に減刑する。故意による罪を犯したことが調査によって確認されたときは，最高人民法院が許可して死刑を執行する。

第51条【死刑執行猶予の期間】　死刑の執行猶予の期間は，判決確定の日から起算する。死刑の執行猶予から有期懲役に減刑した場合の刑期は，死刑の執行猶予の期間が満了した日から起算する。

第6節　罰　金

第52条【罰金額の裁量的決定】　罰金を科するときは，犯罪の情状に応じてその金額を決定しなければならない。

（2015・改正九）
第53条【罰金の納付】　① 罰金は，判決が指定した期間内に，1回又は数回に分けて納付する。期限が過ぎても納付しないときには，強制的に納付させる。人民法院は，罰金の全額を納付することができない者に対して，被執行人に執行できる財産のあることを発見したときは，何時でも速やかに追徴しなければならない。

　② 不可抗力の災害に遭ったため納付するのが困難であると確実に見込まれるときは，人民法院の裁定により，延期納付し，情状を酌量して減額し又は免除することができる。

（1997・刑法）
第53条【罰金の納付】　罰金は，判決が指定した期間内に，1回又は数回に分けて納付する。期限が過ぎても納付しないときには，強制的に納付させる。人民法院は，罰金の全額を納付する

第二部　中国現行刑法の全訳 ── 第12次改正まで

ことができない者に対して，被執行人に執行できる財産のあることを発見したときは何時でも，速やかに追徴しなければならない。不可抗力の災害に遭ったため納付するのが困難であると確実に見込まれるときは，情状を酌量して減額し又は免除することができる。

第7節　政治的権利の剥奪

第54条【政治的権利の剥奪の内容】　政治的権利の剥奪は，次に掲げる権利を剥奪することをいう。

(1) 選挙権及び被選挙権。

(2) 言論，出版，集会，結社，行進及び示威の自由の権利。

(3) 国家機関の職に就く権利。

(4) 国有会社，国有企業，事業体及び人民団体の指導者的な職に就く権利。

第55条【政治的権利の剥奪期間】　① 政治的権利の剥奪の期間は，本法第57条の規定を除き，1年以上5年以下とする。

② 管制に付加して政治的権利の剥奪に処せられたとき，政治的権利の剥奪の期間は，管制の期間と同じであり，同時に執行する。

第56条【政治的権利の剥奪の適用】　① 国家の安全に危害を及ぼす罪を犯した者に対しては，政治的権利の剥奪を付加しなければならない。故意殺人，強姦，放火，爆発，投毒，強盗その他の社会秩序を著しく破壊する罪を犯した者に対しては，政治的権利の剥奪を付加することができる。

② 政治的権利の剥奪を単独的に適用するときは，各則の規定による。

第57条【死刑及び無期懲役に伴う政治的権利の剥奪】　① 死刑又は無期懲役に処せられた犯罪者に対しては，政治的権利を終身に剥奪しなければならない。

② 死刑の執行猶予を有期懲役に減刑し又は無期懲役を有期懲役に減刑したときは，政治的権利の剥奪を付加する期間を3年以上10年以下に改めなければならない。

第58条【政治的権利の剥奪の刑期，効力及び執行】　① 政治的権利の剥奪が付加される刑期は，懲役若しくは拘役の刑の執行が終了した日又は仮釈放の日から起算する。政治的権利の剥奪の効力は，当然に主刑の執行期間中にも及ぶ。

② 政治的権利の剥奪に処せられた犯罪者は，刑の執行期間内において，法律，行政法規及び国務院公安部門の監督又は管理に関する規定を遵守し，監督に従わなければならず，本法第54条各号に規定する各権利を行使してはならない。

第8節　財産の没収

第59条【財産の没収の範囲】　① 財産の没収とは，犯罪者個人が所有する財産の一部又は全部を没収することをいう。財産の全部を没収するときは，犯罪者本人及びその扶養家族に，必要な生活費を保留しなければならない。

② 財産の没収の判決を下すときは，犯罪者の家族が所有し又は所有すべき財産を没収してはならない。

第60条【没収財産及び債務弁済】　財産の没収の前に犯罪者が負った正当な債務について，

100

第1編　総　則／第4章　刑罰の具体的適用

没収される財産から弁済する必要があるときは，債権者の請求により，弁済しなければならない。

第4章　刑罰の具体的適用

第1節　量　刑

第61条【量刑の一般原則】　犯罪者に対して刑を決定するに当たっては，犯罪の事実，犯罪の性質，情状及び社会に対する危害の程度に基づいて，この法律の関係規定により判決を下さなければならない。

第62条【重罰及び軽罰】　犯罪者が，この法律に規定する，重く処罰する情状又はその刑を軽くする情状を有するときは，法定刑の限度内で刑を科さなければならない。

(2011・改正八)

第63条【刑の減軽】　① 犯罪者が，この法律に規定する刑を減軽する情状を有するときは，法定刑以下の刑に処する。この法律が複数の法定刑を定めるときは，その本来当たるべき法定刑の一級低い法定刑内で刑を科す。

② 犯罪者が，この法律に規定する，その刑を減軽する情状を有しなくても，事件の特別の状況に基づいて，最高人民法院の許可を経て，法定刑の下限以下の刑を科することができる。

(1997・刑法)

　第63条　① 犯罪者が，この法律の定めるその刑を減軽する情状を有するときは，法定刑の下限以下の刑を科さなければならない。

　　② 犯罪者が，この法律に規定する，その刑を減軽する情状を有しなくても，事件の特別の状況に基づいて，最高人民法院の許可を経て，法定刑の下限以下の刑を科することができる。

第64条【犯罪物の処理】　犯罪者が違法行為によって取得したすべての財物は，これを追徴し又は賠償を命じなければならない。被害者の合法的財産は，速やかに返還しなければならない。禁制品及び犯罪に用いた本人の財物は，これを没収しなければならない。没収した財物及び罰金は，一律に国庫に帰属し，これを流用し又は無断で処分してはならない。

第2節　累　犯

(2011・改正八)

第65条【一般の累犯】　① 有期懲役以上の刑に処せられた犯罪者が，刑の執行を完了し又は赦免された後，5年以内に再び有期懲役以上の刑を科すべき罪を犯したときは，累犯であり，重く処罰しなければならない。ただし，過失による罪を犯した者及び18歳未満の者による犯罪は，この限りでない。

② 前項に規定する期間は，仮釈放された犯罪者に対して仮釈放の期間が満了した日から起算する。

101

第二部　中国現行刑法の全訳 —— 第 12 次改正まで

（1997・刑法）

第 65 条　① 有期懲役以上の刑に処せられた犯罪者が，刑の執行を完了し又は赦免された後，5 年以内に再び有期懲役以上の刑を科すべき罪を犯したときは，累犯であり，重く処罰しなければならない。ただし，過失による犯罪は，この限りでない。

　　② 前項に規定する期間は，仮釈放された犯罪者に対して仮釈放期間が満了した日から起算する。

（2011・改正八）

第 66 条【特別の累犯】　国家の安全に危害を及ぼす罪，テロ活動に関する罪，黒社会的な組織犯罪[12] を犯した者が，その刑の執行を完了し又は赦免された後に，前記のいずれかの罪を再び犯したときは何時でも，すべて累犯として論ずる。

（1997・刑法）

第 66 条　国家の安全に危害を及ぼす犯罪者が，その刑の執行を完了し又は赦免された後に，国家の安全に危害を及ぼす罪を再び犯したときは何時でも，すべて累犯と論ずる。

第 3 節　自首及び功績

（2011・改正八）

第 67 条【自首と自白】　① 自首とは，犯罪後自ら出頭し，ありのままに自己の犯行を供述することをいう。自首した犯罪者に対しては，その刑を軽くし又は減軽することができる。そのうち，犯罪が比較的に軽いときは，その刑を免除することができる。

　　② 強制措置を受けている被疑者若しくは被告人又は服役中の犯罪者は，司法機関[13] がいまだ認知していない本人の余罪をありのままに供述したときは，自首として論ずる。

　　③ 犯罪の被疑者が，前 2 項に規定する自首の情状を有しない場合においても，ありのまま自己の犯行を供述したときは，その刑を軽くすることができる。ありのまま自己の犯行を供述したことによって，特に重い犯罪結果が避けられたときは，その刑を減軽することができる。

（1997・刑法）

第 67 条　① 自首とは，犯罪後自ら出頭し，ありのままに自己の犯行を供述することをいう。自首した犯罪者に対しては，その刑を軽くし又は減軽することができる。そのうち，犯罪が比較的に軽いときは，その刑を免除することができる。

　　② 強制措置を受けている被疑者若しくは被告人又は服役中の犯罪者は，司法機関がいまだ認知していない本人の余罪をありのままに供述したときは，自首として論ずる。

（2011・改正八）

第 68 条【功績】　犯罪者が，他人の犯罪行為を告発し，これが調査により事実であると確認

12　「黒社会的な組織」とは，地方の悪勢力を示し，一定の地域又は業界の範囲において，市場を独占し又は重大な影響力を持ち，経済の秩序又は社会生活の秩序を著しく破壊する組織である。刑法第 294 条を参照されたい。

13　司法機関とは，公安機関，検察院，人民法院及び刑務所その他の刑の執行機関をいう。

102

されたとき又は重要な手掛かりを提供し，これにより他の事件の検挙その他の功績を上げたときは，その刑を軽くし，又は減軽することができる。重大な功績を立てたときは，その刑を減軽し又は免除することができる。

（1997・刑法）

第68条 ① 犯罪者が，他人の犯罪行為を告発し，これが調査により事実であると確認されたとき又は重要な手掛かりを提供し，これにより他の事件の検挙その他の功績を立てたときは，その刑を軽くし又は減軽することができる。重大な功績を立てたときは，その刑を減軽し又は免除することができる。

② 犯罪後，自首し，かつ，重大な功績を立てたときは，その刑を減軽し又は免除しなければならない。

第4節　併合罪

（2015・改正九）

第69条【判決前の併合罪】 ① 判決の宣告以前に，1人で数罪を犯した者は，死刑又は無期懲役に処せられる場合を除き，その数罪の刑期を合算した総合刑期以下，数個の刑の中で最も重い刑期以上で，情状を酌量して執行する刑期を決定する。ただし，管制のときは最高刑期3年，拘役のときは最高刑期1年，有期懲役の総合刑期35年未満のときは最高刑期20年，有期懲役の総合刑期35年以上のときは最高刑期25年を超えてはならない。

② 数罪の中に有期懲役と拘役に処せられたものがあるときは，有期懲役を執行する。数罪の中に有期懲役及び管制又は，拘役及び管制に処せられたときは，有期懲役，拘役の執行が完了した後，なお管制が執行されなければならない。

③ 数罪の中に付加刑に処するものが複数あるときは，それらの付加刑をそのまま執行しなければならない。それらの種類が同じであるときは，併合して執行する。種類が違うときは，別々に執行する。

＊この条文の第2項は，2015年の改正法九により追加。

（2011・改正八）

第69条【判決前の併合罪】 ① 判決の宣告以前に，1人で数罪を犯した者は，死刑又は無期懲役に処せられる場合を除き，その数罪の刑期を合算した総合刑期以下，数個の刑の中で最も重い刑期以上で，情状を酌量して執行する刑期を決定する。ただし，管制のときは最高刑期3年，拘役のときは最高刑期1年，有期懲役の総合刑期35年未満のときは最高刑期20年，有期懲役の総合刑期35年以上のときは最高刑期25年を超えてはならない。

② 数罪の中に付加刑に処するものが複数あるときは，それらの付加刑をそのまま執行しなければならない。それらの種類が同じであるときは，併合して執行する。種類が違うときは，別々に執行する。

（1997・刑法）

第69条 ① 判決の宣告以前に，1人で数罪を犯した者は，死刑又は無期懲役に処せられる場合を除き，その数罪の刑期を合算した総合刑期以下，数個の刑の中で最も重い刑期以上で，情状を酌量して執行する刑期を決定しなければならない。ただし，管制のときは最高刑期3年，拘役のときは最高刑期1年，有期懲役のときは最高刑期20年を超えてはならない。

第二部　中国現行刑法の全訳 ── 第 12 次改正まで

② 数罪の中に付加刑に処するものがあるときは，その付加刑をそのまま執行しなければならない。

第 70 条【判決後の併合罪】　判決宣告後，刑の執行が完了する前に，その犯罪者にその判決宣告前に余罪があったことが発覚したときは，新たに発覚した罪につき判決を下し，前後 2 つの判決で科せられた刑について，この法律の第 69 条の規定により，執行すべき刑罰を決定しなければならない。すでに執行した刑期は，新たな判決で決定した刑期に算入しなければならない。

第 71 条【判決後の再犯の併合罪】　判決宣告後，刑の執行が完了する前に，その犯罪者が再び罪を犯したときは，新たな犯罪について判決を下し，前罪の執行していない刑と後罪で科せられた刑については，この法律の第 69 条の規定により，執行すべき刑罰を決定しなければならない。

第 5 節　刑の執行猶予

（2011・改正八）

第 72 条【執行猶予の適用要件】　① 拘役又は 3 年以下の有期懲役に処せられた犯罪者が，同時に次に掲げる条件を満たしたときは，刑の執行猶予を宣告することができる。そのうち 18 歳未満の者，妊娠している女子及び 75 歳に達した者に対しては，その刑の執行猶予を宣告しなければならない。

　（1）犯罪の情状が比較的軽いこと。

　（2）罪を悔やんでいること。

　（3）再犯の危険性がないこと。

　（4）刑の執行猶予を宣告しても，その者の居住地の社区[14] に重大な悪影響を及ぼさないこと。

② 刑の執行猶予を宣告する場合において，犯罪の情状に応じて，その猶予期間内に，犯罪者に特定の活動への参加，特定の地域若しくは場所への進入又は特定の人との接触を禁止することができる。

③ 刑の執行猶予を宣告された犯罪者が，付加刑を科せられたときは，その付加刑を執行しなければならない。

　＊この条文の第 2 項は，2011 年の改正法八により追加。

───────────────

（1997・刑法）

第 72 条　① 拘役又は 3 年以下の有期懲役に処せられた犯罪者が，その犯罪の情状及び改悛の状況に基づいて，刑の執行猶予を適用しても再び社会に危害を及ぼさないと確実に認められたときは，刑の執行猶予を宣告することができる。

② 刑の執行猶予を宣告された犯罪者が，付加刑に処せられているときは，その付加刑を執行しなければならない。

第 73 条【執行猶予の観察期間】　① 拘役の執行猶予の観察期間は，判決の刑期以上 1 年以

───────────────
14　住居地の自治組織。

第1編　総　則／第4章　刑罰の具体的適用

下とする。ただし，2月を下回ってはならない。

　②　有期懲役の執行猶予の観察期間は，判決の刑期以上5年以下とする。ただし，1年を下回ってはならない。

　③　刑の執行猶予の観察期間は，判決確定の日から起算する。

（2011・改正八）
第74条【累犯の除外】　累犯及び犯罪集団の首謀者に対しては，刑の執行猶予を適用することができない。

（1997・刑法）
第74条　累犯に対しては，刑の執行猶予を適用しない。

第75条【執行猶予中の遵守事項】　刑の執行猶予を宣告された犯罪者は，次に掲げる事項を遵守しなければならない。

　（1）法律及び行政法規を遵守し，監督に従うこと。

　（2）観察機関の規定に従って自己の活動状況を報告すること。

　（3）観察機関が制定した面会に関する規定を遵守すること。

　（4）居住する市若しくは県を離れ又はそこから転居するときは，観察機関に報告し，許可を受けなければならないこと。

（2011・改正八）
第76条【執行猶予期間の満了及びその効果】　刑の執行猶予を宣告された犯罪者に対しては，刑の執行猶予の観察期間内において，法により居住地の社区による矯正を行い，この法律の第77条に規定する事由がない限り，刑の執行猶予の観察期間が満了したときには，判決の刑を執行せず，かつこのことを公告する。

（1997・刑法）
第76条　刑の執行猶予を宣告された犯罪者に対しては，刑の執行猶予の期間内にいて，公安機関がこれを観察し，その者の所属する職場又は基層組織がそれに協力する。この法律第77条に規定する事由がない限り，刑の執行猶予の期間が満了したときは，判決の刑を執行せず，かつこのことを公告する。

（2011・改正八）
第77条【執行猶予の取消】　①　刑の執行猶予を宣告された犯罪者が，刑の執行猶予の観察期間内に再び新たな罪を犯したとき又はその判決宣告以前に余罪があったことが発覚したときには，刑の執行猶予を取り消し，新たな罪又は発覚した余罪について判決を下し，前罪及び後罪に対して科された刑について，この法律の第69条の規定により，執行すべき刑罰を決定しなければならない。

　②　刑の執行猶予を宣告された犯罪者が，刑の執行猶予の観察期間内において，法律，行政法規若しくは国務院の関係部門が制定した執行猶予に関する管理規定に違反し又は人民法院の判決において言い渡された禁止命令に違反し，情状が重いときは，刑の執行猶予を取り消し，判決の刑を執行しなければならない。

第二部　中国現行刑法の全訳 —— 第 12 次改正まで

（1997・刑法）

第 77 条　①刑の執行猶予を宣告された犯罪者が，刑の執行猶予の観察期間内に再び新たな罪を犯したとき又はその判決宣告以前に余罪があったことが発覚したときは，刑の執行猶予を取り消し，新たな罪又は発覚した余罪について判決を下し，前罪及び後罪に対して科された刑について，この法律の第 69 条の規定により，執行すべき刑を決定しなければならない。

　　②刑の執行猶予を宣告された犯罪者が，刑の執行猶予の期間内において，法律，行政法規又は国務院の公安部門が制定した執行猶予に関する管理規定に違反し，情状が重いときは，刑の執行猶予を取り消し，判決の刑を執行しなければならない。

第 6 節　減　刑

（2011・改正八）

第 78 条【減刑の要件及び制限】　①管制，拘役，有期懲役又は無期懲役に処せられた犯罪者は，刑の執行期間内に，監獄規則を真面目に遵守し，教育及び更生を受け入れ，確実に改悛したとき又は功績を立てたときは，減刑することができる。次に掲げる重大な功績の 1 つを上げたときは，減刑しなければならない。

　(1) 他人の重大な犯罪活動を阻止したこと。

　(2) 監獄内外での重大な犯罪活動を告発し，調査によって事実であると確認されたこと。

　(3) 発明，創造又は重大な技術革新があったこと。

　(4) 日常の生産又は生活において命をかけて他人を救助したこと。

　(5) 自然災害を防止し又は重大な事故を排除するにあたって，全力を尽くしたこと。

　(6) 国家及び社会にその他の重大な貢献があること。

　②減刑後に実際に執行される刑期については，次に掲げる期限を下回ってはならない。

　(1) 管制，拘役，有期懲役に処せられた者については判決の刑期の 2 分の 1。

　(2) 無期懲役に処せられた者については 13 年。

　(3) この法律の第 50 条第 2 項の規定により人民法院による減刑が制限される死刑の執行猶予に処せられた者が，執行猶予期間が完了した後に法により無期懲役に減刑されるときは 25 年。執行期間が完了した後に法により 25 年の懲役に減刑されるときは 20 年。

（1997・刑法）

第 78 条　①管制，拘役，有期懲役又は無期懲役に処せられた犯罪者は，刑の執行期間内に，監獄規則を真面目に遵守し，教育及び更生を受け入れ，確実に改悛したとき又は功績を上げたときは，減刑することができる。次に掲げる重大な功績の 1 つを上げたときは，減刑しなければならない。

　(1) 他人の重大な犯罪活動を阻止したこと。

　(2) 監獄内外での重大な犯罪活動を告発し，調査によって事実であると確認されたこと。

　(3) 発明，創造又は重大な技術革新があったこと。

　(4) 日常の生産又は生活において命をかけて他人を救助したこと。

　(5) 自然災害を防止し又は重大な事故を排除するにあたって，全力を尽くしたこと。

　(6) 国家及び社会にその他の重大な貢献があること。

　②減刑後に実際に執行される刑期については，管制，拘役又は有期懲役に処せられたときは，判決の刑期の 2 分の 1 を下回ってはならず，無期懲役に処せられたときは，10 年を下回っ

第1編　総　則／第4章　刑罰の具体的適用

てはならない。

第79条【減刑の手続】　犯罪者に対する減刑については，刑の執行機関が中級以上の人民法院に減刑提言書を提出する。人民法院は，合議廷を構成して審理を行い，確実に改悛し又は功績を上げた事実があるときは，裁定により減刑する。法定の手続によらずに，減刑してはならない。

第80条【無期懲役の減刑の刑期計算】　無期懲役から有期懲役に減刑されたときは，その刑期を減刑裁定の日から起算する。

第7節　仮 釈 放

（2011・改正八）

第81条【仮釈放の適用要件】　① 有期懲役に処せられた犯罪者が判決の刑期の2分の1以上を執行され又は無期懲役に処せられた者が実際に13年以上を執行され，監獄の規則を真面目に遵守し，教育及び更生を受け入れ，明らかに改悛の情があり，再犯の危険がなくなったときは，仮釈放をすることができる。特別な事情がある場合において，最高人民法院の許可を得たときは，前記の執行刑期に制限されない。

② 累犯，故意殺人，強姦，強盗，略取，放火，爆発若しくは危険物質の投放又は組織的な暴力的犯罪で，10年以上の有期懲役又は無期懲役に処せられた犯罪者に対しては，仮釈放をしてはならない。

③ 犯罪者に対して仮釈放を決定する場合においては，仮釈放後の居住地の社区に与える影響を考慮しなければならない。

＊この条文の第3項は，2011年の改正法八により追加。

（1997・刑法）

第81条　① 有期懲役に処せられた犯罪者が判決の刑期の2分の1以上を執行され又は無期懲役に処せられた犯罪者が実際に10年以上を執行され，監獄の規則を真面目に遵守し，教育及び更生を受け入れ，明らかに改唆の情状があり，仮釈放しても再び社会に危害を及ぼすことがないときは，仮釈放をすることができる。特別な事情がある場合において，最高人民法院の許可を得たときは，前記の執行刑期に制限されない。

② 累犯並びに殺人，爆発，強盗，強姦，略取その他の暴力的罪を犯したため，10年以上の有期懲役又は無期懲役に処せられた犯罪者に対しては，これを仮釈放してはならない。

第82条【仮釈放の手続】　犯罪者の仮釈放については，この法律の第79条に規定する手続によりこれを行う。法定の手続によらずに，仮釈放をしてはならない。

第83条【仮釈放の観察期間】　① 有期懲役の仮釈放の観察期間は，執行を完了していない刑期とする。無期懲役の仮釈放の観察期間は，10年とする。

② 仮釈放の観察期間は，仮釈放された日から起算する。

第84条【仮釈放中の遵守事項】　仮釈放を宣告された犯罪者は，次に掲げる事項を遵守しなければならない。

(1) 法律及び行政法規を遵守し，監督に従うこと。

(2) 監督機関の規定に従って自己の活動状況を報告すること。

第二部　中国現行刑法の全訳 —— 第12次改正まで

(3) 観察機関が制定した面会に関する規定を遵守すること。

(4) 居住する市若しくは県を離れ又はそこから転居するときは，観察機関に報告し，許可を受けなければならないこと。

(2011・改正八)

第85条【仮釈放期間の満了及びその効果】　仮釈放された犯罪者に対しては，仮釈放後の観察期間内において，法により居住地の社区による矯正を行い，この法律第86条に規定する事由がない限り，仮釈放の観察期間が満了したときは，判決の刑の執行を終えたものとみなし，かつこれを公告する。

(1997・刑法)

第85条　仮釈放された犯罪者は，仮釈放の観察期間内において，公安機関により監督され，この法律の第86条に規定する事由がない限り，仮釈放の観察期間が満了したときは，判決の刑の執行を終えたものとみなし，かつこれを公告する。

(2011・改正八)

第86条【仮釈放の取消及びその効果】　① 仮釈放された犯罪者が，仮釈放の観察期間内において，新たに罪を犯したときは，仮釈放を取り消し，本法第71条の規定により併合罪として処罰する。

② 仮釈放された犯罪者が，仮釈放の観察期間内において，その判決宣告前に余罪があったことが発覚したときは，仮釈放を取り消し，本法第70条の規定により併合罪として処罰する。

③ 仮釈放された犯罪者が，仮釈放後の観察期間内において，法律，行政法規又は国務院の関係部門の仮釈放に関する管理規定に違反する行為を行い，それが新たな犯罪を構成しないときは，法定の手続に従い，仮釈放を取り消し，監獄に収容していまだ執行を終えていない刑を執行しなければならない。

(1997・刑法)

第86条　① 仮釈放された犯罪者が，仮釈放の観察期間内において，新たに罪を犯したときは，仮釈放を取り消し，この法律の第71条の規定により併合罪として処罰する。

② 仮釈放された犯罪者が，仮釈放の観察期間内において，その判決宣告前に余罪があったことが発覚したときは，仮釈放を取り消し，この法律の第70条の規定により併合罪として処罰する。

③ 仮釈放された犯罪者が，仮釈放の観察期間内において，法律，行政法規又は国務院の公安部門の仮釈放に関する監督管理規定に違反する行為を行い，それが新たな犯罪を構成しないときは，法定の手続に従い，仮釈放を取り消し，監獄に収容していまだ執行を終えていない刑を執行しなければならない。

第8節　時　効

第87条【公訴時効の期限】　犯罪は，次に掲げる期間を経過したときは，これを訴追しない。

(1) 法定刑の長期が5年未満の有期懲役のときは5年。

(2) 法定刑の長期が5年以上10年未満の有期懲役のときは10年。

第1編　総　則／第5章　その他の規定

(3) 法定刑の長期が 10 年以上の有期懲役のときは 15 年。

(4) 無期懲役又は死刑のときは 20 年。20 年を経過した場合においても，なお公訴を提起しなければならないと認めたときには，最高人民検察院に報告し，その許可を得なければならない。

第 88 条【公訴時効の延長】　① 人民検察院，公安機関若しくは国家安全機関が立件して捜査を始めた後又は人民法院が事件を受理した後，捜査又は裁判を逃れたときは，公訴時効により制限されない。

② 被害者が公訴期限内に告訴を提起した場合において，人民法院，人民検察院又は公安機関が立件すべきであるにもかかわらず立件しなかったときは，公訴時効により制限されれない。

第 89 条【公訴時効の計算及び中断】　① 公訴期限は，罪を犯した日から起算する。犯罪行為が連続又は継続の状態にあるときは，犯罪行為の終了日から起算する。

② 公訴期限内において再び罪を犯したときは，前罪の公訴期限は，後罪を犯した日から起算する。

第 5 章　その他の規定

第 90 条【民族自治地方の特例】　民族自治地方において本法の規定を全部適用することができない場合には，自治区又は省の人民代表大会が，現地の民族の政治的，経済的及び文化的特徴並びに本法に規定する基本原則に基づいて適宜な規定又は補充規定を制定し，それを全国人民代表大会常務委員会に報告し，その許可を経てから施行することができる。

第 91 条【公共財産の範囲】　① この法律において「公共財産」とは，次に掲げる財産をいう。

(1) 国有の財産。

(2) 勤労大衆による集団の所有財産。

(3) 貧困の援助その他の公益事業に用いる社会寄付金又は専用基金による財産。

② 国家機関，国有会社，国有企業，勤労大衆による集団所有の企業及び人民団体が，管理，使用又は運搬中の私的財産は，公共財産として論ずる。

第 92 条【国民の私的財産の範囲】　この法律において「国民の私有財産」とは，次に掲げる財産をいう。

(1) 国民の合法的な収入，預金，家屋その他の生活資材。

(2) 法により個人又は家族が所有する生産資材。

(3) 自営業者又は私営企業の合法的財産。

(4) 法により個人が所有する株式，株券，債券その他の財産。

第 93 条【公務員の範囲】　① この法律において「公務員[15]」とは，国家機関において公務に従事する者をいう。

② 国有会社，国有企業，事業体又は人民団体において公務に従事する者，国家機関又

15　中国においては，国家公務員と地方公務員が区別されていない。「公務員」（国家工作人員）は，この両者を含む。「国家機関公務員」（国家机关工作人员）とは，国家機関の公務員をいう。

109

第二部　中国現行刑法の全訳 —— 第 12 次改正まで

は国有の会社，企業若しくは事業体から非国有の会社，企業，事業体又は社会団体に派遣
されて公務に従事する者及びその他の法律に基づいて公務に従事する者は，公務員として
論ずる。

第 94 条【司法要員の範囲】　この法律において「司法要員」とは，捜査，検察，裁判及び刑
務の職を務める職員をいう。

第 95 条【重傷害】　この法律において「重傷害」とは，次に掲げる状況の 1 つを有する傷害
をいう。

　　(1) 人に身体障害を生じさせ又は人の容貌を毀損したこと。

　　(2) 人の聴覚，視覚又はその他の身体器官の機能を失わせたこと。

　　(3) 他人の身体の健康に対する重い傷害を生じさせたこと。

第 96 条【国家規定の範囲】　この法律において「国家規定の違反」とは，全国人民代表大会
及びその常務委員会が制定した法律及び決定並びに国務院が制定した行政法規，実施した
行政措置，発した決定及び命令に違反したことをいう。

第 97 条【首謀者の範囲】　この法律において「首謀者[16]」とは，犯罪集団又は多衆による犯
罪において，組織，画策又は指揮の役割を果たした犯罪者をいう。

第 98 条【親告罪】　この法律において「告訴を待って処理する」とは，被害者の告訴があっ
てから処理することをいう。被害者が強制又は脅迫を受けて告訴することができないとき
は，人民検察院及び被害者の近親者も告訴することができる。

第 99 条【以上，以下及び以内の意味】　この法律において「以上」，「以下」及び「以内」
は，その数自体を含む。

(2011・改正八)

第 100 条【前科報告制度】　① 法により刑に処せられた者は，軍隊に入り又は就職をする場
合において，関係する組織体に自己の前科をありのままに報告しなければならず，これを
隠してはならない。

　　② 犯罪時に 18 歳未満であり，5 年以下の有期懲役に処せられた者は，前項に規定する
報告義務を免除する。

　　＊この条文の第 2 項は，2011 年の改正法八により追加。

(1997・刑法)

第 100 条　法により刑に処せられた者は，軍隊に入り又は就職をする場合において，関係する組
織体に自己の前科をありのままに報告しなければならず，これを隠してはならない。

第 101 条【総則の効力】　本法の総則は，刑罰規定を設ける他の法律についても，適用する。
但し，その法律に特別の規定があるときは，この限りでない。

16　原文は「首要分子」である。

第 2 編　各　則／第 1 章　国家の安全に危害を及ぼす罪

第**2**編　各　則

第 1 章　国家の安全に危害を及ぼす罪

第 102 条【国家反逆罪】　① 外国と通謀し，中華人民共和国の主権，領土の保全及び安全に危害を及ぼした者は，無期懲役又は 10 年以上の有期懲役に処する。

　② 境外[17] の機構，組織又は個人と通謀し，前項の罪を犯したときも，前項と同様とする。

第 103 条【国家分裂罪，国家分裂扇動罪】　① 国家を分裂させ又は国家の統一を破壊することを組織し，画策し又は実施した首謀者又は罪の重い者は，無期懲役又は 10 年以上の有期懲役に処する。積極的に参加した者は，3 年以上 10 年以下の有期懲役に処する。その他の参加者は，3 年以下の有期懲役，拘役，管制又は政治的権利の剥奪に処する。

　② 国家を分裂させ若しくは国家の統一を破壊することを扇動した者は，5 年以下の有期懲役，拘役，管制又は政治的権利の剥奪に処する。その首謀者又は罪の重い者は，5 年以上の有期懲役に処する。

第 104 条【武装反乱・暴動罪】　① 武装反乱又は武装暴動を組織し，画策し又は実施した首謀者又は罪の重い者は，無期懲役又は 10 年以上の有期懲役に処する。積極的に参加した者は，3 年以上 10 年以下の有期懲役に処する。その他の参加者は，3 年以下の有期懲役，拘役，管制又は政治的権利の剥奪に処する。

　② 国家機関公務員，武装部隊の者，人民警察若しくは民兵を策動し，脅迫し，勧誘し又は買収して，武装反乱又は武装暴動を行わせた者は，前項の規定により重く処罰する。

第 105 条【国家政権転覆罪，国家政権転覆扇動罪】　① 国家政権又は社会主義制度を転覆することを組織し，画策し又は実施した首謀者又は罪の重い者は，無期懲役又は 10 年以上の有期懲役に処する。積極的に参加した者は，3 年以上 10 年以下の有期懲役に処する。その他の参加者は，3 年以下の有期懲役，拘役，管制又は政治的権利の剥奪に処する。

　② 根拠のない情報の流布，誹謗又はその他の方法により国家政権又は社会主義制度を転覆することを扇動した者は，5 年以下の有期懲役，拘役，管制又は政治的権利の剥奪に処する。その首謀者又は罪の重い者は，5 年以上の有期懲役に処する。

第 106 条【通謀の加重処罰】　境外の機構，組織又は個人と通謀し，本章第 103 条ないし第 105 条に規定する罪を犯したときは，各本条の規定により重く処罰する。

（2011・改正八）

第 107 条【国家安全危害罪の資金援助罪】　境内外の機構，組織又は個人が，本章第 102 条ないし第 105 条に規定する犯罪を経済的に援助したときは，その直接の責任者を，5 年以

17　「境外」は，外国のほか，台湾，香港及びマカオの地区を含む。

111

第二部　中国現行刑法の全訳 —— 第 12 次改正まで

下の有期懲役，拘役，管制又は政治権利の剥奪に処する。情状が重いときは，5 年以上の有期懲役に処する。

（1997・刑法）

第 107 条　境外内の機構，組織又は個人が境内の組織又は個人に経済的に援助し，第 102 条ないし第 105 条に規定する罪を犯したときは，その直接責任者は，5 年以下の有期懲役，拘役，管制又は政治的権利の剥奪に処する。情状が重いときは，5 年以上の有期懲役に処する。

第 108 条【投降罪】　裏切って敵に投降した者は，3 年以上 10 年以下の有期懲役に処する。情状が重いとき又は武装部隊の者，人民警察若しくは民兵を率いて裏切って敵に投降したときは，10 年以上の有期懲役又は無期懲役に処する。

（2011・改正八）

第 109 条【逃亡罪】　① 国家機関公務員が，公務の執行中にその職務から無断で離れ，境外に逃亡し又は境外で国を裏切ったときは，5 年以下の有期懲役，拘役，管制又は政治権利の剥奪に処する。情状が重いときは，5 年以上 10 年以下の有期懲役に処する。

② 国家機密を知る公務員が，境外に逃亡し又は境外で国を裏切ったときは，前項の規定により重く処罰する。

（1997・刑法）

第 109 条　① 国家機関公務員が，公務の執行中にその職務から無断で離れ，境外に逃亡し又は境外で国を裏切り，中華人民共和国の安全に危害を及ぼしたときは，5 年以下の有期懲役，拘役，管制又は政治的権利の剥奪に処する。情状が重いときは，5 年以上 10 年以下の有期懲役に処する。

② 国家の秘密を知る公務員が前項の罪を犯したときは，前項の規定により重く処罰する。

第 110 条【スパイ罪】　次に掲げるスパイ行為のいずれかを行い，国家の安全に危害を及ぼした者は，10 年以上の有期懲役又は無期懲役に処する。情状が比較的軽いときは，3 年以上 10 年以下の有期懲役に処する。

　（1）スパイ組織に参加し又はスパイ組織若しくはその代理人から任務を引き受けた行為。

　（2）敵に爆撃の目標を指示した行為。

第 111 条【国（境）外へ国家機密・情報の窃取，探知，買収又は不法提供罪】　境外の組織又は個人のために，国家の機密又は情報を窃取し，探知し，買収し又は不法に提供した者は，5 年以上 10 年以下の有期懲役に処する。情状が特に重いときは，10 年以上の有期懲役又は無期懲役に処する。その情状が比較的軽いときは，5 年以下の有期懲役，拘役，管制又は政治権利の剥奪に処する。

第 112 条【敵援助罪】　戦時中，敵に武器装備又は軍用物資を提供して敵を援助した者は，10 年以上の有期懲役又は無期懲役に処する。情状が比較的軽いときは，3 年以上 10 年以下の有期懲役に処する。

第 113 条【国家安全危害罪に関する死刑及び財産没収】　① 前記の本章の国家の安全に危害を及ぼす罪のうち，第 103 条第 2 項，第 105 条，第 107 条及び第 109 条を除き，国家若しくは人民に与えた危害が特に重いとき，又は情状が特に悪質なときは，死刑に処することができる。

② 本章の罪を犯したときは，財産の没収を併科することができる。

第2章　公共の安全に危害を及ぼす罪

（2001・改正三）
第114条【放火罪，出水罪，爆発罪，危険物質投放罪，危険な方法による公共安全危害罪】
放火，出水，爆発，毒性物，放射性物，伝染病の病原体その他の物質の投放又はその他の危険な方法により，公共の安全に危害を及ぼした者が，重い結果を生じさせなかったときは，3年以上10年以下の有期懲役に処する。

（1997・刑法）
第114条　放火，出水，爆発，投毒又はその他の危険な方法により，工場，鉱山，油田，港湾，河川，水源，倉庫，住宅，森林，農場，脱殻場，牧場，重要なパイプライン，公共建築物又はその他の公私財産を破壊し，公共の安全に危害を及ぼした者が，重い結果を生じさせなかったときは，3年以上10年以下の有期懲役に処する。

（2001・改正三）
第115条【放火罪，出水罪，爆発罪，危険物質投放罪，危険な方法による公共安全危害罪，失火罪，過失出水罪，過失爆発罪，過失危険物質投放罪，過失危険な方法による公共安全危害罪】
①　放火，出水，爆発，毒性物，放射性物，伝染病の病原体その他の物質の投放又はその他の危険な方法により，人に重傷害を負わせ若しくは人を死亡させ又は公私の財産に重大な損害を生じさせた者は，10年以上有期懲役，無期懲役又は死刑に処する。

②　過失により前項の罪を犯したときは，3年以上7年以下の有期懲役に処する。その情状が比較的軽いときは，3年以下の有期懲役又は拘役に処する。

（1997・刑法）
第115条　①　放火，出水，爆発，投毒又はその他の危険な方法により，人に重傷害を負わせ若しくは人を死亡させ又は公私の財産に重大な損害を生じさせた者は，10年以上有期懲役，無期懲役又は死刑に処する。

②　過失により前項の罪を犯したときは，3年以上7年以下の有期懲役に処する。その情状が比較的軽いときは，3年以下の有期懲役又は拘役に処する。

第116条【交通手段破壊罪】
汽車，自動車，電車，船舶又は航空機を破壊し，転覆させ又は毀損するに足りる危険を生じさせた者が，重い結果を生じさせなかったときは，3年以上10年以下の有期懲役に処する。

第117条【交通設備破壊罪】
軌道，橋梁，トンネル，道路，空港，水路，灯台若しくは標識の破壊又はその他の破壊活動を行い，汽車，自動車，電車，船舶若しくは航空機を転覆させ又は毀損するに足りる危険を生じさせた者が，重い結果を生じさせなかったときは，3年以上10年以下の有期懲役に処する。

第118条【電力設備破壊罪，燃えやすく爆発しやすい設備破壊罪】
電力設備，ガス設備又はその他の燃えやすい又は爆発しやすい設備を破壊し，公共の安全に危害を及ぼした者が，重い結果を生じさせなかったときは，3年以上10年以下の有期懲役に処する。

第二部　中国現行刑法の全訳 —— 第 12 次改正まで

第 119 条【交通手段破壊罪，交通施設破壊罪，電力設備破壊罪，燃えやすい・爆発しやすい設備破壊罪，過失交通設備破壊罪，過失電力設備破壊罪，過失電力設備破壊罪，燃えやすく爆発しやすい設備の過失破壊罪】 ① 交通手段，交通施設，電力設備，ガス設備又は燃えやすく若しくは爆発しやすい設備を破壊し，重い結果を生じさせた者は，10 年以上の有期懲役，無期懲役又は死刑に処する。

　② 過失により前項の罪を犯したときは，3 年以上 7 年以下の有期懲役に処する。情状が比較的軽いときは，3 年以下の有期懲役又は拘役に処する。

（2015・改正九）

第 120 条【テロ組織結成指導参加罪】 ① テロ活動の組織を結成し，指導した者は，10 年以上の有期懲役又は無期懲役に処し，財産の没収を併科する。積極的に参加した者は，3 年以上 10 年以下の有期懲役に処し，罰金を併科する。その他の参加者は，3 年以下の有期懲役，拘役，管制又は政治的権利の剥奪に処し，罰金を併科することができる。

　② 前項の罪を犯した者が，殺人，爆発，身代金略取その他の罪を犯した時に，併合罪の規定により処罰する。

（2001・改正三）

第 120 条【テロ組織結成指導参加罪】 ① テロ活動の組織を結成し，指導した者は，10 年以上の有期懲役又は無期懲役に処する。積極的に参加した者は，3 年以上 10 年以下の有期懲役に処する。他の参加者は，3 年以下の有期懲役，拘役，管制，又は政治的権利の剥奪に処する。

　② 前項の罪を犯した者が，殺人，爆発，身代金略取等の罪を犯したときは，併合罪の規定により処罰する。

（1997・刑法）

第 120 条 ① テロ活動の組織を結成し，指導し又は積極的に参加した者は，3 年以上 10 年以下の有期懲役に処する。他の参加者は，3 年以下の有期懲役，拘役又は管制に処する。

　② 前項の罪を犯した者が，殺人，爆発，身代金略取等の罪を犯したときは，併合罪の規定により処罰する。

（2015・改正九）

第 120 条の 1【テロ幇助罪】 ① テロ組織，テロリストを経済的に援助した者又はテロ活動の訓練を経済的に援助した者は，5 年以下の有期懲役，拘役，管制又は政治の権利の剥奪に処し，罰金を併科する。情状が重いときは，5 年以上の有期懲役に処し，罰金又は財産の没収を併科する。

　② テロ活動組織，テロ活動の実施又はテロ活動訓練のために，人を募集し，輸送したときは，前項と同様に処罰する。

　③ 組織体が前項の罪を犯したときは，組織体に対して罰金を科するほか，その直接責任を負う主管者及びその他の直接責任者も，第一項と同様に処罰する。

　＊この条文の第 2 項は，2015 年の改正法九により追加。

（2001・改正三）

第 120 条の 1【テロ援助罪】 ① テロ組織又はテロリストを経済的に援助した者は，5 年以下の有期懲役，拘役，管制又は政治的権利の剥奪に処し，罰金を併科する。情状が重いときは，5 年

114

第 2 編　各　則／第 2 章　公共の安全に危害を及ぼす罪

以上の有期懲役に処し，罰金又は財産の没収を併科する。

　②　組織体が前項の罪を犯したときは，組織体に対して罰金を科するほか，その責任を負う主
管人員及びその他の直接責任者も，前項と同様に処罰する。

　　＊本条は，2001 年の改正法三により追加。

（2015・改正九）
第 120 条の 2【テロ実施準備罪】　①　次に掲げるいずれかの事情があるときは，5 年以下の
有期懲役，拘役，管制又は政治的権利の剥奪に処し，罰金を併科する。情状が重いとき
は，5 年以上の有期懲役に処し，罰金又は財産の没収を併科する。

　（1）テロ活動のために凶器，危険物品又は他の道具を用意したこと。
　（2）テロ活動の訓練を組織し又は積極的にテロ活動の訓練に参加したこと。
　（3）テロ活動を実施するために，海外のテロ活動組織又は人員に連絡したこと。
　（4）テロ活動を実施するための計画を立案し又は他の準備をしたこと。
　②　前項に規定する行為を行い，同時に他の罪を構成したときは，その処罰が重い規定
に基づく罪を認定し，これを罰する。

　　＊この条文は，2015 年の改正法九により追加。

（2015・改正九）
第 120 条の 3【テロリズム，過激派の宣伝，テロ活動の実施を煽動する罪】　テロリズム，
過激派に関する図書，音声，録画資料若しくはその他の物品を製作し，配布した者又は講
義，情報の配布等の方法でテロリズム，過激派を宣伝し，テロ活動の実施を煽動した者
は，5 年以下の有期懲役，拘役，管制又は政治的権利の剥奪に処し，罰金を併科する。情
状が重いときは，5 年以上の有期懲役に処し，罰金又は財産の没収を併科する。

　　＊この条文は，2015 年の改正法九により追加。

（2015・改正九）
第 120 条の 4【過激派を利用して法律の実施を破壊する罪】　過激派を利用して群衆を煽動
し，脅迫し，国家が定める法律によって確定された婚姻，司法，教育，社会管理等の制度
を破壊した者は，3 年以下の有期懲役，拘役又は管制に処し，罰金を併科する。情状が重
いときは，3 年以上 7 年以下の有期懲役に処し，罰金を併科する。情状が特に重いとき
は，7 年以上の有期懲役に処し，罰金又は財産の没収を併科する。

　　＊この条文は，2015 年の改正法九により追加。

（2015・改正九）
第 120 条の 5【テロリズム，過激派の服装，標識強制着用罪】　暴力，脅迫などの方法で他
人を強制し，公共の場でテロリズム，過激派の服装，標識を着用させた者は，3 年以下の
有期懲役，拘役又は管制に処し，罰金を併科する。

　　＊この条文は，2015 年の改正法九により追加。

（2015・改正九）
第 120 条の 6【テロリズム，過激派に関する物品の不法所持罪】　テロリズム，過激派の図
書，音声録画資料又はその他の物品であることを知りながら，これらを不法に所持した者
は，情状が重いときは，3 年以下の有期懲役，拘役又は管制に処し，罰金を併科し又は単
科する。

第二部　中国現行刑法の全訳 —— 第 12 次改正まで

＊この条文は，2015 年の改正法九により追加。

第 121 条【航空機ハイジャック罪】　暴行，脅迫又はその他の方法を用いて航空機をハイジャックした者は，10 年以上の有期懲役又は無期懲役に処する。人に重傷害を負わせ若しくは人を死亡させ又は航空機を著しく破壊したときは，死刑に処する。

第 122 条【船舶，自動車ハイジャック罪】　暴行，脅迫又はその他の方法を用いて船舶又は自動車をハイジャックした者は，5 年以上 10 年以下の有期懲役に処する。重い結果を生じさせたときは，10 年以上の有期懲役又は無期懲役に処する。

第 123 条【暴行による飛行安全妨害罪】　飛行中の航空機内の者に対して暴行を加え，飛行の安全を妨害した者が，重い結果を生じさせなかったときは，5 年以下の有期懲役又は拘役に処する。重い結果を生じさせたときは，5 年以上の有期懲役に処する。

第 124 条【放送施設公共通信施設破壊罪，放送施設公共通信施設過失破壊罪】　① ラジオ若しくはテレビの放送施設又は公共の通信施設を破壊し，公共の安全に危害を及ぼした者は，3 年以上 7 年以下の有期懲役に処する。重い結果を生じさせたときは，7 年以上の有期懲役に処する。

② 過失により前項の罪を犯したときは，3 年以上 7 年以下の有期懲役に処する。情状が比較的軽いときは，3 年以下の有期懲役又は拘役に処する。

（2001・改正三）

第 125 条【銃器弾薬爆発物不法製造売買運搬郵送貯蔵罪，危険物質不法製造売買郵送貯蔵罪】
① 銃器，弾薬又は爆発物を不法に製造し，売買し，運搬し，郵送し又は貯蔵した者は，3 年以上 10 年以下の有期懲役に処する。情状が重いときは，10 年以上の有期懲役，無期懲役又は死刑に処する。

② 毒性物，放射性物，伝染病の病原体その他の物質を不法に製造し，売買し，郵送し又は貯蔵した者についても，前項と同様とする。

③ 組織体が前 2 項の罪を犯したときは，組織体に対して罰金を科するほか，その直接責任を負う主管人員及びその他の直接責任者も，第 1 項と同様に処罰する。

（1997・刑法）

第 125 条　① 銃器，弾薬又は爆発物を不法に製造し，売買し，運搬し，郵送し又は貯蔵した者は，3 年以上 10 年以下の有期懲役に処する。情状が重いときは，10 年以上の有期懲役，無期懲役又は死刑に処する。

② 不法に核材料を売買し又は運搬した者についても，前項と同様とする。

③ 組織体が前 2 項の罪を犯したときは，組織体に対して罰金を科するほか，その直接責任を負う主管人員及びその他の直接責任者も，第 1 項と同様に処罰する。

第 126 条【銃器不法製造販売罪】　法により指定され若しくは認定された銃器の製造企業又は販売企業が，銃器の管理規定に違反し，次に掲げるいずれかの行為があるときは，組織体に対して罰金を科するほか，その直接責任を負う主管人員及びその他の直接責任者についても，5 年以下懲役に処する。情状が重いときは，5 年以上 10 年以下の有期懲役に処し，その情状が特に重いときは，10 年以上の有期懲役又は無期懲役に処する。

(1) 不法販売の目的で，限定された製造数を超え又は規定外の品種の銃器を製造し又は販売したとき。

第2編　各　則／第2章　公共の安全に危害を及ぼす罪

(2) 不法販売の目的で，無番号，重複番号又は偽番号の銃器を製造したとき。

(3) 銃器を不法に販売し又は輸出するために製造された銃器を境内で販売したとき。

(2001・改正三)

第127条【銃器弾薬爆発物危険物質窃取強取強盗罪】　① 銃器，弾薬若しくは爆発物を窃取し若しくは奪取し又は毒性物，放射性物，伝染病の病原体その他の物質を窃取し若しくは奪取し，公共の安全を害した者は，3年以上10年以下の有期懲役に処する。情状が重いときは，10年以上の有期懲役，無期懲役又は死刑に処する。

② 銃器，弾薬若しくは爆発物を強取し若しくは毒性物，放射性物，伝染病の病原体その他の物質を強取し，公共の安全を害した者又は国家機関，軍人，警察若しくは民兵の銃器，弾薬若しくは爆発物を窃取若しくは奪取した者は，10年以上の有期懲役，無期懲役又は死刑に処する。

(1997・刑法)

第127条　① 銃器，弾薬若しくは爆発物を窃取し又は強取した者は，3年以上10年以下の有期懲役に処する。情状が重いときは，10年以上の有期懲役，無期懲役又は死刑に処する。

② 銃器，弾薬若しくは爆発物を強取し又は国家機関，軍人，警察若しくは民兵の銃器，弾薬若しくは爆発物を窃取し又は強取した者は，10年以上の有期懲役，無期懲役又は死刑に処する。

第128条【銃器弾薬不法所持罪，銃器貸出貸与罪】　① 銃器の管理規定に違反して，銃器又は弾薬を不法に所持し又は隠匿した者は，3年以下有期懲役，拘役又は管制に処する。情状が重いときは，3年以上7年以下の有期懲役に処する。

② 法により公務用銃器を装備する者が，銃器を不法に貸与し又は貸し出したときも，前項と同様とする。

③ 法により銃器を装備する者が，銃器を不法に貸与し又は貸し出し，重い結果を生じさせたときは，第1項と同様に処罰する。

④ 組織体が第2項又は第3項の罪を犯したときは，組織体に対して罰金を科するほか，その直接責任を負う主管人員及びその他の直接責任者も，第1項と同様とする。

第129条【銃器紛失不報告罪】　法により公務用銃器を装備する者が，銃器を紛失して速やかに報告せず，重い結果を生じさせたときは，3年以下の有期懲役又は拘役に処する。

第130条【銃器弾薬規制刀剣危険物品不法携帯罪】　銃器，弾薬，規制された刀剣又は爆発性，可燃性，放射性，有毒性若しくは腐蝕性を有する物品を不法に携帯して，公共の場所又は公共の交通機関に立ち入り，公共の安全に危害を及ぼした者は，情状が重いとき，3年以下の有期懲役，拘役又は管制に処する。

第131条【重大飛行事故罪】　航空関係の職員が，規則制度に違反し，重大な航空事故を引き起こし，重い結果を生じさせたときは，3年以下の有期懲役又は拘役に処する。航空機の墜落又は人の死亡を生じさせたときは，3年以上7年以下の有期懲役に処する。

第132条【鉄道運営安全事故罪】　鉄道関係の職員が，規則制度に違反し，鉄道交通事故を引き起こし，重い結果を生じさせたときは，3年以下の有期懲役又は拘役に処する。特に重い結果を生じさせたときは，3年以上7年以下の有期懲役に処する。

第133条【重大交通事故罪】　交通運輸管理法規に違反し，よって重大な事故を引き起こし，人に重傷害を負わせ若しくは人を死亡させ又は公私の財産に重大な損害を生じさせた者

117

第二部　中国現行刑法の全訳 ── 第 12 次改正まで

は，3 年以下の有期懲役又は拘役に処する。交通事故を引き起こした後，逃走又はその他の特に悪質な情状があるときは，3 年以上 7 年以下の有期懲役に処する。逃走により人を死亡させたときは，7 年以上の有期懲役に処する。

（2015・改正九）
第 133 条の 1【危険運転罪】　① 道路上で自動車を運転する者が，次に掲げるいずれかの事情があるときは，拘役に処し，罰金を併科する。
　（1）追跡又は競争をし，その情状が悪質であること。
　（2）道路上で酒酔い運転をしたこと。
　（3）通学送迎若しくは乗客運送業に従事する者が，定員を大幅に超過して乗客を乗せたこと又は法定速度を大幅に超過して運転したこと。
　（4）化学危険物品安全管理規定に違反して化学危険物品を運送し，公共の安全に危害を及ぼしたこと。
　② 自動車の所有者，管理人が第 3 款並びに第 4 款に基づく行為に対して直接責任を負う者は，前項の規定により罰する。
　③ 前 2 項が規定する行為を行い，同時に他の罪を構成したときは，その処罰が重い規定により罪を認定し，処罰する。
　＊この条文の第 3 項は，2015 年の改正法九により追加。

（2011・改正八）
第 133 条の 1【危険運転罪】　① 道路上で自動車を運転して追いかけ若しくは競い合いをする者が情状が悪質であるとき又は道路上で酒酔い運転をする者は，拘役に処し，罰金を併科する。
　② 前項に規定する行為を行い，同時に他の罪を構成するときは，その処罰が重い規定により罪を認定し，処罰する。
　＊この条文は，改正法八により追加された。

（2020・改正十一）
第 133 条の 2【安全運転妨害罪】　① 走行中の公共交通機関内の運転手に対して暴行を加え又は運転操縦装置を奪取し，公共交通機関の正常な走行をかく乱させ，公共の安全に危害を及ぼした者は，1 年以下の有期懲役，拘役又は管制に処し，罰金を併科し又は単科する。
　② 前項の規定する運転手が無断で走行中の公共交通機関を離れ，他人との殴り合い又は他人を殴打し，公共の安全に危害を及ぼした者は，前項と同様に処罰する。
　③ 前 2 項に規定する行為を行い，同時に他の罪を構成したときは，その処罰が重い規定により罪を認定し，処罰する。
　＊この条文は，2020 年の改正法十一により追加された。

（2020・改正十一）
第 134 条【重大責任事故罪，危険作業強要・組織罪】　① 生産又は作業過程において，安全管理規定に違反し，重大な死傷事故又はその他の重い結果を生じさせた者は，3 年以下の有期懲役又は拘役に処する。情状が特に悪質であるときは，3 年以上 7 年以下の有期懲役に処する。
　② 規則に違反し危険を冒して，他人に作業を強制的に行わせ，重大な事故を発生するおそれを知りながら，事故防止の措置を取らず，危険を冒して作業を組織して行わせ，重

大な死傷事故又はその他の重い結果を生じさせたときは，5年以下の有期懲役又は拘役に処する。情状が特に悪質であるときは，5年以上の有期懲役に処する。

(2006・改正六)
第134条【重大責任事故罪，危険作業強要罪】　① 生産又は作業過程において，安全管理規定に違反し，重大な死傷事故又はその他の重い結果を生じさせた者は，3年以下の有期懲役又は拘役に処する。情状が特に重いときは，3年以上7年以下の有期懲役に処する。
　　② 規則に違反し危険を冒して作業を他人に強制的に行わせた者が，重大な死傷事故又はその他の重い結果を生じさせたときは，5年以下の有期懲役又は拘役に処する。情状が特に悪質であるときは，5年以上の有期懲役に処する。

(1997・刑法)
第134条　工場，鉱山，営林場，建築企業又はその他の企業又は事業体の職員が，管理に服さず又は作業の規則制度に違反し，作業員をして規則に違反して危険を冒して作業を強制的に行わせ，重大な死傷事故又はその他の重い結果を生じさせたときは，3年以下の有期懲役又は拘役に処する。情状が特に悪質であるときは，3年以上7年以下の有期懲役に処する。

(2020・改正十一)
第134条の1【危険作業罪】　生産又は作業過程において，安全管理規定に違反し，次に掲げるいずれかの行為が行われたときは，重大な死傷事故又はその他の重い結果を生じさせる現実の危険性がある場合，1年以下の有期懲役，拘役又は管制に処する。
　(1) 生産の安全及びこれに直接かかわる監視，警報，防護，救命設備，施設を閉鎖，破壊し又はその関連データ及び情報を改ざん，隠匿，廃棄したこと。
　(2) 重大な事故が発生する恐れがあるため，法により生産，施工，関連設備，施設，場所の使用を停止するように又は直ちに危険を排除する改善措置をとるように通知されたにもかかわらず，それを実施しなかったこと。
　(3) 生産の安全に関わる事項について，法による批准又は許可を得ずに，無断で鉱山採掘，金属製錬，建築施工及び危険物品の生産，経営，貯蔵等に危険性の高い生産作業活動を従事したこと。
　＊この条文は，2020年の改正法十一により追加された。

(2006・改正六)
第135条【重大労働安全事故罪】　安全生産の施設又は条件が国家の規定に適合せず，よって重大な死傷事故又はその他の重い結果を生じさせたときは，その直接責任を負う主管者及びその他の直接責任者は，3年以下の有期懲役又は拘役に処する。情状が特に悪質であるときは，3年以上7以下の有期懲役に処する。

(1997・刑法)
第135条　工場，鉱山，営林場，建築企業又はその他の企業又は事業体の安全生産の施設が国家の規定に適合せず，関係部門又は当該組織体の職員に指摘されたにもかかわらず，潜在的な事故に対し防止措置を取らず，よって重大な死傷事故又はその他の重い結果を生じさせたときは，直接責任者は，3年以下の有期懲役又は拘役に処する。情状が特に悪質であるときは，3年以上7年以下の有期懲役に処する。

第二部　中国現行刑法の全訳 —— 第 12 次改正まで

（2006・改正六）

第 135 条の 1【大型民衆的イベント重大安全事故罪】　大型民衆的イベント[18] を開催するに当たって，安全管理規定に違反し，重大な死傷事故又はその他の重い結果を生じさせたときは，その直接責任を負う主管者及びその他の直接責任者は，3 年以下の有期懲役又は拘役に処する。情状が特に悪質であるときは，3 年以上 7 年以下の有期懲役に処する。

　＊この条文は，2006 年の改正法六により追加された。

第 136 条【危険物品管理事故罪】　爆発性，可燃性，放射性，有毒性又は腐蝕性を有する物品の管理規定に違反し，生産，貯蔵，運搬又は使用の過程において，重大な事故を引き起こし，重い結果を生じさせた者は，3 年以下の有期懲役又は拘役に処する。結果が特に重いときは，3 年以上 7 年以下の有期懲役に処する。

第 137 条【工事重大安全事故罪】　建設企業，設計企業，施工企業又は工事監督企業が，国家の規定に違反し，工事品質の標準を低下させ，重大な事故を引き起こしたときは，直接責任者は，5 年以下の有期懲役又は拘役に処し，罰金を併科する。結果が特に重いときは，5 年以上 10 年以下の有期懲役に処し，罰金を併科する。

第 138 条【教育施設重大安全事故罪】　校舎又は教育施設が危険であることを知りながら，事故防止の措置を取らず又は速やかに報告せず，重大な死傷事故を生じさせたときは，直接責任者は，3 年以下の有期懲役又は拘役に処する。結果が特に重いときは，3 年以上 7 年以下の有期懲役に処する。

第 139 条【消防責任事故罪】　消防管理法規に違反して，消防監督部門に改善措置をとるように通知されたにもかかわらずそれを実施せず，重い結果を生じさせたときは，直接責任者は，3 年以下の有期懲役又は拘役に処する。結果が特に重いときは，3 年以上 7 年以下の有期懲役に処する。

（2006・改正六）

第 139 条の 1【安全事故隠蔽虚偽報告罪】　事故が起きた後，報告の職責を尽くすべき者が，事故の情況に関して報告をせず又は虚偽の報告をして，事故の救助活動を誤らせ，情状が重いときは，3 年以下の有期懲役又は拘役に処する。情状が特に重いときは，3 年以上 7 年以下の有期懲役に処する。

　＊この条文は，2006 年の改正法六により追加された。

第 3 章　社会主義市場経済の秩序を破壊する罪

第 1 節　偽物及び不良商品を生産し又は販売する罪

第 140 条【偽劣製品生産販売罪】　生産者又は販売者が，製品に不純物若しくは偽物を混入させ，偽物を本物と偽り，劣等品を優良品と偽り又は不合格の製品を合格品と偽った場合において，売上金額が 5 万元以上 20 万元未満であるときは，2 年以下の有期懲役又は拘役に処し，売上金額の 50% 以上 2 倍以下の罰金を併科し又は単科する。売上金額が 20 万元以上 50 万元未満であるときは，2 年以上 7 年以下の有期懲役に処し，売上金額の 50%

18　原文は「大型群衆性活動」である。

第2編　各　則／第3章　社会主義市場経済の秩序を破壊する罪

以上2倍以下の罰金を併科する。売上金額が50万元以上200万元未満であるときは，7年以上の有期懲役に処し，売上金額の50%以上2倍以下の罰金を併科する。売上金額が200万元以上であるときは，15年の有期懲役又は無期懲役に処し，売上金額の50%以上2倍以下の罰金又は財産の没収を併科する。

（2020・改正十一）
第141条【偽薬生産・販売・提供罪】　① 偽薬を生産又は販売した者は，3年以下の有期懲役又は拘役に処し，罰金を併科する。人の健康に重大な危害を及ぼしたとき又はその他の重い情状があるときは，3年以上10年以下の有期懲役に処し，罰金を併科する。人を死亡させたとき又はその他特に重い情状があるときは，10年以上の有期懲役，無期懲役又は死刑に処し，罰金又は財産の没収を併科する。

② 薬品を使用する組織体の人員が偽薬であることを知りながら，それを提供し，他人に使用させたときは，前項と同様とする。

＊この条文の第2項は，2020年の改正法十一により追加された。

（2011年，刑法改正八）
第141条【偽薬生産販売罪】　① 偽の薬品を生産又は販売した者は，3年以下の有期懲役又は拘役に処し，罰金を併科する。人体の健康に重大な危害を及ぼしたとき又はその他の重い情状があるときは，3年以上10年以下の有期懲役に処し，罰金を併科する。人を死亡させたとき又はその他の特に重い情状があるときは，10年以上の有期懲役，無期懲役又は死刑に処し，罰金又は財産の没収を併科する。

② 本条において「偽の薬品」とは，「中華人民共和国薬品管理法」に基づいて，偽の薬品並びに偽の薬品として処理される薬品及び非薬品をいう。

（1997・刑法）
第141条　① 偽の薬品を生産し又は販売した者が，人の健康に重大な危害を及ぼすに十分な危険を生じさせたときは，3年以下の有期懲役又は拘役に処し，売上金額の50%以上2倍以下の罰金を併科し又は単科する。人の健康に重大な危害を及ぼしたときは，3年以上10年以下の有期懲役に処し，売上金額の50%以上2倍以下の罰金を併科する。人を死亡させ又は人の健康に特に重大な危害を及ぼしたときは，10年以上の有期懲役，無期懲役又は死刑に処し，売上金額の50%以上2倍以下の罰金又は財産の没収を併科する。

② 本条において「偽の薬品」とは，「中華人民共和国薬品管理法」に基づいて，偽の薬品並びに偽の薬品として処理される薬品及び非薬品をいう。

（2020・改正十一）
第142条【劣等薬生産・販売・提供罪】　① 劣等の薬品を生産又は販売し，人の健康に重大な危害を及ぼした者は，3年以上10年以下の有期懲役に処し，罰金を併科する。結果が特に重いときは，10年以上の有期懲役又は無期懲役に処し，罰金又は財産の没収を併科する。

② 薬品を使用する組織体の人員が劣等薬であることを知りながら，それを提供し，他人に使用させたときは，前項と同様とする。

＊この条文の第2項は，2020年の改正法十一により追加された。

（1997・刑法）

121

第二部　中国現行刑法の全訳 —— 第 12 次改正まで

第 142 条【劣等薬生産販売罪】　① 劣等の薬品を生産又は販売し，人の健康に重大な危害を及ぼした者は，3 年以上 10 年以下の有期懲役に処し，売上金額の 50%以上 2 倍以下の罰金を併科する。結果が特に重いときは，10 年以上の有期懲役又は無期懲役に処し，売上金額の 50%以上 2 倍以下の罰金又は財産の没収を併科する。

　② 本条において「劣等の薬品」とは，「中華人民共和国薬品管理法」に基づいて，劣等の薬品に属する薬品をいう。

(2020・改正十一)

第 142 条の 1【薬品管理妨害罪】　① 薬品管理法規に違反し，次に掲げるいずれかの事情があり，人の健康に重大な危害を及ばすに足りる危険を生じさせた者は，3 年以下の有期懲役又は拘役に処し，罰金を併科し又は単科する。人の健康に重大な危害を及ぼしたとき又はその他の重い情状があるときは，3 年以上 7 年以下の有期懲役に処し，罰金を併科する。

　(1) 国務院薬品監督管理部門が使用禁止の薬品を生産又は販売したこと。

　(2) 薬品に関する許可証明書を取得せずに薬品を生産，輸入し又は前記薬品を販売したこと。

　(3) 薬品の登録申請において，虚偽の証明，データ，資料，見本を提供し又はその他の詐欺的な方法でこれを使用したこと。

　(4) 生産，検査記録を捏造したこと。

　② 前項の行為を行い，同時に本法の第一百四十一条，第一百四十二条が規定する罪又は他の罪を構成したときは，重い処罰規定により罪を認定し，処罰する。

　＊この条文は，2020 年の改正法十一により追加された。

(2011・改正八)

第 143 条【非安全食品生産販売罪】　衛生標準を満たしていない食品を生産し又は販売した者は，重大な食中毒事故又はその他の食品に起因する疾病を引き起こすことが十分ありうるときは，3 年以下の有期懲役又は拘役に処し，罰金を併科する。人の健康に重大な危害を及ぼしたとき又はその他の重い情状があるときは，3 年以上 7 年以下の有期懲役に処し，罰金を併科する。結果が特に重いときは，7 年以上の有期懲役又は無期懲役に処し，罰金又は財産の没収を併科する。

(1997・刑法)

第 143 条　衛生標準を満たしていない食品を生産し又は販売した者は，重大な食中毒事故又はその他の食品に起因する疾病を引き起こすことが十分あり得るときは，3 年以下の有期懲役又は拘役に処し，売上金額の 50%以上 2 倍以下の罰金を併科し又は単科する。人の健康に重大な危害を及ぼしたときは，3 年以上 7 年以下の有期懲役に処し，売上金額の 50%以上 2 倍以下の罰金を併科する。結果が特に重いときは，7 年以上の有期懲役又は無期懲役に処し，売上金額の 50%以上 2 倍以下の罰金又は財産の没収を併科する。

(2011・改正八)

第 144 条【有毒有害食品生産販売罪】　生産若しくは販売する食品に有毒若しくは有害の非食品原料を混入させ又は食品に有毒若しくは有害の非食品原料が混入されていることを知りながらこれを販売した者は，5 年以下の有期懲役に処し，罰金を併科する。人の健康に重大な危害を及ぼしたとき又はその他の重い情状があるときは，5 年以上 10 年以下の有期懲役に処し，罰金を併科する。人を死亡させたとき又はその他の特に重い情状があると

きは，この法律の第141条と同様に処罰する。

（1997・刑法）

第144条　生産し又は販売する食品に有毒若しくは有害の非食品原料を混入させ又は食品に有毒若しくは有害の非食品原料が混入されていることを知りながらこれを販売した者は，5年以下の有期懲役又は拘役に処し，売上金額の50％以上2倍以下の罰金を併科し又は単科する。重大な食中毒事故又はその他の重い食品に起因する疾病を引き起こし，人の健康に重大な危害を及ぼしたときは，5年以上10年以下の有期懲役に処し，売上金額の50％以上2倍以下の罰金を併科する。人を死亡させ，又は人の健康に特に重大な危害を及ぼしたときは，第141条と同様に処罰する。

（2002・改正四）

第145条【不良医療器具生産販売罪】　人の健康を保障する国家標準若しくは業界標準に達していない医療器具若しくは医療用衛生材料を生産し又は人の健康を保障する国家標準若しくは業界標準に達していない医療器具若しくは医療用衛生材料であることを知りながらこれを販売した者が，人の健康に重大な危害を及ぼしうるときは，3年以下の有期懲役又は拘役に処し，売上金額の50％以上2倍以下の罰金を併科する。人の健康に重大な危害を及ぼしたときは，3年以上10年以下の有期懲役に処し，売上金額の50％以上2倍以下の罰金を併科する。結果が特に重いときは，10年以上の有期懲役又は無期懲役に処し，売上金額の50％以上2倍以下の罰金又は財産の没収を併科する。

（1997・刑法）

第145条　人の健康を保障する国家標準若しくは業界標準に達していない医療器具若しくは医療用衛生材料を生産し又は人の健康を保障する国家標準若しくは業界標準に達していない医療器具若しくは医療用衛生材料であることを知りながらこれを販売した者が，人の健康に重大な危害を及ぼしたときは，5年以下の有期懲役に処し，売上金額の50％以上2倍以下の罰金を併科する。その結果が特に重いときは，5年以上10年以下の有期懲役に処し，売上金額の50％以上2倍以下の罰金を併科する。情状が特に悪質であるときは，10年以上の有期懲役又は無期懲役に処し，売上金額の50％以上2倍以下の罰金又は財産の没収を併科する。

第146条【不良製品生産販売罪】　身体若しくは財産の安全を保障する国家標準若しくは業界標準に達していない電気製品，圧力容器，燃えやすく爆発しやすい物又はその他の製品を生産し又は身体若しくは財産の安全を保障する国家標準若しくは業界標準に達していない製品であることを知りながらこれを販売し，重い結果を生じさせた者は，5年以下の有期懲役に処し，売上金額の50％以上2倍以下の罰金を併科する。結果が特に重いときは，5年以上懲役に処し，売上金額の50％以上2倍以下の罰金を併科する。

第147条【偽劣農薬獣薬化学肥料種子生産販売罪】　偽の農薬，獣薬若しくは化学肥料を生産した者，偽物若しくは効能を失った農薬，獣薬，化学肥料若しくは種子であることを知りながらこれを販売した者又は不合格の農薬，獣薬，化学肥料若しくは種子を合格の農薬，獣薬，化学肥料若しくは種子と偽って生産若しくは販売した者が，生産に比較的大きな損失を与えたときは，3年以下の有期懲役又は拘役に処し，売上金額の50％以上2倍以下の罰金を併科し又は単科する。生産に重大な損失を与えたときは，3年以上7年以下の有期懲役に処し，売上金額の50％以上2倍以下の罰金を併科する。生産に特に重大な損

第二部　中国現行刑法の全訳 —— 第 12 次改正まで

失を与えたときは，7 年以上の有期懲役又は無期懲役に処し，売上金額の 50％以上 2 倍以下の罰金又は財産の没収を併科する。

第 148 条【不良化粧品生産販売罪】　衛生標準に達していない化粧品を生産し又は衛生標準に達していない化粧品であることを知りながらこれを販売し，重い結果を生じさせた者は，3 年以下の有期懲役又は拘役に処し，売上金額の 50％以上 2 倍以下の罰金を併科し又は単科する。

第 149 条【偽劣商品生産販売行為の条文適用原則】　① 本節第 141 条ないし第 148 条に規定する製品を生産又は販売した者が，各本条に規定する罪に該当しなくても，売上金額が 5 万元以上であるときは，本節第 140 条の規定により罪を認定し，処罰する。

　② 本節第 141 条ないし第 148 条に規定する製品を生産し又は販売した者が，各本条に規定する罪に該当すると同時に，本節第 140 条に規定する罪にも該当するときは，重い刑を定める規定により罪を認定し，処罰する。

第 150 条【偽劣商品生産販売罪に関する両罰規定】　組織体が本節第 140 条ないし第 148 条の罪を犯したときは，組織体に対して罰金を科するほか，その直接責任を負う主管人員及びその他の直接責任者についても，各本条の条文により処罰する。

第 2 節　密 輸 の 罪

（2015・改正九）

第 151 条【武器弾薬密輸罪，核材料密輸罪，偽造通貨密輸罪，文化財密輸罪，貴重金属密輸罪，珍貴動物・同製品密輸罪，禁輸貨物物品密輸罪】　① 武器，弾薬，核材料又は偽造された通貨を密輸した者は，7 年以上の有期懲役に処し，罰金又は財産の没収を併科する。情状が特に重いときは，無期懲役に処し，財産の没収を併科する。情状が比較的に軽いときは，3 年以上 7 年以下の有期懲役に処し，罰金を併科する。

　② 国が輸出を禁止する文化財若しくは金，銀その他の貴重金属又は国が輸出入を禁止する珍貴な動物及びその製品を密輸した者は，5 年以上 10 年以下の有期懲役に処し，罰金を併科する。情状が特に重いときは，10 年以上の有期懲役又は無期懲役に処し，財産の没収を併科する。情状が比較的軽いときは，5 年以下の有期懲役に処し，罰金を併科する。

　③ 珍奇な植物及びその製品その他の国が輸出入を禁止する貨物又は物品を密輸した者は，5 年以下の有期懲役又は拘役に処し，罰金を併科し又は単科する。情状が重いときは，5 年以上の有期懲役に処し，罰金を併科する。

　④ 組織体が本条に規定する罪を犯したときは，組織体に対して罰金を科するほか，その直接責任を負う主管人員及びその他の直接責任者についても，本条各項の規定により処罰する。

（2011・改正八）

第 151 条　① 武器，弾薬，核材料又は偽造された通貨を密輸した者は，7 年以上の有期懲役に処し，罰金又は財産の没収を併科する。情状が特に重いときは，無期懲役又は死刑に処し，財産の没収を併科する。情状が軽いときは，3 年以上 7 年以下の有期懲役に処し，罰金を併科する。

　② 国が輸出を禁止する文化財若しくは金，銀その他の貴重金属又は国が輸出入を禁止する珍

貴な動物及びその製品を密輸した者は，5年以上10年以下の有期懲役に処し，罰金を併科する。情状が特に重いときは，10年以上の有期懲役又は無期懲役に処し，財産の没収を併科する。情状が比較的軽いときは，5年以下の有期懲役に処し，罰金を併科する。

③ 珍奇な植物及びその製品その他の国が輸出入を禁止する貨物又は物品を密輸した者は，5年以下の有期懲役又は拘役に処し，罰金を併科し又は単科する。情状が重いときは，5年以上の有期懲役に処し，罰金を併科する。

④ 組織体が本条に規定する罪を犯したときは，組織体に対して罰金を科するほか，その直接責任を負う主管人員及びその他の直接責任者も，本条各項と同様とする。

（2009・改正七）

第151条 ① 武器，弾薬，核材料又は偽造された通貨を密輸した者は，7年以上の有期懲役に処し，罰金又は財産の没収を併科する。情状が比較的軽いときは，3年以上7年以下の有期懲役に処し，罰金を併科する。

② 国が輸出を禁止する文化財若しくは金，銀その他の貴重金属又は国が輸出入を禁止する珍貴な動物及びその製品を密輸した者は，5年以上の有期懲役に処し，罰金を併科する。情状が比較的軽いときは，5年以下の有期懲役に処し，罰金を併科する。

③ 珍奇な植物及びその製品その他の国が輸出入を禁止する貨物又は物品を密輸した者は，5年以下の有期懲役又は拘役に処し，罰金を併科し又は単科する。情状が重いときは，5年以上の有期懲役に処し，罰金を併科する。

④ 第1項又は第2項の罪を犯し，その情状が特に重いときは，無期懲役又は死刑に処し，財産の没収を併科する。

⑤ 組織体が本条に規定する罪を犯したときは，組織体に対して罰金を科するほか，その直接責任を負う主管人員及びその他の直接責任者についても，本条各項の規定により処罰する。

（1997・刑法）

第151条 ① 武器，弾薬，核材料又は偽造された通貨を密輸した者は，7年以上の有期懲役に処し，罰金又は財産の没収を併科する。情状が比較的軽いときは，3年以上7年以下の有期懲役に処し，罰金を併科する。

② 国が輸出を禁止する文化財若しくは金，銀その他の貴重金属又は国が輸出入を禁止する珍貴な動物及びその製品を密輸した者は，5年以上の有期懲役に処し，罰金を併科する。情状が比較的軽いときは，5年以下の有期懲役に処し，罰金を併科する。

③ 国が輸出入を禁止する珍奇な植物及びその製品を密輸した者は，5年以下の有期懲役又は拘役に処し，罰金を併科し又は単科する。情状が重いときは，5年以上の有期懲役に処し，罰金を併科する。

④ 第1項又は第2項の罪を犯し，その情状が特に重いときは，無期懲役又は死刑に処し，財産の没収を併科する。

⑤ 組織体が本条に規定する罪を犯したときは，組織体に対して罰金を科するほか，その直接責任を負う主管人員及びその他の直接責任者も，本条各項の規定により処罰する。

（2002・改正四）

第152条【猥褻物密輸罪，廃棄物密輸罪】 ① 営利又は伝播の目的で，猥褻な映画，ビデオ，録音テープ，図画，書籍，雑誌又はその他の猥褻物を密輸した者は，3年以上10年以下の有期懲役に処し，罰金を併科する。情状が重いときは，10年以上の有期懲役又は無期懲役に処し，罰金又は財産の没収を併科する。情状が比較的軽いときは，3年以下の有期懲役，拘役又は管制に処し，罰金を併科する。

第二部　中国現行刑法の全訳 —— 第 12 次改正まで

②　税関の管理を逃れ，境外の固体廃棄物，液体廃棄物又は気体廃棄物を境内に運搬した者は，情状が重いときは，5 年以下の有期懲役に処し，罰金を併科し又は単科する。情状が特に重いときは，5 年以上の有期懲役に処し，罰金を併科する。

③　組織体が前項の罪を犯したときは，組織体に対して罰金を科するほか，その直接責任を負う主管人員及びその他の直接責任者も，前 2 項と同様に処罰する。

（1997・刑法）

第 152 条　①　営利又は伝播の目的で，猥褻な映画，ビデオ，録音テープ，図画，書籍，雑誌又はその他の猥褻物を密輸した者は，3 年以上 10 年以下の有期懲役に処し，罰金を併科する。情状が重いときは，10 年以上の有期懲役又は無期懲役に処し，罰金又は財産の没収を併科する。情状が比較的軽いときは，3 年以下の有期懲役，拘役又は管制に処し，罰金を併科する。

②　組織体が前項の罪を犯したときは，組織体に対して罰金を科するほか，その直接責任を負う主管人員及びその他の直接責任者も，前項と同様に処罰する。

（2002・改正四）

第 153 条【普通貨物物品密輸罪】　①　この法律の第 151 条，152 条及び第 347 条に規定する以外の貨物又は物品を密輸した者は，その情状の軽重に基づいて，次に掲げる規定によりそれぞれ処罰する。

(1)　貨物又は物品を密輸し，納付すべき脱税金額が比較的大きいとき又は 1 年以内に密輸により 2 回以上の行政処分を受けたときは，3 年以下の有期懲役又は拘役に処し，納付すべき脱税金額の 1 倍以上 5 倍以下の罰金を併科する。

(2)　貨物又は物品を密輸し，納付すべき脱税金額が非常に大きいとき又はその他の重い情状があるときは，3 年以上 10 年以下の有期懲役に処し，納付すべき脱税金額の 1 倍以上 5 倍以下の罰金を併科する。

(3)　貨物又は物品を密輸し，納付すべき脱税金額が極めて大きいとき又はその他の特に重い情状があるときは，10 年以上の有期懲役又は無期懲役に処し，納付すべき脱税金額の 1 倍以上 5 倍以下の罰金又は財産の没収を併科する。

②　組織体が前項の罪を犯したときは，組織体に対して罰金を科するほか，その直接責任を負う主管人員及びその他の直接責任者についても，3 年以下の有期懲役又は拘役に処する。情状が重いときは，3 年以上 10 年以下の有期懲役に処する。情状が特に重いときは，10 年以上の有期懲役に処する。

③　繰り返し密輸を行い，処理を受けなかった者は，密輸した貨物又は物品に係る納付すべき脱税額を累計して処罰する。

（1997・刑法）

第 153 条　①　第 151 条，第 152 条又は第 347 条に規定する以外の貨物又は物品を密輸した者は，情状の軽重に基づいて，次に掲げる規定によりそれぞれ処罰する。

(1)　貨物又は物品を密輸し，50 万元以上の納付すべき税金を脱税したときは，10 年以上の有期懲役又は無期懲役に処し，納付すべき脱税額の 1 倍以上 5 倍以下の罰金若しくは財産の没収を併科する。情状が特に重いときは，第 151 条第 4 項と同様に処罰する。

(2)　貨物又は物品を密輸し，15 万元以上 50 万元未満の納付すべき税金を脱税したときは，3 年以上 10 年以下の有期懲役に処し，納付すべき脱税額の 1 倍以上 5 倍以下の罰金を併科する。情状が特に重いときは，10 年以上の有期懲役又は無期懲役に処し，納付すべき脱税額の 1 倍以

第2編　各　則／第3章　社会主義市場経済の秩序を破壊する罪

上5倍以下の罰金又は財産の没収を併科する。

　　(3) 貨物又は物品を密輸し，5万元以上15元未満の納付すべき税金を脱税したときは，3年以下の有期懲役又は拘役に処し，納付すべき脱税額の1倍以上5倍以下の罰金を併科する。

　②組織体が前項の罪を犯したときは，組織体に対して罰金を科するほか，その直接責任を負う主管人員及びその他の直接責任者についても，3年以下の有期懲役又は拘役に処する。情状が重いときは，3年以上10年以下の有期懲役に処する。情状が特に重いときは，10年以上の有期懲役に処する。

　③繰り返し密輸を行い，処理を受けなかった者は，密輸した貨物又は物品に係る納付すべき脱税額を累計して処罰する。

第154条【特殊形式の普通貨物物品密輸罪】　次に掲げる密輸行為が，本節の規定する犯罪に該当したときは，この法律の第153条の規定により罪を認定し，処罰する。

　(1) 税関の許可を得ずに，かつ納付すべき税額を納入せずに，許可を得て輸入された対外委託加工，対外委託組立又は補償貿易の原料，部品，製品，設備その他の保税貨物[19]を無断で境内において販売し，利益を得た行為。

　(2) 税関の許可を得ずに，かつ納付すべき税額を納入せずに，特定の減税又は免税の輸入された貨物又は物品を無断で境内において販売し，利益を得た行為。

(2002・改正四)

第155条【密輸罪とみなされる間接的密輸行為】　次に掲げる行為は，密輸罪とみなし，本節の関連規定に照らして処罰する。

　(1) 国家が輸入を禁止する物品を密輸者から直接不法に購入し又は密輸されたその他の貨物若しくは物品を密輸者から直接購入する行為であって，金額が比較的に大きいもの。

　(2) 内海，領海，境川又は境湖で，国家が輸出入を禁止する物品を運搬し，購入し若しくは販売し又は国家が輸出入を制限している貨物若しくは物品を購入し若しくは販売する行為であって，その金額が比較的大きく，かつ合法的な証明を備えていないもの。

(1997・刑法)

第155条　次に掲げる行為は，密輸罪とみなし，本節の関連規定に照らして処罰する。

　(1) 国家が輸入を禁止する物品を密輸者から直接不法に購入し又は密輸されたその他の貨物若しくは物品を密輸者から直接購入する行為であって，金額が比較的に大きいもの。

　(2) 内海，領海，境川又は境湖で，国家が輸出入を禁止する物品を運搬し，購入し若しくは販売し又は国家が輸出入を制限している貨物若しくは物品を購入し若しくは販売する行為であって，その金額が比較的に大きく，かつ合法的な証明を備えていないもの。

　(3) 税関の取り締まりを免れて境外の固体廃棄物を境内に運搬する行為。

第156条【密輸罪の共犯】　密輸犯罪者と通謀して，その者に融資金，資金，口座番号，領収書若しくは証明書を提供し又は運搬，保管，郵送又はその他の便宜を図った者は，密輸罪の共犯として処罰する。

(2011・改正八)

第157条【武装による密輸援護・密輸取締抵抗に関する処罰規定】　①武装して密輸を援護

19　保税とは，税関で関税の納税手続を取り扱うことなく，境内で貯蔵し，加工し又は組み立てた後，更に輸出する貨物をいう。

第二部　中国現行刑法の全訳 —— 第 12 次改正まで

した者は，本法第 151 条第 1 項の規定に基づいて重く処罰する。

　② 暴行又は脅迫の方法を用いて密輸の取締りに抵抗した者は，密輸罪及び本法第 277 条の国家機関公務員職務執行妨害罪の規定に基づいて，併合罪として処罰する。

（1997・刑法）

第 157 条　① 武装して密輸を護送した者は，第 151 条第 1 項又は第 4 項の規定に基づいて重く処罰する。

　　② 暴行又は脅迫の方法を用いて密輸の取締りに抵抗した者は，密輸罪及び本法第 277 条の国家機関公務員職務執行妨害罪の規定に基づいて，併合罪として処罰する。

第 3 節　会社及び企業の管理秩序を妨害する罪

第 158 条【資本登記虚偽申告罪】　① 会社登記を申請するに当たって，虚偽の証明書の使用又はその他の詐欺手段を用いて，登録資本に関し虚偽の報告をし，会社登録の主管部門を欺いて会社の登録をさせた者が，虚偽の報告をした登録資本の額が非常に大きいとき，結果が重いとき又はその他の重い情状があるときは，3 年以下の有期懲役又は拘役に処し，偽った登録資本の 1% 以上 5% 以下の罰金を併科する。

　② 組織体が前項の罪を犯したときは，組織体に対して罰金を科するほか，その直接責任を負う主管人員及びその他の直接責任者についても，3 年以下の有期懲役又は拘役に処する。

第 159 条【虚偽出資・出資不法撤回罪】　① 会社の発起人又は株主が，会社法の規定に違反して，通貨若しくは実物を交付せず若しくは財産権を移転せずに虚偽の出資を行い又は会社の設立後に出資を不正に撤回し，その額が非常に大きいとき，結果が重いとき又はその他の重い情状があるときは，5 年以下の有期懲役又は拘役に処し，虚偽の出資金額又は不正に撤回した資金額の 2% 以上 10% 以下の罰金を併科し又は単科する。

　② 組織体が前項の罪を犯したときは，組織体に対して罰金を科するほか，その直接責任を負う主管人員及びその他の直接責任者についても，5 年以下の有期懲役又は拘役に処する。

（2020・改正十一）

第 160 条【株式社債詐欺発行罪】　① 株式募集説明書，株式購入承認書，社債募集方法等の発行文書において，重要な事実を隠蔽し又は重大な虚偽の内容を捏造して株式，社債，貯託証明書又は国務院が法により認定したその他の証券を発行した者は，その額が非常に大きく，結果が重いとき又はその他の情状が重いときは，5 年以下の有期懲役又は拘役に処し，罰金を併科し又は単科する。その額が極めて大きい，結果が特に重いとき又はその他の特に情状が重いときは，5 年以上の有期懲役に処し，罰金を併科する。

　② 筆頭株主又は実際に株を支配する者が，前項の行為を行わせたときは，5 年以下の有期懲役又は拘役に処し，不法集金額の 20% 以上 1 倍以下の罰金を単科又は併科する。その額が極めて大きく，結果が特に重いとき又はその他の特に重い情状があるときは，5 年以上の有期懲役に処し，不法集金額の 20% 以上 1 倍以下の罰金を併科する。

　③ 組織体が前 2 項の罪を犯したときは，組織体に対して不法集金額の 20% 以上 1 倍以

128

下の罰金を科するほか，その直接責任を負う主管人員及びその他の直接責任者についても，第1項と同様に処罰する。

　＊この条文の第2項は，2020年の改正法十一により追加された。

————————

（1997・刑法）
第160条【株式社債詐欺発行罪】　① 株式募集説明書，株式購入承認書，社債募集方法において，重要な事実を隠蔽し又は重大な虚偽の内容を捏造して株式又は社債を発行した者が，その額が非常に大きい，結果が重いとき又はその他の重い情状があるときは，5年以下の有期懲役又は拘役に処し，不法集金額の1%以上5%以下の罰金を併科し又は単科する。

　② 組織体が前項の罪を犯したときは，組織体に対して罰金を科するほか，その直接責任を負う主管人員及びその他の直接責任者についても，5年以下の有期懲役又は拘役に処する。

（2020・改正十一）
第161条【重要情報虚偽提供隠蔽罪】　① 法により情報を公開する義務を負う会社又は企業が，株主及び社会の一般公衆に対し，虚偽の情報を提供し，重要な事実に関する財務会計報告を隠蔽し又は法的に公開すべき重要情報を規則に反して公開せず，株主又はその他の人の利益に重大な損害を生じさせたとき又はその他の重い情状があるときは，その直接責任を負う主管者及びその他の直接責任者についても，5年以下の有期懲役又は拘役に処し，罰金を併科し又は単科する。情状が特に重いときは，5年以上10年以下の有期懲役に処し，罰金を併科する。

　② 前項に規定する会社又は企業の筆頭株主又は実際の株支配者が前項に掲げる行為を実行し，それを組織し，若しくは実行させたとき又は関係する事情を隠蔽し若しくは前項に掲げる事情を発生させたときは，前項と同様に処罰する。

　③ 前項に規定する罪を犯した筆頭株主又は実際の株支配者が組織体であるときは，組織体に対して罰金を科するほか，その直接責任を負う主管人員及びその他の直接責任者についても，第1項と同様に処罰する。

　＊この条文の第2，3項は，2020年の改正法十一により追加された。

————————

（2006・改正六）
第161条【重要情報虚偽提供隠蔽罪】　法により情報を公開する義務を負う会社又は企業が，株主及び社会の一般公衆に対し，虚偽の情報を提供し，重要な事実に関する財務会計報告を隠蔽し又は法的に公開すべき重要情報を規則に反して公開せず，株主又はその他の人の利益に重大な損害を生じさせたとき又はその他の重い情状があるときは，その直接責任を負う主管者及びその他の直接責任者についても，3年以下の有期懲役又は拘役に処し，2万元以上20万元以下の罰金を併科し又は単科する。

————————

（1997・刑法）
第161条　会社が，株主及び一般の公衆に対し，虚偽の又は重要な事実を隠蔽した財務会計報告を提供して，株主又はその他の人の利益に重大な損害を生じさせたときは，その直接責任を負う主管人員及びその他の直接責任者については，3年以下の有期懲役又は拘役に処し，2万元以上20万元以下の罰金を併科し又は単科する。

第162条【清算妨害罪】　会社又は企業が清算するに当たって，財産を隠匿し，負債表若しくは資産表に虚偽の内容を記載し又は債務を全部弁済する前に会社若しくは企業の財産を

第二部　中国現行刑法の全訳 —— 第 12 次改正まで

分配し，債権者又はその他の人の利益に重大な損害を生じさせたときは，その直接責任を
負う主管人員及びその他の直接責任者は，5 年以下の有期懲役又は拘役に処し，2 万元以
上 20 万元以下の罰金を併科し又は単科する。

（1999・改正一）

第 162 条の 1【会計証明書会計帳簿財務会計報告書隠匿廃棄罪】　① 法律上保存すべき会計
証明書，会計帳簿若しくは財務会計報告書を隠匿し又は故意に廃棄した者は，情状が重い
ときは，5 年以下の有期懲役又は拘役に処し，2 万元以上 20 万元以下の罰金を併科し又は
単科する。

　② 組織体が本条に規定する罪を犯したときは，組織体に対して罰金を科するほか，そ
の直接責任を負う主管人員及びその他の直接責任者も，前項と同様に処罰する。

　＊この条文は，1999 年の改正法一により追加。

（2006・改正六）

第 162 条の 2【虚偽破産罪】　会社又は企業が，財産の隠匿，虚偽の債務の負担又はその他
の方法を用いて資産を移転し又は処分することによって，虚偽の破産を行い，債権者又は
その他の人の利益に重大な損害を生じさせたときは，その直接責任を負う主管者及びその
他の直接責任者については，5 年以下の有期懲役又は拘役に処し，2 万元以上 20 万元以下
の罰金を併科し又は単科する。

　＊この条文は，2006 年の改正法六により追加。

（2020・改正十一）

第 163 条【非公務員収賄罪】　① 会社，企業又はその他の組織体の職員が，職務上の有利な
立場を利用して，他人の財物を要求し又は他人の財物を不法に収受して他人の利益を図
り，その金額が比較的大きいときは，3 年以下の有期懲役又は拘役に処し，罰金を併科す
る。金額が非常に大きいとき又はその他の重い情状があるときは，3 年以上 10 年以下の
有期懲役に処し，罰金を併科する。その金額が極めて大きいとき又はその他の特に重い情
状があるときは，10 年以上の有期懲役又は無期懲役に処し，罰金を併科する。

　② 会社，企業又はその他の組織体の職員が，経済活動において，職務上の有利な立場
を利用し，国家の規定に違反し，各種の名目で割戻金又は手数料を収受して着服したとき
も，前項と同様とする。

　③ 国有会社若しくは国有企業で公務に従事する者又は国有会社若しくは国有企業から
非国有会社若しくは企業に派遣されて公務に従事する者が，前 2 項の行為を行ったとき
は，この法律の第 385 条又は第 386 条の規定により罪を認定し，処罰する。

（2006・改正六）

第 163 条【非公務員収賄罪】　① 会社，企業又はその他の組織体の職員が，職務上の有利な立場
を利用して，他人の財物を要求し又は他人の財物を不法に収受して他人の利益を図り，その金
額が比較的大きいときは，5 年以下の有期懲役又は拘役に処する。金額が非常に大きいときは，
5 年以上の有期懲役に処し，財産の没収を併科することができる。

　② 会社，企業又はその他の組織体の職員が，経済活動において，職務上の有利な立場を利用
し，国家の規定に違反し，各種の名目で割戻金又は手数料を収受して着服したときも，前項と
同様とする。

130

第2編　各　則／第3章　社会主義市場経済の秩序を破壊する罪

③ 国有会社若しくは国有企業で公務に従事する者又は国有会社若しくは国有企業から非国有会社若しくは企業に派遣されて公務に従事する者が，前2項の行為を行ったときは，この法律の第385条又は第386条の規定により罪を認定し，処罰する。

(1997・刑法)

第163条　① 会社又は企業の職員が，職務上の有利な立場を利用して，他人の財物を要求し又は他人の財物を不法に収受して他人の利益を図り，その金額が比較的大きいときは，5年以下の有期懲役又は拘役に処する。その金額が非常に大きいときは，5年以上の有期懲役に処し，財産の没収を併科することができる。

② 会社又は企業の職員が，経済活動において，国家の規定に違反し，各種の名目で割戻金又は手数料を収受して着服したときも，前項と同様とする。

③ 国有会社若しくは国有企業で公務に従事する職員又は国有会社若しくは国有企業から非国有会社若しくは企業に派遣されて公務に従事する者が，前2項の行為を行ったときは，この法律の第385条又は第386条の規定により罪を認定し，処罰する。

(2015・改正九)

第164条【非公務員に対する供賄罪，外国公務員国際公共団体官員に対する供賄罪】　① 不当な利益を図るために，会社，企業又はその他の組織体の職員に財物を供与した者は，数額が比較的大きいときは，3年以下の有期懲役又は拘役に処し，罰金を併科する。数額が非常に大きいときは，3年以上10年以下の有期懲役に処し，罰金を併科する。

② 不当な利益を図るために，外国の公務員又は国際的公共団体の官員に財物を供与した者についても，前項と同様とする。

③ 組織体が前2項に規定する罪を犯したときは，組織体に対して罰金を科するほか，その直接責任を負う主管人員及びその他の直接責任者も，第1項と同様に処罰する。

④ 賄賂を供与した者が訴追される前に，自発的に賄賂行為を自白したときは，その刑を減軽し又は免除することができる。

(2011・改正八)

第164条　① 不当な利益を図るために，会社，企業又はその他の組織体の職員に財物を供与した者は，その金額が比較的大きいときは，3年以下の有期懲役又は拘役に処する。金額が非常に大きいときは，3年以上10年以下の有期懲役に処し，罰金を併科する。

② 不当な利益を図るために，外国の公務員又は国際的公共団体の官員に財物を供与した者についても，前項と同様とする。

③ 組織体が前2項に規定する罪を犯したときは，組織体に対して罰金を科するほか，その直接責任を負う主管人員及びその他の直接責任者も，第1項と同様に処罰する。

④ 賄賂を供与した者が訴追される前に，自発的に賄賂行為を自白したときは，その刑を減軽し又は免除することができる。

(2006・改正六)

第164条　① 不当な利益を図るために，会社，企業又はその他の組織体の職員に財物を供与した者が，その金額が比較的大きいときは，3年以下の有期懲役又は拘役に処する。金額が特に大きいときは，3年以上10年以下の有期懲役に処し，罰金を併科する。

② 組織体が前項の罪を犯したときは，組織体に対して罰金を科するほか，その直接責任を負う主管人員及びその他の直接責任者も，前項と同様に処罰する。

第二部　中国現行刑法の全訳 —— 第 12 次改正まで

　　③ 賄賂を供与した者が訴追される前に，自発的に賄賂行為を自白したときは，その刑を減軽し又は免除することができる。

──────────

（1997・刑法）

第 164 条　① 不当な利益を図るために，会社又は企業の職員に財物を供与した者は，その金額が比較的大きいときは，3 年以下の有期懲役又は拘役に処する。その額が非常に大きいときは，3 年以上 10 年以下の有期懲役に処し，罰金を併科する。

　　② 組織体が前項の罪を犯したときは，組織体に対して罰金を科するほか，その直接責任を負う主管人員及びその他の直接責任者も，前項と同様に処罰する。

　　③ 賄賂を供与した者が訴追される前に，自発的に賄賂行為を自白したときは，その刑を減軽し又は免除することができる。

（2023・改正十二）

第 165 条【同種業務不法経営罪】　① 国有会社又は国有企業の理事、監事又は高級管理者が，職務上の有利な立場を利用し，勤めている会社又は企業と同種の業務を自己又は他人のために経営して不法な利益を獲得し，その金額が非常に大きいときは，3 年以下の有期懲役又は拘役に処し，罰金を併科し又は単科する。その金額が極めて大きいときは，3 年以上 7 年以下の有期懲役に処し，罰金を併科する。

　　② その他の会社又は企業の理事，監事又は高級管理者が法律又は行政法規に違反し，前項の行為を行い，会社又企業の利益に重大な損害を生じさせたとき，前項と同様に処罰する。

　　＊この条文の第 2 項は，2023 年の改正法十二により追加された。

──────────

（1997・刑法）

第 165 条【同種業務不法経営罪】　国有会社又は国有企業の理事又は取締役が，職務上の有利な立場を利用し，勤めている会社又は企業と同種の業務を自己又は他人のために経営して不法な利益を獲得し，その金額が非常に大きいときは，3 年以下の有期懲役又は拘役に処し，罰金を併科し又は単科する。その金額が極めて大きいときは，3 年以上 7 年以下の有期懲役に処し，罰金を併科する。

第 166 条【親戚友人不法図利罪】　① 国有会社，国有企業又は事業体の職員が，職務上の有利な立場を利用し，次に掲げる事情のいずれかがあり，国家の利益に重大な損失を与えたときは，3 年以下の有期懲役又は拘役に処し，罰金を併科し又は単科する。国家の利益に特に重大な損失を与えたときは，3 年以上 7 年以下の有期懲役に処し，罰金を併科する。

　⑴ 当該組織体の営利業務を自己の親戚又は友人に経営させたこと。

　⑵ 市場価格より明らかに高価額で自己の親戚若しくは友人の経営する企業から商品を購入し又は市場価額より明らかに低価格で自己の親戚若しくは友人が経営する企業に商品を売却したこと。

　⑶ 自己の親戚又は友人が経営する企業から不合格の商品を購入したこと。

　　② その他の会社又は企業の職員が，法律又は行政法規に違反し，前項の行為を行い，会社又企業の利益に重大な損害を生じさせたとき，前項と同様に処罰する。

　　＊この条文の第 2 項は，2023 年の改正法十二により追加された。

第2編　各　則／第3章　社会主義市場経済の秩序を破壊する罪

（1997・刑法）

第 166 条【親戚友人不法図利罪】　国有会社，国有企業又は事業体の職員が，職務上の有利な立場を利用し，次に掲げる事情のいずれかがあり，国家の利益に重大な損失を与えたときは，3 年以下の有期懲役又は拘役に処し，罰金を併科し又は単科する。国家の利益に特に重大な損失を与えたときは，3 年以上 7 年以下の有期懲役に処し，罰金を併科する。

　⑴　当該組織体の営利業務を自己の親戚又は友人に経営させたこと。

　⑵　市場価格より明らかに高価額で自己の親戚若しくは友人の経営する企業から商品を購入し又は市場価額より明らかに低価格で自己の親戚若しくは友人が経営する企業に商品を売却したこと。

　⑶　自己の親戚又は友人が経営する企業から不合格の商品を購入したこと。

第 167 条【契約背任罪】　国有会社，国有企業又は事業体の直接責任を負う主管人員が，契約の締結又は履行の過程において，職責を著しく怠ったために騙され，国家の利益に重大な損失を与えたときは，3 年以下の有期懲役又は拘役に処する。国家の利益に特に重大な損失を与えたときは，3 年以上 7 年以下の有期懲役に処する。

（1999・改正一）

第 168 条【国有会社・企業職員職責懈怠・職権濫用罪】　① 国有会社又は企業の職員が，職責を著しく怠り又は職権を濫用し，国有会社又は企業の破産又は重大な損失を生じさせ，国家の利益に特に重大な損失を与えたときは，3 年以下の有期懲役又は拘役に処する。国家の利益に特に重大な損失を与えたときは，3 年以上 7 年以下の有期懲役に処する。

　② 国の事業部門の職員が前項の行為を行い，国家の利益に重大な損失を与えたときも，前項と同様とする。

　③ 国有の会社，企業又は事業部門の職員が，私利を図るために汚職し，前 2 項の罪を犯したときは，第 1 項の規定により重く処罰する。

（1997・刑法）

第 168 条　国有会社又は国有企業の直接責任を負う主管人員が，私利を図るために汚職し，国有会社又は国有企業に破産又は欠損を生じさせ，国家の利益に重大な損失を与えたときは，3 年以下の有期懲役又は拘役に処する。

（2023・改正十二）

第 169 条【会社・企業資産不正換算売却罪】　① 国有会社若しくは国有企業又はその上級管理部門の直接責任を負う主管人員が，私利を図るために汚職し，国有資産を低価格で株式に転換し又は低価格で売却し，国家の利益に重大な損失を与えたときは，3 年以下の有期懲役又は拘役に処する。国家の利益に特に重大な損失を与えたときは，3 年以上 7 年以下の有期懲役に処する。

　② その他の会社又は企業の直接責任を負う主管人員が，私利を図るために汚職し，会社又は企業の資産を低価格で株式に転換し又は低価格で売却し，会社又企業の利益に重大な損害を生じさせたとき，前項と同様に処罰する。

　＊この条文の第 2 項は，2023 年の改正法十二により追加された。

（1997・刑法）

133

第二部　中国現行刑法の全訳 —— 第 12 次改正まで

第 169 条【国有資産不正換算売却罪】　国有会社若しくは国有企業又はその上級管理部門の直接責任を負う主管人員が，私利を図るために汚職し，国有資産を低価格で株式に転換し又は低価格で売却し，国家の利益に重大な損失を与えたときは，3 年以下の有期懲役又は拘役に処する。国家の利益に特に重大な損失を与えたときは，3 年以上 7 年以下の有期懲役に処する。

（2006・改正六）

第 169 条の 1【背任による上場会社利益損害罪】　① 上場会社の理事，監事又は高級管理者が，会社への忠実義務に背き，職務上の有利な立場を利用し，上場会社を操縦して次に掲げる行為のいずれかを行い，上場会社の利益に重大な損失を与えたときは，3 年以下の有期懲役又は拘役に処し，罰金を併科し又は単科する。上場会社の利益に極めて重大な被害を生じさせたときは，3 年以上 7 年以下の有期懲役に処し，罰金を併科する。

　(1) 資金，商品，サービス又はその他の資産を他の組織体又は個人に無償で供与する行為。

　(2) 資金，商品，サービス又はその他の資産を明らかに不公平な条件で供与したこと。

　(3) 明らかに弁済能力を備えていない組織体又は個人に資金，商品，サービス又はその他の資産を供与する行為。

　(4) 明らかに弁済能力を備えていない組織体若しくは個人の保証人になり又は正当な理由がないのにその他の組織体若しくは個人の保証人になる行為。

　(5) 正当な理由がないのに債権を放棄し又は債務を引き受ける行為。

　(6) その他の方法を用いて上場会社の利益に損失を与える行為。

　② 上場会社の筆頭株主又は実際の株支配者が，上場会社の理事，監事又は高級管理者に前項の行為を行わせたときも，前項と同様とする。

　③ 前項の罪を犯した上場会社の筆頭株主又は実際の株支配者が組織体であるときは，組織体に対して罰金を科するほか，その直接責任を負う主管者及びその他の直接責任者については，第 1 項と同様に処罰する。

　＊この条文は，2006 年の改正法六より追加。

第 4 節　金融管理秩序を破壊する罪

（2015・改正九）

第 170 条【通貨偽造罪】　通貨を偽造した者は，3 年以上 10 年以下の有期懲役に処し，罰金を併科する。次にあげるいずれかの事情があるときは，10 年以上の有期懲役，無期懲役に処し，罰金又は財産の没収を併科する。

　(1) 通貨偽造集団の首謀者であること。

　(2) 通貨偽造の数額が極めて大きいこと。

　(3) その他の特に重い情状があること。

（1997・刑法）

第 170 条　通貨を偽造した者は，3 年以上 10 年以下の有期懲役に処し，5 万元以上 50 万元以下の罰金を併科する。次に掲げるいずれかの事情があるときは，10 年以上の有期懲役，無期懲役又は死刑に処し，5 万元以上 50 万元以下の罰金又は財産の没収を併科する。

　(1) 通貨偽造集団の首謀者であること。

第2編　各　則／第3章　社会主義市場経済の秩序を破壊する罪

　　(2) 通貨偽造の金額が極めて大きいこと。
　　(3) その他特に重い情状があること。

第171条【偽造通貨販売購入運搬罪，金融職員偽造通貨購買両替罪】　① 偽造された通貨を
販売若しくは購入し又は偽造された通貨であることを知りながらこれを運搬した者は，そ
の金額が比較的大きいときは，3年以下の有期懲役又は拘役に処し，2万元以上20万元以
下の罰金を併科する。その額が非常に大きいときは，3年以上10年以下の有期懲役に処
し，5万元以上50万元以下の罰金を併科する。その額が極めて大きいときは，10年以上
の有期懲役又は無期懲役に処し，5万元以上50万元以下の罰金又は財産の没収を併科す
る。
　　② 銀行又はその他の金融機関の職員が，偽造された通貨を購入し又は職務上の有利な
立場を利用して偽造された通貨を本物の通貨と入れ替えたときは，3年以上10年以下の
有期懲役に処し，2万元以上20万元以下の罰金を併科する。金額が非常に大きいとき又
はその他の重い情状があるときは，10年以上の有期懲役又は無期懲役に処し，2万元以上
20万元以下の罰金又は財産の没収を併科する。情状が比較的軽いときは，3年以下の有期
懲役又は拘役に処し，1万元以上10万元以下の罰金を併科し又は単科する。
　　③ 通貨を偽造し，かつ偽造された通貨を販売し又は運搬した者は，この法律の第170
条により罪を認定し，重く処罰する。

第172条【偽造通貨所持使用罪】　偽造された通貨であることを知りながらこれを所持又は
使用した者は，その金額が比較的大きいときは，3年以下の有期懲役又は拘役に処し，1
万元以上10万元以下の罰金を併科し又は単科する。その額が非常に大きいときは，3年
以上10年以下の有期懲役に処し，2万元以上20万元以下の罰金を併科する。その額が極
めて大きいときは，10年以上の有期懲役に処し，5万元以上50万元以下の罰金又は財産
の没収を併科する。

第173条【通貨変造罪】　通貨を変造した者は，その金額が比較的大きいときは，3年以下
の有期懲役又は拘役に処し，1万元以上10万元以下の罰金を併科し又は単科する。その
額が非常に大きいときは，3年以上10年以下の有期懲役に処し，2万元以上20万元以下
の罰金を併科する。

(1999・改正一)

第174条【金融機関不法設立罪，金融営業許可書・許可文書偽造変造譲渡罪】　① 国家の主
管部門の許可を得ずに，商業銀行，証券取引所，先物取引所，証券会社，先物会社，保険
会社又はその他の金融機関を設立した者は，3年以下の有期懲役又は拘役に処し，2万元
以上20万元以下の罰金を併科し又は単科する。情状が重いときは，3年以上10年以下の
有期懲役に処し，5万元以上50万元以下の罰金を併科する。
　　② 商業銀行，証券取引所，先物取引所，証券会社，先物会社，保険会社又はその他の
金融機関の経営許可書又は許可文書を偽造し，変造し又は譲渡した者についても，前項と
同様とする。
　　③ 組織体が前2項の罪を犯したときは，組織体に対して罰金を科するほか，その直接
責任を負う主管人員及びその他の直接責任者も，第1項と同様に処罰する。

——————————————————————
(1997・刑法)

135

第二部　中国現行刑法の全訳 —— 第 12 次改正まで

第 174 条　① 中国人民銀行の許可を得ずに，商業銀行又はその他の金融機関を無断で設立した者は，3 年以下の有期懲役又は拘役に処し，2 万元以上 20 万元以下の罰金を併科し又は単科する。情状が重いときは，3 年以上 10 年以下の有期懲役に処し，5 万元以上 50 万元以下の罰金を併科する。

　　② 商業銀行又はその他の金融機関の経営許可書を偽造し，変造し又は譲渡した者についても，前項と同様とする。

　　③ 組織体が前 2 項の罪を犯したときは，組織体に対して罰金を科するほか，その直接責任を負う主管人員及びその他の直接責任者も，第 1 項と同様に処罰する。

第 175 条【高利転貸罪】　① 利益を図る目的で，金融機関の融資を不正に獲得して，それを高利で他人に貸し出した者は，その不法収益の金額が比較的大きいときは，3 年以下の有期懲役又は拘役に処し，不法収益の 1 倍以上 5 倍以下の罰金を併科する。その額が非常に大きいときは，3 年以上 7 年以下の有期懲役に処し，不法収益の 1 倍以上 5 倍以下の罰金を併科する。

　　② 組織体が前項の罪を犯したときは，組織体に対して罰金を科するほか，その直接責任を負う主管人員及びその他の直接責任者についても，3 年以下の有期懲役又は拘役に処する。

（2020・改正十一）
第 175 条の 1【貸付金手形信用書金融保証書騙取罪】　① 詐欺の手段により銀行又はその他の金融機関から，貸付金，手形引受，信用書，保証書その他の物を取得した者が，銀行又はその他の金融機関に重大な損失を与えたときは，3 年以下の有期懲役又は拘役に処し，罰金を併科し又は単科する。銀行又はその他の金融機関に特に重大な損失を与えたとき又はその他の特に重い情状があるときは，3 年以上 7 年以下の有期懲役に処し，罰金を併科する。

　　② 組織体が前項の罪を犯したときは，組織体に対して罰金を科するほか，その責任を負う主管人員及びその他の直接責任者も，前項と同様に処罰する。

（2006・改正六）
第 175 条の 1【貸付金手形信用書金融保証書騙取罪】　① 詐欺の手段により銀行又はその他の金融機関から，貸付金，手形引受，信用書，保証書その他のものを取得した者が，銀行又はその他の金融機関に重大な損失を与えたとき又はその他の重い情状があるときは，3 年以下の有期懲役又は拘役に処し，罰金を併科し又は単科する。銀行又はその他の金融機関に特に重大な損失を与えたとき又はその他の特に重い情状があるときは，3 年以上 7 年以下の有期懲役に処し，罰金を併科する。

　　② 組織体が前項の罪を犯したときは，組織体に対して罰金を科するほか，その責任を負う主管人員及びその他の直接責任者も，前項と同様に処罰する。

　　＊この条文は，2006 年の改正法六より追加。

（2020・改正十一）
第 176 条【公衆預金不法集金罪】　① 公衆の預金を不法に又はそれに準ずる方法を用いて集金し，金融の秩序を妨害した者は，3 年以下の有期懲役又は拘役に処し，罰金を併科し又は単科する。金額が非常に大きいとき又はその他の重い情状があるときは，3 年以上 10 年以下の有期懲役に処し，罰金を併科する。金額が極めて大きいとき又はその他の特に重

い情状があるときは，10年以上の有期懲役に処し，罰金を併科する。

　②　組織体が前項の罪を犯したときは，組織体に対して罰金を科するほか，その直接責任を負う主管人員及びその他の直接責任者も，前項と同様に処罰する。

　③　前2項の行為を行い，公訴を提起される前に積極的に贓物を返還し，賠償し，損害結果を減少させたときは，その刑を軽くし又は減軽することができる。

　＊この条文の第3項は，2020年の改正法十一により追加された。

（1997・刑法）

第176条【公衆預金不法集金罪】　①　公衆の預金を不法に又はそれに準ずる方法を用いて集め，金融の秩序を妨害した者は，3年以下の有期懲役又は拘役に処し，2万元以上20万元以下の罰金を併科し又は単科する。金額が非常に大きいとき又はその他の重い情状があるときは，3年以上10年以下の有期懲役に処し，5万元以上50万元以下の罰金を併科する。

　②　組織体が前項の罪を犯したときは，組織体に対して罰金を科するほか，その直接責任を負う主管人員及びその他の直接責任者も，前項と同様に処罰する。

第177条【金融証券偽造変造罪】　①　次に掲げる事情のいずれかにより，金融証書を偽造し又は変造した者は，5年以下の有期懲役又は拘役に処し，2万元以上20万元以下の罰金を併科し又は単科する。情状が重いときは，5年以上10年以下の有期懲役に処し，5万元以上50万元以下の罰金を併科する。その情状が特に重いときは，10年以上の有期懲役又は無期懲役に処し，5万元以上50万元以下の罰金又は財産の没収を併科する。

　(1)　為替手形，約束手形又は小切手を偽造し又は変造したこと。

　(2)　決済委託証書，為替証書，銀行預金通帳その他の銀行決済証書を偽造し又は変造したこと。

　(3)　信用証書又は附属証書若しくは文書を偽造し又は変造したこと。

　(4)　クレジットカードを偽造したこと。

　②　組織体が前項の罪を犯したときは，組織体に対して罰金を科するほか，その直接責任を負う主管人員及びその他の直接責任者も，前項と同様に処罰する。

（2005・改正五）

第177条の1【クレジットカード管理妨害罪，クレジットカード情報窃取買付不法提供罪】

①　次に掲げる事情のいずれかにより，クレジットカードの管理を妨害した者は，3年以下の有期懲役又は拘役に処し，1万元以上10万元以下の罰金を併科し又は単科する。数が非常に多いとき又はその他の重い情状があるときは，3年以上10年以下の有期懲役に処し，2万元以上20万元以下の罰金を併科する。

　(1)　偽造のクレジットカードであることを知りながらこれを所持し若しくは運搬し又は偽造の空白のクレジットカード[20]であることを知りながらこれを所持し若しくは運搬し，その数が比較的多いこと。

　(2)　他人のクレジットカードを不法に所持し，その数が比較的多いこと。

　(3)　虚偽の身分証明書を用いてクレジットカードを不正に取得したこと。

　(4)　偽造された又は虚偽の身分証明書を用いて取得されたクレジットカードを販売し，

20　磁気情報を含まないクレジットカードをいう。

第二部　中国現行刑法の全訳 —— 第 12 次改正まで

購入し又は他人に提供したこと。

　　② 他人のクレジットカードの情報を窃取し，買い集め又は他人に不法に提供した者についても，前項と同様とする。

　　③ 銀行又はその他の金融機関の職員が，職務上の有利な立場を利用して，第 2 項の罪を犯したときは，重く処罰する。

　　＊この条文は，2005 年の改正法五より追加。

第 178 条【国家の有価証券偽造変造罪，株式社債偽造変造罪】 ① 国債又はその他の国家が発行した有価証券を偽造し又は変造した者は，その金額が比較的大きいときは，3 年以下の有期懲役又は拘役に処し，2 万元以上 20 万元以下の罰金を併科し又は単科する。その額が非常に大きいときは，3 年以上 10 年以下の有期懲役に処し，5 万元以上 50 万元以下の罰金を併科する。その額が極めて大きいときは，10 年以上の有期懲役又は無期懲役に処し，5 万元以上 50 万元以下の罰金又は財産の没収を併科する。

　　② 株式又は社債を偽造し又は変造した者は，その金額が比較的大きいときは，3 年以下の有期懲役又は拘役に処し，1 万元以上 10 万元以下の罰金を併科し又は単科する。その額が非常に大きいときは，3 年以上 10 年以下の有期懲役に処し，2 万元以上 20 万元以下の罰金を併科する。

　　③ 組織体が前 2 項の罪を犯したときは，組織体に対して罰金を科するほか，その直接責任を負う主管人員及びその他の直接責任者も，前 2 項と同様に処罰する。

第 179 条【株式社債無断発行罪】 ① 国家の関係主管部門の許可を得ずに，株式又は社債を無断で発行した者は，その額が非常に大きいとき，結果が重いとき又はその他の重い情状があるときは，5 年以下の有期懲役又は拘役に処し，不法集金額の 1% 以上 5% 以下の罰金を併科し又は単科する。

　　② 組織体が前項の罪を犯したときは，組織体に対して罰金を科するほか，その直接責任を負う主管人員及びその他の直接責任者についても，5 年以下の有期懲役又は拘役に処する。

（2009・改正七）

第 180 条【インサイダー取引罪，内部情報漏洩罪，内部情報利用取引罪】 ① 証券若しくは先物取引の内部情報を知る者又は証券若しくは先物取引の内部情報を不法に取得した者が，証券の発行，証券若しくは先物の取引又は証券若しくは先物の取引価格に重大な影響を与える情報が公開される前に，当該情報が関わる証券を購入し若しくは売り出し，関係する先物の取引を行い，当該情報を漏洩し又は明示的若しくは暗示的に他人にこれらの取引を行わせ，情状が重いときは，5 年以下の有期懲役又は拘役に処し，不法収益の 1 倍以上 5 倍以下の罰金を併科し又は単科する。情状が特に重いときは，5 年以上 10 以下の有期懲役に処し，不法収益の 1 倍以上 5 倍以下の罰金を併科する。

　　② 組織体が前項の罪を犯したときは，組織体に対して罰金を科するほか，その直接責任を負う主管人員及びその他の直接責任者についても，5 年以下の有期懲役又は拘役に処する。

　　③ 内部情報又は内部情報を知る者の範囲は，法律又は行政法規によりこれを定める。

　　④ 証券取引所，先物取引所，証券会社，先物会社，基金管理会社，商業銀行，保険会

第2編　各　則／第3章　社会主義市場経済の秩序を破壊する罪

社その他の金融機関の職員，又は関係監視部門若しくは職業協会の職員が，職務上の有利な立場を利用して内部情報を除く未公開情報を取得して，規定に違反して当該情報が関わる証券若しくは先物の取引を行い又は明示的若しくは暗示的に他人にこれらの取引を行わせ，情状が重いときも，第1項と同様とする。

（1999・改正一）

第180条　①証券若しくは先物取引の内部情報を知る者又は証券若しくは先物取引の内部情報を不法に取得した者が，証券の発行，証券若しくは先物の取引又は証券若しくは先物の取引価格に重大な影響を与える情報が公開される前に，当該情報が関わる証券の購入，売出し，若しくは先物取引を行い又は当該情報を漏洩し，情状が重いときは，5年以下の有期懲役又は拘役に処し，不法収益の1倍以上5倍以下の罰金を併科し又は単科する。情状が特に重いときは，5年以上10以下の有期懲役に処し，不法収益の1倍以上5倍以下の罰金を併科する。

②組織体が前項の罪を犯したときは，組織体に対して罰金を科するほか，その直接責任を負う主管人員及びその他の直接責任者についても，5年以下の有期懲役又は拘役に処する。

③内部情報の範囲は，法律又は行政法規によりこれを定める。

④内部情報を知る者の範囲は，法律又は行政法規の規定によりこれを定める。

（1997・刑法）

第180条　①証券取引の内部情報を知る者又は証券取引の内部情報を不法に取得した者が，証券の発行，取引又はその他の証券価格に重大な影響を与える情報が公開される前に，当該証券を購入し若しくは売り出し又は当該情報を漏洩し，情状が重いときは，5年以下の有期懲役又は拘役に処し，不法収益の1倍以上5倍以下の罰金を併科し又は単科する。情状が特に重いときは，5年以上10年以下の有期懲役に処し，不法収益の1倍以上5倍以下の罰金を併科する。

②組織体が前項の罪を犯したときは，組織体に対して罰金を科するほか，その直接責任を負う主管人員及びその他の直接責任者についても，5年以下の有期懲役又は拘役に処する。

③内部情報の範囲は，法律又は行政法規の規定によりこれを定める。

④内部情報を知る者の範囲は，法律又は行政法規の規定によりこれを定める。

（1999・改正一）

第181条【証券先物虚偽情報捏造伝播罪，証券先物取引勧誘罪】　①証券又は先物の取引に影響を与える虚偽の情報を捏造し，かつ伝播し，証券又は先物の取引市場を妨害し，重い結果を生じさせた者は，5年以下の有期懲役又は拘役に処し，1万元以上10万元以下の罰金を併科し又は単科する。

②証券取引所，先物取引所，証券会社若しくは先物会社の職員又は証券協会若しくは証券管理部門の職員が，虚偽の情報を故意に提供し又は取引の記録を偽造し，変造し若しくは廃棄し，投資者を誘惑して証券若しくは先物を売買させ，重い結果を生じさせたときは，5年以下の有期懲役又は拘役に処し，1万元以上10万元以下の罰金を併科し又は単科する。その情状が特に悪質なときは，5年以上10年以下の有期懲役に処し，2万元以上20万元以下の罰金を併科する。

③組織体が前2項の罪を犯したときは，組織体に対して罰金を科するほか，その責任を負う主管人員及びその他の直接責任者についても，5年以下の有期懲役又は拘役に処する。

139

第二部　中国現行刑法の全訳 —— 第12次改正まで

（1997・刑法）

第181条　①証券取引に影響を与える虚偽の情報を捏造し，かつこれを伝播し，証券取引市場を妨害し，重い結果を生じさせた者は，5年以下の有期懲役又は拘役に処し，1万元以上10万元以下の罰金を併科し又は単科する。

②証券取引所若しくは証券会社の職員，又は証券協会若しくは証券管理部門の職員が，虚偽の情報を故意に提供し又は取引の記録を偽造し，変造し若しくは廃棄し，投資者を誘惑して証券を売買させ，重い結果を生じさせたときは，5年以下の有期懲役又は拘役に処し，1万元以上10万元以下の罰金を併科し又は単科する。その情状が特に悪質なときは，5年以上10年以下の有期懲役に処し，2万元以上20万元以下の罰金を併科する。

③組織体が前項の罪を犯したときは，組織体に対して罰金を科するほか，その直接責任を負う主管人員及びその他の直接責任者についても，5年以下の有期懲役又は拘役に処する。

（2020・改正十一）

第182条【証券先物市場操縦罪】　①次に掲げる事情のいずれかにより，証券若しくは先物市場を操縦し又は，証券若しくは先物の取引価格若しくは取引量に影響を与えた者は，情状が重いときは，5年以下の有期懲役又は拘役に処し，罰金を併科し又は単科する。情状が特に重いときは，5年以上10年以下の有期懲役に処し，罰金を併科する。

(1) 単独で又は他人と共謀して，優位な資金，株若しくは先物契約又は情報の優位を利用し，連携して又は連続して売買したこと。

(2) 他人と通謀して，事前に約束した時間，価格又は方法で，証券又は先物を相互に取り引きしたこと。

(3) 自己が実際に管理している口座の間で証券の取引を行い又は自己を取引の対象として先物契約を売買したこと。

(4) 取引の成功を目的とせず，証券又は先物を購入し，販売する契約を頻繁に又は大量に申し込み，それを取り消したこと。

(5) 虚偽又は不確定の重大な情報を利用し，投資者を誘惑して証券又は先物を取り引きしたこと。

(6) 証券，証券発行者又は先物取引を公に評価し，予測し又は投資を勧めながら，反向証券又は先物を取り引きしたこと。

(7) その他の方法を用いて証券又は先物市場を操縦したこと。

②組織体が前項の罪を犯したときは，組織体に対して罰金を科するほか，その責任を負う主管人員及びその他の直接責任者も，前項と同様に処罰する。

＊この条文の第1項の第4，5，6款は，2020年の改正法十一により追加された。

（2006・改正六）

第182条【証券先物市場操縦罪】　①次に掲げる事情のいずれかにより，証券又は先物市場を操縦した者は，情状が重いときは，5年以下の有期懲役又は拘役に処し，罰金を併科し又は単科する。情状が特に重いときは，5年以上10年以下の有期懲役に処し，罰金を併科する。

(1) 単独で又は他人と共謀して，優位な資金，株若しくは先物契約又は情報の優位を利用し，連携して又は連続して売買することにより，証券又は先物の取引価格又は取引量を操縦したこと。

(2) 他人と通謀して，事前に約束した時間，価格又は方法で，証券又は先物を相互に取引することにより，証券又は先物の取引価格又は取引量に影響を与えたこと。

第2編　各　則／第3章　社会主義市場経済の秩序を破壊する罪

(3) 自己が実際に管理している口座の間で証券の取引を行い又は自己を取引の対象として先物契約を売買して，証券又は先物の取引価格又は取引量に影響を与えたこと。

(4) その他の方法を用いて証券又は先物市場を操縦したこと。

② 組織体が前項の罪を犯したときは，組織体に対して罰金を科するほか，その責任を負う主管人員及びその他の直接責任者も，前項と同様に処罰する。

(1999・改正一)

第182条　① 次に掲げる事情のいずれかにより，証券若しくは先物の取引価格を操縦して，不当な利益を取得し又はリスクを転嫁した者が，情状が重いときは，5年以下の有期懲役又は拘役に処し，不法収益の1倍以上5倍以下の罰金を併科し又は単科する。

(1) 単独で又は他人と共謀して，資金，株式若しくは先物の保持量の優位を強化し又は情報の優位を利用し，連携又は連続して売買することにより，証券又は先物の価格を操縦したこと。

(2) 他人と共謀して，事前に約束した時間，価格若しくは方法で，証券若しくは先物を相互に取引し又は実際に保有していない証券を相互に売買し，証券又は先物の取引価格又はその出来高に影響を与えたこと。

(3) 自己を取引の対象として証券の所有権を移転しないで自己売買を行い又は自己を取引の対象として先物契約を自己売買して，証券又は先物の取引価格又はその出来高に影響を与えたこと。

(4) その他の方法を用いて証券若しくは先物の取引の価格を操縦したこと。

② 組織体が前項の罪を犯したときは，組織体に対して罰金を科するほか，その責任を負う主管人員及びその他の直接責任者についても，5年以下の有期懲役又は拘役に処する。

(1997・刑法)

第182条　① 次に掲げる行為のいずれかにより，証券取引価格を操縦して，不当な利益を取得し又はリスクを転嫁した者は，情状が重いときは，5年以下の有期懲役又は拘役に処し，不法収益の1倍以上5倍以下の罰金を併科し又は単科する。

(1) 単独で又は他人と通謀して，資金若しくは株式を集中させ又は情報を操作し，連携又は連続して売買することにより，証券取引価格を操縦する行為。

(2) 他人と通謀して，事前で約束した時間，価格又は方法で，証券を相互に取り引きし又は保有していない証券を相互に売買することにより，証券取引の価格又はその出来高に影響を与える行為。

(3) 自己を取引の対象として証券の所有権を移転しないで自己売買を行い，証券取引の価格又はその出来高に影響を与える行為。

(4) その他の方法を用いて証券取引の価格を操縦する行為。

② 組織体が前項の罪を犯したときは，組織体に対して罰金を科するほか，その直接責任を負う主管人員及びその他の直接責任者についても，5年以下の有期懲役又は拘役に処する。

第183条【職務横領罪，汚職罪】　① 保険会社の職員が，職務上の有利な立場を利用して，発生していない保険事故を故意に捏造し，虚偽の賠償処理を行うことによって，保険金を騙取し，着服したときは，この法律の第271条の規定により罪を認定し，処罰する。

② 国有保険会社の職員又は国有保険会社から非国有保険会社に派遣されて公務に従事する職員が，前項の行為を行ったときは，この法律の第382条又は第383条の規定により罪を認定し，処罰する。

第184条【非公務員収賄罪】　① 銀行又はその他の金融機関の職員が，金融の業務におい

141

第二部　中国現行刑法の全訳 —— 第 12 次改正まで

て，他人の財物を要求し若しくは収受して他人の利益を図ったとき又は国家の規定に違反し，各種の名目で割戻金若しくは手数料を収受して着服したときは，この法律の第 163 条の規定により罪を認定し，処罰する。

　②国有金融機関の職員又は国有金融機関から非国有金融機関に派遣されて公務に従事する職員が，前項の行為を行ったときは，この法律の第 385 条又は第 386 条の規定により罪を認定し，処罰する。

（1999・改正一）

第 185 条【資金流用罪，公的資金流用罪】　①商業銀行，証券取引所，先物取引所，証券会社，先物会社，保険会社又はその他の金融機関の職員が，職務上の有利な立場を利用して，当該組織体又は顧客の資金を流用したときは，この法律の第 272 条の規定により罪を認定し，処罰する。

　②国有の商業銀行，証券取引所，先物取引所，証券会社，先物会社，保険会社又はその他の国有の金融機関の職員又は国有の商業銀行，証券取引所，先物取引所，証券会社，先物会社，保険会社又はその他の国有の金融機関から前項の非国有機関に派遣されて公務に従事する職員が，前項の行為を行ったときは，この法律の第 384 条に規定により罪を認定し，処罰する。

（1997・刑法）

第 185 条　①銀行又はその他の金融機関の職員が，職務上の有利な立場を利用し，当該組織体又は顧客の資金を流用したときは，この法律の第 272 条の規定により罪を認定し，処罰する。

　②国有金融機関の職員又は国有金融機関から非国有金融機関に派遣されて公務に従事する職員が，前項の行為を行ったときは，この法律の第 384 条の規定により罪を認定し，処罰する。

（2006・改正六）

第 185 条の 1【信託財産無断運用罪，資金違法運用罪】　①商業銀行，証券取引所，先物取引所，証券会社，先物会社，保険会社又はその他の金融機関が，受けた委託に違反して，顧客の資金又はその他の信託財産を無断で運用し，情状が重いときは，組織体に対して罰金を科するほか，その責任を負う主管人員及びその他の直接責任者についても，3 年以下の有期懲役又は拘役に処し，3 万元以上 30 万元以下の罰金を併科する。情状が特に重いときは，3 年以上 10 年以下の有期懲役に処し，5 万元以上 50 万元以下の罰金を併科する。

　②社会保障基金管理，住宅公共積立金管理その他の公衆資金管理又は保険会社，保険資産管理会社若しくは証券投資基金管理会社が，国家の規定に違反して資金を運用したときは，その責任を負う主管人員及びその他の直接責任者は，前項と同様に処罰する。

　　＊この条文は，2006 年の改正法六より追加。

（2006・改正六）

第 186 条【不法融資罪，対関係者不法融資罪】　①銀行又はその他の金融機関の職員が，国家の規定に違反して融資を行い，金額が非常に大きいとき又は重大な損失を与えたときは，5 年以下の有期懲役又は拘役に処し，1 万元以上 10 万元以下の罰金を併科する。金額が極めて大きいとき又はその他の特に重大な損失を与えたときは，5 年以上の有期懲役に処し，2 万元以上 20 万元以下の罰金を併科する。

　②銀行又はその他の金融機関の職員が，国家の規定に違反して関係者に融資を行った

142

第2編　各　則／第3章　社会主義市場経済の秩序を破壊する罪

ときは，前項により重く処罰する。

③ 組織体が前項の罪を犯したときは，組織体に対して罰金を科するほか，その直接責任を負う主管人員及びその他の直接責任者も，前2項と同様に処罰する。

④ 関係人の範囲は，「中華人民共和国商業銀行法」及び関係する金融法規によりこれを定める。

（1997・刑法）

第186条 ① 銀行又はその他の金融機関の職員が，法律又は行政法規の規定に違反して，関係者に融資を行い又は担保融資の条件において，同種の融資を受ける他人より関係者を優遇し，比較的重大な損失を与えたときは，5年以下の有期懲役又は拘役に処し，1万元以上10万元以下の罰金を併科する。重大な損失を与えたときは，5年以上の有期懲役に処し，2万元以上20万元以下の罰金を併科する。

② 銀行又はその他の金融機関の職員が，法律又は行政法規の規定に違反し，関係者以外の者に融資を行い，重大な損失を与えたときは，5年以下の有期懲役又は拘役に処し，1万元以上10万元以下の罰金を併科する。特に重大な損失を与えたときは，5年以上の有期懲役に処し，2万元以上20万元以下の罰金を併科する。

③ 組織体が前項の罪を犯したときは，組織体に対して罰金を科するほか，その直接責任を負う主管人員及びその他の直接責任者も，前2項と同様に処罰する。

④ 関係人の範囲は，中華人民共和国商業銀行法及び関係する金融法規によりこれを定める。

（2006・改正六）

第187条【収集資金不記帳罪】 ① 銀行又はその他の金融機関の職員が，顧客の資金を預かったのにこれを記帳せず，金額が非常に大きいとき又は重大な損失を与えたときは，5年以下の有期懲役又は拘役に処し，2万元以上20万元以下の罰金を併科する。金額が極めて大きいとき又は特に重大な損失を与えたときは，5年以上の有期懲役に処し，5万元以上50万元以下の罰金を併科する。

② 組織体が前項の罪を犯したときは，組織体に対して罰金を科するほか，その直接責任を負う主管人員及びその他の直接責任者も，前項と同様に処罰する。

（1997・刑法）

第187条 ① 銀行又はその他の金融機関の職員が，営利の目的で，顧客の資金を預かったのにこれを帳簿に記入しないことによって，その資金を不法に分散して貸し出し又は融資を行い，重大な損失を与えたときは，5年以下の有期懲役又は拘役に処し，2万元以上20万元以下の罰金を併科する。特に重大な損失を与えたときは，5年以上懲役に処し，5万元以上50万元以下の罰金を併科する。

② 組織体が前項の罪を犯したときは，組織体に対して罰金を科するほか，その直接責任を負う主管人員及びその他の直接責任者も，前項と同様に処罰する。

（2006・改正六）

第188条【金融証書不法発行罪】 ① 銀行又はその他の金融機関の職員が，規定に違反して他人に信用証書又はその他の信用保証証書，手形，預金証書若しくは資産証明書を発行し，情状が重いときは，5年以下の有期懲役又は拘役に処する。情状が特に重いときは，5年以上の有期懲役に処する。

② 組織体が前項の罪を犯したときは，組織体に対して罰金を科するほか，その直接責

143

第二部　中国現行刑法の全訳 ── 第 12 次改正まで

任を負う主管人員及びその他の直接責任者も，前項と同様に処罰する。

──────────────
（1997・刑法）
第 188 条　① 銀行又はその他の金融機関の職員が，規定に違反して他人に信用証書又はその他の信用保証書，手形，預金証書若しくは資産信用証明を発行し，比較的重大な損失を与えたときは，5 年以下の有期懲役又は拘役に処する。重大な損失を与えたときは，5 年以上の有期懲役に処する。

②組織体が前項の罪を犯したときは，組織体に対して罰金を科するほか，その直接責任を負う主管人員及びその他の直接責任者も，前項と同様に処罰する。

第 189 条【不法手形引受支払保証罪】　① 銀行又はその他の金融機関の職員が，手形の業務において，手形法の規定に違反する手形に関して引き受けをし，支払いをし又は手形保証をし，重大な損失を与えたときは，5 年以下の有期懲役又は拘役に処し，特に重大な損失を与えたときは，5 年以上の有期懲役に処する。

② 組織体が前項の罪を犯したときは，組織体に対して罰金を科するほか，その直接責任を負う主管人員及びその他の直接責任者も，前項と同様に処罰する。

（1998 年・外国為替に関する決定）
第 190 条【外国為替逃避罪】　会社，企業又はその他の組織体が，国家の規定に違反して外貨を国外に預金し又は国内の外国為替を不法に国外に移転し，その額が比較的大きいときは，組織体に対して免れた外国為替額の 5％以上 30％以下の罰金を科するほか，その責任を負う主管人員及びその他の直接責任者についても，5 年以下の有期懲役又は拘役に処する。その額が非常に大きいとき又はその他の重い情状があったときは，組織体に対して逃避した外国為替額の 5％以上 30％以下の罰金を科するほか，その直接責任を負う主管人員及びその他の直接責任者についても，5 年以上の有期懲役に処する。

──────────────
（1997・刑法）
第 190 条　国有会社，国有企業又はその他の国有組織体が，国家の規定に違反して無断で外国為替を境外に預金し又は境内の外国為替を不法に境外に移転し，情状が重いときは，組織体に対して罰金を科するほか，その直接責任を負う主管人員及びその他の直接責任者についても，5 年以下の有期懲役又は拘役に処する。

（2020・改正十一）
第 191 条【マネー・ロンダリング罪】　① 薬物犯罪，闇社会的な組織犯罪，テロ犯罪，密輸犯罪，横領賄賂犯罪，金融管理秩序を破壊する犯罪又は金融詐欺犯罪から得た不法収益若しくはそれに由来する果実を隠避するため又はその性質を仮装し若しくは隠匿するために，次に掲げる行為のいずれかの行為を行った者は，その犯罪による不法収益及びその果実を没収し，5 年以下の有期懲役又は拘役に処し，罰金を併科し又は単科する。情状が重いときは，5 年以上 10 年以下の有期懲役に処し，罰金を併科する。

　⑴ 資金の預金口座を提供したこと。

　⑵ 財産を現金，金融手形又は有価証券に交換したこと。

　⑶ 振込み又はその他の決済方法を通じて資金を移転したこと。

　⑷ 資産を境外に転移したこと。

144

第2編　各　則／第3章　社会主義市場経済の秩序を破壊する罪

(5) その他の方法を用いて犯罪による不法収益又はその果実の性質若しくは由来を仮装し又は隠匿したこと。

② 組織体が前項の罪を犯したときは，組織体に対して罰金を科するほか，その直接責任を負う主管人員及びその他の直接責任者についても，前項と同様に処する。

（2006・改正六）

第191条【マネー・ロンダリング罪】 ① 薬物犯罪，黒社会的な組織犯罪，テロ犯罪，密輸犯罪，横領賄賂犯罪，金融管理秩序を破壊する犯罪又は金融詐欺犯罪から得た不法な収益又はその果実であることを知りながら，その由来又は性質を仮装し又は隠匿するために，次に掲げる行為のいずれかの行為を行った者は，その犯罪による不法な収益及びその果実を没収し，5年以下の有期懲役又は拘役に処し，マネー・ロンダリング金額の5%以上20%以下の罰金を併科し又は単科する。情状が重いときは，5年以上10年以下の有期懲役に処し，マネー・ロンダリング金額の5%以上20%以下の罰金を併科する。

(1) 資金の預金口座を提供する行為。

(2) 財産を現金，金融手形又は有価証券に交換することに協力する行為。

(3) 振込み又はその他の決済方法を通じて資金の移転に協力する行為。

(4) 資金を境外に送金することに協力する行為。

(5) その他の方法を用いて犯罪による不法な収益又はその果実の性質又は由来を仮装又は隠匿する行為。

② 組織体が前項の罪を犯したときは，組織体に対して罰金を科するほか，その直接責任を負う主管人員及びその他の直接責任者についても，5年以下の有期懲役又は拘役に処する。情状が重いときは，5年以上10年以下の有期懲役に処する。

（2001・改正三）

第191条 ① 麻薬犯罪，黒社会的な組織犯罪，テロ犯罪又は密輸犯罪から得た不法な収益又はその果実であることを知りながら，その由来又は性質を仮装し又は隠匿するために，次に掲げる行為のいずれかを行った者は，その犯罪による不法な収益及びその果実を没収し，5年以下の有期懲役又は拘役に処し，マネー・ロンダリング金額の5%以上20%以下の罰金を併科し又は単科する。情状が重いときは，5年以上10年以下の有期懲役に処し，マネー・ロンダリング金額の5%以上20%以下の罰金を併科する。

(1) 資金の預金口座を提供する行為。

(2) 財産を現金又は金融手形に交換することに協力する行為。

(3) 振込み又はその他の決済方法を通じて資金の移転に協力する行為。

(4) 資金を境外に送金することに協力する行為。

(5) その他の方法を用いて犯罪による不法な収益又はその果実の性質又は由来を仮装し又は隠匿する行為。

② 組織体が前項の罪を犯したときは，組織体に対して罰金を科するほか，その直接責任を負う主管人員及びその他の直接責任者についても，5年以下の有期懲役又は拘役に処する。情状が重いときは，5年以上10年以下の有期懲役に処する。

（1997・刑法）

第191条 ① 麻薬犯罪，黒社会的な組織犯罪又は密輸犯罪から得た不法な収益又はその果実であることを知りながら，その由来又は性質を仮装し又は隠匿した者が，次に掲げるいずれかの行為を行ったときは，これらの犯罪による不法な収益及びその果実を没収し，5年以下の有期懲

第二部　中国現行刑法の全訳 —— 第 12 次改正まで

役又は拘役に処し，マネー・ロンダリング金額の 5% 以上 20% 以下の罰金を併科し又は単科する。情状が重いときは，5 年以上 10 年以下の有期懲役に処し，マネー・ロンダリング金額の 5% 以上 20% 以下の罰金を併科する。

　(1) 資金の預金口座を提供する行為。

　(2) 財産を現金又は金融証書に交換することに協力する行為。

　(3) 振込み又はその他の決済方式を通じて資金の移転に協力する行為。

　(4) 資金を境外に送金することに協力する行為。

　(5) その他の方法を用いて犯罪による不法な収益又はその果実の性質又は由来を仮装し又は隠匿する行為。

　② 組織体が前項の罪を犯したときは，組織体に対して罰金を科するほか，その直接責任を負う主管人員及びその他の直接責任者についても，5 年以下の有期懲役又は拘役に処する。

第 5 節　金融詐欺の罪

（2020・改正十一）

第 192 条【集金詐欺罪】　① 不法領得の目的で，詐欺的方法を用いて資金を不法に集めた者が，その金額が比較的大きいときは，3 年以上 7 年以下の有期懲役に処し，罰金を併科する。金額が非常に大きいとき又はその他重い情状があるときは，7 年以上の有期懲役又は無期懲役に処し，罰金又は財産の没収を併科する。

　② 組織体が前項の罪を犯したときは，組織体に対して罰金を科するほか，その直接責任を負う主管人員及びその他の直接責任者についても，前項と同様に処する。

　＊この条文の第 2 項は，2020 年の改正法十一により追加された。

（1997・刑法）

第 192 条【集金詐欺罪】　不法領得の目的で，詐欺的方法を用いて資金を不法に集めた者が，その金額が比較的大きいときは，5 年以下の有期懲役又は拘役に処し，2 万元以上 20 万元以下の罰金を併科する。金額が非常に大きいとき又はその他の重い情状があるときは，5 年以上 10 年以下の有期懲役に処し，5 万元以上 50 万元以下の罰金を併科する。金額が極めて大きいとき又はその他の特に重い情状があるときは，10 年以上の有期懲役又は無期懲役に処し，5 万元以上 50 万元以下の罰金又は財産の没収を併科する。

第 193 条【融資詐欺罪】　次に掲げるいずれかの事情により，不法領得の目的で，詐欺的方法により銀行又はその他の金融機関から融資を受けた者が，その金額が比較的大きいときは，5 年以下の有期懲役又は拘役に処し，2 万元以上 20 万元以下の罰金を併科する。金額が非常に大きいとき又はその他の重い情状があるときは，5 年以上 10 年以下の有期懲役に処し，5 万元以上 50 万元以下の罰金を併科する。金額が極めて大きいとき又はその他の特に重い情状があるときは，10 年以上の有期懲役又は無期懲役に処し，5 万元以上 50 万元以下の罰金又は財産の没収を併科する。

　(1) 資金又はプロジェクトの誘致その他の虚偽の理由を捏造したこと。

　(2) 虚偽の経済契約を用いたこと。

　(3) 虚偽の証明書を行使したこと。

　(4) 虚偽の財産権証明書を担保に供し，又は抵当物をその価値を超えて重複的に担保に供したこと。

第2編　各　則／第3章　社会主義市場経済の秩序を破壊する罪

(5) その他の方法により融資金を騙取したこと。

第194条【手形詐欺罪，金融証書詐欺罪】　① 次に掲げるいずれかの事情により，金融証書に関する詐欺行為を行った者が，その金額が比較的大きいときは，5年以下の有期懲役又は拘役に処し，2万元以上20万元以下の罰金を併科する。金額が非常に大きいとき又はその他の重い情状があるときは，5年以上10年以下の有期懲役に処し，5万元以上50万元以下の罰金を併科する。金額が極めて大きいとき又はその他の特に重い情状があるときは，10年以上の有期懲役又は無期懲役に処し，5万元以上50万元以下の罰金又は財産の没収を併科する。

(1) 偽造又は変造された為替手形，約束手形又は小切手であることを知りながらこれを行使したこと。

(2) 無効な為替手形，約束手形又は小切手であることを知りながらこれを行使したこと。

(3) 他人の為替手形，約束手形又は小切手を盗用したこと。

(4) 空手形又は届印と異なる印を押した小切手を発行し，財物を騙取したこと。

(5) 為替手形又は約束手形の発行者が，資金担保のない為替手形若しくは約束手形を発行し又は発行に当たって虚偽の内容を記載し，財物を騙取したこと。

② 偽造又は変造された決済委託会計証書，為替証書，銀行預金証書その他の銀行決済証書を行使したときも，前項と同様とする。

第195条【信用証書詐欺罪】　次に掲げるいずれかの事情により，信用証書に関する詐欺行為を行った者は，5年以下の有期懲役又は拘役に処し，2万元以上20万元以下の罰金を併科する。金額が非常に大きいとき又はその他の重い情状があるときは，5年以上10年以下の有期懲役に処し，5万元以上50万元以下の罰金を併科する。金額が極めて大きいとき又はその他の特に重い情状があるときは，10年以上の有期懲役又は無期懲役に処し，5万元以上50万元以下の罰金又は財産の没収を併科する。

(1) 偽造又は変造された信用証書又はその附属の証書若しくは文書を行使したこと。

(2) 無効な信用証書を行使したこと。

(3) 信用証書を騙取したこと。

(4) その他の方法を用いて信用証書に関する詐欺行為を行ったこと。

（2005・改正五）

第196条【クレジットカード詐欺罪】　① 次に掲げるいずれかの事情により，クレジットカードに関する詐欺行為を行った者が，その金額が比較的大きいときは，5年以下の有期懲役又は拘役に処し，2万元以上20万元以下の罰金を併科する。金額が非常に大きいとき又はその他の重い情状があるときは，5年以上10年以下の有期懲役に処し，5万元以上50万元以下の罰金を併科する。金額が極めて大きいとき又はその他の極めて重い情状があるときは，10年以上の有期懲役又は無期懲役に処し，5万元以上50万元以下の罰金又は財産の没収を併科する。

(1) 偽造した又は虚偽の身分証明書を用いて取得したクレジットカードを行使したこと。

(2) 無効なクレジットカードを行使したこと。

(3) 他人のクレジットカードを盗用したこと。

(4) 悪意的当座貸越しをしたこと。

② 前項の「悪意的当座貸越し」とは，クレジットカード所持者が，不法領得の目的で，

147

第二部　中国現行刑法の全訳 —— 第 12 次改正まで

規定された金額又は期限を超過して当座貸越しをし，かつクレジットカードを発行する銀行の要求を受けたにもかかわらず，なおこれを返還しない行為をいう。

　③ クレジットカードを盗用したときは，この法律の第 264 条の規定により罪を認定し，処罰する。

───────────────

(1997・刑法)
第 196 条　① 次に掲げる事情のいずれかがあり，クレジットカードに関する詐欺行為を行った者が，その金額が比較的大きいときは，5 年以下の有期懲役又は拘役に処し，2 万元以上 20 万元以下の罰金を併科する。金額が非常に大きいとき又はその他の重い情状があるときは，5 年以上 10 年以下の有期懲役に処し，5 万元以上 50 万元以下の罰金を併科する。金額が極めて大きいとき又はその他の特に重い情状があるときは，10 年以上の有期懲役又は無期懲役に処し，5 万元以上 50 万元以下の罰金又は財産の没収を併科する。
　(1) 偽造したクレジットカードを行使したこと。
　(2) 無効なクレジットカードを行使したこと。
　(3) 他人のクレジットカードを盗用したこと。
　(4) 悪意的当座貸越しをしたこと。
　② 前項の「悪意的当座貸越し」とは，クレジットカード所持者が，不法領得の目的で，規定された金額又は期限を超過して当座貸越しをし，かつクレジットカードを発行する銀行の要求を受けたにもかかわらず，なおこれを返還しない行為をいう。
　③ クレジットカードを盗用したときは，この法律の第 264 条の規定により罪を認定し，処罰する。

第 197 条【有価証券詐欺罪】　偽造又は変造された国債又はその他の国家が発行した有価証券を行使して詐欺行為を行った者が，その金額が比較的大きいときは，5 年以下の有期懲役又は拘役に処し，2 万元以上 20 万元以下の罰金を併科する。金額が非常に大きいとき又はその他の重い情状があるときは，5 年以上 10 年以下の有期懲役に処し，5 万元以上 50 万元以下の罰金を併科する。金額が極めて大きいとき又はその他の特に重い情状があるときは，10 年以上の有期懲役又は無期懲役に処し，5 万元以上 50 万元以下の罰金又は財産の没収を併科する。

第 198 条【保険金詐欺罪】　① 次に掲げるいずれかの事情により，保険に関する詐欺行為を行った者が，その金額が比較的大きいときは，5 年以下の有期懲役又は拘役に処し，1 万元以上 10 万元以下の罰金を併科する。その額が非常に大きいとき又はその他の重い情状があるときは，5 年以上 10 年以下の有期懲役に処し，2 万元以上 20 万元以下の罰金を併科する。金額が極めて大きいとき又はその他の特に重い情状があるときは，10 年以上の有期懲役に処し，2 万元以上 20 万元以下の罰金又は財産の没収を併科する。
　(1) 保険契約者が，保険対象を故意に捏造し，保険金を騙取したこと。
　(2) 保険契約者，被保険者又は受取人が，発生した保険事故に関し虚偽の原因を捏造し，又は損失の程度を誇張して，保険金を騙取したこと。
　(3) 保険をかける者，被保険者又は受益者が，発生したことのない保険事故を捏造して保険金を騙取したこと。
　(4) 保険契約者又は被保険者が，財産的損失を伴う保険事故を故意に引き起こして保険金を騙取したこと。

148

第2編　各　則／第3章　社会主義市場経済の秩序を破壊する罪

　（5）保険契約者又は受取人が，故意に被保険者を死亡させ又はその身体に障害若しくは疾病を生じさせ，保険金を騙取したこと。

　②前項第4号又は第5号に規定する行為を行うとともに，その他の犯罪にも該当するときは，併合罪として処罰する。

　③組織体が第1項の罪を犯したときは，組織体に対して罰金を科するほか，その直接責任を負う主管人員及びその他の直接責任者についても，5年以下の有期懲役又は拘役に処する。金額が非常に大きいとき又はその他の重い情状があるときは，5年以上10年以下の有期懲役に処する。金額が極めて大きいとき又はその他の特に重い情状があるときは，10年以上の有期懲役に処する。

　④保険事故の鑑定人，証人又は財産評価人が，虚偽の証明書を故意に提出し，他人の詐欺の条件を提供したときは，保険金詐欺の共犯として論ずる。

（2015・改正九）
第199条【死刑等に当たる金融詐欺罪】　削除

―――――――――――

（2011・改正八）
第199条　本節第192条に規定する罪を犯した者が，その金額が極めて大きく，かつ国家及び国民の利益に特に重大な損失を与えたときは，無期懲役又は死刑に処し，財産の没収を併科する。

―――――――――――

（1997・刑法）
第199条　本節第192条，第194条又は第195条に規定する罪を犯した者が，その額が極めて大きく，かつ国家及び人民の利益に特に重大な損失を与えたときは，無期懲役又は死刑に処し，財産の没収を併科する。

（2020・改正十一）
第200条【金融詐欺罪の両罰規定】　組織体が本節第194条，第195条に規定する罪を犯したときは，組織体に対して罰金を科するほか，その直接責任を負う主管人員及びその他の直接責任者についても，5年以下の有期懲役又は拘役に処し，罰金を併科することができる。その金額が非常に大きいとき又はその他の重い情状があるときは，5年以上10年以下の有期懲役に処し，罰金を併科する。その額が極めて大きいとき又はその他の特に重い情状があるときは，10年以上の有期懲役又は無期懲役に処し，罰金を併科する。

―――――――――――

（2011・改正八）
第200条【金融詐欺罪の両罰規定】　組織体が本節第192条，第194条，第195条に規定する罪を犯したときは，組織体に対して罰金を科するほか，その直接責任を負う主管人員及びその他の直接責任者についても，5年以下の有期懲役又は拘役に処し，罰金を併科することができる。その金額が非常に大きいとき又はその他の重い情状があるときは，5年以上10年以下の有期懲役に処し，罰金を併科する。その額が極めて大きいとき又はその他の特に重い情状があるときは，10年以上の有期懲役又は無期懲役に処し，罰金を併科する。

―――――――――――

（1997・刑法）
第200条　組織体が本節第192条，第194条又は第195条に規定する罪を犯したときは，組織体に対して罰金を科するほか，その直接責任を負う主管人員及びその他の直接責任者についても，

149

第二部　中国現行刑法の全訳 —— 第12次改正まで

　　5年以下の有期懲役又は拘役に処する。金額が非常に大きいとき又はその他の重い情状がある
　　ときは，5年以上10年以下の有期懲役に処する。金額が極めて大きいとき又はその他の特に重
　　い情状があるときは，10年以上の有期懲役又は無期懲役に処する。

第6節　徴税の管理に危害を及ぼす罪

（2009・改正七）
第201条【脱税罪】　① 納税義務者が欺罔若しくは隠蔽を用いて虚偽の納税申告を行い又は
申告をせず，脱税額が比較的大きく，かつ納付すべき税額の10%を超えたときは，3年以
下の有期懲役又は拘役に処し，罰金を併科する。税額が非常に大きく，かつ納付すべき税額
の30%を超えたときは，3年以上7年以下の有期懲役に処し，罰金を併科する。

　② 代理徴収義務者が，前項に掲げる方法により，控除し又は徴収した税金を過小納付
した場合において，金額が比較的大きいときも，前項と同様とする。

　③ 前2項の行為を繰り返して行い，処理を受けなかったときは，その額を累計して処
罰する。

　④ 第1項の行為を行い，税務機関が法に従って納付催告を発した後，税金の不足分及
び滞納金を納めて，行政処罰を受けた者は，刑事責任を追及しない。ただし，5年以内に
脱税行為で刑事処罰を受けた者又は税務機関により2回以上行政処罰を受けた者について
は，この限りでない。

（1997・刑法）
第201条　① 納税義務者が，帳簿若しくは財務会計文書を偽造し，変造し，隠匿し若しくは無断
　　で毀損し，帳簿上に支出を過大若しくは過少に記入し若しくは何も記入せず又は税務機関の申
　　告通知を受け取ったにもかかわらず申告をせず若しくは虚偽申告を行うことにより，税金を納
　　付せず又は過少納付し，脱税額が納付すべき税額の10%以上30%未満であり，かつ脱税額が1
　　万元以上10万元未満であるとき又は脱税行為で税務機関により2回の行政処罰を受けたにもか
　　かわらず再び脱税したときは，3年以下の有期懲役又は拘役に処し，脱税額の1倍以上5倍以
　　下の罰金を併科する。脱税額が納付すべき税額の30%以上であり，かつ10万元以上であると
　　きは，3年以上7年以下の有期懲役に処し，脱税額の1倍以上5倍以下の罰金を併科する。

　　② 代理徴収義務者が，前項に掲げる方法により，控除し若しくは徴収した税金を過少納付
　　し，その金額が納付すべき税額の10%以上であり，かつその金額が1万元以上であるときも，
　　前項と同様とする。

　　③ 前2項に規定する行為を繰り返して行い，処理を受けなかったときは，その額を累計して
　　処罰する。

第202条【納税拒否罪】　暴行又は脅迫を用いて納税を拒否した者は，3年以下の有期懲役
又は拘役に処し，拒否した納税額の1倍以上5倍以下の罰金を併科する。情状が重いとき
は，3年以上7年以下の有期懲役に処し，拒否した納税額の1倍以上5倍以下の罰金を併
科する。

第203条【滞納税金逃避罪】　納税義務者が，納付すべき税金を延納し，財産を移転し又は
隠匿することにより，税務機関による税金の追徴を不可能にし，その金額が1万元以上
10万元未満のときは，3年以下の有期懲役又は拘役に処し，未納額の1倍以上5倍以下の
罰金を併科し又は単科する。その金額が10万元以上のときは，3年以上7年以下の有期

懲役に処し，未納額の1倍以上5倍以下の罰金を併科する。

第204条【輸出還付金騙取罪】　① 輸出の偽装又はその他の詐欺の方法により，国家から輸出後の還付金を騙取した者が，その金額が比較的大きいときは，5年以下の有期懲役又は拘役に処し，騙取した税額の1倍以上5倍以下の罰金を併科する。金額が非常に大きいとき又はその他の重い情状があるときは，5年以上10年以下の有期懲役に処し，騙取した税額の1倍以上5倍以下の罰金を併科する。金額が極めて大きいとき又はその他の特に重い情状があるときは，10年以上の有期懲役又は無期懲役に処し，騙取した税額の1倍以上5倍以下の罰金又は財産の没収を併科する。

　② 納税義務者が，納税後，前項に規定する詐欺の方法により，納付した税金を騙取したときは，本法第201条の規定により罪を認定し処罰する。騙取した税額が納付した税額を超過したときも，前項と同様とする。

(2011・改正八)

第205条【付加価値税専用領収書・輸出還付・税金控除用証書不正作成罪】　① 付加価値税専用領収書を不正に作成し又は輸出後の還付金若しくは税金の控除の利益を騙取する際に用いるその他の証書を不正に作成した者は，3年以下の有期懲役又は拘役に処し，2万元以上20万元以下の罰金を併科する。不正に作成した証書の税額が比較的大きいとき又はその他の重い情状があるときは，3年以上10年以下の有期懲役に処し，5万元以上50万元以下の罰金を併科する。不正に作成した証書の税額が非常に大きいとき又はその他の特に重い情状があるときは，10年以上の有期懲役又は無期懲役に処し，5万元以上50万元以下の罰金又は財産の没収を併科する。

　② 組織体が本条に規定する罪を犯したときは，組織体に対して罰金を科するほか，その直接責任を負う主管人員及びその他の直接責任者についても，3年以下の有期懲役又は拘役に処する。不正に作成した証書の税額が比較的大きいとき又はその他の重い清状があるときは，3年以上10年以下の有期懲役に処する。不正に作成した証書の税額が非常に大きいとき又はその他の特に重い情状があるときは，10年以上の有期懲役又は無期懲役に処する。

　③ 「付加価値税専用領収書を不正に作成し又は輸出後の還付金若しくは税金の控除の利益を騙取する際に用いるその他の証書を不正に作成した」とは，他人のために不正に作成し，自己のために不正に作成し，他人に自己のために不正に作成させ又は他人を紹介して不正に作成させた行為のいずれかをいう。

(1997・刑法)

第205条　① 付加価値税専用領収書を不正に作成し，又は輸出後の還付金若しくは税金の控除の利益を騙取する際に用いるその他の証書を不正に作成した者は，3年以下の有期懲役又は拘役に処し，2万元以上20万元以下の罰金を併科する。不正に作成した証書の税額が比較的大きいとき又はその他の重い情状があるときは，3年以上10年以下の有期懲役に処し，5万元以上50万元以下の罰金を併科する。不正に作成した証書の税額が非常に大きいとき又はその他の特に重い情状があるときは，10年以上の有期懲役又は無期懲役に処し，5万元以上50万元以下の罰金又は財産の没収を併科する。

　② 前項の行為を行い，国家の税金を騙取した者が，その金額が極めて大きいとき，情状が特に重いとき又はその他の国家の利益に特に重大な損害を生じさせたときは，無期懲役又は死刑

第二部　中国現行刑法の全訳 —— 第 12 次改正まで

に処し，財産の没収を併科する

　　③ 組織体が本条に規定する罪を犯したときは，組織体に対して罰金を科するほか，その直接責任を負う主管人員及びその他の直接責任者についても，3 年以下の有期懲役又は拘役に処する。不正に作成した証書の税額が比較的大きいとき又はその他の重い清状があるときは，3 年以上 10 年以下の有期懲役に処する。不正に作成した証書の税額が非常に大きいとき又はその他の特に重い情状があるときは，10 年以上の有期懲役又は無期懲役に処する。

　　④ 「付加価値税専用領収書を不正に作成し又は輸出後の還付金若しくは税金の控除の利益を騙取する際に用いるその他の証書を不正に作成した」とは，他人のために不正に作成し，自己のために不正に作成し，他人に自己のために不正に作成させ又は他人を紹介して不正に作成させた行為のいずれかをいう。

（2011・改正八）

第 205 の 1【領収書不正発行罪】　① この法律の第 205 条に規定する以外の領収書を不正に発行した者が，情状が重いときは，2 年以下の有期懲役，拘役又は管制に処し，罰金を併科する。情状が特に重いときは，2 年以上 7 年以下の有期懲役に処し，罰金を併科する。

　　② 組織体が前項に規定する罪を犯したときは，組織体に対して罰金を科するほか，その直接責任を負う主管人員及びその他の直接責任者も，前項と同様に処罰する。

　　＊この条文は，2011 年の改正法八より追加。

（2011・改正八）

第 206 条【付加価値税専用領収書偽造販売罪】　① 付加価値税専用領収書を偽造し又は偽造付加価値税専用領収書を販売した者は，3 年以下の有期懲役，拘役又は管制に処し，2 万元以上 20 万元以下の罰金を併科する。その数量が比較的大きいとき又はその他の重い情状があるときは，3 年以上 10 年以下の有期懲役に処し，5 万元以上 50 万元以下の罰金を併科する。数量が非常に多いとき又はその他の特に重い情状があるときは，10 年以上の有期懲役又は無期懲役に処し，5 万元以上 50 万元以下の罰金又は財産の没収を併科する。

　　② 組織体が本条に規定する罪を犯したときは，組織体に対して罰金を科するほか，その直接責任を負う主管人員及びその他の直接責任者についても，3 年以下の有期懲役，拘役又は管制に処する。その数量が比較的多いとき又はその他の重い情状があるときは，3 年以上 10 年以下の有期懲役に処する。数量が非常に多いとき又はその他の特に重い情状があるときは，10 年以上の有期懲役又は無期懲役に処する。

（1997・刑法）

第 206 条　① 付加価値税専用領収書を偽造し又は偽造付加価値税専用領収書を販売した者は，3 年以下の有期懲役，拘役又は管制に処し，2 万元以上 20 万元以下の罰金を併科する。その数量が比較的多いとき又はその他の重い情状があるときは，3 年以上 10 年以下の有期懲役に処し，5 万元以上 50 万元以下の罰金を併科する。数量が非常に多いとき又はその他の特に重い情状があるときは，10 年以上の有期懲役又は無期懲役に処し，5 万元以上 50 万元以下の罰金又は財産の没収を併科する。

　　② 付加価値税専用領収書を偽造し又は偽造付加価値税専用領収書を販売した者が，その数量が極めて多く，情状が特に重く，経済秩序を著しく破壊したときは，無期懲役又は死刑に処し，財産の没収を併科する。

　　③ 組織体が本条に規定する罪を犯したときは，組織体に対して罰金を科するほか，その直接責任を負う主管人員及びその他の直接責任者についても，3 年以下の有期懲役，拘役又は管制

第2編　各　則／第3章　社会主義市場経済の秩序を破壊する罪

に処する。その数量が比較的多いとき又はその他の重い情状があるときは，3年以上10年以下の有期懲役に処する。数量が非常に多いとき又はその他の特に重い情状があるときは，10年以上の有期懲役又は無期懲役に処する。

第207条【付加価値税専用領収書不法販売罪】　付加価値税専用領収書を不法に販売した者は，3年以下の有期懲役，拘役又は管制に処し，2万元以上20万元以下の罰金を併科する。その数量が比較的多いときは，3年以上10年以下の有期懲役に処し，5万元以上50万元以下の罰金を併科する。その数量が非常に多いときは，10年以上の有期懲役又は無期懲役に処し，5万元以上50万元以下の罰金又は財産の没収を併科する。

第208条【付加価値税専用領収書不法購入罪，偽造付加価値税専用領収書購入罪】　① 付加価値税専用領収書を不法に購入し又は偽造付加価値税専用領収書を購入した者は，5年以下の有期懲役又は拘役に処し，2万元以上20万元以下の罰金を併科し又は単科する。

② 付加価値税専用領収書を不法に購入し又は偽造付加価値税専用領収書を購入した後，それを不正に発行し又は販売した者は，この法律の第205条ないし第207条の規定により罪を認定し処罰する。

第209条【輸出税還付・税金控除用証書不法製造販売罪，納税証書不法製造販売罪，輸出税還付・税金控除用証書不法販売罪，納税証書不法販売罪】　① 輸出後の還付金若しくは税金の控除の利益を騙取するために用いられるその他の証書を偽造し若しくは無断で製造した者，又は偽造され若しくは無断で製造されたその証書を販売した者は，3年以下の有期懲役拘役又は管制に処し，2万元以上20万元以下の罰金を併科する。その数量が非常に多いときは，3年以上7年以下の有期懲役に処し，5万元以上50万元以下の罰金を併科する。その金額が極めて多いときは，7年以上の有期懲役に処し，5万元以上50万元以下の罰金又は財産の没収を併科する。

② 前項に規定する以外の納税証書を偽造し若しくは無断で製造し又は偽造され若しくは無断で製造されたその証書を販売した者は，2年以下の有期懲役，拘役又は管制に処し，1万元以上5万元以下の罰金を併科し又は単科する。情状が重いときは，2年以上7年以下の有期懲役に処し，5万元以上50万元以下の罰金を併科する。

③ 輸出後の還付金若しくは税金の控除の利益を騙取するために用いるその他の証書を不法に販売した者についても，第1項と同様とする。

④ 第3項に規定する以外の納税証書を不法に販売した者についても，第2項と同様とする。

第210条【窃盗罪，詐欺罪】　① 付加価値税専用領収書又は輸出後の還付金若しくは税金の控除に用いるその他の証書を窃取した者は，この法律の第264条の規定により罪を認定し処罰する。

② 詐欺の方法により，付加価値税専用領収書又は輸出後の還付金若しくは税金の控除に用いるその他の証書を騙取したときは，この法律の第266条の規定により罪を認定し処罰する。

（2011・改正八）
第210条の1【偽造領収書所持罪】　① 偽造の領収書であることを知りながらそれを所持する者は，その数量が多いときは，2年以下の有期懲役，拘役又は管制に処し，罰金を併科する。数量が非常に多いときは，2年以上7年以下の有期懲役に処し，罰金を併科する。

153

第二部　中国現行刑法の全訳 —— 第12次改正まで

② 組織体が前項の罪を犯したときは，組織体に対して罰金を科するほか，その直接責任を負う主管人員及びその他の直接責任者も，前項と同様に処罰する。

＊この条文は，2011年の改正法八より追加。

第211条【税金徴収危害罪の両罰規定】　組織体が第201条，第203条，第204条，第207条ないし第209条に規定する罪を犯したときは，組織体に対して罰金を科するほか，その直接責任を負う主管人員及びその他の直接責任者も，各本条と同様に処罰する。

第212条【税務機関追徴優先の原則】　本節第201条ないし第205条に規定する罪を犯し，罰金又は財産の没収に処せられた者に対しては，判決執行の前に，税務機関が，税金及び騙取された輸出後の還付金を追徴しなければならない。

第7節　知的財産権を侵害する罪

（2020・改正十一）

第213条【登録商標盗用罪】　登録商標の所有者の許可を得ずに，同一種類の商品にその登録商標と同様の商標を使用した者は，その情状が重いときは，3年以下の有期懲役に処し，罰金を併科し又は単科する。その情状が特に重いときは，3年以上10年以下の有期懲役に処し，罰金を併科する。

（1997・刑法）

第213条【登録商標盗用罪】　登録商標の所有者の許可を得ずに，同一種類の商品にその登録商標と同様の商標を使用した者が，情状が重いときは，3年以下の有期懲役又は拘役に処し，罰金を併科し又は単科する。情状が特に重いときは，3年以上7年以下の有期懲役に処し，罰金を併科する。

（2020・改正十一）

第214条【登録商標盗用商品販売罪】　盗用した登録商標を使用している商品であることを知りながらこれを販売した者は，その不法収益の金額が比較的大きいとき又はその他重い情状があるときは，3年以下の有期懲役に処し，罰金を併科し又は単科する。その額が非常に大きいとき又はその他の特に重い情状があるときは，3年以上10年以下の有期懲役に処し，罰金を併科する。

（1997・刑法）

第214条【登録商標盗用商品販売罪】　盗用した登録商標を使用している商品であることを知りながらこれを販売した者が，売上金額が比較的大きいときは，3年以下の有期懲役又は拘役に処し，罰金を併科し又は単科する。売上金額が非常に大きいときは，3年以上7年以下の有期懲役に処し，罰金を併科する。

（2020・改正十一）

第215条【登録商標標識不法製造・不法登録商標標識販売罪】　他人の登録商標若しくは標識を偽造し若しくは無断で製造した者又は偽造若しくは無断で製造された登録商標若しくは標識を販売した者が，情状が重いときは，3年以下の有期懲役に処し，罰金を併科し又は単科する。情状が特に重いときは，3年以上10年以下の有期懲役に処し，罰金を併科

第2編　各　則／第3章　社会主義市場経済の秩序を破壊する罪

する。

──────────────

（1997・刑法）

第215条【登録商標標識不法製造・不法登録商標標識販売罪】　他人の登録商標若しくは標識を偽造し若しくは無断で製造した者又は偽造若しくは無断で製造された登録商標若しくは標識を販売した者が，情状が重いときは，3年以下の有期懲役，拘役又は管制に処し，罰金を併科し又は単科する。情状が特に重いときは，3年以上7年以下の有期懲役に処し，罰金を併科する。

第216条【特許盗用罪】　他人の特許を盗用した者が，情状が重いときは，3年以下の有期懲役又は拘役に処し，罰金を併科し又は単科する。

（2020・改正十一）

第217条【著作権侵害罪】　営利の目的で，次に掲げる著作権又は著作権に関係する権利を侵害する事情のいずれかがあった者が，不法に取得した金額が比較的大きいとき又はその他の重い情状があるときは，3年以下の有期懲役に処し，罰金を併科し又は単科する。不法取得した金額が非常に大きいとき又はその他の特に重い情状があるときは，3年以上10年以下の有期懲役に処し，罰金を併科する。

　（1）著作権者の許可を得ずに，その文字作品，音楽，視聴作品，コンピュータ・ソフトウェア及び法律，行政法が規定するその他の作品を複製し，発行し又はインターネットを通じて公衆に伝播したこと。

　（2）他人が専有出版権を有する図書を出版したこと。

　（3）録音若しくは録画の制作者の許可を得ずに，その者が制作した録音録画を複製し，発行し又はインターネットを通じて公衆に伝播したこと。

　（4）出演者の許可を得ずに，その録画製品を複製し，発行し又はインターネットを通じて公衆に伝播したこと。

　（5）他人の署名を盗用する美術作品を制作し又は販売したこと。

　（6）著作権者又は著作権関係者の許可を得ずに，権利者がその作品，録音録画製品等の著作権又は著作権に関係する権利を保護するための技術措置を講じることを故意に避け又は破壊したこと。

　＊この条文の第4，6款は，2020年の改正法十一により追加された。

──────────────

（1997・刑法）

第217条【著作権侵害罪】　営利の目的で，次に掲げる著作権を侵害する事情のいずれかがあった者が，不法に取得した金額が比較的大きいとき又はその他の重い情状があるときは，3年以下の有期懲役又は拘役に処し，罰金を併科し又は単科する。不法取得した金額が非常に大きいとき又はその他の特に重い情状があるときは，3年以上7年以下の有期懲役に処し，罰金を併科する。

　（1）著作権者の許可を得ずに，その文字作品，音楽，映画，テレビ，録画作品，コンピューターソフトウェアその他の作品を複製し又は発行したこと。

　（2）他人が専有出版権を有する図書を出版したこと。

　（3）録音若しくは録画の制作者の許可を得ずに，その者が制作した録音録画を複製し又は発行したこと。

　（4）他人の署名を盗用する美術作品を制作し又は販売したこと。

第二部　中国現行刑法の全訳 —— 第12次改正まで

（2020・改正十一）
第218条【侵権複製品販売罪】　営利の目的で，この法律の第217条に規定する権利侵害の複製品であることを知りながらこれを販売した者は，不法に取得した金額が非常に大きいとき又はその他の重い情状があるときは，5年以下の有期懲役に処し，罰金を併科し又は単科する。

（1997・刑法）
第218条【侵権複製品販売罪】　営利の目的で，この法律の第217条に規定する権利侵害の複製品であることを知りながらこれを販売した者が，不法に取得した金額が非常に大きいときは，3年以下の有期懲役又は拘役に処し，罰金を併科し又は単科する。

（2020・改正十一）
第219条【商業秘密侵害罪】　①次に掲げる商業秘密を侵害する行為のいずれかを行った者は，重い情状があるときは，3年以下の有期懲役に処し，罰金を併科し又は単科する。情状が特に重いときは，3年以上10年以下の有期懲役に処し，罰金を併科する。
　(1) 窃盗，賄賂，詐欺，脅迫，電子侵入又はその他不正の手段により，権利者の商業秘密を取得する行為。
　(2) 前款の手段により取得した権利者の商業秘密を開示し，使用し又は他人による使用を承認する行為。
　(3) 守秘約定に違反し又は権利者の商業秘密の保護の要求に反し，自ら把握している商業秘密を開示し，使用し又は他人による使用を承認する行為。
　②前項に掲げる行為を知りながら，他人の商業秘密を取得し，開示し，使用し又は他人が使用することを許可したときは，商業秘密の侵害として論ずる。
　③本条において「権利者」とは，商業秘密の所有者又は商業秘密の所有者の承認を得た当該商業秘密の使用者をいう。

（1997・刑法）
第219条【商業秘密侵害罪】　①次に掲げる商業秘密を侵害する行為のいずれかを行い，商業秘密の権利者に重大な損失を与えた者は，3年以下の有期懲役又は拘役に処し，罰金を併科し又は単科する。特に重い結果を生じさせたときは，3年以上7年以下の有期懲役に処し，罰金を併科する。
　(1) 窃盗，誘惑，脅迫又はその他の不正の手段により，権利者の商業秘密を取得する行為。
　(2) 前号の手段により取得した権利者の商業秘密を開示し，使用し又は他人による使用を承認する行為。
　(3) 約定に違反し又は権利者の商業秘密の保護の要求に反し，自ら把握している商業秘密を開示し，使用し又は他人による使用を承認する行為。
　②前項に掲げる行為を知り又は知るべきである場合において，他人の商業秘密を取得し，使用し又は開示したときは，商業秘密の侵害として論ずる。
　③本条において「商業秘密」とは，公に知られておらず，権利者に経済的利益をもたらし得，実用性があり，かつ権利者が保護措置をとっている技術的情報又は経営情報をいう。
　④本条において「権利者」とは，商業秘密の所有者又は商業秘密の所有者の承認を得た当該商業秘密の使用者をいう。

（2020・改正十一）

第2編　各　則／第3章　社会主義市場経済の秩序を破壊する罪

第219条の1【国(境)外へ商業機密又は情報の窃取・探知・買収・不法提供罪】　境外における機構，組織又は個人のために，商業秘密を窃取し，探知し，買収し又は不法に提供した者は，5年以下の有期懲役に処し，罰金を併科し又は単科する。情状が重いときは，5年以上の有期懲役に処し，罰金を併科する。

　　＊この条文は，2020年の改正法十一により追加された。

(2020・改正十一)

第220条【知的財産権侵害罪の両罰規定】　組織体が本節第213条ないし第219条の1に規定する罪を犯したときは，組織体に対して罰金を科するほか，その直接責任を負う主管人員及びその他の直接責任者についても，各本条の条文により処罰する。

(1997・刑法)

第220条【知的財産権侵害罪の両罰規定】　組織体が本節第213条ないし第219条に規定する罪を犯したときは，組織体に対して罰金を科するほか，その直接責任を負う主管人員及びその他の直接責任者についても，各本条の条文により処罰する。

第8節　市場の秩序を乱す罪

第221条【商業信用商品名声毀損罪】　虚偽の事実を捏造して流布し，他人の商業上の信用又は商品の評判を毀損した者が，他人に重大な損失を与えたとき又はその他の重い情状があるときは，2年以下の有期懲役又は拘役に処し，罰金を併科し又は単科する。

第222条【虚偽広告罪】　広告主，広告経営者又は広告発行者が，国の規定に違反し，広告を利用して商品又はサービスに関し虚偽の宣伝を行い，情状が重いときは，2年以下の有期懲役又は拘役に処し，罰金を併科し又は単科する。

第223条【入札談合罪】　① 入札者が，入札価格に関し談合して発注者又は他の入札者の利益を侵害し，情状が重いときは，3年以下の有期懲役又は拘役に処し，罰金を併科し又は単科する。

　　② 入札者が発注者と通謀し，国家，集団又は国民の合法的利益を侵害したときも，前項と同様とする。

第224条【契約詐欺罪】　次に掲げるいずれかの事情により，不法領得の目的で，契約の締結又は履行の過程において，相手方の財産を騙取した者が，その金額が比較的大きいときは，3年以下の有期懲役又は拘役に処し，罰金を併科し又は単科する。金額が非常に大きいとき又はその他の重い情状があるときは，3年以上10年以下の有期懲役に処し，罰金を併科する。金額が極めて大きいとき又はその他の特に重い情状があるときは，10年以上の有期懲役又は無期懲役に処し，罰金又は財産の没収を併科する。

　（1）虚構の組織体の名義を使用し又は他人の名義を盗用して契約を締結したこと。

　（2）偽造，変造若しくは無効の手形又はその他の不実の財産権証明書を担保に供したこと。

　（3）実際の履行能力がないにもかかわらず，小額契約又は契約の一部を先に履行することにより，相手方を誘惑又は欺罔して，契約の締結又は履行を継続させたこと。

　（4）相手方から貨物，融資金，頭金又は担保財産を受け取った後に，持ち逃げしたこと。

157

第二部　中国現行刑法の全訳 —— 第 12 次改正まで

(5) その他の方法により，相手方の財物を騙取したこと。

（2009・改正七）

第 224 条の 1【マルチ商法活動組織指導罪】　商品又はサービスを売りさばく活動の名目で，加入資格と引換えに参会者に費用を納付させ又は商品若しくはサービスを購入させ，かつ一定の順序により階層を作り，増やしたメンバーの数を直接若しくは間接に報酬若しくは返還する利益に関連させて参加者を誘惑し又は脅迫して継続的にメンバーを増やさせて，財物をだまし取り，社会秩序を妨害するマルチ商法活動を組織し又は指導した者は，5 年以下の有期懲役又は拘役に処し，罰金を併科する。情状が重いときは，5 年以上の有期懲役に処し，罰金を併科する。

　　＊この条文は，2009 年の改正法七より追加。

（2009・改正七）

第 225 条【不法経営罪】　国の規定に違反して，次に掲げる不法経営行為のいずれかを行い，市場の秩序を妨害した者が，情状が重いときは，5 年以下の有期懲役又は拘役に処し，不法収益の 1 倍以上 5 倍以下の罰金を併科し又は単科する。情状が特に重いときは，5 年以上の有期懲役に処し，不法収益の 1 倍以上 5 倍以下の罰金又は財産の没収を併科する。

　(1) 許可を得ずに，法律又は行政法規が規定する独占経営若しくは専売の物品又はその他の売買制限物品を取り引きする行為。

　(2) 輸出入許可書，輸出入原産地証明書及びその他の法律若しくは行政法規が規定する経営許可書又は許可文書を売買する行為。

　(3) 国の関係する主管部門の許可を得ずに，法に違反して，証券業，先物業若しくは保険業を営み又は不法に資金の支払い決算業を営む行為。

　(4) 市場の秩序を著しく妨害するその他の不法経営行為。

（1999 年，改正法一）

第 225 条　国の規定に違反して，次に掲げる不法経営行為のいずれかを行い，市場の秩序を妨害した者が，情状が重いときは，5 年以下の有期懲役又は拘役に処し，不法収益の 1 倍以上 5 倍以下の罰金を併科し又は単科する。情状が特に重いときは，5 年以上の有期懲役に処し，不法収益の 1 倍以上 5 倍以下の罰金又は財産の没収を併科する。

　　(1) 許可を得ずに，法律又は行政法規が規定する独占経営若しくは専売の物品又はその他の売買制限物品を取り引きする行為。

　　(2) 輸出入許可書，輸出入原産地証明書及びその他の法律若しくは行政法規が規定する経営許可書又は許可文書を売買する行為。

　　(3) 国の関係する主管部門の許可を得ずに，法に違反して，証券業，先物業若しくは保険業を営む行為。

　　(4) 市場の秩序を著しく妨害するその他の不法経営行為。

（1997・刑法）

第 225 条　国の規定に違反して，次に掲げる不法経営行為のいずれかを行い，市場の秩序を妨害した者が，情状が重いときは，5 年以下の有期懲役又は拘役に処し，不法収益の 1 倍以上 5 倍以下の罰金を併科し又は単科する。情状が特に重いときは，5 年以上の有期懲役に処し，不法収益の 1 倍以上 5 倍以下の罰金又は財産の没収を併科する。

　　(1) 許可を得ずに，法律又は行政法規が規定する独占経営若しくは専売の物品又はその他の売

第2編　各　則／第3章　社会主義市場経済の秩序を破壊する罪

買制限物品を取り引きする行為。

(2) 輸出入許可書，輸出入原産地証明書及びその他の法律若しくは行政法規が規定する経営許可書又は許可文書を売買する行為。

(3) 市場の秩序を著しく妨害するその他の不法経営行為。

(2011・改正八)

第226条【取引強要罪】　暴行又は脅迫を用いて，次に掲げる行為のいずれかを行った者が，情状が重いときは，3年以下の有期懲役又は拘役に処し，罰金を併科し又は単科する。情状が特に重いときは，3年以上7年以下の有期懲役に処し，罰金を併科する。

(1) 商品の売買を強要する行為。

(2) 強制的に他人にサービスを提供させ又は受領させる行為。

(3) 強制的に他人を入札若しくは競売に参加させ又はそれから退かせる行為。

(4) 強制的に会社又は企業の株，債権又はその他の資産を譲渡させ又は買い付けさせる行為。

(5) 強制的に他人に特定の経営活動に参加させ又はそれから退かせる行為。

(1997・刑法)

第226条　暴行又は脅迫を用いて，商品の売買を強要し，強制的に他人にサービスを提供させ又は他人にサービスを受領させた者が，情状が重いときは，3年以下の有期懲役又は拘役に処し，罰金を併科し又は単科する。

第227条【有価切符偽造・偽造有価切符転売罪，乗車券乗船券転売罪】　① 乗車券，乗船券，郵便切手又はその他の有価切符を偽造した者，又は偽造の有価切符を転売した者が，その金額が比較的大きいときは，2年以下の有期懲役，拘役又は管制に処し，切符価格の1倍以上5倍以下の罰金を併科し又は単科する。その金額が非常に大きいときは，2年以上7年以下の有期懲役に処し，切符価格の1倍以上5倍以下の罰金を併科する。

② 乗車券又は乗船券を転売した者が，情状が重いときは，3年以下の有期懲役，拘役又は管制に処し，切符価格の1倍以上5倍以下の罰金を併科し又は単科する。

第228条【土地使用権不法譲渡転売罪】　営利の目的で，土地管理法規に違反して，不法に土地使用権を譲渡し又は転売した者が，情状が重いときは，3年以下の有期懲役又は拘役に処し，不法に譲渡され又は転売された土地使用権の価格の5%以上20%以下の罰金を併科し又は単科する。情状が特に重いときは，3年以上7年以下の有期懲役に処し，不法に譲渡され又は転売された土地使用権の価格の5%以上20%以下の罰金を併科する。

(2020・改正十一)

第229条【虚偽証明文書提供罪，証明文書重大不実記載罪】　① 資産評価，資金の確認，証明文書の確認，会計，会計監査，法律サービス，保薦，安全評価，環境影響評価，環境監測又はその他の職務を務める仲介組織の職員が，故意に不実の証明文書を提供し，その情状が重いときは，5年以下の有期懲役又は拘役に処し，罰金を併科する。次に掲げる事情のいずれかが認められるときは，5年以上10年以下の有期懲役に処し，罰金を併科する。

(1) 証券発行に関係する資産評価，会計，会計監査，法律サービス，保薦等不実の証明文書を提供し，情状が特に重いとき。

(2) 重大な資産取引に関係する資産評価，会計，会計監査等不実の証明文書を提供し，

159

情状が特に重いとき。

（3）公共の安全と関係ある重大なプロジェクトで，安全評価，環境影響評価等を含む不実の証明文書を提供し，公共の財産又は国家若しくは国民の利益に重大な損失を与えたとき。

　②　前項に規定する職員が，他人に財物を要求し又はこれを不法に収受し，犯罪を構成したときは，その処罰が重い規定により罪を認定し，処罰する。

　③　第1項に規定する職員が，著しく職責を怠り，発行した証明文書に重大な不実の記載をし，重い結果を生じさせたときは，3年以下の有期懲役又は拘役に処し，罰金を併科し又は単科する。

（1997・刑法）

第229条【虚偽証明文書提供罪，証明文書重大不実記載罪】　①　資産の評価，資金の確認，証明文書の確認，会計，会計監査又は法律サービスその他の職務を務める仲介組織の職員が，故意に不実の証明文書を提供し，情状が重いときは，5年以下の有期懲役又は拘役に処し，罰金を併科する。

　②　前項に規定する職員が，他人に財物を要求し又はこれを不法に収受し，前項の罪を犯したときは，5年以上10年以下の有期懲役に処し，罰金を併科する。

　③　第1項に規定する職員が，著しく職責を怠り，発行した証明文書に重大な不実の記載をし，重い結果を生じさせたときは，3年以下の有期懲役又は拘役に処し，罰金を併科し又は単科する。

第230条【商品検査免脱罪】　輸出入商品検査法の規定に違反し，商品の検査を免れて，商品検査機関による検査を受けるべき輸入商品を申告せず検査を受けずに無断で販売し若しくは使用し又は商品検査機関による検査を受けるべき輸出商品を申告せず検査を受けずに無断で輸出した者が，情状が重いときは，3年以下の有期懲役又は拘役に処し，罰金を併科し又は単科する。

第231条【市場の秩序を乱す罪の両罰規定】　組織体が本節第221条ないし第230条に規定する罪を犯したときは，組織体に対して罰金を科するほか，その直接責任を負う主管人員及びその他の直接責任者についても，各本条の条文により処罰する。

第4章　国民の身体の権利及び民主的権利を侵害する罪

第232条【故意殺人罪】　故意に人を殺した者は，死刑，無期懲役又は10年以上の有期懲役に処する。情状が比較的軽いときは，3年以上10年以下の有期懲役に処する。

第233条【過失致死罪】　過失により人を死亡させた者は，3年以上7年以下の有期懲役に処する。情状が比較的軽いときは，3年以下の有期懲役に処する。この法律に特別の規定があるときは，当該規定による。

第234条【故意傷害罪】　①　故意に人の身体を傷害した者は，3年以下の有期懲役，拘役又は管制に処する。

　②　前項の罪を犯し，人に重傷害を負わせたときは，3年以上10年以下の有期懲役に処する。人を死亡させたとき又は特に残虐な方法により人に重傷害を負わせ重要な身体機能

第2編　各　則／第4章　国民の身体の権利及び民主的権利を侵害する罪

を喪失させたときは，10年以上の有期懲役，無期懲役又は死刑に処する。この法律に特別の規定があるときは，当該規定による。

（2011・改正八）
第234条の1【臓器売買組織罪】　① 他人に働きかけて臓器を売らせた者は，5年以下の有期懲役に処し，罰金を併科する。情状が重いときは，5年以上の有期懲役に処し，罰金又は財産没収を併科する。

　② 本人の同意を得ずにその臓器を摘出し，18歳未満の者の臓器を摘出し又は脅迫若しくは詐欺を用いて他人に臓器を提供させた者は，この法律の第234条，第232条の規定により罪を認定し処罰する。

　③ 本人の生前の意思に反してその死体の臓器を摘出した者又は本人が生前に同意を表明していなかった場合において，国の規定に違反しその近親族の意思に反してその死体の臓器を摘出した者は，この法律の第302条の規定により罪を認定し処罰する。

　＊この条文は，2011年の改正法八より追加。

第235条【過失重傷害罪】　過失により人に重傷害を負わせた者は，3年以下の有期懲役又は拘役に処する。この法律に特別の規定があるときは，当該規定による。

（2020・改正十一）
第236条【強姦罪】　① 暴行，脅迫又はその他の方法により女子を姦淫した者は，3年以上10年以下の有期懲役に処する。

　②14歳未満の幼女を姦淫したときは，強姦罪とし，重く処罰する。

　③ 女子又は幼女を姦淫した場合において，次に掲げる事情のいずれかがあるときは，10年以上の有期懲役，無期懲役又は死刑に処する。

　⑴ 女子又は幼女を姦淫し，情状が悪質であること。

　⑵ 多数の女子又は幼女を姦淫したこと。

　⑶ 公共の場所において女子又は幼女を公然と姦淫したこと。

　⑷ 2人以上で輪姦したこと。

　⑸ 10歳未満の幼女を姦淫したこと又は傷害を負わせたこと。

　⑹ 被害者を死亡させ若しくは重傷害を負わせたこと又はその他重い結果を生じさせたこと。

　＊この条文の第5款は，2020年の改正法十一により追加された。

（1997・刑法）
第236条【強姦罪】　① 暴行，脅迫又はその他の方法により女子を姦淫した者は，3年以上10年以下の有期懲役に処する。

　②14歳未満の幼女を姦淫したときは，強姦罪とし，重く処罰する。

　③ 女子又は幼女を姦淫した場合において，次に掲げる事情のいずれかがあるときは，10年以上の有期懲役，無期懲役又は死刑に処する。

　⑴ 女子又は幼女を姦淫し，情状が悪質であること。

　⑵ 多数の女子又は幼女を姦淫したこと。

　⑶ 公共の場所において女子を公然と姦淫したこと。

　⑷ 2人以上で輪姦したこと。

161

第二部　中国現行刑法の全訳 —— 第 12 次改正まで

　　(5) 被害者を死亡させ又は重傷害を負わせたこと又はその他の重い結果を生じさせたこと。

（2020・改正十一）

第 236 条の 1【看護の職責を負う者による性侵害罪】 ① 14 歳以上 16 歳未満の未成年女性に対して後見，里親，看護，教育，医療など特殊な職責を負う者は，当該未成年女性と性的関係をもったときは，3 年以下の有期懲役に処する。情状が悪質であるときは，3 年以上 10 年以下の有期懲役に処する。

　　② 前項に規定する行為を行い，同時に本法第 236 条の罪を構成したときは，その処罰が重い規定により罪を認定し，処罰する。

　　＊この条文は，2020 年の改正法十一により追加された。

（2020・改正十一）

第 237 条【強制わいせつ，侮辱罪，児童わいせつ罪】　① 暴行，脅迫又はその他の方法により，他人に強制的にわいせつな行為を行い又は女子を侮辱した者は，5 年以下の有期懲役又は拘役に処する。

　　② 多衆集合し又は公共の場所において前項の罪を公然と犯したとき若しくはその他の悪質な情状があったときは，5 年以上の有期懲役に処する。

　　③ 児童にわいせつな行為を行ったときは，5 年以下の有期懲役又は拘役に処する。次に掲げる事情のいずれかが認められるときは，5 年以上の有期懲役に処する。

　　(1) 多数の児童にわいせつな行為を行い又は繰り返して児童にわいせつな行為を行ったこと。

　　(2) 多衆集合し又は公共の場所において児童にわいせつな行為を行い，その情状が悪質であったこと。

　　(3) 児童に傷害を負わせたこと又はその他重い結果を生じさせたこと。

　　(4) わいせつの手段が悪質であったこと又はその他悪質な情状があったこと。

　　＊この条文の第 3 項の第 1，2，3，4 款は，2020 年の改正法十一により追加された。

（2015・改正九）

第 237 条【強制わいせつ罪，女子侮辱罪，児童わいせつ罪】　① 暴行，脅迫又はその他の方法により，他人に強制的にわいせつ行為を行い又は女子を侮辱した者は，5 年以下の有期懲役又は拘役に処する。

　　② 多衆集合し又は公共の場所において前項の罪を公然と犯したとき若しくはその他の悪質な情状があったときは，5 年以上の有期懲役に処する。

　　③ 児童に猥褻な行為を行ったときは，前 2 項の規定により重く処罰する。

（1997・刑法）

第 237 条　① 暴行，脅迫又はその他の方法により，婦人に強制的に猥褻な行為を行い又は女子を侮辱した者は，5 年以下の有期懲役又は拘役に処する。

　　② 多衆集合し又は公共の場所において前項の罪を公然と犯したときは，5 年以上の有期懲役に処する。

　　③ 児童に猥褻な行為を行ったときは，前 2 項の規定により重く処罰する。

第 238 条【不法監禁罪】　① 不法に人を監禁すること又はその他の方法により，人の身体の自由を剥奪した者は，3 年以下の有期懲役，拘役，管制又は政治的権利の剥奪に処する。

162

第 2 編　各　則／第 4 章　国民の身体の権利及び民主的権利を侵害する罪

段打又は侮辱の情状があるときは，重く処罰する。

②　前項の罪を犯し，人に重傷害を負わせたときは，3 年以上 10 年以下の有期懲役に処する。人を死亡させたときは，10 年以上の有期懲役に処する。暴行を用いて人に傷害を負わせその身体機能を喪失させ又は人を死亡させたときは，この法律の第 234 条又は第 232 条の規定により罪を認定し処罰する。

③　債務を弁済させるために，不法に他人の身体を拘束し又は監禁したときも，前 2 項と同様とする。

④　国家機関公務員が職務上の立場を利用して，前 3 項の罪を犯したときは，前 3 項の規定により重く処罰する。

（2015・改正九）

第 239 条【略取罪】　①　財物を喝取する目的で，人を略取した者又は人を略取して人質とした者は，10 年以上の有期懲役又は無期懲役に処し，罰金又は財産の没収を併科する。情状が比較的軽いときは，5 年以上 10 年以下の有期懲役に処し，罰金を併科する。

②　前項の罪を犯して，略取された者を殺害したとき若しくは故意により略取した者を傷害し，重傷を負わせ又は同人を死亡させたときは，無期懲役又は死刑に処し，財産の没収を併科する。

③　財物を喝取する目的で，嬰児又は幼児を窃取した者も，前 2 項と同様とする。

（2009・改正七）

第 239 条　財物を喝取する目的で，人を略取した者又は人を略取して人質とした者は，10 年以上の有期懲役又は拘役に処し，罰金又は財産の没収を併科する。情状が比較的軽いときは，5 年以上 10 年以下の有期懲役に処し，罰金を併科する。

前項の罪を犯して，略取された者を死亡させ又は殺害したときは，死刑に処し，財産の没収を併科する。

財物を喝取する目的で，嬰児又は幼児を窃取した者も，前 2 項と同様とする。

（1997・刑法）

第 239 条　①　財物を喝取する目的で，人を略取した者又は人を略取して人質とした者は，10 年以上の有期懲役又は無期懲役に処し，罰金又は財産の没収を併科する。略取された者を死亡させ又は殺害した者は，死刑に処し，財産の没収を併科する。

②　財物を喝取する目的で，嬰児若しくは幼児を窃取したときも，前項と同様とする。

第 240 条【女子児童誘拐売買罪】　①　女子又は児童を誘拐して売買した者は，5 年以上 10 年以下の有期懲役に処し，罰金を併科する。次に掲げるいずれかの事情があるときは，10 年以上の有期懲役又は無期懲役に処し，罰金又は財産の没収を併科する。情状が特に重いときは，死刑に処し，財産の没収を併科する。

⑴　女子又は児童を誘拐して売買する集団の首謀者であること。

⑵　3 人以上の女子又は児童を誘拐して売買したこと。

⑶　誘拐され売買された女子を姦淫したこと。

⑷　誘惑，強制を用いて誘拐され売買された女子に売春させ又はその女子を他人に売り渡して売春を強制させたこと。

⑸　売買する目的で，暴行し，脅迫し又は昏睡させることにより，女子又は児童を略取

163

第二部　中国現行刑法の全訳 —— 第12次改正まで

したこと。

　(6) 売買する目的で，幼児又は嬰児を窃取したこと。

　(7) 誘拐され売買された女子若しくは児童又はその近親者に重傷害，死亡又はその他の重い結果を生じさせたこと。

　(8) 女子又は児童を境外に売り渡したこと。

　② 「女子又は児童を誘拐して売買する」とは，売買する目的で，女子又は児童を誘拐し，略取し，買い受け，売り渡し，収受し又は転売する行為のいずれかを行うことをいう。

（2015・改正九）

第241条【被誘拐女子児童購買罪】　① 誘拐され売買された女子又は児童を買い受けた者は，3年以下の有期懲役，拘役又は管制に処する。

　② 誘拐され売買された女子を買い受け，性的関係を強要したときは，この法律の第236条の規定により罪を認定し処罰する。

　③ 誘拐され売買された女子若しくは児童を買い受け，その身体の自由を不法に剥奪若しくは制限し又はこれに対し傷害，侮辱その他の犯罪行為を行ったときは，この法律の関係規定により罪を認定し処罰する。

　④ 誘拐され売買された女子又は児童を買い受け，第2項又は第3項に規定する犯罪行為を行ったときは，併合罪の規定により処罰する。

　⑤ 誘拐され売買された女子又は児童を買い受けた後，再びこの者を売り渡したときは，この法律の第240条の規定により罪を認定し処罰する。

　⑥ 誘拐され売買された女子又は児童を買い受けた後，その児童に対し虐待行為を加えずこれが開放されるのを妨害しなかったときは，その刑を軽くすることができる。その女子の希望に従い，その女子がその原居住地に戻ることを妨害しなかったときは，その刑を軽くし又は減軽することができる。

第241条　① 誘拐され売買された女子又は児童を買い受けた者は，3年以下の有期懲役，拘役又は管制に処する。

　② 誘拐され売買された女子を買い受け，性的関係を強要したときは，この法律の第236条の規定により罪を認定し処罰する。

　③ 誘拐され売買された女子若しくは児童を買い受け，その身体の自由を不法に剥奪若しくは制限し又はこれに対し傷害，侮辱若しくは虐待その他の犯罪行為を行ったときは，この法律の関係規定により罪を認定し処罰する。

　④ 誘拐され売買された女子又は児童を買い受け，第2項又は第3項に規定する犯罪行為を行ったときは，併合罪の規定により処罰する。

　⑤ 誘拐され売買された女子又は児童を買い受けた後，再びこの者を売り渡したときは，この法律の第240条の規定により罪を認定し処罰する。

　⑥ 誘拐され売買された女子又は児童を買い受けた後，その女子の希望に従い，その女子がその原居住地に戻ることを妨害しなかったとき又はその児童に対し虐待行為を加えずこれが解放されるのを妨害しなかったときは，刑事責任を追及しないことができる。

第242条【公務妨害罪，多衆集合被誘拐女子児童解放妨害罪】　① 暴行又は脅迫を用いて，国家機関公務員が誘拐され売買された女子又は児童を解放することを妨害した者は，この法律の第277条の規定により罪を認定し処罰する。

164

第2編　各　則／第4章　国民の身体の権利及び民主的権利を侵害する罪

②　多衆集合して，国家機関公務員が誘拐され売買された女子又は児童を解放すること
を妨害した首謀者は，5年以下の有期懲役又は拘役に処する。その他の参加者が暴行又は
脅迫を用いたときも，前項と同様とする。

第243条【誣告陥害罪】　①　事実を捏造して他人を誣告し又は陥れて，意図的に他人に刑事
責任の追及を受けさせ，情状が重いときは，3年以下の有期懲役，拘役又は管制に処す
る。重い結果を生じさせたときは，3年以上10年以下の有期懲役に処する。

②　国家機関公務員が前項の罪を犯したときは，重く処罰する。

③　意図的に誣告し又は陥れたのではなく，過失により告訴し又は事実と異なる告発を
したときは，前2項の規定を適用しない。

（2011・改正八）

第244条【労働強要罪】　①　暴行，脅迫又は身体の自由を制限することにより，他人に労働
を強制した者は，3年以下の有期懲役又は拘役に処し，罰金を併科する。情状が重いとき
は，3年以上10年以下の有期懲役に処し，罰金を併科する。

②　他人が前項の行為を行っていることを知りながら，その者に人員の募集，移送又は
その他の協力行為をした者についても，前項と同様とする。

③　組織体が前2項の罪を犯したときは，組織体に対して罰金を科するほか，その直接
責任を負う主管人員及びその他の直接責任者も，第1項と同様に処罰する。

（1997・刑法）

　第244条　人を雇用する組織体が，労働管理法規に違反して，身体の自由を制限することにより，
　職員に労働を強制し，情状が重い場合において，その直接責任者は，3年以下の有期懲役又は
　拘役に処し，罰金を併科し又は単科する。

（2002・改正四）

第244条の1【未成年者を過酷・危険労働に従事させる罪】　労働管理規定に違反して16歳
未満の未成年者を雇い，過酷な肉体労働に従事させ，高空作業若しくは地下採鉱作業に従
事させ又は爆発性，易燃性，放射性，有毒性その他の危険な環境下で働かせ，情状が重い
場合において，その直接責任者は，3年以下の有期懲役又は拘役に処し，罰金を併科す
る。情状が特に重いときは，3年以上7年以下の有期懲役を処し，罰金を併科する。

前項の行為行い，事故を引き起こし，他の罪も犯したときは，併合罪の規定により処罰
する。

＊この条文は，2002年の改正法四により追加。

第245条【不法捜査罪，不法住宅侵入罪】　①　不法に人の身体若しくは住居を捜索し又は人
の住居に侵入した者は，3年以下の有期懲役又は拘役に処する。

②　司法要員が職権を濫用し，前項の罪を犯したときは，重く処罰する。

（2015・改正九）

第246条【侮辱罪，誹謗罪】　①　暴行又はその他の方法により，公然と人を侮辱し又は事実
を捏造して人を誹謗した者は，情状が重いときは，3年以下の有期懲役，拘役，管制又は
政治的権利の剥奪に処する。

②　前項の罪は，告訴がなければ処理しない。ただし，社会の秩序又は国の利益に著し

165

第二部　中国現行刑法の全訳 ── 第12次改正まで

い危害を及ぼしたときは，この限りでない。

③インターネットを利用して第1項に規定する行為を実行したとき，被害者は人民法院に告訴し，証拠提供が困難なときは，人民法院が公安機関の協力の提供を要求することができる。

＊この条文の第3項は，2015年の改正法九により追加。

──────────

第246条　①暴行又はその他の方法により，公然と人を侮辱し又は事実を捏造して人を誹謗した者は，情状が重いときは，3年以下の有期懲役，拘役，管制又は政治的権利の剥奪に処する。

②前項の罪は，告訴がなければ処理しない。ただし，社会の秩序又は国の利益に著しい危害を及ぼしたときは，この限りでない。

第247条【供述拷問強要罪，証言暴力強要罪】　司法要員が，被疑者又は被告人に対して拷問により供述を強要し又は証人に対して暴行を用いて証言を強要したときは，3年以下の有期懲役又は拘役に処する。人に傷害を負わせてその身体機能を喪失させ又は人を死亡させたときは，この法律の第234条又は第232条の規定により罪を認定し重く処罰する。

第248条【被拘禁者虐待罪】　①監獄，拘役場又は留置場その他の刑務管理機関の職員が，被拘禁者に殴打，体罰又は虐待を加え，情状が重いときは，3年以下の有期懲役又は拘役に処する。情状が特に重いときは，3年以上10年以下の有期懲役に処する。人に傷害を負わせてその身体機能を喪失させ又は人を死亡させたときは，この法律の第234条又は第232条の規定により罪を認定し重く処罰する。

②刑務管理の職員が，被拘禁者に指示して他の被拘禁者に殴打，体罰又は虐待を加えさせたときも，前項と同様とする。

第249条【民族怨恨・民族差別扇動罪】　民族の怨恨又は民族差別を扇動した者は，情状が重いときは，3年以下の有期懲役，拘役，管制又は政治的権利の剥奪に処する。情状が特に重いときは，3年以上10年以下の有期懲役に処する。

第250条【少数民族差別侮辱作品出版罪】　出版物の中に少数民族を差別し又は侮辱する内容を掲載し，情状が悪質であり，重い結果を生じさせたときは，その直接責任者は，3年以下の有期懲役，拘役又は管制に処する。

第251条【国民信教自由不法剥奪罪，少数民族風俗慣習侵害罪】　国家機関公務員が，不法に国民の信教の自由を剥奪し又は少数民族の風俗慣習を侵害し，情状が重いときは，2年以下の有期懲役又は拘役に処する。

第252条【通信自由侵害罪】　他人の信書を隠匿し，破棄し又は不法に開封し，国民の通信の自由の権利を侵害した者は，情状が重いときは，1年以下の有期懲役又は拘役に処する。

第253条【郵便物電報開封隠匿破棄罪】　①郵政業の職員が，郵便物又は電報を密かに開封し，隠匿し又は破棄したときは，2年以下の有期懲役又は拘役に処する。

②前項の罪を犯して，財物を窃取したときは，この法律の第264条の規定により罪を認定し重く処罰する。

（2015・改正九）

第253条の1【国民個人情報侵害罪】　①国家規定に違反して，国民の個人情報を他人に販売し又は提供し，情状が重いときは，3年以下の有期懲役又は拘役に処し，罰金を併科又は単科する。情状が特に重いときは，3年以上7年以下の有期懲役に処し，罰金を併科

第2編　各　則／第4章　国民の身体の権利及び民主的権利を侵害する罪

する。

②　国家規定に違反して，職務を執行する際又はサービスを提供する際に得た国民の個人情報を他人に販売し又は提供し，前項の規定により重く処罰する。

③　国民の個人情報を窃取又はその他の方法により不法に取得し，第1項と同様とする。

④　組織体が前3項の罪を犯したときは，組織体に対して罰金を科するほか，その直接責任を負う主管者及びその他の直接責任者も，前3項と同様に処罰する。

（2009・改正七）

第253条の1　①　国家機関又は金融，電信，交通，教育，医療その他の分野に関する組織体の職員が，国の規定に違反して，当該組織体が職務を執行する際又はサービスを提供する際に得た国民の個人情報を他人に売買し又は不法に提供し，情状が重いときは，3年以下の有期懲役又は拘役に処し，罰金を併科し又は単科する。

②　前記の情報を窃取又はその他の方法により不法に取得し，情状が重いときは，前項と同様に処罰する。

③　組織体が前2項の罪を犯したときは，組織体に対して罰金を科するほか，その責任を負う主管人員及びその他の直接責任者も，前2項と同様に処罰する。

＊この条文は，2009年の改正法七より追加。

第254条【報復陥れ罪】　国家機関公務員が，職権を濫用し，公務を口実として私利を図り，告訴人，不服申立人，批判人又は通報人に報復し陥れたときは，2年以下の有期懲役又は拘役に処する。情状が重いときは，2年以上7年以下の有期懲役に処する。

第255条【会計士統計員打撃報復罪】　会社，企業，事業体，機関又は団体の責任者が，法に基づいて職責を履行して会計法又は統計法に違反する行為に抵抗した会計士又は統計員に対して，打撃を与え報復し，情状が悪質であるときは，3年以下の有期懲役又は拘役に処する。

第256条【選挙妨害罪】　各級の人民代表大会の代表及び国家機関の指導者を選挙するに当たり，暴行，脅迫，詐欺，賄賂，選挙文書の偽造，投票数の虚偽の報告その他の方法により，選挙を妨害し又は選挙人及び代表の選挙権及び被選挙権の自由な行使を妨害した者は，情状が重いときは，3年以下の有期懲役，拘役又は政治的権利の剥奪に処する。

第257条【婚姻自由暴力干渉罪】　①　暴行を用いて，他人の婚姻の自由に干渉した者は，2年以下の有期懲役又は拘役に処する。

②　前項の罪を犯し，被害者を死亡させたときは，2年以上7年以下の有期懲役に処する。

③　第1項の罪は，告訴がなければ処理しない。

第258条【重婚罪】　配偶者がいるにもかかわらず重婚した者又は他人に配偶者がいることを明白に知りながらこれと婚姻した者は，2年以下の有期懲役又は拘役に処する。

第259条【軍婚破壊罪】　①　現役の軍人の配偶者であることを知りながら，これと同居し又は結婚した者は，3年以下の有期懲役又は拘役に処する。

②　職権又は上下関係を利用し，脅迫を用いて，現役の軍人の妻を姦淫したときは，この法律の第236条の規定により罪を認定し処罰する。

（2015・改正九）

第260条【虐待罪】　①　家庭の構成員を虐待した者が，情状が悪質であるときは，2年以下

167

第二部　中国現行刑法の全訳 ── 第 12 次改正まで

の有期懲役，拘役又は管制に処する。

　　② 前項の罪を犯し，被害者に重傷害を負わせたとき又は死亡させたときは，2 年以上 7 年以下の有期懲役に処する。

　　③ 第 1 項の罪は，告訴がなければこれを受理しない。ただし，被害者に告訴能力がない場合又は強制，威嚇により告訴ができない場合は，この限りでない。

（1997・刑法）

第 260 条【虐待罪】　① 家庭の構成員を虐待した者が，情状が悪質であるときは，2 年以下の有期懲役，拘役又は管制に処する。

　　② 前項の罪を犯し，被害者に重傷害を負わせたとき又は死亡させたときは，2 年以上 7 年以下の有期懲役に処する。

　　③ 第 1 項の罪は，告訴がなければこれを受理しない。

（2015・改正九）

第 260 条の 1【被後見者・被看護者虐待罪】　① 未成年者，高齢者，疾患を患っている者，障害者などに対して後見，看護の義務を負う者は，被後見者，被看護者を虐待し，情状が悪質であったときは，3 年以下の有期懲役又は拘役に処する。

　　② 組織体が前項の罪を犯したときは，組織体に対して罰金を科すほか，その責任を直接負う主管者及びその他直接責任を負う者も，前項と同様に処罰する。

　　③ 第 1 項に規定する行為を行い，同時に他の罪を構成したときは，その処罰が重い規定により罪を認定し，処罰する。

　　＊この条文は，2015 年の改正法九により追加。

第 261 条【遺棄罪】　老年者，年少者，病者又はその他の独立の生活の能力を有していない者に対して扶養の義務を負う者が，扶養を拒否し，情状が悪質であるときは，5 年以下の有期懲役，拘役又は管制に処する。

第 262 条【児童誘拐罪】　14 歳未満の未成年者を誘拐し，家庭又は後見人から引き離した者は，5 年以下の有期懲役又は拘役に処する。

（2006・改正六）

第 262 条の 1【身体障害者児童組織物金請わせ罪】　暴行又は脅迫を用いて，身体障害者又は 14 歳未満の未成年者を組織して通行人に物又は金銭を請わせた者は，3 年以下の有期懲役又は拘役に処し，罰金を併科する。情状が重いときは，3 年以上 7 年以下の有期懲役に処し，罰金を併科する。

　　＊この条文は，2006 年の改正法六より追加。

（2009・改正七）

第 262 条の 2【未成年を組織し治安管理違反させる罪】　未成年者を組織して，窃盗，詐欺，奪取，恐喝その他の治安管理に服しない行為を行わせた者は，3 年以下の有期懲役又は拘役に処し，罰金を併科する。情状が重いときは，3 年以上 7 年以下の有期懲役に処し，罰金を併科する。

　　＊この条文は，2009 年の改正法七より追加。

168

第2編　各　則／第5章　財産を侵害する罪

第5章　財産を侵害する罪

第263条【強盗罪】　暴行，脅迫又はその他の方法により，公私の財物を強取した者は，3年以上10年以下の有期懲役に処し，罰金を併科する。次に掲げるいずれかの事情があるときは，10年以上の有期懲役，無期懲役又は死刑に処し，罰金又は財産の没収を併科する。

(1) 住居に侵入して強盗したこと。

(2) 公共交通機関内において強盗したこと。

(3) 銀行又はその他の金融機関において強盗したこと。

(4) 繰り返して強盗を行い又は強盗した金額が非常に大きいこと。

(5) 強盗により人に重傷害を負わせ又は死亡させたこと。

(6) 軍人又は警察官と偽称して強盗したこと。

(7) 銃器を携帯して強盗したこと。

(8) 軍用物資又は緊急対策，災害救助若しくは救済の物資を強盗したこと。

(2011・改正八)

第264条【窃盗罪】　公私の財物を窃取した者が，その金額が比較的大きいとき又は繰り返して窃盗をし，入室窃盗をし，持凶器窃盗をし若しくはすりをしたときは，3年以下の有期懲役，拘役又は管制に処し，罰金を併科し又は単科する。その金額が非常に大きいとき又はその他の重い情状があるときは，3年以上10年以下の有期懲役に処し，罰金を併科する。その金額が極めて大きいとき又はその他の特に重い情状があるときは，10年以上の有期懲役又は無期懲役に処し，罰金又は財産の没収を併科する。

(1997・刑法)

第264条　公私の財物を窃取した者が，その金額が比較的大きいとき又は繰り返して窃盗したときは，3年以下の有期懲役，拘役又は管制に処し，罰金を併科し又は単科する。金額が比較的大きいとき又はその他の重い情状があるときは，3年以上10年以下の有期懲役に処し，罰金を併科する。金額が極めて大きいとき又はその他の特に重い情状があるときは，10年以上の有期懲役又は無期懲役に処し，罰金又は財産の没収を併科する。次に掲げる事情のいずれかがあるときは，無期懲役又は死刑に処し，財産の没収を併科する。

(1) 金融機関において窃盗し，その金額が極めて大きいこと。

(2) 珍貴な文化財を窃取し，情状が重いこと。

第265条【窃盗罪】　営利の目的で，他人の通信回線と密かに連結し，他人の電信番号を複製し又はこれを用いた電信設備若しくは施設であることを知りながら使用したときは，この法律の第264条の規定により罪を認定し処罰する。

第266条【詐欺罪】　公私の財物を騙取した者が，その金額が比較的大きいときは，3年以下の有期懲役，拘役又は管制に処し，罰金を併科し又は単科する。その金額が非常に大きいとき又はその他の重い情状があるときは，3年以上10年以下の有期懲役に処し，罰金を併科する。金額が極めて大きいとき又はその他の特に重い情状があるときは，10年以上の有期懲役又は無期懲役に処し，罰金又は財産の没収を併科する。この法律に特別の規

169

第二部　中国現行刑法の全訳 —— 第 12 次改正まで

定があるときは，当該規定による。

（2015・改正九）

第 267 条【奪取罪】　① 公私の財物を奪取した者が，数額が比較的大きいとき又は繰り返し財物を奪取したときは，3 年以下の有期懲役，拘役又は管制に処し，罰金を併科し又は単科する。数額が非常に大きいとき又はその他の情状があるときは，3 年以上 10 年以下の有期懲役に処し，罰金を併科する。数額が極めて大きいときは又はその他の特に重い情状があるときは，10 年以上の有期懲役又は無期懲役に処し，罰金又は財産の没収を併科する。

　② 凶器を携帯して奪取したときは，この法律の第 263 条の規定により罪を認定し処罰する。

第 267 条　① 公私の財物を奪取[21]した者が，その金額が比較的大きいときは，3 年以下の有期懲役，拘役又は管制に処し，罰金を併科し又は単科する。金額が非常に大きいとき又はその他の重い情状があるときは，3 年以上 10 年以下の有期懲役に処し，罰金を併科する。金額が極めて大きいとき又はその他の特に重い情状があるときは，10 年以上の有期懲役又は無期懲役に処し，罰金又は財産の没収を併科する。

　② 凶器を携帯して奪取したときは，この法律の第 263 条の規定により罪を認定し処罰する。

第 268 条【多衆奪取罪】　多衆集合して公私の財物を奪い取り[22]，その金額が比較的大きいとき又はその他の重い情状がある場合において，その首謀者及び積極的参加者は，3 年以下の有期懲役，拘役又は管制に処し，罰金を併科する。金額が極めて大きいとき又はその他の特に重い情状があるときは，3 年以上 10 年以下の有期懲役に処し，罰金を併科する。

第 269 条【事後強盗罪】　窃盗，詐欺又は奪取の罪を犯した者が，贓物を隠匿し，逮捕に抵抗し又は犯罪の証拠を隠滅するために，その場で暴行し又は暴行の告知により脅迫したときは，この法律の第 263 条の規定により罪を認定し処罰する。

第 270 条【横領罪】　① 自己の管理する他人の財物を不法に自己の物として領得した者が，その金額が比較的大きく，返還を拒否したときは，2 年以下の有期懲役，拘役又は罰金に処する。金額が非常に大きいとき又はその他の重い情状があるときは，2 年以上 5 年以下の有期懲役に処し，罰金を併科する。

　② 他人の遺失物又は埋蔵物を不法に領得し，その金額が比較的大きく，返還を拒否したときも，前項と同様とする。

　③ 本条の罪は，告訴がなければこれを処理しない。

（2020・改正十一）

第 271 条【業務上横領罪】　① 会社，企業又はその他の組織体の職員が，職務上の立場を利用し，当該組織体の財物を不法に自己の物として領得し，その金額が比較的大きいときは，3 年以下の有期懲役又は拘役に処し，罰金を併科する。その金額が非常に大きいときは，3 年以上 10 年以下の有期懲役に処し，罰金を併科する。その金額が極めて大きいときは，10 年以上の有期懲役又は無期懲役に処し，罰金を併科する。

21　奪取［抢夺］は，暴力を使用せずに他人の財物を公然と奪うことをいう。

22　奪い取る［哄抢］は，奪取のうち多衆による場合に用いられる。

第2編　各　則／第5章　財産を侵害する罪

②国有の会社，企業又はその他の国有組織体の公務に従事する者，又は国有の会社，企業又はその他の国有組織体から非国有の会社，企業若しくはその他の非国有組織体に派遣されて公務に従事する者が，前項の行為を行ったときは，この法律の第382条又は第383条の規定により罪を認定し，処罰する。

（1997・刑法）
第271条【業務上横領罪】　①会社，企業又はその他の組織体の職員が，職務上の立場を利用し，当該組織体の財物を不法に自己の物として領得し，その金額が比較的大きいときは，5年以下の有期懲役又は拘役に処する。その金額が非常に大きいときは，5年以上の有期懲役に処し，財産の没収を併科することができる。

　②国有の会社，企業又はその他の国有組織体の公務に従事する者又は国有の会社，企業又はその他の国有組織体から非国有の会社，企業又はその他の非国有組織体に派遣されて公務に従事する者が，前項の行為を行ったときは，この法律の第382条又は第383条の規定により罪を認定し処罰する。

（2020・改正十一）
第272条【資金流用罪】　①会社，企業又はその他の組織体の職員が，職務上の立場を利用し，当該組織体の資金を流用して自ら使用し又は他人に貸出し，その金額が比較的大きく3箇月を超えても返還しないとき，3箇月を超えなくてもその金額が比較的大きくそれで営利活動を行ったとき又はそれにより不法な活動を行ったときは，3年以下の有期懲役又は拘役に処する。当該組織体の資金を流用し，その金額が非常に大きいときは，3年以上7年以下の有期懲役に処する。その金額が極めて大きいときは，7年以上の有期懲役に処する。

　②国有の会社，企業若しくはその他の組織体で公務に従事する者，又は国有会社，企業若しくはその他の国有組織体から非国有会社，企業若しくはその他の非国有組織体に派遣されて公務に従事する者が，前項の行為を行ったときは，この法律の第384条の規定により罪を認定し処罰する。

　③第1項の行為を行い，公訴提起前に積極的に流用された資金を返還したときは，その刑を軽くし又は減軽することができる。そのうち，犯罪が比較的軽いときは，その刑を減刑し又は免除することができる。

　＊この条文の第3項は，2020年の改正法十一により追加された。

（1997・刑法）
第272条【資金流用罪】　①会社，企業又はその他の組織体の職員が，職務上の立場を利用し，当該組織体の資金を流用して自ら使用し又は他人に貸出し，その金額が比較的大きく3箇月を超えても返還しないとき，3箇月を超えなくてもその金額が比較的大きくそれで営利活動を行ったとき又はそれにより不法な活動を行ったときは，3年以下の有期懲役又は拘役に処する。当該組織体の資金を流用し，その金額が非常に大きいとき又は比較的大きくこれを返還しなかったときは，3年以上10年以下の有期懲役に処する。

　②国有の会社，企業又はその他の組織体で公務に従事する者又は国有会社，企業又はその他の国有組織体から非国有会社，企業又はその他の非国有組織体に派遣されて公務に従事する者が，前項の行為を行ったときは，この法律の第384条の規定により罪を認定し処罰する。

第273【特定資金物資流用罪】　災害救助，緊急対策，洪水防止，優待慰問，貧困援助，移

171

第二部　中国現行刑法の全訳 —— 第 12 次改正まで

民又は救済に用いる資金又は物資を流用し，情状が重く，国家又は人民大衆の利益に重大な損害を生じさせたとき，その直接責任者は，3 年以下の有期懲役又は拘役に処する。情状が特に重いときは，3 年以上 7 年以下の有期懲役に処する。

（2011・改正八）

第 274【恐喝罪】　恐喝により公私の財物を取得した者が，その金額が比較的大きいとき又は当該行為を繰り返して行ったときは，3 年以下の有期懲役，拘役又は管制を処し，罰金を併科し又は単科する。金額が非常に大きいとき又はその他の重い情状があるときは，3 年以上 10 年以下の有期懲役に処し，罰金を併科する。金額が極めて大きいとき又はその他の特に重い情状があるときは，10 年以上の有期懲役に処し，罰金又は財産の没収を併科する。

第 274　恐喝により公私の財物を取得した者が，その金額が比較的大きいときは，3 年以下の有期懲役，拘役又は管制に処する。金額が非常に大きいとき又はその他の重い情状があるときは，3 年以上 10 年以下の有期懲役に処する。

第 275 条【財物故意損壊罪】　公私の財物を故意に損壊した者が，その金額が比較的大きいとき又はその他の重い情状があるときは，3 年以下の有期懲役，拘役又は罰金に処する。その金額が非常に大きいとき又はその他の特に重い情状があるときは，3 年以上 7 年以下の有期懲役に処する。

第 276 条【生産経営破壊罪】　報復又はその他の不当な目的で，機械設備の損壊，役用家畜の殺害又はその他の方法により生産経営を破壊した者は，3 年以下の有期懲役，拘役又は管制に処する。情状が重いときは，3 年以上 7 年以下の有期懲役に処する。

（2011・改正八）

第 276 条の 1【賃金不払い罪】　① 財産の移転，逃げ隠れその他の方法により，労働者への報酬支払いを免れ又は支払能力があるにもかかわらず支払わなかった者が，金額が比較的大きく政府の関係部門に命じられても依然として支払わなかったときは，3 年以下の有期懲役又は拘役に処し，罰金を併科し又は単科する。重い結果を生じさせたときは，3 年以上 7 年以下の有期懲役に処し，罰金を併科する。

　　② 組織体が前項の罪を犯したときは，組織体に対して罰金を科するほか，その直接責任を負う主管人員及びその他の直接責任者も，前項と同様に処罰する。

　　③ 前 2 項の行為を行い，重い結果を生じさせず，公訴を提起される前に労働者に報酬を支払い，かつ法律上相応の賠償責任を負う者は，その刑を減軽し又は免除することができる。

　　＊この条文は，2011 年の改正法八より追加

第2編　各　則／第6章　社会管理の秩序を乱す罪

第6章　社会管理の秩序を乱す罪

第1節　公共の秩序を妨害する罪

（2020・改正十一）

第277条【公務妨害罪，警察襲撃罪】　① 暴行又は脅迫を用いて，国家機関公務員の適法な職務執行を妨害した者は，3年以下の有期懲役，拘役，管制又は罰金に処する。

② 暴行又は脅迫を用いて，全国人民代表大会及び地方各級人民代表大会代表の適法な職務執行を妨害した者についても，前項と同様とする。

③ 自然災害又は突発的な事件の際に，暴行又は脅迫を用いて，赤十字職員の適法な職務執行を妨害した者についても，第1項と同様とする。

④ 国家安全機関又は公安機関の適法な国家の安全に関する職務執行を故意に妨害した者は，暴行又は脅迫を用いなくても，重い結果を生じさせたときも，第1項と同様とする。

⑤ 暴力により職務を執行している人民警察を攻撃したときは，3年以下の有期懲役，拘役又は管制に処する。銃器，規制された刀剣若しくは自動車を運転し衝撃などの手段を使用し，身体の安全に著しい危害を及ぼしたときは，3年以上7年以下の有期懲役に処する。

―――――――――――――

（2015・改正九）

第277条【公務妨害罪】　① 暴行又は脅迫を用いて，国家機関公務員の適法な職務執行を妨害した者は，3年以下の有期懲役，拘役，管制又は罰金に処する。

② 暴行又は脅迫を用いて，全国人民代表大会及び地方各級人民代表大会の代表の適法な職務執行を妨害した者についても，前項と同様とする。

③ 自然災害又は突発的な事件の際に，暴行又は脅迫を用いて赤十字の職員の適法な職務執行を妨害した者についても，第1項と同様とする。

④ 国家安全機関又は公安機関の適法な国家の安全に関する職務の執行を故意に妨害した者は，暴行又は脅迫を用いなくても，重い結果を生じさせたときも，第1項と同様とする。

⑤ 暴行を用いて職務を執行している人民警察を攻撃したときは，第1項の規定により重く処罰する。

　＊この条文の第5項は，2015年の改正法九により追加された。

―――――――――――――

（1997・刑法）

第277条　① 暴行又は脅迫を用いて，国家機関公務員の適法な職務執行を妨害した者は，3年以下の有期懲役，拘役，管制又は罰金に処する。

② 暴行又は脅迫を用いて，全国人民代表大会及び地方各級人民代表大会の代表の適法な職務執行を妨害した者についても，前項と同様とする。

③ 自然災害又は突発的な事件の際に，暴行又は脅迫を用いて赤十字の職員の適法な職務執行を妨害した者についても，第1項と同様とする。

④ 国家安全機関又は公安機関の適法な国家の安全に関する職務の執行を故意に妨害した者は，暴行又は脅迫を用いなくても，重い結果を生じさせたときも，第1項と同様とする。

第278条【法律執行暴力妨害扇動罪】　大衆を扇動し，暴行を用いて国家の法律又は行政法規の執行に抵抗した者は，3年以下の有期懲役，拘役，管制又は政治的権利の剥奪に処す

173

第二部　中国現行刑法の全訳 —— 第12次改正まで

る。重い結果を生じさせたときは，3年以上7年以下の有期懲役に処する。

第279条【国家機関公務員偽称詐欺罪】　①国家機関公務員と偽称して詐欺行為を行った者は，3年以下の有期懲役，拘役，管制又は政治的権利の剥奪に処する。情状が重いときは，3年以上10年以下の有期懲役に処する。

　②人民警察と偽称して詐欺行為を行ったときは，前項の規定に従って重く処罰する。

（2015・改正九）

第280条【国家機関公文書証明書印章鑑偽造変造売買罪，国家機関公文書証明書印章強取破棄罪，会社企業事業体人民団体印章偽造罪，住民身分証明証偽造変造売買罪】　①国家機関の公文書，証明書又は印章を偽造し，変造し，売買し，窃取し，奪取し又は毀棄した者は，3年以下の有期懲役，拘役，管制又は政治的権利の剥奪に処し，罰金を併科する。情状が重いときは，3年以上10年以下の有期懲役に処し，罰金を併科する。

　②会社，企業，事業体又は人民団体の印章を偽造した者は，3年以下の有期懲役，拘役，管制又は政治的権利の剥奪に処し，罰金を併科する。

　③住民身分証明証，パスポート，社会保障カード又は運転証など，法律により身分を証明することができる証明書を偽造し，変造し又は売買した者は，3年以下の有期懲役，拘役，管制又は政治的権利の剥奪に処し，罰金を併科する。情状が重いときは，3年以上7年以下の有期懲役に処し，罰金を併科する。

（1997・刑法）

第280条　①国家機関の公文書，証明書又は印章を偽造し，変造し，売買し，窃取し，奪取し又は毀棄した者は，3年以下の有期懲役，拘役，管制又は政治的権利の剥奪に処する。情状が重いときは，3年以上10年以下の有期懲役に処する。

　②会社，企業，事業体又は人民団体の印章を偽造した者は，3年以下の有期懲役，拘役，管制又は政治的権利の剥奪に処する。

　③住民身分証明証を偽造し又は変造した者は，3年以下の有期懲役，拘役，管制又は政治的権利の剥奪に処する。情状が重いときは，3年以上7年以下の有期懲役に処する。

（2015・改正九）

第280条の1【偽造身分証明書使用，身分証明書盗用罪】　①国家規定により身分証明を提示すべき活動において，偽造し，変造し又は窃取した住民身分証明証，パスポート，社会保障カード又は運転証など，法律により身分を証明することができる証明書を使用した場合，情状が重いときは，拘役又は管制に処し，そして罰金を併科し又は単科する。

　②前項に規定する行為を行い，同時に他の罪を構成したときは，その処罰が重い規定により罪を認定し，処罰する。

　＊この条文は，2015年の改正法九により追加された。

（2020・改正十一）

第280条の2【身分窃取罪】　①他人の身分を窃取し又は盗用し，その人の代わりに高等学歴教育入学資格，公務員雇用資格，就職安置処遇を取得した者は，3年以下の有期懲役，拘役又は管制に処し，罰金を併科する。

　②他人を組織し，指示して前項の行為を行ったときは，前項の規定により重く処罰する。

③ 公務員が前2項の行為を行い，他の罪も犯したときは，併合罪の規定により処罰する。

＊この条文は，2020年の改正法十一により追加された。

第281条【警察装備不法生産販売罪】　① 警察の制服，車両のナンバープレートその他の専用標識又は警察用具を不法に生産し又は販売した者は，情状が重いときは，3年以下の有期懲役，拘役又は管制に処し，罰金を併科し又は単科する。

② 組織体が前項の罪を犯したときは，組織体に対して罰金を科するほか，その直接責任を負う主管人員及びその他の直接責任者も，前項と同様に処罰する。

第282条【国家機密不法取得罪，国家極秘・機密文書資料等不法所持罪】　① 窃取，探知又は買収を用いて，国家機密を不法に取得した者は，3年以下の有期懲役，拘役，管制又は政治的権利の剥奪に処する。情状が重いときは，3年以上7年以下の有期懲役に処する。

② 国家の極秘又は機密の文書，資料又はその他の極秘又は機密の物品を不法に所持し，その由来又は用途を説明することを拒否した者は，3年以下の有期懲役，拘役又は管制に処する。

（2015・改正九）

第283条【スパイ専用器材・盗聴・盗撮専用器材の不法生産販売罪】　① スパイ専用器材，又は盗聴，盗撮専用器材を不法に生産し，販売した者は，3年以下の有期懲役，拘役又は管制に処し，罰金を併科し又は単科する。情状が重いときは，3年以上7年以下の有期懲役に処し，罰金を併科する。

② 組織体が前項の罪を犯したときは，組織体に対して罰金を科するほか，その責任を直接負う主管者及びその他直接責任を負う者も，前項と同様に処罰する。

＊この条文第②項は，2015年の改正法九により追加された。

（1997・刑法）

第283条　盗聴，盗撮その他の専らスパイ行為に用いられる器材を不法に生産し又は販売した者は，3年以下の有期懲役，拘役又は管制に処する。

第284条【盗聴盗撮専用器材不法使用罪】　専ら盗聴又は盗撮用いられる器材を不法に使用した者が，重い結果を生じさせたときは，2年以下の有期懲役，拘役又は管制に処する。

（2015・改正九）

第284条の1【試験カンニング組織罪，試験・答案不法提供販売罪，試験代替罪】　① 法律により規定する国家試験において，カンニングを組織した者は，3年以下の有期懲役又は拘役に処し，罰金を併科し又は単科する。情状が重いときは，3年以上7年以下の有期懲役に処し，罰金を併科する。

② 他人が前項の罪を遂行するために，カンニングの器材を提供し又はその他の幇助を提供した者は，前項と同様に処罰する。

③ カンニング行為を実施するために，他人に，第1項に規定する試験問題，答案を不法に販売し又は提供した者は，第1項と同様に処罰する。

④ 他人を替え玉とし又は自分を他人の替え玉として，第1項が規定する試験に参加した者は，拘役又は管制に処し，罰金を併科し又は単科する。

第二部　中国現行刑法の全訳 —— 第 12 次改正まで

＊この条文は，2015 年の改正法九により追加された。

（2015・改正九）

第 285 条【コンピュータ情報システム侵入罪，コンピュータ情報システムのデータ不法取得不法コントロール罪，コンピュータ情報システムのデータ不法取得不法コントロールソフト道具供与罪】　① 国の規定に違反して，国家事務，国防建設又は先端的な科学技術の領域に係るコンピュータ情報システムに侵入した者は，3 年以下の有期懲役又は拘役に処する。

② 国の規定に違反して，前項に規定する以外のコンピュータのデータシステムに侵入すること又はその他の技術的手段により，当該コンピュータの情報システムにおいて保存，処理若しくは転送されているデータを取得し又は当該コンピュータの情報システムを不法にコントロールした者は，情状が重いときは，3 年以下の有期懲役又は拘役に処し，罰金を併科し又は単科する。情状が特に重いときは，3 年以上 7 年以下の有期懲役に処し，罰金を併科する。

③ 専らコンピュータに侵入し若しくはコンピュータを不法にコントロールするために作られた専用のソフト若しくは道具を提供し又は他人がコンピュータに侵入し若しくはコンピュータを不法にコントロールする犯罪行為を行うことを知りながら，ソフト若しくは道具を提供した者は，情状が重いときも，前項と同様とする。

④ 組織体が前 3 項の罪を犯したときは，組織体に対して罰金を科するほか，その責任を直接負う主管者及びその他直接責任を負う者も，各条文の規定により処罰する。

＊この条文の第④項は，2015 年の改正法九により追加された。

（2009・改正七）

第 285 条　① 国の規定に違反して，国家事務，国防建設又は先端的な科学技術の領域に係るコンピュータ情報システムに侵入した者は，3 年以下の有期懲役又は拘役に処する。

② 国の規定に違反して，前項に規定する以外のコンピュータのデータシステムに侵入すること又はその他の技術的手段により，当該コンピュータの情報システムにおいて保存，処理若しくは転送されているデータを取得し又は当該コンピュータの情報システムを不法にコントロールした者は，情状が重いときは，3 年以下の有期懲役又は拘役に処し，罰金を併科し又は単科する。情状が特に重いときは，3 年以上 7 年以下の有期懲役に処し，罰金を併科する。

③ 専らコンピュータに侵入し若しくはコンピュータを不法にコントロールするために作られた専用のソフト若しくは道具を提供し又は他人がコンピュータに侵入し若しくはコンピュータを不法にコントロールする犯罪行為を行うことを知りながら，ソフト若しくは道具を提供した者は，情状が重いときも，前項と同様とする。

（1997・刑法）

第 285 条　国の規定に違反して，国家事務，国防建設又は先端的な科学技術の領域に係るコンピュータ情報システムに侵入した者は，3 年以下の有期懲役又は拘役に処する。

（2015・改正九）

第 286 条【コンピュータ情報システム破壊罪】　① 国の規定に違反して，コンピュータ情報システムの機能を削除し，改ざんし，増加させ又は撹乱し，よってコンピュータデータシステムの正常な作動を不可能にした者は，結果が重いときは，5 年以下の有期懲役又は拘

176

役に処する。その結果が特に重いときは，5年以上の有期懲役に処する。

　②国の規定に違反して，コンピュータデータシステムにおいて保存，処理又は転送されているデータ又は応用プログラムを削除し，改ざんし又は増加させた者は，重い結果を生じさせたときも，前項と同様とする。

　③コンピュータウイルスその他の破壊性プログラムを故意に作成し又は頒布した者が，コンピュータシステムの正常な作動に影響を与え，重い結果を生じさせたときも，第1項と同様とする。

　④組織体が前3項の罪を犯したときは，組織体に対して罰金を科するほか，その責任を直接負う主管者及びその他責任を直接負う者も，第1項の規定により処罰する。

　＊この条文の第④項は，2015年の改正法九により追加された。

（1997・刑法）
第286条　①国の規定に違反して，コンピュータ情報システムの機能を削除し，改ざんし，増加させ又は撹乱し，よってコンピュータデータシステムの正常な作動を不可能にした者は，結果が重いときは，5年以下の有期懲役又は拘役に処する。その結果が特に重いときは，5年以上の有期懲役に処する。

　②国の規定に違反して，コンピュータデータシステムにおいて保存，処理又は転送されているデータ又は応用プログラムを削除し，改ざんし又は増加させた者は，重い結果を生じさせたときも，前項と同様とする。

　③コンピュータウイルスその他の破壊性プログラムを故意に作成し又は頒布した者が，コンピュータシステムの正常な作動に影響を与え，重い結果を生じさせたときも，第1項と同様とする。

（2015・改正九）
第286条の1【インターネット安全管理義務の履行拒否罪】　①ネットサービスを提供する者は，法律又は政法規が規定するインターネットの安全管理義務を履行せずに，監督部門による改善措置の命令を拒んでこれを改善しない場合，次に掲げるいずれかの事情があるときは，3年以下の有期懲役，拘役又は管制に処し，罰金を併科し又は単科する。

　(1) 違法情報を大量に拡散したこと。
　(2) 利用者の情報を漏えいさせ，重い結果を生じさせたこと。
　(3) 刑事事件の証拠を隠滅し，その情状が重いとき。
　(4) その他重い情状があること。

　②組織体が前項の罪を犯したときは，組織体に対して罰金を科するほか，その責任を直接負う主管者及びその他直接責任を負う者も，前項の規定により処罰する。

　③前2項に規定する行為を行い，同時に他の罪を構成したときは，その処罰が重い規定により罪を認定し，処罰する。

　＊この条文は，2015年の改正法九により追加された。

第287条【コンピュータを利用する犯罪に関する規定】　コンピュータを利用して，金融詐欺，窃盗，横領，公金流用，国家機密の窃取又はその他の罪を犯したときは，本法の関係規定により罪を認定し処罰する。

（2015・改正九）

第二部　中国現行刑法の全訳 ── 第 12 次改正まで

第 287 条の 1【インターネット不法利用罪】　① インターネットを利用し，次に掲げるいずれかの行為を実行したときは，3 年以下の有期懲役又は拘役に処し，罰金を併科し又は単科する。

　(1) 詐欺，犯罪の方法を伝授し，違法な物品又は規制品を製造又は販売するウェブサイトを開設し又は連絡帳を設置したこと。

　(2) 薬物，銃器，猥褻物などの違法な物品，規制品又はその他犯罪に関する違法な情報を作出し又は販売したこと。

　(3) 詐欺などの違法な犯罪活動を実施するために情報を公開したこと。

　② 組織体が前項の罪を犯したときは，組織体に対して罰金を科するほか，その責任を直接負う主管者及びその他責任を直接負う者も，第 1 項の規定により処罰する。

　③ 前 2 項に規定する行為を行い，同時に他の罪を構成したときは，その処罰が重い規定により罪を認定し，処罰する。

　＊この条文は，2015 年の改正法九により追加された。

（2015・改正九）

第 287 条の 2【インターネットによる犯罪活動幇助罪】　① 他の者がインターネットを利用して犯罪を実施することを知りながら，その犯罪にインターネットの接続，サーバ・サイトの管理，インターネット存貯，通信伝出などの技術サポートを提供し又は広告の宣伝，支払決算などを幇助した者は，その情状が重いときは，3 年以下の有期懲役又は拘役に処し，罰金を併科し又は単科する。

　② 組織体が前項の罪を犯したときは，組織体に対して罰金を科するほか，その責任を直接負う主管者及びその他責任を直接負う者も，第 1 項の規定により処罰する。

　③ 前 2 項に規定する行為を行い，同時に他の罪を構成したときは，その処罰が重い規定により罪を認定し，処罰する。

　＊この条文は，2015 年の改正法九により追加された。

（2015・改正九）

第 288 条【無線通信管理秩序妨害罪】　① 国家規定に違反して，無線設備（ステーション）を無断で設備し若しくは使用し又は電波の周波数を無断で専用し，無線通信の正常な運行を妨害した者が，情状が重いときは，3 年以下の有期懲役，拘役又は管制に処し，罰金を併科し又は単科する。情状が特に重いときは，3 年以上 7 年以下の有期懲役に処し，罰金を併科する。

　② 組織体が前項の罪を犯したときは，組織体に対して罰金を科するほか，その直接責任を負う主管人員及びその他の直接責任者も，前項と同様に処罰する。

───────────────

（1997・刑法）

第 288 条　① 国の規定に違反して，無線設備（ステーション）を無断で設置し若しくは使用し又は電波の周波数を無断で占用し，使用停止の命令を受けてもこれを拒否し，無線通信の正常な運行を妨害した者が，重い結果を生じさせたときは，3 年以下の有期懲役，拘役又は管制に処し，罰金を併科し又は単科する。

　② 組織体が前項の罪を犯したときは，組織体に対して罰金を科するほか，その直接責任を負う主管人員及びその他の直接責任者も，前項と同様に処罰する。

178

第 2 編　各　則／第 6 章　社会管理の秩序を乱す罪

第 289 条【多衆集合殴打・破壊・略奪行為関する処理規定】　多衆集合して殴打，破壊又は
強取を行い，人に傷害を負わせてその身体機能を喪失させ又は人を死亡させた者は，この
法律の第 234 条又は第 232 条の規定により罪を認定し処罰する。公私の財物を損壊し又は
強取したときは，返却又は賠償を命ずるほか，その首謀者は，この法律の第 263 条の規定
により罪を認定し処罰する。

（2015・改正九）

第 290 条【多衆集合社会秩序妨害罪，多衆集合国家機関乱入罪，国家機関勤務秩序妨害罪，
不法集合組織，援助罪】　① 多衆集合して社会秩序を乱し，情状が重く，勤務，生産，営
業，教育学習，科学研究又は医療を不可能にして重い損失を与えたときは，その首謀者
は，3 年以上 7 年以下の有期懲役に処し，積極的にこれに参加したその他の者は，3 年以
下の有期懲役，拘役，管制又は政治的権利の剥奪に処する。

　　② 多衆集合して国家機関に乱入し，国家機関の業務を不可能にして重い損失を与えた
ときは，その首謀者は，5 年以上 10 年以下の有期懲役に処し，積極的にこれに参加した
その他の者は，5 年以下の有期懲役，拘役，管制又は政治的権利の剥奪に処する。

　　③ 国家機関の勤務秩序を繰り返し乱し，行政処罰を受けたにもかかわらず改善せず，
重い結果を生じさせたときは，3 年以下の有期懲役，拘役又は管制に処する。

　　④ 繰り返し他人を組織，援助し不法に集合して社会秩序を乱し，情状が重いときは，
前項の規定より処罰する。

　　＊この条文の第 3 項，第 4 項は，2015 年の改正法九により追加された。

（1997・刑法）

第 290 条　① 多衆集合して社会秩序を乱し，情状が重く，勤務，生産，営業，教育学習又は科学
　　研究を不可能にして重い損失を与えたときは，その首謀者は，3 年以上 7 年以下の有期懲役に
　　処し，他の積極的参加者は，3 年以下の有期懲役，拘役，管制又は政治的権利の剥奪に処する。

　　　② 多衆集合して国家機関に乱入し，国家機関の業務を不可能にして重い損失を与えたとき
　　は，その首謀者は，5 年以上 10 年以下の有期懲役に処し，他の積極的参加者は，5 年以下の有
　　期懲役，拘役，管制又は政治的権利の剥奪に処する。

第 291 条【多衆集合公共場所秩序妨害罪】　多衆集合して駅，埠頭，民間空港，デパート，
公園，映画館，劇場，展覧場，運動場又はその他の公共の場所の秩序を乱し又は多衆集合
して交通を遮断し若しくは交通秩序を破壊し，国家治安管理職員の適法な職務執行に抵抗
し若しくはそれを妨害した者が，情状が重いときは，その首謀者は，5 年以下の有期懲
役，拘役又は管制に処する。

（2015・改正九）

第 291 条の 1【偽危険物質投放罪，虚偽テロ情報捏造故意流布罪，虚偽情報捏造故意流布罪】
① 偽の爆発物，毒性物，放射性物，伝染病の病原体その他の物質を投放し又は爆破の脅
威，生物化学性脅威若しくは放射性脅威に関するテロ情報を捏造し若しくは捏造されたテ
ロ情報と知りながら故意に流布し，社会秩序を著しく乱した者は，5 年以下の有期懲役，
拘役又は管制に処する。重い結果を生じさせたときは，5 年以上の有期懲役に処する。

　　② 虚偽の険情，疫情，災情，警情を捏造し，インターネット若しくはその他の媒体で
拡散し又は上述の情報が虚偽であることを知りながら，インターネット又はその他の媒体

179

第二部　中国現行刑法の全訳 —— 第12次改正まで

で故意に拡散し，社会秩序を大きく乱したときは，3年以下有期懲役，拘役又は管制に処する。重い結果を生じさせたときは，3年以上7年以下の有期懲役に処する。

＊この条文の第2項は，2015年の改正法九により追加された。

（2001・改正三）

第291条の1【偽危険物質投放罪，虚偽テロ情報捏造故意流布罪】　偽の爆発物，毒性物，放射性物，伝染病の病原体その他の物質を投放し又は爆破の脅威，生物化学性脅威若しくは放射性脅威に関するテロ情報を捏造し若しくは捏造されたテロ情報と知りながら故意に流布し，社会秩序を著しく乱した者は，5年以下の有期懲役，拘役又は管制に処する。重い結果を生じさせたときは，5年以上の有期懲役に処する。

＊この条文は，2001年の改正法三より追加された。

（2020・改正十一）

第291条の2【高所からの物品投棄罪】　① 建築物又はその他高所から物品を投棄した者は，情状が重いときは，1年以下の有期懲役，拘役又は管制に処し，罰金を併科し又は単科する。

② 前項に規定する行為を行い，同時に他の罪を構成したときは，その処罰が重い規定により罪を認定し，処罰する。

＊この条文は，2020年の改正法十一により追加された。

第292条【多衆集合乱闘罪】　① 多衆集合して乱闘したときは，その首謀者及びその他の積極的参加者は，3年以下の有期懲役，拘役又は管制に処する。次に掲げるいずれかの事情があるときは，その首謀者及びその他の積極的参加者は，3年以上10年以下の有期懲役に処する。

(1) 繰り返し多衆集合して乱闘したこと。

(2) 多衆集合して乱闘した人数が多く，規模が大きく，社会に悪影響を与えたこと。

(3) 公共の場所又は交通の要所で多衆集合して乱闘し，社会秩序に重大な混乱を引き起こしたこと。

(4) 凶器を携帯して多衆集合して乱闘したこと。

② 多衆集合して乱闘し，人に重傷害を負わせ又は死亡させたときは，この法律の第234条又は第232条の規定により罪を認定し処罰する。

（2011・改正八）

第293条【トラブル挑発引起罪】　① 次に掲げる挑発行為又はトラブルを引き起こす行為のいずれかを行い，社会秩序を破壊した者は，5年以下の有期懲役，拘役又は管制に処する。

(1) ほしいままに他人に暴行を加え，情状が悪質である行為。

(2) 他人を追跡し，通行を妨害し，罵倒し又は恐喝し，情状が悪質である行為。

(3) 公私の財物を奪取し又はほしいままに損壊し若しくは占用し，情状が重い行為。

(4) 公共の場所において騒乱を引き起こし，公共の秩序に重大な混乱を生じさせる行為。

② 他人を集めて繰り返して前項の行為を行わせ，社会秩序を著しく破壊した者は，5年以上10年以下の有期懲役に処し，罰金を併科する。

（1997・刑法）

第2編　各　則／第6章　社会管理の秩序を乱す罪

第293条　次に掲げる挑発行為又はトラブルを引き起こす行為のいずれかを行い，社会秩序を破壊する者は，5年以下の有期懲役，拘役又は管制に処する。
　(1) ほしいままに他人に暴行を加え，情状が悪質である行為
　(2) 他人を追跡し，通行を妨げ，罵倒し，情状が悪質である行為。
　(3) 公私の財物を奪取し又はほしいままに損壊し若しくは占用し，情状が重い行為。
　(4) 公共の場所において騒乱を引き起こし，公共の秩序に重大な混乱を生じさせた行為。

(2020・改正十一)
第293条の1【不法債務要求罪】　次に掲げる事情のいずれかがあり，高利貸付金等で生じた不法債務を要求し，その情状が重いときは，3年以下の有期懲役，拘役又は管制に処し，罰金を併科又は単科する。
　(1) 暴行又は脅迫を用いたこと。
　(2) 人の身体の自由を制限し又は人の住居に侵入したこと。
　(3) 人を恐喝し，尾行し又はパワハラを行ったこと。
　＊この条文は，2020年の改正法十一により追加された。

(2011・改正八)
第294条【黒社会的な組織結成指導参加罪，暴力団性質組織入境発展罪，暴力団性質組織庇護放任罪】　① 黒社会的な組織を結成し又は指導した者は，7年以上の有期懲役に処し，財産の没収を併科する。この組織に積極的に参加した者は，3年以上7年以下の有期懲役に処し，罰金又は財産の没収を併科することができる。その他の参加者は，3年以下の有期懲役，拘役，管制又は政治的権利の剥奪に処し，罰金を併科することができる。
　② 境外の黒社会的な組織の構成員が，中華人民共和国境内において組織の構成員を召集したときは，3年以上10年以下有期懲役に処する。
　③ 国家機関公務員が黒社会的な組織を庇護し又は黒社会的な組織の犯罪活動を放任したときは，5年以下の有期懲役に処する。情状が重いときは，5年以上の有期懲役に処する。
　④ 前3項の罪を犯すと同時に他の罪も犯したときは，併合罪の規定により処罰する。
　⑤ 黒社会的な組織は，同時に次の特徴を有しなければならない。
　(1) 比較的安定した犯罪組織が形成されており，人数が多く，明確な組織者及び指導者を持ち，中堅の構成員が概ね固定的であること。
　(2) 組織の活動を支えるために，犯罪活動又はその他の方法により経済的利益を取得し，一定の経済的実力を持つこと。
　(3) 暴行，脅迫又はその他の方法により犯罪活動を組織的に繰り返し行い，悪事を働き，国民大衆を抑圧し又は残害するものであること。
　(4) 犯罪活動の実施を通じて又は公務員の庇護若しくは放任を利用して，地方の悪勢力を示し，一定の地域又は業界の範囲において，市場を独占し又は重大な影響力を持ち，経済の秩序又は社会生活の秩序を著しく破壊するものであること。

(1997・刑法)
第294条　① 暴行，脅迫又はその他の方法により，組織的に犯罪活動を行い，地方の悪勢力を示し，悪事を働き，国民大衆を抑圧し又は残害し，経済の秩序又は社会生活の秩序を著しく破壊する黒社会的な組織を結成し，指導し又はそれに積極的に参加した者は，3年以上10年以下の

第二部　中国現行刑法の全訳 ―― 第 12 次改正まで

有期懲役に処する。その他の参加者は，3 年以下の有期懲役，拘役，管制又は政治的権利の剥奪に処する。

　②境外の黒社会的な組織の構成員が，中華人民共和国境内において組織の構成員を召集したときは，3 年以上 10 年以下有期懲役に処する。

　③前 2 項の罪を犯すと同時に他の罪も犯したときは，併合罪の規定により処罰する。

　④国家機関公務員が，黒社会的な組織を庇護し又は黒社会的な組織の犯罪活動を放任したときは，3 年以下の有期懲役，拘役又は政治的権利の剥奪に処する。情状が重いときは，3 年以上 10 年以下の有期懲役に処する。

（2011・改正八）

第 295 条【犯罪方法伝授罪】　犯罪の方法を伝授した者は，5 年以下の有期懲役，拘役又は管制に処する。情状が重いときは，5 年以上 10 年以下の有期懲役に処する。情状が特に重いときは，10 年以上の有期懲役又は無期懲役に処する。

（1997・刑法）

第 295 条　犯罪の方法を伝授した者は，5 年以下の有期懲役，拘役又は管制に処する。情状が重いときは，5 年以上の有期懲役に処する。情状が特に重いときは，無期懲役又は死刑に処する。

第 296 条【不法集会行進示威罪】　集会，行進又は示威を行う場合において，法律の規定による申請を行わず若しく申請したがその許可が得られなかったとき又は主管部門の許可した期間，場所若しくはルートに従わず，かつ解散命令を拒否し，社会の秩序を著しく乱したときは，集会，行進若しくは示威の責任者及び直接責任者は，5 年以下の有期懲役，拘役，管制又は政治的権利の剥奪に処する。

第 297 条【武器・制限刃物類・爆発物不法携帯集会行進示威参加罪】　法律の規定に違反して，武器，制限刃物類又は爆発物を携帯し集会，行進又は示威に参加した者は，3 年以下の有期懲役，拘役，管制又は政治的権利の剥奪に処する。

第 298 条【集会行進示威妨害罪】　撹乱，乱入又はその他の方法により，合法的な集会，行進又は示威を妨害し，公共の秩序を混乱させた者は，5 年以下の有期懲役，拘役，管制又は政治的権利の剥奪に処する。

（2017・改正十）

第 299 条【国旗・国章・国歌侮辱罪】　①公共の場所において，焼却，毀損，塗布，汚損，踏付け又はその他の方法により，中華人民共和国の国旗又は国章を故意に侮辱した者は，3 年以下の有期懲役，拘役，管制又は政治的権利の剥奪に処する。

　②公共の場所において，故意に中華人民共和国の国歌の歌詞，曲譜を改ざんし，曲解し，貶めるといった方法で国歌を奏唱し又はその他の方法により国歌を侮辱し，情状が重い者は，前項の規定により処罰する。

　＊この条文の第 2 項は，2017 年の改正法十により追加された。

（1997・刑法）

第 299 条　公共の場所において，焼却，毀損，塗付け，汚損，踏付けその他の方法により，中華人民共和国の国旗又は国章を故意に侮辱した者は，3 年以下の有期懲役，拘役，管制又は政治的権利の剥奪に処する。

第2編　各　則／第6章　社会管理の秩序を乱す罪

（2020・改正十一）

第299条の1【英雄烈士の名誉及び栄誉侵害罪】　侮辱，誹謗又はその他の方法で英雄烈士の名誉，栄誉を侵害し，社会の公共の利益を侵害した者は，情状が重いときは，3年以下の有期懲役，拘役若しくは管制に処し又は政治的権利を剥奪する。

　　＊この条文は，2020年の改正法十一により追加された。

（2015・改正九）

第300条【会道門邪教組織利用・迷信利用法律実施妨害罪，会道門邪教組織利用・迷信利用致死罪】　① 会道門若しくは邪教団体を結成し若しくは利用し又は迷信を利用して，国家の法律若しくは行政法規の執行を妨害した者は，3年以上7年以下の有期懲役に処し，罰金を併科する。情状が特に重いときは，7年以上の有期懲役又は無期懲役に処し，罰金又は財産の没収を併科する。情状が比較的軽いときは，3年以下の有期懲役，拘役，管制又は政治的権利の剥奪に処し，罰金を単科又は併科する。

　② 会道門若しくは邪教団体を結成し若しくは利用し又は迷信を利用して，人を欺いて死亡させた者についても，前項と同様とする。

　③ 第1項の罪を犯し，女子の姦淫，又は財物の騙取などの犯罪行為をした者は，併合罪として処罰する。

（1997・刑法）

第300条　① 会道門23 若しくは邪教団体を結成し若しくは利用し又は迷信を利用して，国家の法律若しくは行政法規の執行を妨害した者は，3年以上7年以下の有期懲役に処する。情状が特に重いときは，7年以上の有期懲役に処する。

　② 会道門若しくは邪教団体を結成し若しくは利用し又は迷信を利用して，人を欺いて死亡させた者についても，前項と同様とする。

　③ 会道門若しくは邪教団体を結成し若しくは利用し又は迷信を利用して，婦人を姦淫し又は財物を騙取した者は，この法律の第236条又は第266条の規定により罪を認定し処罰する。

第301条【多衆集合淫行罪，未成年者多衆淫行勧誘罪】　① 多衆集合して淫行を行ったときは，その首謀者又は繰り返して参加した者は，5年以下の有期懲役，拘役又は管制に処する。

　② 未成年者を勧誘して，多衆集合の淫行活動に参加させた者は，前項の規定により重く処罰する。

（2015・改正九）

第302条【死体・死骸・遺骨及び遺灰窃盗・侮辱・破壊罪】　死体，死骸，遺骨若しくは遺灰を窃取し，侮辱し又は故意に破壊した者は，3年以下有期懲役，拘役又は管制に処する。

（1997・刑法）

第302条【死体窃盗侮辱罪】　死体を窃取し又は侮辱した者は，3年以下の有期懲役，拘役又は管制に処する。

（2020・改正十一）

23　「会道門」とは，迷信団体の総体を指す。

第二部　中国現行刑法の全訳 —— 第 12 次改正まで

第 303 条【賭博罪，賭博場開帳罪，国(境)外賭博組織罪】　① 営利の目的で，博徒を集合させて賭博を行い又は業として賭博を行った者は，3 年以下の有期懲役，拘役又は管制に処し，罰金を併科する。

　② 賭博場を開帳した者は，5 年以下の有期懲役，拘役又は管制に処し，罰金を併科する。情状が重いときは，5 年以上 10 年以下の有期懲役に処し，罰金を併科する。

　③ 中華人民共和国の公民を組織し，国(境)外において賭博をし，金額が非常に大きいとき又はその他重い情状があるときは，前項と同様に処罰する。

　＊この条文の第 3 項は，2020 年の改正法十一により追加された。

（2006・改正六）

第 303 条【賭博罪，賭博場開帳罪】　営利の目的で，博徒を集合させて賭博をし又は業として賭博をした者は，3 年以下の有期懲役，拘役又は管制に処し，罰金を併科する。

　賭博場を開帳した者は，3 年以下の有期懲役，拘役又は管制に処し，罰金を併科する。情状が重いときは，3 年以上 10 年以下の有期懲役に処し，罰金を併科する。

（1997・刑法）

第 303 条　営利の目的で，賭徒を集合させて賭博をし，賭博場を開帳し又は業として賭博をした者は，3 年以下の有期懲役，拘役又は管制に処し，罰金を併科する。

第 304 条【郵便物故意遅延罪】　郵便職員が，職責を著しく怠り，郵便物の配達を故意に遅らせ，公共の財産又は国家若しくは国民の利益に重大な損失を与えたときは，2 年以下の有期懲役又は拘役に処する。

第 2 節　司法を妨害する罪

第 305 条【偽証罪】　刑事訴訟において，証人，鑑定人，書記官又は通訳人が，事件と重要な関係がある事情に関して偽の証言，鑑定，記録又は通訳を故意に行って，意図的に他人を陥れ又は犯罪の証拠を隠匿したときは，3 年以下の有期懲役又は拘役に処する。情状が重いときは，3 年以上 7 年以下の有期懲役に処する。

第 306 条【弁護人訴訟代理人証拠隠滅偽造証言妨害罪】　① 刑事訴訟において，弁護人又は訴訟代理人が，証拠を隠滅し若しくは偽造したとき，当事者による証拠の隠滅若しくは偽造を幇助したとき又は証人を脅迫し若しくは誘引して，事実に反して証言を変更させ，又は偽証をさせたときは，3 年以下の有期懲役又は拘役に処する。情状が重いときは，3 年以上 7 年以下の有期懲役に処する。

　② 弁護人又は訴訟代理人が提出し，開示し又は引用した証人の証言又はその他の証拠は，真実性に欠けても，故意に偽造したのでなければ，証拠の偽造としない。

第 307 条【証言妨害罪，証拠隠滅偽造罪】　① 暴行，脅迫又は買収その他の方法により，証人の証言を阻止し又は他人に偽証させた者は，3 年以下の有期懲役又は拘役に処する。情状が重いときは，3 年以上 7 年以下の有期懲役に処する。

　② 当事者による証拠の隠滅又は偽造を幇助した者は，情状が重いときは，3 年以下の有期懲役又は拘役に処する。

　③ 司法要員が前 2 項の罪を犯したときは，重く処罰する。

第2編　各　則／第6章　社会管理の秩序を乱す罪

（2015・改正九）
第307条の1【虚偽訴訟罪】　① 虚偽の事実によって民事訴訟を提起し，司法秩序を妨害し又は他人の合法権益を著しく侵害したときは，3年以下の有期懲役，拘役又は管制に処し，罰金を併科し又は単科する。情状が重いときは，3年以上7年以下の有期懲役に処し，罰金を併科する。

② 組織体が本条に規定する罪を犯したときは，組織体に対して罰金を科するほか，その責任を直接負う主管人員及びその他責任を直接負う者も，前項と同様に処罰する。

③ 第1項の行為を行い，他人の財物を不法に領得し又は正当な債務を逃れ，他の罪を構成したときは，その処罰が重い規定により罪を認定し，処罰する。

④ 司法要員が職務上の立場を利用し，他人と共同して前3項の罪を犯したときは，重く処罰する。同時に他の罪を構成したときは，その処罰が重い規定により罪を認定し，処罰する。

＊この条文は，2015年の改正法九により追加された。

第308条【証人打撃報復罪】　証人に対して打撃を与えて報復した者は，3年以下の有期懲役又は拘役に処する。情状が重いときは，3年以上7年以下の有期懲役に処する。

（2015・改正九）
第308条の1【不公開審理事件に関する情報漏洩罪，不公開審理事件に関する情報暴露又は報道罪】　① 司法要員，弁護人，訴訟代理人又はその他の訴訟参加者が，法が定める不公開審理事件に関する公開すべきでない情報を漏洩し，情報を公開に伝播させ又はその他の重い結果を生じさせたときは，3年以下の有期懲役，拘役又は管制に処し，罰金を併科し又は単科する。

② 前項に規定する行為を行い，国家の機密を漏洩しときは，この法律の第398条の規定により罪を認定し，処罰する。

③ 第1項が規定する事件の情報を公的に暴露又は報道し，その情状が重いときは，第1項と同様に処罰する。

④ 組織体が前項に規定する罪を犯したときは，組織体に対して罰金を科するほか，その責任を直接負う主管人員及びその他責任を直接負う者も，第1項と同様に処罰する。

＊この条文は，2015年の改正法九により追加された。

（2015・改正九）
第309条【法廷秩序妨害罪】　法廷の秩序を乱す，次のいずれかに当たる事情があるときは，3年以下の有期懲役，拘役，管制に処し又は罰金を処罰する。

(1) 多衆集合して，騒乱を引き起こし，法廷に乱入したこと。

(2) 司法要員又は訴訟参加者を殴打したこと。

(3) 司法要員又は訴訟参加者を侮辱し，誹謗し又は脅迫し，法廷の制止を聞かず法廷の秩序を著しく乱したこと。

(4) 法廷の施設を損壊し，訴訟文書，証拠等を奪取，損壊し，法廷の秩序を乱す行為を行い，情状が重いこと。

（1997・刑法）
第309条【法廷秩序妨害罪】　多衆集合して，騒乱を引き起こし，法廷に乱入し又は司法要員を殴

185

第二部　中国現行刑法の全訳 —— 第12次改正まで

打し，法廷の秩序を著しく乱した者は，3年以下の有期懲役，拘役，管制又は罰金に処する。

第310条【犯罪者隠避庇護罪】　① 犯罪者であることを知りながら，その者に隠れる場所若しくは財物を提供し，その逃亡を幇助し又は虚偽の証言を行いその者を庇護した者は，3年以下の有期懲役，拘役又は管制に処する。情状が重いときは，3年以上10年以下の有期懲役に処する。

　② 事前に通謀して前項の罪を犯したときは，共同犯罪として論ずる。

（2015・改正九）

第311条【スパイ犯罪・テロリズム犯罪・過激派犯罪に関する証拠提出拒否罪】　他人のスパイ犯罪行為，テロリズム，過激派による犯罪行為を知りながら，司法機関が関係事実を調査し又は関係証拠を収集する際に，その提出を拒否した者は，情状が重いときは，3年以下の有期懲役，拘役又は管制に処する。

（1997・刑法）

第311条【スパイ犯罪証拠提出拒否罪】　他人のスパイ犯罪行為を知りながら，国の安全機関が関係事実を調査し又は関係証拠を収集する際に，その提出を拒否した者は，情状が重いときは，3年以下の有期懲役，拘役又は管制に処する。

（2009・改正七）

第312条【犯罪収益・果実仮装隠匿罪】　① 犯罪により得た不法な収益又はその果実であることを知りながら，隠匿，移転，買収，販売の代行又はその他の方法によりそれを仮装し又は隠匿した者は，3年以下の有期懲役，拘役又は管制に処し，罰金を併科し又は単科する。情状が重いときは，3年以上7年以下の有期懲役に処し，罰金を併科する。

　② 組織体が前項の罪を犯したときは，組織体に対して罰金を科するほか，その責任を負う主管人員及びその他の直接責任者も，前2項と同様に処罰する。

（2006・改正六）

第312条　犯罪により得た不法な収益又はその実であることを知りながら，隠匿，移転，買収，販売の代行又はその他の方法によりそれを仮装し又は隠匿した者は，3年以下の有期懲役，拘役又は管制に処し，罰金を併科し又は単科する。情状が重いときは，3年以上7年以下の有期懲役に処し，罰金を併科する。

（1997・刑法）

第312条　犯罪により得た臓物であることを知りながら，これを隠匿し，移転し，買収し又は販売の代行をした者は，3年以下の有期懲役，拘役又は管制に処し，罰金を併科し又は単科する。

（2015・改正九）

第313条【判決裁定執行拒否罪】　① 人民法院による判決又は裁定に対して，履行能力があるにもかかわらずこれを拒否した者は，情状が重いときは，3年以下の有期懲役，拘役又は罰金に処する。情状が特に重いときは，3年以上7年以下の有期懲役に処し，罰金を併科する。

　② 組織体が前項に規定する罪を犯したときは，組織体に対して罰金を科するほか，その責任を直接負う主管人員及びその他直接責任を負う者も，前項と同様に処罰する。

＊この条文の第2項は，2015年の改正法九により追加された。

（1997・刑法）
第313条　人民法院による判決又は裁定に対して，履行能力があるにもかかわらずこれを拒否した者は，情状が重いときは，3年以下の有期懲役，拘役又は罰金に処する。

第314条【差押押収凍結財産不法処置罪】　司法機関により差し押えられ，押収され又は凍結された財産を隠匿し，移転し，換金し又は故意に損壊した者は，情状が重いときは，3年以下の有期懲役，拘役又は罰金に処する。

第315条【監獄管理秩序破壊罪】　法により拘禁されている犯罪者が，次に掲げる監獄の秩序を破壊する行為のいずれかを行い，情状が重いときは，3年以下の有期懲役に処する。
　（1）監獄管理職員を殴打する行為。
　（2）他の被拘禁者を組織して監獄管理の秩序を乱す行為。
　（3）多衆集合してトラブルを引き起こし，正常な監獄管理の秩序を乱す行為。
　（4）他の被拘禁者に殴打若しくは体罰を加え又は他人を唆して他の被拘禁者に殴打若しくは体罰を加えさせる行為。

第316条【脱走罪，被護送者奪取罪】　①法により拘禁されている犯罪者，被告人又は被疑者が逃走したときは，5年以下の有期懲役又は拘役に処する。
　②護送中の犯罪者，被告人又は被疑者を奪取した者は，3年以上7年以下の有期懲役に処する。情状が重いときは，7年以上の有期懲役に処する。

第317条【組織的脱獄罪，暴動脱獄罪，多衆被拘禁者奪取罪】　①脱獄を組織した首謀者及び積極的参加者は，5年以上の有期懲役に処する。その他の参加者は，5年以下の有期懲役又は拘役に処する。
　②暴動を起こして脱獄し又は多衆集合し凶器を携帯して被拘禁者を奪取した首謀者及び積極的参加者は，10年以上の有期懲役又は無期懲役に処する。情状が特に重いときは，死刑に処する。その他の参加者は，3年以上10年以下の有期懲役に処する。

第3節　国境（辺境）管理を妨害する罪。

第318条【密航組織罪】　①他人を組織して国境（辺境[24]）を不法に越えさせた者は，2年以上7年以下の有期懲役に処し，罰金を併科する。次に掲げるいずれかの事情があるときは，7年以上の有期懲役又は無期懲役に処し，罰金又は財産の没収を併科する。
　（1）他人を組織して国境（辺境）を越えさせる集団の首謀者であること。
　（2）繰り返して他人を組織して国境（辺境）を越えさせ又は多数の人を組織して国境（辺境）を越えさせたこと。
　（3）組織された者に重傷害を生じさせ又は死亡させたこと。
　（4）組織された者の身体の自由を剥奪し又は制限したこと。
　（5）暴行又は脅迫により検問に抵抗したこと。
　（6）不法に取得した金額が非常に大きいこと。

24　辺境とは，中国の大陸と台湾，香港及びマカオとの境界をいう。

第二部　中国現行刑法の全訳 —— 第12次改正まで

　　(7) その他の特に重い情状があること。

　　② 前項の罪を犯し，組織された者に対して，殺人，傷害，強姦，誘拐して売買する行為その他の犯罪行為を行ったとき又は検問職員に対して殺人，傷害その他の犯罪行為を行ったときは，併合罪の規定により処罰する。

第319条【出境証明書騙取罪】　① 労働力の輸出，経済貿易又はその他の名目を偽り，旅券，査証その他の出境証明文書を騙取し，他人を組織して国境（辺境）を不法に越えさせるために使用した者は，3年以下の有期懲役に処し，罰金を併科する。情状が重いときは，3年以上10年以下の有期懲役に処し，罰金を併科する。

　　② 組織体が前項の罪を犯したときは，組織体に対して罰金を科するほか，その直接責任を負う主管人員及びその他の直接責任者も，前項と同様に処罰する。

第320条【偽造変造の出入境証明文書提供罪，出入境証明文書販売罪】　他人に偽造若しくは変造された旅券，査証その他の出入境証明文書を提供し又は旅券，査証その他の出入境証明文書を販売した者は，5年以下の有期懲役に処し，罰金を併科する。情状が重いときは，5年以上の有期懲役に処し，罰金を併科する。

第321条【密航者運搬罪】　① 他人を運搬し，不法に国境（辺境）を越えさせた者は，5年以下の有期懲役，拘役又は管制に処し，罰金を併科する。次に掲げる事情のいずれかがあるときは，5年以上10年以下の有期懲役に処し，罰金を併科する。

　　(1) 運搬行為を繰り返して行い又は多数の人を運搬したこと。

　　(2) 使用した船舶又は車両その他の交通機関が必要な安全条件を揃えておらず，重い結果を生じさせることが十分ありうること。

　　(3) 不法に取得した金額が非常に大きいこと。

　　(4) その他の特に重い情状があること。

　　② 不法に国境（辺境）を越える人を移送するに当たり，被移送者に重傷害を負わせ若しくは死亡をさせ又は暴行若しくは脅迫を用いて検問に抵抗した者は，7年以上の有期懲役に処し，罰金を併科する。

　　③ 前2項の罪を犯し，被移送者に対して殺人，傷害，強姦，誘拐して売買する行為その他の犯罪行為を行った者又は検問職員に対して殺人，傷害その他の犯罪行為を行った者は，併合罪の規定により処罰する。

（2015・改正九）

第322条【密航罪】　国境（辺境）管理法規に違反して不法に国境（辺境）を越えた者は，情状が重いときは，1年以下の有期懲役，拘役又は管制に処し，罰金を併科する。テロ活動組織，テロ活動の訓練又はテロ活動の実施のために，不法に国境（辺境）を越えた者は，1年以上3年以下の有期懲役に処し，罰金を併科する。

──────────────

（1997・刑法）

　第322条　国境（辺境）管理法規に違反して不法に国境（辺境）を越えた者は，情状が重いときは，1年以下の有期懲役，拘役又は管制に処し，罰金を併科する。

第323条【国家辺境標識破壊罪，恒久測量標識破壊罪】　国境又は辺境の境界標石，境界標木又は恒久的な測量標識を故意に破壊した者は，3年以下の有期懲役又は拘役に処する。

188

第2編　各　則／第6章　社会管理の秩序を乱す罪

第4節　文化財の管理を妨害する罪

第324条【文化財故意損壊罪，名所旧跡故意損壊罪，文化財過失損壊罪】 ① 国が保護する貴重な文化財又は指定された全国の重点文化財保護部門若しくは省級文化財保護部門が保存している文化財を故意に損壊した者は，3年以下の有期懲役又は拘役に処し，罰金を併科し又は単科する。情状が重いときは，3年以上10年以下の有期懲役に処し，罰金を併科する。

② 国が保護する名所旧跡を故意に損壊した者は，情状が重いときは，5年以下の有期懲役又は拘役に処し，罰金を併科し又は単科する。

③ 過失により国が保護する貴重な文化財又は指定された全国の重点文化財保護部門若しくは省級文化財保護部門が保存している文化財を損壊し，重い結果を生じさせた者は，3年以下の有期懲役又は拘役に処する。

第325条【貴重文化財外国人不法売却贈与罪】 ① 文化財保護法規に違反して，国により輸出が禁止された収蔵した貴重な文化財を無断で売却又はこれを無断で外国人に贈与した者は，5年以下の有期懲役又は拘役に処し，罰金を併科することができる。

② 組織体が前項の罪を犯したときは，組織体に対して罰金を科するほか，その直接責任を負う主管人員及びその他の直接責任者も，前項と同様に処罰する。

第326条【文化財転売罪】 ① 営利の目的で，国が自由売買を禁止する文化財を転売した者は，情状が重いときは，5年以下の有期懲役又は拘役に処し，罰金を併科する。情状が特に重いときは，5年以上10年以下の有期懲役に処し，罰金を併科する。

② 組織体が前項の罪を犯したときは，組織体に対して罰金を科するほか，その直接責任を負う主管人員及びその他の直接責任者も，前項と同様に処罰する。

第327条【文化財蔵品不法販売贈与罪】 国有の博物館，図書館その他の部門が，文化財保護法規に違反して，国が保護する文化財の収集品を販売し又は無断で非国有組織体若しくは個人に贈与したときは，その組織体に対して罰金を科するほか，その直接責任を負う主管人員及びその他の直接責任者についても，3年以下の有期懲役又は拘役に処する。

（2011・改正八）

第328条【古文化遺跡古墳盗掘罪，古人類化石古脊椎動物化石盗掘罪】 ① 歴史的，芸術的又は科学的価値を有する古文化遺跡又は古墳を盗掘した者は，3年以上10年以下の有期懲役に処し，罰金を併科する。情状が比較的軽いときは，3年以下の有期懲役，拘役又は管制に処し，罰金を併科する。次に掲げるいずれかの事情があるときは，10年以上の有期懲役又は無期懲役に処し，罰金又は財産の没収を併科する。

　(1) 指定された全国的な重点文化財保護区域又は省級文化財保護区域の古文化遺跡又は古墳を盗掘したこと。

　(2) 古文化遺跡又は古墳を盗掘した集団の首謀者であること。

　(3) 繰り返して古文化遺跡又は古墳を盗掘したこと。

　(4) 古文化遺跡又は古墳を盗掘し，かつ貴重な文化財を窃取し又は著しく破壊したこと。

② 国が保護する科学的価値のある古人類化石又は古脊椎動物化石を盗掘したときも，前項と同様とする。

189

第二部　中国現行刑法の全訳 ── 第 12 次改正まで

（1997・刑法）
第 328 条　① 歴史的，芸術的又は科学的価値を有する文化遺跡又は古墳を盗掘した者は，3 年以上 10 年以下の有期懲役に処し，罰金を併科する。情状が比較的軽いときは，3 年以下の有期懲役，拘役又は管制に処し，罰金を併科する。次に掲げるいずれかの事情があるときは，10 年以上の有期懲役，無期懲役又は死刑に処し，罰金又は財産の没収を併科する。
　（1）指定された全国的な重点文化財保護区域又は省級文化財保護区域の古文化遺跡又は古墳を盗掘したこと。
　（2）古文化遺跡又は古墳を盗掘した集団の首謀者であること。
　（3）繰り返して古文化遺跡又は古墳を盗掘したこと。
　（4）古文化遺跡又は古墳を盗掘し，かつ貴重な文化財を窃取し又は著しく破壊したこと。
　② 国が保護する科学的価値のある古人類化石又は古脊椎動物化石を盗掘したときも，前項と同様とする。

第 329 条【国有保存書類強取窃取罪，国有保存書類無断販売譲渡罪】　① 国が所有する保存書類を強取し又は窃取した者は，5 年以下の有期懲役又は拘役に処する。
　② 公文書保存法の規定に違反して，国が所有する保存書類を無断で売却し又は譲渡した者が，情状が重いときは，3 年以下の有期懲役又は拘役に処する。
　③ 前 2 項の行為を行うと同時に本法が規定する他の犯罪にも該当するときは，重い処罰規定により罪を認定し処罰する。

第 5 節　公共の衛生に危害を及ぼす罪

（2020・改正十一）
第 330 条【伝染病防止妨害罪】　① 伝染病予防治療法の規定に違反して，次に掲げるいずれかの事情により，甲類伝染病及び法により甲類伝染病予防，制御の措置を取る伝染病の蔓延を引き起こし又は重大な蔓延の危険を生じさせた者は，3 年以下の有期懲役又は拘役に処する。結果が特に重いときは，3 年以上 7 年以下の有期懲役に処する。
　（1）給水部門が供給した飲用水が，国の規定した衛生基準に達していなかったこと。
　（2）疾病防疫制御機関の提出した衛生上の要求に従わず，伝染病の病原体に汚染された汚水，汚物，場所又は物品に対して消毒処理を行わなかったこと。
　（3）伝染病患者，病原体保有者又は伝染病の疑いのある者が，国務院衛生行政部門の規定により禁止された，伝染病を蔓延させやすい仕事に従事することを許可し又は放任したこと。
　（4）疫区において伝染病の病原体に汚染された物品又は汚染された可能性のある物品を販売，運搬し又は消毒処理を行わなかったこと。
　（5）市庁以上の人民政府又は疾病防疫制御機関が伝染病防止治療法に基づいて勧告した予防措置又は防止措置の執行を拒否したこと。
　② 組織体が前項の罪を犯したときは，組織体に対して罰金を科するほか，その直接責任を負う主管人員及びその他の直接責任者も，前項と同様に処罰する。
　③ 甲類伝染病の範囲は，「中華人民共和国伝染病予防治療法」及び国務院の関連規定によりこれを定める。
　＊この条文の第 4 款は，2020 年の改正法十一により追加された。

190

第 2 編　各　則／第 6 章　社会管理の秩序を乱す罪

（1997・刑法）

第 330 条【伝染病防止妨害罪】　① 伝染病予防治療法の規定に違反して，次に掲げるいずれかの事情により，甲類伝染病の蔓延を引き起こし又は重大な蔓延の危険を生じさせた者は，3 年以下の有期懲役又は拘役に処する。結果が特に重いときは，3 年以上 7 年以下の有期懲役に処する。

（1）給水部門が供給した飲用水が国の規定した衛生基準に達していなかったこと。

（2）衛生防疫機関の提出した衛生上の要求に従わず，伝染病の病原体に汚染された汚水，汚物又は糞尿に対して消毒処理をしなかったこと。

（3）伝染病患者，病原体保有者又は伝染病の疑いのある者が，国務院衛生行政部門の規定により禁止された伝染病を蔓延しやすい仕事に従事することを許可し又は放任したこと。

（4）衛生防疫機関が伝染病防止治療法に基づいて勧告した予防又は防止措置の執行を拒否したこと。

② 組織体が前項の罪を犯したときは，組織体に対して罰金を科するほか，その直接責任を負う主管人員及びその他の直接責任者も，前項と同様に処罰する。

③ 甲類伝染病の範囲は，「中華人民共和国伝染病予防治療法」及び国務院の関連規定によりこれを定める。

第 331 条【伝染病菌種毒種拡散罪】　伝染病の菌種若しくは毒種の実験，保管，携帯又は運搬に従事する者が，国務院衛生行政部門の関連規定に違反して，伝染病の菌種又は毒種を拡散させ，重い結果を生じさせたときは，3 年以下の有期懲役又は拘役に処する。その結果が特に重いときは，3 年以上 7 年以下の有期懲役に処する。

第 332 条【国境衛生検疫妨害罪】　① 国境の衛生検疫の規定に違反して，伝染病の蔓延又は重大な蔓延の危険を引き起こした者は，3 年以下の有期懲役又は拘役に処し，罰金を併科し又は単科する。

② 組織体が前項の罪を犯したときは，組織体に対して罰金を科するほか，その直接責任を負う主管人員及びその他の直接責任者も，前項と同様に処罰する。

第 333 条【血液組織的不法売却罪，血液売却強要罪】　① 不法に他人を組織して血液を売却させた者は，5 年以下の有期懲役に処し，罰金を併科する。暴行又は脅迫を用いて他人に血液を売却させた者は，5 年以上 10 年以下の有期懲役に処し，罰金を併科する。

② 前項の行為を行い，他人に傷害を負わせた者は，この法律の第 234 条の規定により罪を認定し処罰する。

第 334 条【血液不法採取供給・血液製品製造供給罪，採血輸血・血液製品製造供給事故罪】　① 不法に血液を採取し若しくは供給し又は国の規定する基準に達していない血液製品を製造し若しくは供給した者が，人の健康に危害を十分及ぼしうるときは，5 年以下の有期懲役又は拘役に処し，罰金を併科する。人の健康に重大な危害を及ぼしたときは，5 年以上 10 年以下の有期懲役に処し，罰金を併科する。特に重い結果を生じさせたときは，10 年以上の有期懲役又は無期懲役に処し，罰金又は財産の没収を併科する。

② 国の主管部門の許可を得て血液を採取し若しくは供給する部門又は血液製品を製造し若しくは供給する部門が，規定に基づく検査測定を行わず又はその他の取扱規則に違反し，人の身体の健康に危害を及ぼしたときは，組織体に対して罰金を科するほか，その直接責任を負う主管人員及びその他の直接責任者についても，5 年以下の有期懲役又は拘役に処する。

191

第二部　中国現行刑法の全訳 —— 第 12 次改正まで

（2020・改正十一）
第 334 条の 1【人類の遺伝資源不法収集・人類の遺伝資源材料密輸罪】　国の規定に違反して，本邦の人類の遺伝資源を不法に採取し又は本邦の人類の遺伝資源材料を不法に境外に輸出し，郵送し若しくは携帯し，公衆の健康若しくは社会の公益を害した者は，情状が重いときは，3 年以下の有期懲役，拘役又は管制に処し，罰金を併科し又は単科する。情状が特に重いときは，3 年以上 7 年以下の有期懲役に処し，罰金を併科する。

　　＊この条文は，2020 年の改正法十一により追加された。

第 335 条【医療事故罪】　医療職員が，著しく職責を怠り，患者を死亡させ又はその身体の健康に重大な危害を及ぼしたときは，3 年以下の有期懲役又は拘役に処する。

第 336 条【医師不法開業罪，不法産児制限手術罪】　① 医師の開業資格を取得せずに，不法に医業を行った者は，情状が重いときは，3 年以下の有期懲役，拘役又は管制に処し，罰金を併科し又は単科する。患者の健康に重大な危害を及ぼしたときは，3 年以上 10 年以下の有期懲役に処し，罰金を併科する。患者を死亡させたときは，10 年以上の有期懲役に処し，罰金を併科する。

　　② 医師の開業資格を取得せずに，無断で他人に妊娠機能回復手術，偽りの産児制限手術，妊娠中絶手術又は子宮内避妊器具除去手術を行った者は，情状が重いときは，3 年以下の有期懲役，拘役又は管制に処し，罰金を併科し又は単科する。患者の身体の健康に重大な危害を及ぼしたときは，3 年以上 10 年以下の有期懲役に処し，罰金を併科する。患者を死亡させたときは，10 年以上の有期懲役に処し，罰金を併科する。

（2020・改正十一）
第 336 条の 1【ヒトゲノム及びクローン胚不法移植罪】　ヒトゲノム又はクローン胚を人体若しくは動物に移植し又はゲノム編集，クローン動物胚を人体に移植した者は，情状が重いときは，3 年以下の有期懲役又は拘役に処し，罰金を併科する。情状が特に重いときは，3 年以上 7 年以下の有期懲役に処し，罰金を併科する。

　　＊この条文は，2020 年の改正法十一により追加された。

（2009・改正七）
第 337 条【動植物検疫防疫妨害罪】　① 動植物の防疫及び検疫に関する国家規定に違反して，動植物に重大な疫病を引き起こした者又は重大な疫病の危険を生じさせ，情状が重い者は，3 年以下の有期懲役又は拘役に処し，罰金を併科し又は単科する。

　　② 組織体が前項の罪を犯したときは，組織体に対して罰金を科するほか，その直接責任を負う主管人員及びその他の直接責任者も，前項と同様に処罰する。

（1997・刑法）
第 337 条　動植物出入境検疫法の規定に違反して，動植物の検疫を回避し，重大な動植物の疫病を引き起こした者は，3 年以下の有期懲役又は拘役に処し，罰金を併科し又は単科する。

　　② 組織体が前項の罪を犯したときは，組織体に対して罰金を科するほか，その直接責任を負う主管人員及びその他の直接責任者も，前項と同様に処罰する。

第2編　各　則／第6章　社会管理の秩序を乱す罪

第6節　環境資源の保護を破壊する罪

（2020・改正十一）

第338条【環境汚染罪】　① 国の規定に違反して，放射性廃棄物若しくは伝染病の病原体を含有する廃棄物，毒性物質又はその他有害物質を排出し，放置し又は処分した者が，環境を著しく汚染したときは，3年以下の有期懲役又は拘役に処し，罰金を併科し又は単科する。情状が重いときは，3年以上7年以下の有期懲役に処し，罰金を併科する。次に掲げるいずれかの事情があるときは，7年以上の有期懲役に処し，罰金を併科する。

(1) 飲用水保護地域，自然保護地核心保護地域等法により規定された重点保護地域において，放射性廃棄物，伝染病の病原体を含有する廃棄物又は毒性物質を排出し，放置し又は処分し，情状が特に重いとき。

(2) 国家が指定する重要な河川，湖泊水域に放射性廃棄物，伝染病の病原体を含有する廃棄物，毒性物質又はその他の有害物質を排出し，放置し又は処分し，情状が特に重いとき。

(3) 大量の永久基本農田の基本機能を喪失させたこと又は永久に破壊したこと。

(4) 多数人に重傷害若しくは重い疾病を負わせこと又は人を重要な身体機能を喪失させ若しくは死亡させたこと。

② 前項に規定する行為を行い，同時に他の罪を構成したときは，その処罰が重い規定により罪を認定し，処罰する。

＊この条文の第1，2，3，4款は，2020年の改正法十一により追加された。

（2011・改正八）

第338条【環境汚染罪】　国の規定に違反して，放射性廃棄物，伝染病の病原体を含有する廃棄物，毒性物質又はその他の有害物質を排出し，放置し又は処分した者が，環境を著しく汚染したときは，3年以下の有期懲役又は拘役に処し，罰金を併科し又は単科する。結果が特に重いときは，3年以上7年以下の有期懲役に処し，罰金を併科する。

（1997・刑法）

第338条　国の規定に違反して，土地，水域又は大気に放射性廃棄物，伝染病の病原体を含有する廃棄物，毒性物質又はその他の危険な廃棄物を排出し，放置し又は処分した者が，重大な環境汚染事故を生じさせ，公私の財産に重大な損失を与え又は人を死傷させる重大な結果を発生させたときは，3年以下の有期懲役又は拘役に処し，罰金を併科し又は単科する。その結果が特に重いときは，3年以上7年以下の有期懲役に処し，罰金を併科する。

（2002・改正四）

第339条【輸入固体廃棄物不法処理罪，廃棄物無断輸入罪】　① 国の規定に違反して，境外の固体廃棄物を境内において廃棄し，放置し又は処分した者は，5年以下の有期懲役又は拘役に処し，罰金を併科する。重大な環境汚染事故を引き起こし，公私の財産に重大な損失を与え又は人の健康に重大な危害を及ぼした者は，5年以上10年以下の有期懲役に処し，罰金を併科する。その結果が特に重いときは，10年以上の有期懲役に処し，罰金を併科する。

② 国務院関係主管部門の許可を得ずに，無断で固体廃棄物を輸入して原材料として使

193

第二部　中国現行刑法の全訳 ── 第12次改正まで

用して，重大な環境汚染事故を引き起こし，公私の財産に重大な損失を与え又は人の健康に重大な危害を及ぼした者は，5年以下の有期懲役又は拘役に処し，罰金を併科する。その結果が特に重いときは，5年以上10年以下の有期懲役に処し，罰金を併科する。

　③　原材料を利用する名目で，原材料として利用不能な固体廃棄物，液体廃棄物又は気体廃棄物を輸入した者は，この法律の第152条第2項及び第3項の規定により罪を認定し処罰する。

──────────

（1997・刑法）

第339条　①　国の規定に違反して，境外の固体廃棄物を境内において廃棄し，放置し又は処分した者は，5年以下の有期懲役又は拘役に処し，罰金を併科する。重大な環境汚染事故を引き起こし，公私の財産に重大な損失を与え又は人の健康に重大な危害を及ぼした者は，5年以上10年以下の有期懲役に処し，罰金を併科する。その結果が特に重いときは，10年以上の有期懲役に処し，罰金を併科する。

　②　国務院関係主管部門の許可を得ずに，無断で固体廃棄物を輸入して原材料として使用して，重大な環境汚染事故を引き起こし，公私の財産に重大な損失を与え又は人の健康に重大な危害を及ぼした者は，5年以下の有期懲役又は拘役に処し，罰金を併科する。その結果が特に重いときは，5年以上10年以下の有期懲役に処し，罰金を併科する。

　③　原料を利用する名目で，原料として利用不能な固体廃棄物を輸入した者は，この法律の第155条の規定により罪を認定し処罰する。

第340条【水産物不法捕獲罪】　水産資源保護法規に違反して，禁漁区域若しくは禁漁期間において又は使用禁止の道具若しくは方法により，水産物を捕獲した者は，情状が重いときは，3年以下の有期懲役，拘役，管制又は罰金に処する。

（2020・改正十一）

第341条【絶滅危惧野生動物危害罪，不法狩猟罪，陸生野生動物不法捕獲購入運搬販売罪】

　①　国が特に保護する貴重で絶滅の危機に瀕する野生動物を不法に捕獲し若しくは殺害し，又は国がとくに保護する貴重で絶滅の危機に瀕する野生動物若しくはその製品を不法に購入し，運搬し，加工し若しくは販売した者は，5年以下の有期懲役又は拘役に処し，罰金を併科する。情状が重いときは，5年以上10年以下の有期懲役に処し，罰金を併科する。情状が特に重いときは，10年以上の有期懲役に処し，罰金又は財産の没収を併科する。

　②　狩猟法規に違反して，狩猟禁止区域若しくは狩猟禁止期間において又は使用禁止の道具若しくは方法により狩猟を行い，野生動物資源を破壊した者は，情状が重いときは，3年以下の有期懲役，拘役，管制又は罰金に処する。

　③　野生動物保護管理法規に違反して，食用目的で野原の自然環境において，第1項が規定するもの以外の自然の中で成長繁殖の陸生野生動物を不法に捕獲し，購入し，運搬し若しくは販売した者は，情状が重いときは，前項と同様に処罰する。

　＊この条文の第3項は，2020年の改正法十一により追加された。

──────────

（1997・刑法）

第341条【絶滅危惧野生動物不法捕獲殺害罪，絶滅危惧野生動物・同製品不法購入運搬加工販売罪，不法狩猟罪】　①　国が特に保護する貴重で絶滅の危機に瀕する野生動物を不法に捕獲し若しくは殺害し又は国が特に保護する貴重で絶滅の危機に瀕する野生動物若しくはその製品を不

194

法に購入し，運搬し，加工し若しくは販売した者は，5 年以下の有期懲役又は拘役に処し，罰金を併科する。情状が重いときは，5 年以上 10 年以下の有期懲役に処し，罰金を併科する。情状が特に重いときは，10 年以上の有期懲役に処し，罰金又は財産の没収を併科する。

　② 狩猟法規に違反して，狩猟禁止区域若しくは狩猟禁止期間において又は使用禁止の道具若しくは方法により狩猟を行い，野生動物資源を破壊した者は，情状が重いときは，3 年以下の有期懲役，拘役，管制又は罰金に処する。

（2001・改正二）
第 342 条【耕地不法占用罪】 土地管理法規に違反して，耕地，林地その他の農用地を不法に占用し又は転用し，その量が比較的大きく大量の耕地，林地その他の農用地を破壊した者は，5 年以下の有期懲役又は拘役に処し，罰金を併科し又は単科する。

（1997・刑法）
第 342 条 土地管理法規に違反して，耕地を不法に占用し又は転用し，その量が比較的大きく大量の耕地を破壊した者は，5 年以下の有期懲役又は拘役に処し，罰金を併科し又は単科する。

（2020・改正十一）
第 342 条の 1【自然保護地破壊罪】 ① 自然保護地管理法規に違反して，国営公園，国家が管理する自然保護区域内において，開墾，開発活動又は建物を建築した者は，重い結果を生じさせたとき又はその他の悪質な情状があったときは，5 年以下の有期懲役又は拘役に処し，罰金を併科し又は単科する。

　② 第 1 項に規定する行為を行い，同時に他の罪を構成したときは，その処罰が重い規定により罪を認定し，処罰する。

　＊この条文は，2020 年の改正法十一により追加された。

（2011・改正八）
第 343 条【鉱物不法採掘罪，鉱物破壊的採掘罪】 ① 鉱物資源法の規定に違反して，採鉱の許可書を取得せずに無断で採鉱し，国の企画鉱区に進入して国民経済において重要な価値を有する鉱区若しくは他人の鉱区内で採鉱し又は国が規定する保護対象となっている特定の鉱種を無断で採鉱した者は，情状が重いときは，3 年以下の有期懲役，拘役又は管制に処し，罰金を併科し又は単科する。情状が特に重いときは，3 年以上 7 年以下の有期懲役に処し，罰金を併科する。

　② 鉱産物資源法の規定に違反して破壊的方法により鉱産物を採掘し，鉱産物資源を著しく破壊した者は，5 年以下の有期懲役又は拘役に処し，罰金を併科する。

（1997・刑法）
第 343 条 ① 鉱産物資源法の規定に違反して，採鉱の許可書を取得せずに無断で採鉱し，国の企画鉱区に進入して国民経済において重要な価値を有する鉱区若しくは他人の鉱区内で採鉱し又は国が規定する保護対象となっている特定の鉱種を無断で採鉱し，採掘停止を命令されても停止せずに鉱産物資源を破壊した者は，3 年以下の有期懲役，拘役又は管制に処し，罰金を併科し又は単科する。鉱産物を著しく破壊したときは，3 年以上 7 年以下の有期懲役に処し，罰金を併科する。

　② 鉱産物資源法の規定に違反して，破壊的方法により鉱産物を採掘し，鉱産物資源を著しく破壊した者は，5 年以下の有期懲役又は拘役に処し，罰金を併科する。

第二部　中国現行刑法の全訳 ── 第 12 次改正まで

（2002・改正四）

第 344 条【国家重点保護植物不法伐採毀損罪，国家重点保護植物・同製品不法購入運搬加工販売罪】　国家規定に違反して，貴重な樹木又はその他の国が特に保護する植物を不法に伐採し若しくは毀損し又は貴重な樹木又はその他の国がとくに保護する植物若しくはその製品を不法に購入し，運搬し，加工し若しくは販売した者は，3 年以下の有期懲役，拘役又は管制に処し，罰金を併科する。情状が重いときは，3 年以上 7 年以下の有期懲役に処し，罰金を併科する。

（1997・刑法）

第 344 条　森林法の規定に違反して，貴重な樹木を不法に採伐し又は毀損した者は，3 年以下の有期懲役，拘役又は管制に処し，罰金を併科する。情状が重いときは，3 年以上 7 年以下の有期懲役に処し，罰金を併科する。

（2020・改正十一）

第 344 条の 1【外来種不法輸入・釈放・遺棄罪】　国の規定に違反して，外来種を不法に輸入，釈放又は遺棄した者は，その情状が重いときは，3 年以下の有期懲役又は拘役に処し，罰金を併科し又は単科する。

　＊この条文は，2020 年の改正法十一により追加された。

（2002・改正四）

第 345 条【林木盗伐罪，林木濫伐罪，盗伐濫伐林木不法購入運搬罪】　① 森林又はその他の林木を盗伐した者は，その量が比較的多いときは，3 年以下の有期懲役，拘役又は管制に処し，罰金を併科し又は単科する。その量が非常に多いときは，3 年以上 7 年以下の有期懲役に処し，罰金を併科する。その量が極めて多いときは，7 年以上の有期懲役に処し，罰金を併科する。

　② 森林法に違反して，森林又はその他の林木を濫伐した者は，その量が比較的多いときは，3 年以下の有期懲役，拘役又は管制に処し，罰金を併科し又は単科する。その量が非常に多いときは，3 年以上 7 年以下の有期懲役に処し，罰金を併科する。

　③ 盗伐され又は濫伐された林木であることを知りながらこれを不法に購入し又は運搬した者は，情状が重いときは，3 年以下の有期懲役，拘役又は管制に処し，罰金を併科し又は単科する。情状が特に重いときは，3 年以上 7 年以下の有期懲役に処し，罰金を併科する。

　④ 国家級の自然保護区域内の森林又はその他の林木を盗伐し又は濫伐した者は，重く処罰する。

（1997・刑法）

第 345 条　① 森林又はその他の林木を盗伐した者は，その量が比較的多いときは，3 年以下の有期懲役，拘役又は管制に処し，罰金を併科し又は単科する。その量が非常に多いときは，3 年以上 7 年以下の有期懲役に処し，罰金を併科する。その量が極めて多いときは，7 年以上の有期懲役に処し，罰金を併科する。

　② 森林法の規定に違反して，森林又はその他の林木を濫伐した者は，その量が比較的多いときは，3 年以下の有期懲役，拘役又は管制に処し，罰金を併科し又は単科する。その量が非常に多いときは，3 年以上 7 年以下の有期懲役に処し，罰金を併科する。

第 2 編　各　則／第 6 章　社会管理の秩序を乱す罪

　　③ 営利の目的で，林区において盗伐され又は濫伐された林木であることを知りながらこれを不法に購入した者は，情状が重いときは，3 年以下の有期懲役，拘役又は管制に処し，罰金を併科し又は単科する。情状が特に重いときは，3 年以上 7 年以下の有期懲役に処し，罰金を併科する。

　　④ 国家級の自然保護区域内の森林又はその他の林木を盗伐し又は濫伐した者は，重く処罰する。

第 346 条【環境資源保護に関する罪の両罰規定】　組織体が本節第 338 条ないし第 345 条に規定する罪を犯したときは，組織体に対して罰金を科するほか，その直接責任を負う主管人員及びその他の直接責任者についても，各本条の条文により処罰する。

第 7 節　薬物を密輸し，販売し，運搬し又は製造する罪

第 347 条【薬物密輸販売運搬製造罪】　① 薬物を密輸し，販売し，運搬し又は製造した者は，その量の多少にかかわらず，すべて刑事責任を追及し，刑事処罰に附する。

　② 薬物を密輸し，販売し，運搬し又は製造し，次に掲げるいずれかの事情がある者は，15 年の有期懲役，無期懲役又は死刑に処し，財産の没収を併科する。

　⑴ 1000 グラム以上のアヘン又は 50 グラム以上のヘロイン，覚せい剤又はその他の大量の薬物を密輸し，販売し，運搬し又は製造したこと。

　⑵ 薬物を密輸し，販売し，運搬し又は製造する集団の首謀者であること。

　⑶ 武装して薬物の密輸，販売，運搬又は製造を護衛したこと。

　⑷ 暴行を用いて検問，逮捕又は勾留に抵抗し，情状が重いこと。

　⑸ 組織的な国際的薬物販売活動に参加したこと。

　③ 200 グラム以上 1000 グラム未満のアヘン，10 グラム以上 50 グラム未満のヘロイン，覚せい剤又はその他の量が比較的多い薬物を密輸し，販売し，運搬し又は製造した者は，7 年以上の有期懲役に処し，罰金を併科する。

　④ 200 グラム未満のアヘン，10 グラム未満のヘロイン，覚せい剤又はその他の少量の薬物を密輸し，販売し，運搬し又は製造した者は，3 年以下の有期懲役，拘役又は管制に処し，罰金を併科する。情状が重いときは，3 年以上 7 年以下の有期懲役に処し，罰金を併科する。

　⑤ 組織体が第 2 項，第 3 項又は第 4 項の罪を犯したときは，組織体に対して罰金を科するほか，その直接責任を負う主管人員及びその他の直接責任者も，各項と同様に処罰する。

　⑥ 未成年者を利用し若しくは教唆して，薬物を密輸し，販売し，運搬し若しくは製造し又は未成年者に薬物を売り渡した者は，重く処罰する。

　⑦ 繰り返し薬物を密輸し，販売し，運搬し又は製造し，まだ処理されたことのない者は，薬物の量を累計する。

第 348 条【薬物不法所持罪】　1000 グラム以上のアヘン，50 グラム以上のヘロイン，覚せい剤又はその他の大量の薬物を不法に所持した者は，7 年以上の有期懲役又は無期懲役に処し，罰金を併科する。200 グラム以上 1000 グラム未満のアヘン，10 グラム以上 50 グラム未満のヘロイン，覚せい剤又はその他の量が比較的多い薬物を所持した者は，3 年以下

197

第二部　中国現行刑法の全訳 ── 第12次改正まで

の有期懲役，拘役又は管制に処し，罰金を併科する。情状が重いときは，3年以上7年以下の有期懲役に処し，罰金を併科する。

第349条【薬物犯罪者庇護罪，薬物等蔵匿罪】 ① 薬物を密輸し，販売し，運搬し若しくは製造した犯罪者を庇護した者又はその犯罪者のために薬物若しくはその犯罪により取得した財物を隠匿し，移転し又は隠蔽した者は，3年以下の有期懲役，拘役又は管制に処する。情状が重いときは，3年以上10年以下の有期懲役に処する。

② 薬物を取り締まる職責を負う者又はその他の国家機関公務員が，薬物を密輸し，販売し，運搬し若しくは製造した犯罪者を援護し又は庇護したときは，前項の規定により重く処罰する。

③ 事前に通謀して前2項の罪を犯した者は，薬物を密輸し，販売し，運搬し又は製造した罪の共犯と論ずる。

（2015・改正九）

第350条【薬物原料不法生産売買運搬罪，薬物原料密輸罪】 ① 国の規定に違反して，無水酢酸，エーテル，クロロホルム又はその他の薬物製造の原料若しくは補助剤を不法に生産し，売買し，若しくは運搬して出入境をし又は前記の物品を携帯して出入境をし，情状が比較的に重いときは，3年以下の有期懲役，拘役又は管制に処し，罰金を併科する。情状が重いときは，3年以上7年以下の有期懲役に処し，罰金を併科する。情状が特に重いときは，7年以上の有期懲役に処し，罰金又は財産の没収を併科する。

② 他人が薬物を製造することを知りながら，その者に前項に規定する物品を生産し，売買し又は運搬した者は，薬物製造罪の共犯として論ずる。

③ 組織体が前2項の罪を犯したときは，組織体に対して罰金を科するほか，その直接責任を負う主管人員及びその他の直接責任者も，前2項と同様に処罰する。

（1997・刑法）

第350条 ① 国の規定に違反して，無水酢酸，エーテル，クロロホルム又はその他の薬物製造の原料若しくは補助剤を不法に運搬し若しくは携帯して出入境をした者又は国の規定に違反して境内において前記の物品を不法に売買した者は，3年以下の有期懲役，拘役又は管制に処し，罰金を併科する。その量が多いときは，3年以上10年以下の有期懲役に処し，罰金を併科する。

② 他人が薬物を製造することを知りながら，その者に前項に規定する物品を提供した者は，薬物製造罪の共犯として論ずる。

③ 組織体が前2項の罪を犯したときは，組織体に対して罰金を科するほか，その直接責任を負う主管人員及びその他の直接責任者も，前2項と同様に処罰する。

第351条【薬物植物不法栽培罪】 ① ケシ，大麻その他の薬物の原料植物を不法に栽培したときは，それを一律強制的に刈り取る。次に掲げるいずれかの事情がある者は，5年以下の有期懲役，拘役又は管制に処し，罰金を併科する。

(1) 500株以上3000株未満のケシ又はその他の量が比較的多い薬物の原料植物を栽培した者。

(2) 公安機関の処理を受けた後に，更に栽培した者。

(3) 刈り取ることに抵抗した者。

② 3000株以上のケシ又はその他の大量の薬物の原料植物を不法に栽培した者は，5年

以上の有期懲役に処し，罰金又は財産の没収を併科する。

　③ ケシ又はその他の薬物の原料植物を不法に栽培したが，収穫する前に自ら刈り取った者は，その刑を免除することができる。

第352条【薬物植物種苗不法売買運搬携帯所持罪】　栽培可能なケシその他の薬物の原料植物の種子又は苗を不法に売買し，運搬し，携帯し又は所持した者が，その数が比較的多いときは，3年以下の有期懲役，拘役又は管制に処し，罰金を併科し又は単科する。

第353条【薬物使用勧誘教唆詐欺罪，薬物使用強要罪】　① 勧誘，教唆又は詐欺を用いて他人に薬物を吸食させ又は注射させた者は，3年以下の有期懲役，拘役又は管制に処し，罰金を併科する。情状が重いときは，3年以上7年以下の有期懲役に処し，罰金を併科する。

　② 脅迫を用いて他人に薬物を吸食させ又は注射させた者は，3年以上10年以下の有期懲役に処し，罰金を併科する。

　③ 勧誘，教唆，詐欺若しくは脅迫を用いて未成年者に薬物を吸食させ又は注射させた者は，重く処罰する。

第354条【薬物使用場所提供罪】　薬物を吸食し又は注射する者にそのための場所を提供した者は，3年以下の有期懲役，拘役又は管制に処し，罰金を併科する。

第355条【麻薬向精神薬不法提供罪】　① 法により国が規制している麻薬又は向精神薬を生産し，運搬し，管理し又は使用する職責を負う者が，国の規定に違反して薬物を吸食し又は注射する者に，国が規制する依存症を引き起こしうる麻薬又は向精神薬を提供したときは，3年以下の有期懲役又は拘役に処し，罰金を併科する。情状が重いときは，3年以上7年以下の有期懲役に処し，罰金を併科する。薬物を密輸し若しくは販売する犯罪者に，又は営利の目的で薬物を吸食し若しくは注射する者に，国が規制している依存症を引き起こしうる麻薬又は向精神薬を提供したときは，この法律の第347条の規定により罪を認定し処罰する。

　② 組織体が前項の罪を犯したときは，組織体に対して罰金を科するほか，その直接責任を負う主管人員及びその他の直接責任者も，前項と同様に処罰する。

（2020・改正十一）
第355条の1【ドーピング管理妨害罪】　① 勧誘，教唆又は詐欺を用いてアスリートにドーピングさせ，国内又は国際の重要な競技会に参加させ又はアスリートが前記大会を参加することを知りながらドーピングを提供した者は，情状が重いときは，3年以下の有期懲役又は拘役に処し，罰金を併科する。

　② アスリートを組織し又は強制してドーピングさせ，国内又は国際の重要な競技会に参加させ者は，前項の規定により重く処罰する。

　＊この条文は，2020年の改正法十一により追加された。

第356条【薬物犯罪の累犯】　薬物を密輸し，販売し，運搬し，製造し又は不法に所持したために刑罰を科せられ，さらに本節に規定する罪を犯したときは，重く処罰する。

第357条【薬物の定義及び薬物の数量の計算方法】　① この法律において「薬物」とは，アヘン，ヘロイン，覚せい剤，モルヒネ，大麻，コカイン及びその他の国務院の規定により規制されている依存症を引き起こしうる麻薬及び向精神薬をいう。

　② 薬物の数量は，調査により確認された密輸，販売，運搬，製造又は不法所持した薬

第二部　中国現行刑法の全訳 —— 第 12 次改正まで

物の数量をもって計算し，純度は考慮しない。

第 8 節　売春を組織し，強制し，勧誘し，場所を提供し又は紹介する罪

（2015・改正九）

第 358 条【売春組織罪，売春強要罪，組織売春援助罪】　① 他人を組織して売春させ又は他人を脅迫して売春させた者は，5 年以上 10 年以下の有期懲役に処し，罰金を併科する。情状が重いときは，10 年以上の有期懲役又は無期懲役に処し，罰金又は財産の没収を併科する。

② 未成年者を組織して売春させ又は未成年者を脅迫して売春させた者は，前項の規定により重く処罰する。

③ 前 2 項の罪を犯し，殺人，傷害，強姦及び誘拐等の犯罪行為を行った者は，併合罪の規定により処罰する。

④ 売春の組織者のために，人の募集，移送又はその他の協力行為をした者は，5 年以下の有期懲役に処し，罰金を併科する。情状が重いときは，5 年以上 10 年以下の有期懲役に処し，罰金を併科する。

（2011・改正八）

第 358 条　① 他人を組織して売春させ又は他人を脅迫して売春させた者は，5 年以上 10 年以下の有期懲役に処し，罰金を併科する。次に掲げるいずれかの事情があるときは，10 年以上の有期懲役又は無期懲役に処し，罰金又は財産の没収を併科する。

(1) 他人を組織して売春させ，情状が重いこと。

(2) 14 歳未満の幼女を脅迫して売春させたこと。

(3) 複数人を強迫して売春させ又は繰り返して他人を脅迫して売春させたこと。

(4) 他人を強姦した後に，脅迫して売春させたこと。

(5) 他人を脅迫して売春させ，よって重傷害，死亡又はその他の重い結果を生じさせたこと。

② 前項に掲げるいずれかの事情があり，情状が特に重いときは，無期懲役又は死刑に処し，財産の没収を併科する。

③ 売春の組織者のために，人の募集，移送又はその他の協力行為をした者は，5 年以下の有期懲役に処し，罰金を併科する。情状が重いときは，5 年以上 10 年以下の有期懲役に処し，罰金を併科する。

（1997・刑法）

第 358 条　① 他人を組織して売春させ又は他人を脅迫して売春させた者は，5 年以上 10 年以下の有期懲役に処し，罰金を併科する。次に掲げるいずれかの事情があるときは，10 年以上の有期懲役又は無期懲役に処し，罰金又は財産の没収を併科する。

(1) 他人を組織して売春させ，情状が重いこと。

(2) 14 歳未満の幼女を脅迫して売春させたこと。

(3) 複数人を脅迫して売春させ又は繰り返して他人を脅迫して売春させたこと。

(4) 他人を強姦した後に，脅迫して売春させたこと。

(5) 他人を脅迫して売春させ，よって重傷害，死亡又はその他の重い結果を生じさせたこと。

② 前項に掲げるいずれかの事情があり，情状が特に重いときは，無期懲役又は死刑に処し，財産の没収を併科する。

200

第2編　各　則／第6章　社会管理の秩序を乱す罪

③ 他人を組織して売春させた者を幇助した者は，5年以下の有期懲役に処し，罰金を併科する。情状が重いときは，5年以上10年以下の有期懲役に処し，罰金を併科する。

第359条【売春勧誘場所提供紹介罪，幼女売春勧誘罪】　① 他人を勧誘し，場所を提供し又は紹介して売春させた者は，5年以下の有期懲役，拘役又は管制に処し，罰金を併科する。情状が重いときは，5年以上の有期懲役に処し，罰金を併科する。

② 14歳未満の幼女を勧誘して売春させ者は，5年以上の有期懲役に処し，罰金を併科する。

（2015・改正九）

第360条【性病蔓延罪】　① 自己が梅毒，淋病その他重い性病に罹患していることを知りながら売春し又は買春した者は，5年以下の有期懲役，拘役又は管制に処し，罰金を併科する。

【幼女買春罪】　②　（削除）

（1997・刑法）

第360条　① 自己が梅毒，淋病その他の重い性病に罹患していることを知りながら売春し又は買春した者は，5年以下の有期懲役，拘役又は管制に処し，罰金を併科する。

② 14歳未満の幼女と買春した者は，5年以上の有期懲役に処し，罰金を併科する。

第361条【特定業界人売春関与に関する規定】　① 旅館業，飲食サービス業，文化娯楽業，タクシー業その他の組織体の職員が，当該組織体の条件を利用して，他人を組織し，強制し，誘引し，場所を提供し又は紹介して売春させたときは，この法律の第358条又は第359条の規定により罪を認定し処罰する。

② 前項に掲げる組織体の主要な責任者が前項の罪を犯したときは，重く処罰する。

第362条【売春庇護罪】　旅館業，飲食サービス業，文化娯楽業，タクシー業その他の組織体の職員が，公安機関により売春及び買春に対する取締りが行われる際に，犯罪者にその情報を提供し，情状が重いときは，この法律の第310条の規定により罪を認定し処罰する。

第9節　猥褻物を製作し，販売し又は頒布する罪

第363条【営利目的猥褻物製作複製出版販売頒布罪，猥褻図書雑誌出版許可番号提供罪】
① 営利の目的で，猥褻物を製作し，複製し，出版し，販売し又は頒布した者は，3年以下の有期懲役，拘役又は管制に処し，罰金を併科する。情状が重いときは，3年以上10年以下の有期懲役に処し，罰金を併科する。情状が特に重いときは，10年以上の有期懲役又は無期懲役に処し，罰金又は財産の没収を併科する。

② 図書出版の許可番号を他人に提供し，猥褻な図書又は雑誌を出版させた者は，3年以下の有期懲役，拘役又は管制に処し，罰金を併科し又は単科する。他人が猥褻な図書又は雑誌を出版することを知りながら　図書出版の許可番号を提供した者も，前項と同様とする。

第364条【猥褻物頒布罪，猥褻音像作品組織的放送罪】　① 猥褻な図書，雑誌，映画，録画，録音，図画又はその他の猥褻物を頒布した者は，情状が重いときは，2年以下の有期

第二部　中国現行刑法の全訳 —— 第12次改正まで

懲役，拘役又は管制に処する。

　②猥褻な映画，録画その他の映像作品を組織的に上映した者は，3年以下の有期懲役，拘役又は管制に処し，罰金を併科する。情状が重いときは，3年以上10年以下の有期懲役に処し，罰金を併科する。

　③猥褻な映画，録画その他の映像作品を製作し又は複製し，組織的に上映した者は，前項の規定により重く処罰する。

　④18歳未満の未成年者に猥褻物を頒布した者は，重く処罰する。

第365条【猥褻興行組織罪】　猥褻な公演活動を組織的に行った者は，3年以下の有期懲役，拘役又は管制に処し，罰金を併科する。情状が重いときは，3年以上10年以下の有期懲役に処し，罰金を併科する。

第366条【猥褻物製作販売頒布罪の両罰規定】　組織体が本節第363条ないし第365条に規定する罪を犯したときは，組織体に対して罰金を科するほか，その直接責任を負う主管人員及びその他の直接責任者についても，各本条の条文により処罰する。

第367条【猥褻物の定義】　①この法律において「猥褻物」とは，性行為を具体的に描写し又は色情を露骨に宣伝するみだらな図書，雑誌，映画，録画，録音，図画又はその他の猥褻物をいう。

　②人体の生理的又は医学的知識に関する科学的著作は，猥褻物ではない。

　③色情的な内容を含む芸術的価値のある文学又は芸術作品は，猥褻物としない。

第7章　国防利益に危害を及ぼす罪

第368条【軍人公務妨害罪，軍事行動妨害罪】　①暴行又は脅迫を用いて，軍人の適法な職務執行を妨害した者は，3年以下の有期懲役，拘役，管制又は罰金に処する。

　②武装部隊の軍事行動を故意に妨害した者が，重い結果を生じさせたときは，5年以下の有期懲役又は拘役に処する。

（2005・改正五）

第369条【武器装備軍事施設軍事通信破壊罪，過失武器装備軍事施設軍事通信破壊罪】　①武器装備，軍事施設又は軍事通信設備を破壊した者は，3年以下の有期懲役，拘役又は管制に処する。重要な武器装備，軍事施設又は軍事通信設備を破壊した者は，3年以上10年以下の有期懲役に処する。情状が特に重いときは，10年以上の有期懲役，無期懲役又は死刑に処する。

　②過失により前項の罪を犯し，重い結果を生じさせたときは，3年以下の有期懲役又は拘役に処する。特に重い結果を生じさせたときは，3年以上7年以下の有期懲役に処する。

　③戦時において前2項の罪を犯したときは，重く処罰する。

―――――――――――――――

（1997・刑法）

第369条　武器装備，軍事施設又は軍事通信設備を破壊した者は，3年以下の有期懲役，拘役又は管制に処する。重要な武器装備，軍事施設又は軍事通信設備を破壊した者は，3年以上10年以下の有期懲役に処し，情状が特に重いときは，10年以上の有期懲役，無期懲役又は死刑に処する。戦時においては，重く処罰する。

第2編　各　則／第7章　国防利益に危害を及ぼす罪

第370条【不合格武器装備軍事施設提供罪，過失不合格武器装備軍事施設提供罪】　①　不合格の武器装備又は軍事施設であることを知りながら，これを武装部隊に提供した者は，5年以下の有期懲役又は拘役に処する。情状が重いときは，5年以上10年以下の有期懲役に処する。情状が特に重いときは，10年以上の有期懲役，無期懲役又は死刑に処する。

②　過失により前項の罪を犯し，重い結果を生じさせたときは，3年以下の有期懲役又は拘役に処する。特に重い結果を生じさせたときは，3年以上7年以下の有期懲役に処する。

③　組織体が第1項の罪を犯したときは，組織体に対して罰金を科するほか，その直接責任を負う主管人員及びその他の直接責任者も，第1項と同様に処罰する。

第371条【軍事禁止区域多衆乱入罪，軍事管理区域秩序多衆妨害罪】　①　多衆集合して軍事禁止区域に乱入し，軍事禁止区域の秩序を著しく乱したときは，その首謀者は，5年以上10年以下の有期懲役に処する。その他の積極的参加者，5年以下の有期懲役，拘役，管制又は政治的権利の剥奪に処する。

②　多衆集合して軍事管理区域の秩序を乱し，情状が重く，軍事管理区域の正常な業務の遂行を不可能にして重大な損失を与えたときは，その首謀者は，3年以上7年以下の有期懲役に処する。その他の積極的参加者は，3年以下の有期懲役，拘役，管制又は政治的権利の剥奪に処する。

第372条【軍人偽称詐欺罪】　軍人と偽称して詐欺行為を行った者は，3年以下の有期懲役，拘役，管制又は政治的権利の剥奪に処する。情状が重いときは，3年以上10年以下の有期懲役に処する。

第373条【軍人離脱扇動罪，離脱軍人雇用罪】　軍人を扇動して部隊を離脱させ又は部隊を離脱した軍人であることを知りながらこれを雇用した者は，情状が重いときは，3年以下の有期懲役，拘役又は管制に処する。

第374条【不適格兵士受け入れ罪】　徴兵業務において，私利を図るため不正な行為を行い，不適格の兵士を部隊に受け入れた者は，情状が重いときは，3年以下の有期懲役又は拘役に処する。特に重い結果を生じさせたときは，3年以上7年以下の有期懲役に処する。

(2009・改正七)

第375条【武装部隊公文書証明書印章偽造変造売買罪，武装部隊公文書証明書印章窃取強取罪，武装部隊制服不法生産売買罪，武装部隊専用標識偽造窃盗売買不法供与使用罪】　①　武装部隊の公文書，証明書又は印章を偽造し，変造し，売買し，窃取し又は奪取した者は，3年以下の有期懲役，拘役，管制又は政治的権利の剥奪に処する。情状が重いときは，3年以上10年以下の有期懲役に処する。

②　武装部隊の制服を不法に生産し又は売買した者は，情状が重いときは，3年以下の有期懲役，拘役又は管制に処し，罰金を併科し又は単科する。

③　武装部隊の車両のナンバープレートその他の専用標識を偽造し，窃取し，売買し，供与し又は使用した者が，情状が重いときは，3年以下の有期懲役，拘役又は管制に処し，罰金を併科し又は単科する。情状が特に重いときは，3年以上7年以下の有期懲役に処し，罰金を併科する。

④　組織体が第2項又は第3項の罪を犯したときは，組織体に対して罰金を科するほか，その責任を負う主管人員及びその他の直接責任者も，前2項と同様に処罰する。

第二部　中国現行刑法の全訳 —— 第 12 次改正まで

（1997・刑法）
第 375 条　① 武装部隊の公文書，証明書又は印章を偽造し，変造し，売買し，窃取し又は奪取した者は，3 年以下の有期懲役，拘役，管制又は政治的権利の剥奪に処する。情状が重いときは，3 年以上 10 年以下の有期懲役に処する。

　　② 武装部隊の制服，車両のナンバープレートその他の専用標識を不法に生産し又は売買した者は，情状が重いときは，3 年以下の有期懲役，拘役又は管制に処し，罰金を併科し又は単科する。

　　③ 組織体が第 2 項の罪を犯したときは，組織体に対して罰金を科するほか，その直接責任を負う主管人員及びその他の直接責任者も，前 2 項と同様に処罰する。

第 376 条【戦時召集軍事訓練拒否逃避罪，戦時服役拒否逃避罪】　① 戦時において，予備役の者が召集又は軍事訓練を拒否し又は免れ，情状が重いときは，3 年以下の有期懲役又は拘役に処する。

　　② 戦時において，国民が兵役を拒否し又は免れ，情状が重いときは，2 年以下の有期懲役又は拘役に処する。

第 377 条【戦時虚偽敵情報故意提供罪】　戦時において，敵に関する虚偽の情報を武装部隊に故意に提供し，重い結果を生じさせた者は，3 年以上 10 年以下の有期懲役に処する。特に重い結果を生じさせたときは，10 年以上の有期懲役又は無期懲役に処する。

第 378 条【戦時軍人士気撹乱罪】　戦時において，風説を流布して軍隊の士気を乱した者は，3 年以下の有期懲役，拘役又は管制に処する。情状が重いときは，3 年以上 10 年以下の有期懲役に処する。

第 379 条【戦時離脱軍人蔵匿罪】　戦時において，部隊を離脱した軍人であることを知りながら，その者に隠れる場所若しくは財物を提供した者は，情状が重いときは，3 年以下の有期懲役又は拘役に処する。

第 380 条【戦時軍事物資注文拒否故意遅滞罪】　戦時において，軍事物資の注文を拒否し又は故意にその履行を遅延し，情状が重いときは，組織体に対して罰金を科するほか，その直接責任を負う主管人員及びその他の直接責任者についても，5 年以下の有期懲役又は拘役に処する。重い結果を生じさせたときは，5 年以上の有期懲役に処する。

第 381 条【戦時軍事徴用徴収拒否罪】　戦時において，軍事上の徴用又は徴収を拒否した者は，情状が重いときは，3 年以下の有期懲役又は拘役に処する。

第 8 章　横領賄賂の罪

第 382 条【横領罪】　① 公務員が職務上の立場を利用して，着服，窃取，騙取又はその他の方法により公共の財物を不法に領得したときは，横領罪である。

　　② 国家機関，国有会社，国有企業，事業体又は人民団体から依託を受け，国有財産を管理し又は運用している者が，職務上の立場を利用し，着服，窃取，騙取又はその他の方法により，国家の財物を不法に領得したときは，横領罪として論ずる。

　　③ 前 2 項に掲げる者と通謀して共同で横領を行った者は，共犯として論ずる。

（2015・改正九）

第 2 編　各　則／第 8 章　横領賄賂の罪

第 383 条【横領罪の処罰規定】　① 横領の罪を犯した者は，情状の軽重に応じて次に掲げる規定により罰する。

⑴ 横領額が比較的大きいとき又はその他の比較的重い情状があるときは，3 年以下の有期懲役又は拘役に処し，罰金を併科する。

⑵ 横領額が非常に大きいとき又はその他の重い情状があるときは，3 年以上 10 年以下の有期懲役に処し，罰金又は財産の没収を併科する。

⑶ 横領額が極めて大きいとき又はその他の特に重い情状があるときは，10 年以上の有期懲役又は無期懲役に処し，罰金又は財産の没収を併科する。その金額が極めて大きいとき，及び国家並びに人民の利益に重大な損失を与えたときは，無期懲役又は死刑に処し，財産の没収を併科する。

② 繰り返し横領を行い，まだ処理を受けたことのない者は，横領額を累計して処罰する。

③ 第 1 項の罪を犯して公訴が提起される前に，自己の犯行をありのまま供述し，真摯に罪を悔やみ，贓物を積極的に返還し，損害結果を避け，減少させ，第 1 項が規定する事情があるときは，その刑を軽くし，減軽し又は免除することができる。第 2 項，第 3 項が規定する事情があるときは，その刑を軽くすることができる。

④ 第 1 項の罪を犯し，第 3 款が規定する事情により，死刑執行猶予に処せられた者は，同時に人民法院により犯罪情状などに応じて，2 年の刑期が満了し，法により無期懲役に減刑された後は，終身監禁とし，減刑及び仮釈放ができないと決定することができる。

＊この条文の第 3，4 項は，2015 年の改正法九により追加された。

（1997・刑法）

第 383 条【横領罪の処罰規定】　① 横領罪を犯した者は，情状の軽重に応じて次に掲げる規定によりそれぞれ処罰する。

⑴ 個人の横領額が 10 万元以上のときは，10 年以上の有期懲役又は無期懲役に処し，財産の没収を併科することができる。情状が特に重いときは，死刑に処し，財産の没収を併科する。

⑵ 個人の横領額が 5 万元以上 10 万元未満のときは，5 年以上の有期懲役に処し，財産の没収を併科することができる。情状が特に重いときは，無期懲役に処し，財産の没収を併科する。

⑶ 個人の横領額が 5 千元以上 5 万元未満のときは，1 年以上 7 年以下の有期懲役に処する。情状が重いときは，7 年以上 10 年以下の有期懲役に処する。個人の横領額が 5 千元以上 1 万元未満であり，犯行後に改悛の情を示し，贓物を積極的に返還したときは，その刑を減軽し又は免除し，その所属する組織体又は上級の主管機関により行政処分を科することができる。

⑷ 個人の横領額が 5 千元未満であり，情状が比較的重いときは，2 年以下の有期懲役又は拘役に処する。情状が比較的軽いときは，その所属する組織体又は上級の主管機関により情状を酌量して行政処分を科する。

② 繰り返して横領を行い，まだ処理を受けたことのない者は，横領額を累計して処罰する。

第 384 条【公金流用罪】　① 公務員が職務上の立場を利用し，公金を流用して自己のために使用し不法な活動を行ったとき，流用した公金の金額が比較的多く営利活動に使用したとき又は流用した公金の金額が比較的多く 3 箇月を超えても返還しなかったときは，公金流用罪であり，5 年以下の有期懲役又は拘役に処する。情状が重いときは，5 年以上の有期懲役に処する。流用した公金の金額が非常に多く，かつ返還しなかったときは，10 年以

205

第二部　中国現行刑法の全訳 ── 第 12 次改正まで

上の有期懲役又は無期懲役に処する。

　② 災害救助，緊急対策，洪水防止，優遇慰問，貧困救助，移民又は救済の資金又は物資を流用し，自己のために使用した者は，重く処罰する。

第 385 条【収賄罪】　① 公務員が，職務上の立場を利用して，他人に財物を要求し又は他人の財物を不法に収受し，他人の利益を図ったときは，収賄罪である。

　② 公務員が経済取引において，国の規定に違反して，各種の名目で割戻金又は手数料を収受して個人の所有に帰したときは，収賄罪として論ずる。

第 386 条【収賄罪の処罰規定】　収賄罪を犯した者は，その収賄により取得した金額及び情状に基づいて，この法律の第 383 条と同様に処罰する。賄賂を要求した者は，重く処罰する。

（2023・改正十二）

第 387 条【組織体収賄罪】　① 国家機関，国有会社，国有企業，事業体又は人民団体が，他人に財物を要求し又はこれを不法に収受して，他人のために利益を図り，情状が重いときは，組織体に対して罰金を科するほか，その直接責任を負う主管人員及びその他の直接責任者についても，3 年以下の有期懲役又は拘役に処する。情状が特に重いときは，3 年以上 10 年以下の有期懲役に処する。

　② 前項に掲げる組織体が，経済取引において，帳簿外において各種の名目の割戻金又は手数料を密かに収受したときも，収賄罪とし，前項と同様とする。

（1997・刑法）

第 387 条【組織体収賄罪】　① 国家機関，国有会社，国有企業，事業体又は人民団体が，他人に財物を要求し又はこれを不法に収受して，他人のために利益を図り，情状が重いときは，組織体に対して罰金を科するほか，その直接責任を負う主管人員及びその他の直接責任者についても，5 年以下の有期懲役又は拘役に処する。

　② 前項に掲げる組織体が，経済取引において，帳簿外において各種の名目の割戻金又は手数料を密かに収受したときも，収賄罪とし，前項と同様とする。

第 388 条【斡旋収賄罪】　公務員が本人の職権又は地位により形成された有利な条件を利用し，他の公務員の職務行為を通じて請託者のために不正な利益を図り，請託者に財物を要求し又は請託者から財物を収受したときは，収賄罪として論ずる。

（2009・改正七）

第 388 条の 1【影響力収賄罪】　① 公務員の近親又は公務員と親しい関係にある者が，当該公務員の職務上の行為を通じ又はこの公務員の職権若しくは地位により形成された有利な条件を利用して他の公務員の職務上の行為を通じ，請託者の不正な利益を図り，請託者に財物を要求し又は請託者から財物を収受し，金額が比較的大きいとき又はその他の比較的重い情状があるときは，3 年以下の有期懲役又は拘役に処し，罰金を併科する。金額が非常に大きいとき又はその他の重い情状があるときは，3 年以上 7 年以下の有期懲役に処し，罰金を併科する。金額が極めて大きいとき又は特に重い情状があるときは，7 年以上の有期懲役に処し，罰金又は財産の没収を併科する。

　② 退職した公務員又はその公務員の近親若しくはその公務員と親しい関係にある者が，当該退職した公務員の元の職権又は地位により形成された有利な条件を利用し，前項の行

為を行ったときは，前項の規定により罪を認定し処罰する。

　　＊この条文は，2009年の改正法七により追加された。

第389条【贈賄罪】　①　不正な利益を図るために，公務員に財物を供与する行為は，贈賄罪である。

　②　経済取引において，国の規定に違反して，公務員に財物を供与し，その金額が比較的大きいとき又は国の規定に違反して，公務員に各種の名目で割戻金若しくは手数料を供与したときは，贈賄罪として論ずる。

　③　強要されたために公務員に財物を供与したとしても不正な利益を取得していないときは，贈賄ではない。

（2023・改正十二）

第390条【贈賄罪の処罰規定】　①　贈賄罪を犯した者は，3年以下の有期懲役又は拘役に処し，罰金を併科する。贈賄により不正な利益を取得して，情状が重いとき又は国家の利益に重大な損失を与えたときは，3年以上10年以下の有期懲役に処し，罰金を併科する。情状が特に重いとき又は国家の利益に特に重大な損失を与えたときは，10年以上の有期懲役又は無期懲役に処し，罰金又は財産の没収を併科することができる。

　②　次に掲げるいずれかの事情があるときは，重く処罰する。

　(1)　繰り返して贈賄をし又は多数の人に贈賄をしたこと。

　(2)　公務員が贈賄をしたとき。

　(3)　国の重要な工事，重大なプロジェクトにおいて，贈賄をしたこと。

　(4)　職務の取得，職務の昇進又は調整を図るために贈賄をしたこと。

　(5)　監察，行政執法又は司法要員に贈賄をしたこと。

　(6)　生態環境，財政金融，安全生産，食品薬品，防災救済，社会福祉，教育又は医療の領域において贈賄をし，違法行為又は犯罪行為を実施したこと。

　(7)　不法収益を使用し，贈賄をしたこと。

　③　贈賄者が公訴を提起される前に自発的に贈賄行為を供述したときは，その刑を軽くし，又は減軽することができる。そのうち，犯罪が比較的軽いとき，これにより重大事件の調査，検挙に重要な役割を果たしたとき又は重大な功績をあげたときは，その刑を減軽し又は免除することができる。

　　＊この条文の第2項は，2023年の改正法十二により追加された。

（2015・改正九）

第390条【贈賄罪の処罰規定】　①　贈賄罪を犯した者は，5年以下の有期懲役又は拘役に処し，罰金を併科する。贈賄により不正な利益を取得して，情状が重いとき又は国家の利益に重大な損失を与えたときは，5年以上10年以下の有期懲役に処し，罰金を併科する。情状が特に重いとき又は国家の利益に特に重大な損失を与えたときは，10年以上の有期懲役又は無期懲役に処し，罰金又は財産の没収を併科する。

　②　贈賄者が公訴を提起される前に自発的に贈賄行為を供述したときは，その刑を軽く又は減軽することができる。そのうち，犯罪が比較的軽いときは，これにより重大事件の検挙に重要な役割を果たしたとき又は重大な功績をあげたときは，その刑を減軽し又は免除することができる。

第二部　中国現行刑法の全訳 —— 第12次改正まで

（1997・刑法）

第390条　① 贈賄罪を犯した者は，5年以下の有期懲役又は拘役に処する。贈賄により不正な利益を取得して，情状が重いとき又は国家の利益に重大な損失を与えたときは，5年以上10年以下の有期懲役に処する。情状が特に重いときは，10年以上の有期懲役又は無期懲役に処し，財産の没収を併科することができる。

② 贈賄者が公訴を提起される前に自発的に贈賄行為を供述したときは，その刑を減軽し又は免除することができる。

（2015・改正九）

第390条の1【影響力者に対する贈賄罪】　① 不正な利益を図るために，公務員の近親者若しくは公務員と親しい関係にある者又は退職した公務員若しくは同人の近親者若しくは同人と親しい関係にある者に贈賄した者は，3年以下の有期懲役又は拘役に処し，罰金を併科する。情状が重いとき又は国家の利益に重大な損失を与えたときは，3年以上7年以下の有期懲役に処し，罰金を併科する。情状が特に重いとき又は国家の利益に特に重大な損失を与えたときは，7年以上10年以下の有期懲役に処し，罰金を併科する。

② 組織体が前項に規定する罪を犯したときは，組織体に対して罰金を科するほか，その直接責任を負う主管人員及びその他の直接責任者も，3年以下の有期懲役又は拘役に処し，罰金を併科する。

＊この条文は，2015年の改正法九により追加された。

（2023・改正十二）

第391条【対組織体贈賄罪】　① 不正な利益を図るために，国家機関，国有会社，国有企業，事業体又は人民団体に財物を供与し又は経済取引において国の規定に違反して各種名目で割戻金又は手数料を供与した者は，3年以下の有期懲役又は拘役に処し，罰金を併科する。情状が重いとき，3年以上7年以下の有期懲役に処し，罰金を併科する。

② 組織体が前項の罪を犯したときは，組織体に対して罰金を科するほか，その直接責任を負う主管人員及びその他の直接責任者も，前項と同様に処罰する。

（2015・改正九）

第391条【対組織体贈賄罪】　① 不正な利益を図るために，国家機関，国有会社，国有企業，事業体又は人民団体に財物を供与し又は経済取引において国の規定に違反して各種名目で割戻金又は手数料を供与した者は，3年以下の有期懲役又は拘役に処し，罰金を併科する。

② 組織体が前項の罪を犯したときは，組織体に対して罰金を科するほか，その直接責任を負う主管人員及びその他の直接責任者も，前項と同様に処罰する。

（1997・刑法）

第391条【対組織体贈賄罪】　① 不正な利益を図るために，国家機関，国有会社，国有企業，事業体又は人民団体に財物を供与し又は経済取引において国の規定に違反して各種名目で割戻金又は手数料を供与した者は，3年以下の有期懲役又は拘役に処する。

② 組織体が前項の罪を犯したときは，組織体に対して罰金を科するほか，その直接責任を負う主管人員及びその他の直接責任者も，前項と同様に処罰する。

（2015・改正九）

第392条【賄賂幹旋罪】　① 公務員に賄賂行為を幹旋し，情状が重い者は，3年以下の有期

懲役又は拘役に処し，罰金を併科する。

　②賄賂行為を幹旋した者が，公訴を提起される前に贈賄の幹旋行為を自発的に供述したときは，その刑を減軽し又は免除することができる。

―――――――――――

（1997・刑法）

第392条【賄賂幹旋罪】　①公務員に賄賂行為を幹旋し，情状が重い者は，3年以下の有期懲役又は拘役に処する。

　②賄賂行為を幹旋した者が，公訴を提起される前に贈賄の幹旋行為を自発的に供述したときは，その刑を減軽し又は免除することができる。

（2023・改正十二）

第393条【組織体贈賄罪】　組織体が，不正な利益を図るために，贈賄し又は国の規定に違反して公務員に割戻金若しくは手数料を供与し，情状が重いときは，組織体に対して罰金を科するほか，その直接責任を負う主管人員及びその他の直接責任者についても，3年以下の有期懲役又は拘役に処し，罰金を併科する。情状が特に重いとき，3年以上10年以下の有期懲役に処し，罰金を併科する。贈賄により取得した不法な所得を個人所有に帰したときは，この法律の第389条又は第390条の規定により罪を認定し処罰する。

―――――――――――

（2015・改正九）

第393条【組織体贈賄罪】　組織体が，不正な利益を図るために，贈賄し又は国の規定に違反して公務員に割戻金若しくは手数料を供与し，情状が重いときは，組織体に対して罰金を科するほか，その直接責任を負う主管人員及びその他の直接責任者についても，5年以下の有期懲役又は拘役に処し，罰金を併科する。贈賄により取得した不法な所得を個人所有に帰したときは，この法律の第389条又は第390条の規定により罪を認定し処罰する。

―――――――――――

（1997・刑法）

第393条【組織体贈賄罪】　組織体が，不正な利益を図るために，贈賄し又は国の規定に違反して公務員に割戻金若しくは手数料を供与し，情状が重いときは，組織体に対して罰金を科するほか，その直接責任を負う主管人員及びその他の直接責任者についても，5年以下の有期懲役又は拘役に処する。贈賄により取得した不法な所得を個人所有に帰したときは，この法律の第389条又は第390条の規定により罪を認定し処罰する。

第394条【汚職罪】　公務員が，国内の公務活動又は対外交流活動において，贈り物を受け取り，国の規定により国庫に納付すべきであるにもかかわらず納付せず，その金額が比較的大きいときは，この法律の第382条又は第383条の規定により罪を認定し処罰する。

（2009・改正七）

第395条【莫大財産由来不明罪，境外預金隠匿罪】　①公務員の財産又は支出が，合法的な収入を著しく上回り，その差額が非常に大きいときは，その由来を説明するように当該公務員に命じることができる。由来を説明できないときは，その差額分を不法所得とみなし，5年以下の有期懲役又は拘役に処する。その差額が極めて大きいときは，5年以上10年以下の有期懲役に処し，財産の差額分を追徴する。

　②公務員が境外において預金をするときは，国の規定に基づき申告しなければならない。その金額が比較的大きく，隠して申告しないときは，2年以下の有期懲役又は拘役に

第二部　中国現行刑法の全訳 —— 第12次改正まで

処する。情状が比較的軽いときは，その所属する組織体又は上級の主管機関が情状を酌量して行政処分を科する。

（1997・刑法）

第395条　① 公務員の財産又は支出が，合法的な収入に著しく上回り，その差額が非常に大きいときは，その由来を説明するように当該公務員に命じることができる。由来を説明できないときは，その差額分を不法所得とみなし，5年以下の有期懲役又は拘役に処し，財産の差額分を追徴する。

　② 公務員が境外において預金をするときは，国の規定に基づき申告しなければならない。その金額が比較的大きく，隠して申告しないときは，2年以下の有期懲役又は拘役に処する。情状が比較的軽いときは，その所属する組織体又は上級の主管機関が情状を酌量して行政処分を科する。

第396条【国有資産不正分配罪，罰金没収財物不正分配罪】　① 国家機関，国有会社，国有企業，事業体又は人民団体が，国の規定に違反して，組織体の名義で国有資産を無断で個人に分配し，その金額が比較的大きいときは，その直接責任を負う主管人員及びその他の直接責任者は，3年以下の有期懲役又は拘役に処し，罰金を併科し又は単科する。その金額が非常に大きいときは，3年以上7年以下の有期懲役に処し，罰金を併科する。

　② 司法機関又は行政執法機関が，国の規定に違反して，刑罰によって納付された国に納付すべき財物を組織体の名義で無断で個人に分配したときも，前項と同様とする。

第9章　汚職の罪

第397条【職権濫用罪，職務懈怠罪】　① 国家機関公務員が，職権を濫用し又は職務を怠り，公共の財産又は国家若しくは人民の利益に重大な損失を与えたときは，3年以下の有期懲役又は拘役に処する。情状が特に重いときは，3年以上7年以下の有期懲役に処する。この法律に特別の規定があるときは，当該規定による。

　② 国家機関公務員が，私利を図るために汚職し，前項の罪を犯したときは，5年以下の有期懲役又は拘役に処する。情状が特に重いときは，5年以上10年以下の有期懲役に処する。この法律に特別の規定があるときは，当該規定による。

第398条【国家機密漏洩罪，過失国家機密漏洩罪】　① 国家機関公務員が，国家機密保護法の規定に違反して，国家の機密を故意又は過失により漏洩し，情状が重いときは，3年以下の有期懲役又は拘役に処する。情状が特に重いときは，3年以上7年以下の有期懲役に処する。

　② 非国家機関公務員が，前項の罪を犯したときは，前項の規定に従って情状を酌量して処罰する。

（2002・改正四）

第399条【私利枉法罪，民事行政枉法裁判罪，判決裁定執行懈怠罪，判決裁定執行職権濫用罪】　① 司法要員が，私利を図るために汚職し又は情実にとらわれて法を曲げ，無罪と知りながら人を訴追し若しくは有罪と知りながら人を故意に庇護して訴追を免れさせ又は刑事裁判において故意に事実若しくは法律に違反して裁判を行ったときは，5年以下の有期

210

懲役又は拘役に処する。情状が重いときは，5年以上10年以下の有期懲役に処する。情状が特に重いときは，10年以上の有期懲役に処する。

　②　民事又は行政裁判において，故意に事実又は法律に違反して裁判を行い，情状が重いときは，5年以下の有期懲役又は拘役に処する。情状が特に重いときは，5年以上10年以下の有期懲役に処する。

　③　判決又は裁定を執行するに当たり，特に職務を怠り又は職権を濫用し，法に違反して訴訟保全措置を行わず，法による執行の職責を履行せず又は不法に訴訟保全措置若しくは強制執行措置を行い，当事者又はその他の者に重大な損失を与えたときは，5年以下の有期懲役又は拘役に処する。当事者又はその他の者に特に重大な損失を与えたときは，5年以上10以下の有期懲役に処する。

　④　司法要員が，賄賂を収受して前3項の行為を行い，同時にこの法律の第385に規定する罪を犯したときは，重い刑を定める規定により罪名を認定し処罰する。

（1997・刑法）

第399条　①　司法要員が，私利を図るために汚職し又は情実にとらわれて法を曲げ，無罪と知りながら人を訴追し若しくは有罪と知りながら人を故意に庇護して訴追を免れさせ，又は刑事裁判において故意に事実若しくは法律に違反して裁判を行ったときは，5年以下の有期懲役又は拘役に処する。情状が重いときは，5年以上10年以下の有期懲役に処する。情状が特に重いときには，10年以上の有期懲役に処する。

　②　民事又は行政裁判において，故意に事実又は法律に違反して裁判を行い，情状が重いときは，5年以下の有期懲役又は拘役に処する。情状が特に重いときは，5年以上10年以下の有期懲役に処する。

　③　司法要員が，賄賂を収受して法に違反して前2項の行為を行い，同時にこの法律の第385条に規定する罪を犯したときは，重い刑を定める規定により罪名を認定し処罰する。

（2006・改正六）

第399条の1【枉法仲裁罪】　法により仲裁を担当する者が，仲裁活動において，故意に事実又は法律に違反して仲裁を行い，情状が重いときは，3年以下の有期懲役又は拘役に処する。情状が特に重いときは，3年以上7年以下の有期懲役に処する。

　＊この条文は，2006年の改正法六により追加された。

第400条【被拘禁者不正釈放罪，被拘禁者逃亡懈怠罪】　①　司法要員が，拘禁されている被疑者，被告人又は受刑者を無断で釈放したときは，5年以下の有期懲役又は拘役に処する。情状が重いときは，5年以上10年以下の有期懲役に処する。情状が特に重いときは，10年以上の有期懲役に処する。

　②　司法要員が，著しく職責を怠り，拘禁されている被疑者，被告人又は受刑者の逃亡を招き，重い結果を生じさせたときは，3年以下の有期懲役又は拘役に処する。特に重い結果を生じさせたときは，3年以上10年以下の有期懲役に処する。

第401条【不法減刑仮釈放監獄外執行罪】　司法要員が，私利を図るために汚職し，減刑，仮釈放又は暫定的な監獄外での執行[25]の条件を満たしていない犯罪者に対し，減刑，仮釈

25　「暫定的な監獄外での執行」とは，重い疾病を患い外部の病院の治療を必要としている者，妊娠してしる者，又は哺乳している者に対して，拘禁場所における刑罰を執行せず暫定的に監獄

放又は暫定的な監獄外での執行を与えたときは，3年以下の有期懲役又は拘役に処する。情状が重いときは，3年以上7年以下の有期懲役に処する。

第402条【刑事事件不移送罪】 行政法の執行要員が，私利を図るために汚職し，法により司法機関に移送して刑事責任を追及すべき者を移送せず，情状が重いときは，3年以下の有期懲役又は拘役に処する。重い結果を生じさせたときは，3年以上7年以下の有期懲役に処する。

第403条【会社証券管理上職権乱用罪】 ① 国の関係主管部門の国家機関公務員が，私利を図るために汚職し又は職権を濫用し，法律の規定する条件を満たしていない会社の設立若しくは登録の申請，株式若しくは社債の発行又は上場の申請を承認し又は登録し，公共の財産又は国家若しくは人民の利益に重大な損失を与えたときは，5年以下の有期懲役又は拘役に処する。

② 上級の部門が登録機関又はその職員に命じて前項の行為を強制的に行わせたときは，その直接責任を負う主管人員も，前項と同様とする。

第404条【税金不徴収過少徴収罪】 税務機関の職員が，私利を図るために汚職し，徴収すべき税金を徴収せず又は過少徴収し，国の税収に重大な損失を与えたときは，5年以下の有期懲役又は拘役に処する。特に重大な損失を与えたときは，5年以上の有期懲役に処する。

第405条【不法領収書発行・税金控除・輸出税還納罪，輸出税還納証明書不法提供罪】 ① 税務機関の職員が，法律若しくは行政法規の規定に違反して，販売用領収書，税金の控除又は輸出払戻金を取り扱う業務において，私利を図るために汚職し，国家の利益に重大な損失を与えたときは，5年以下の有期懲役又は拘役に処する。国家の利益に特に重大な損失を与えたときは，5年以上の有期懲役に処する。

② その他の国家機関公務員が，国の規定に違反して，輸出貨物税関申告書，輸出貨物代金領収書その他の輸出払戻金の申請証明書を提供する業務において，私利を図るために汚職し，国家の利益に重大な損失を与えたときも，前項と同様とする。

第406条【国家機関公務員契約締結履行被詐欺罪】 国家機関公務員が，契約を締結し又は履行するに当たり，著しく職責を怠ったために詐欺に遭い，国家の利益に重大な損失を与えたときは，3年以下の有期懲役又は拘役に処する。国家の利益に特に重大な損失を与えたときは，3年以上7年以下の有期懲役に処する。

第407条【林木採伐許可証不法発行罪】 森林管理部門の職員が，森林法の規定に違反して，認められた年間採伐の限度を超えて林木採伐許可証を発行し又は規定に違反して林木採伐許可証をほしいままに発行し，情状が重く，森林を著しく破壊したときは，3年以下の有期懲役又は拘役に処する。

第408条【環境監督管理懈怠罪】 環境を保護し，監督し又は管理する職責を負う国家機関公務員が，著しく職責を怠り，重大な環境汚染事故を引き起こし，公私の財物に重大な損失を与え又は人を死傷させたときは，3年以下の有期懲役又は拘役に処する。

（2020・改正十一）

第408条の1【食品薬品監督管理懈怠罪】 ① 食品薬品の安全性を監督及び管理する職責を

外おいて関係部門により監視管理する措置をいう。刑事訴訟法第214条を参照されたい。

負う国家機関公務員が，職権を濫用し又は職責を怠り，次に掲げる事情のいずれかにより，重い結果を生じさせたとき又はその他重い情状があるときは，5年以下の有期懲役又は拘役に処する。特に重い結果を生じさせたとき又はその他特に重い情状があるときは，5年以上10年以下の有期懲役に処する。

　(1) 食品又は薬品の安全性に関する事故又は薬品の安全性に関する事件を隠蔽し若しくは虚偽の報告をしたこと。

　(2) 食品又は薬品の安全性に関する重大な違法行為が発覚し，規定に従って取締が行われていなかったこと。

　(3) 薬品及び特殊な食品の審査プロセスにおいて，条件を満たさない申込みに対して許可を下したこと。

　(4) 法により司法機関に移送して刑事責任を追及すべき者を移送しなかったこと。

　(5) その他職権を濫用し又は職責を怠った行為があったこと。

　② 私利を図るために汚職し，前項の罪を犯した者は，重く処罰する。

　＊この条文の第1項の1，2，3，4，5款は，2020年改正法十一より追加された。

（2011・改正八）

第408条の1【食品監督管理懈怠罪】 ① 食品の安全を監督管理する職責を負う国家機関公務員が，職権を濫用し又は職責を怠り，重大な食品安全事故又はその他の重い結果を生じさせたときは，5年以下の有期懲役又は拘役に処する。特に重い結果を生じさせたときは，5年以上10年以下の有期懲役に処する。

　② 私利を図るために汚職し，前項の罪を犯した者は，重く処罰する。

　＊この条文は，2011年改正法八により追加された。

第409条【伝染病予防治療懈怠罪】 伝染病の予防又は治療に従事する政府衛生行政部門の職員が，著しく職責を怠り，伝染病の蔓延又は流行を生じさせ，情状が重いときは，3年以下の有期懲役又は拘役に処する。

第410条【土地徴収徴用占用不法承認罪，国有土地使用権不法低価格譲渡罪】 国家機関公務員が，私利を図るために汚職し，土地管理法規の規定に違反し，職権を濫用して，土地の徴収，徴用若しくは占用を不法に許可し又は国有地の使用権を不法に低い価格で譲渡し，情状が重いときは，3年以下の有期懲役又は拘役に処する。国家又は集団の利益に特に重大な損失を与えたときは，3年以上7年以下の有期懲役に処する。

第411条【密輸行為放任罪】 税関の職員が，私利を図るために汚職し，密輸を放任し，情状が重いときは，5年以下の有期懲役又は拘役に処する。情状が特に重いときは，5年以上の有期懲役に処する。

第412条【商品不正検査罪，商品検査懈怠罪】 ① 国の商品検査部門又は商品検査機関の職員が，私利を図るために汚職し，検査結果を偽ったときは，5年以下の有期懲役又は拘役に処する。重い結果を生じさせたときは，5年以上10年以下の有期懲役に処する。

　② 前項に掲げる職員が，著しく職責を怠り，検査すべき商品を検査せず，検査結果証明書の発行を遅滞し又は過失により検査結果証明書を発行し，国家の利益に重大な損失を与えたときは，3年以下の有期懲役又は拘役に処する。

第413条【動植物不正検疫罪，動植物検疫懈怠罪】 ① 動植物検疫機関の職員が，私利を図るために汚職し，検疫の結果を偽ったときは，5年以下の有期懲役又は拘役に処する。重

い結果を生じさせたときは，5年以上10年以下の有期懲役に処する。

②　前項に掲げる職員が，著しく職責を怠り，検疫すべきものを検疫せず，検疫結果証明書の発行を遅滞し又は過失により不実な検疫結果証明を発行し，国家の利益に重大な損失を与えたときは，3年以下の有期懲役又は拘役に処する。

第414条【劣偽商品生産販売犯罪行為放任罪】　不良又は偽の商品を生産し又は販売する犯罪行為に対して責任を追及するべき国家機関公務員が，私利を図るために汚職し，法律に規定する追及の職責を果たさず，情状が重いときは，5年以下の有期懲役又は拘役に処する。

第415条【出入国証明書不法発行罪，密航者不法通過許可罪】　旅券，査証及びその他の出入国証明書を発行する国家機関公務員が，不法に密航を企てる者であることを知りながらこの者に出入国の文書を発行したとき又は国境（辺境）警備，税関その他の国家機関公務員が，不法に密航する者であることを知りながらこの者を通行させたときは，3年以下の有期懲役又は拘役に処する。情状が重いときは，3年以上7年以下の有期懲役に処する。

第416条【誘拐略取婦人児童不救助罪，誘拐略取女子児童救助妨害罪】　①　誘拐され売買された又は略取された女子又は児童を救助の職責を負う国家機関公務員が，当該女子若しくは児童若しくはその家族からの救助要請又はその他の者の通報を受けたにもかかわらず，これを救助せず，重い結果を生じさせたときは，5年以下の有期懲役又は拘役に処する。

②　救助の職責を負う国家機関公務員が，職場上の立場を利用して，その救助を妨害したときは，2年以上7年以下の有期懲役に処する。情状が比較的軽いときは，2年以下の有期懲役又は拘役に処する。

第417条【犯罪者処罰逃避幇助罪】　犯罪活動を取り締まる職責を負う国家機関職員が，犯罪者に情報提供し又は便宜を与え，その犯罪者が処罰を免れることを幇助したときは，3年以下の有期懲役又は拘役に処する。情状が重いときは，3年以上10年以下の有期懲役に処する。

第418条【公務員不正募集罪】　国家機関公務員が，公務員又は学生を募集するに当たり，私利を図るために汚職し，情状が重いときは，3年以下の有期懲役又は拘役に処する。

第419条【懈怠による貴重文化財毀損流失罪】　国家機関公務員が，著しく職責を怠り，貴重な文化財の毀損又は流失を招き，結果が重いときは，3年以下の有期懲役又は拘役に処する。

第10章　軍人の職責違反罪

第420条【軍人職責違反罪の定義】　軍人が職責に反して，国家の軍事的利益に危害を及ぼし，法律に基づき刑罰を科されるべき行為は，軍人の職責違反罪である。

第421条【戦時中命令抵抗罪】　戦時において，命令に抵抗し，作戦に危害を及ぼした者は，3年以上10年以下の有期懲役に処する。戦闘又は戦役に重大な損失を与えたときは，10年以上の有期懲役，無期懲役又は死刑に処する。

第422条【軍事情報隠蔽虚偽報告罪，軍事命令伝達拒否虚偽伝達罪】　軍事情報を故意に隠蔽し若しくは軍事情報に関し虚偽の報告をし又は軍事命令を伝達せず若しくは軍事命令に関し虚偽の伝達をし，作戦に危害を及ぼした者は，3年以上10年以下の有期懲役に処す

る。戦闘又は戦役に重大な損失を与えたときは，10 年以上の有期懲役，無期懲役又は死刑に処する。

第 423 条【投降罪】 ① 戦場において死を恐れ，自発的に武器を放棄して敵に投降した者は，3 年以上 10 年以下の有期懲役に処する。情状が重いときは，10 年以上の有期懲役又は無期懲役に処する。

② 投降後，敵のために働いた者は，10 年以上の有期懲役，無期懲役又は死刑に処する。

第 424 条【戦時中戦陣逃亡罪】 戦時において，出陣間際に脱走した者は，3 年以下の有期懲役に処する。情状が重いときは，3 年以上 10 年以下の有期懲役に処する。戦闘又は戦役に重大な損失を与えたときは，10 年以上の有期懲役，無期懲役又は死刑に処する。

第 425 条【軍人職務無断離脱懈怠罪】 ① 指揮官，当番又は当直の者が，無断で職場を離れ又は職務を怠り，重い結果を生じさせたときは，3 年以下の有期懲役又は拘役に処する。特に重い結果を生じさせたときは，3 年以上 7 年以下の有期懲役に処する。

② 戦時において，前項の罪を犯したときは，5 年以上の有期懲役に処する。

（2015・改正九）
第 426 条【軍事職務執行妨害罪】 暴行又は脅迫を用いて，指揮官，当番又は当直の者の職務執行を妨害した者は，5 年以下の有期懲役又は拘役に処する。情状が重いときは，5 年以上 10 年以下の有期懲役に処する。情状が特に重いときは，10 年以上の有期懲役又は無期懲役に処する。戦時においては，重く処罰する。

――――――――――――

（1997・刑法）
第 426 条【軍事職務執行妨害罪】 暴行又は脅迫を用いて，指揮官，当番又は当直の者の職務執行を妨害した者は，5 年以下の有期懲役又は拘役に処する。情状が重いときは，5 年以上の有期懲役に処する。人に重傷害を負わせたとき，人を死亡させたとき又はその他の特に重い情状があるときは，無期懲役又は死刑に処する。戦時においては，重く処罰する。

第 427 条【部下職責違反活動指示罪】 職権を濫用し，部下に職責に反する活動を行うように指示し，重い結果を生じさせた者は，5 年以下の有期懲役又は拘役に処する。情状が特に重いときは，5 年以上 10 年以下の有期懲役に処する。

第 428 条【違令消極的作戦罪】 指揮官が，命令に反して，出陣間際に怖気づき又は作戦を積極的に遂行せず，重い結果を生じさせたときは，5 年以下の有期懲役に処する。戦闘又は戦役に重大な損失を与えたとき又はその他の特に重い情状があるときは，5 年以上の有期懲役に処する。

第 429 条【不救援罪】 戦場において友軍部隊が危急状態に陥り救援を要請する場合において，これを知りながら救援できるにもかかわらず救援せず，友軍部隊に重大な損失を与えたときは，指揮官は，5 年以下の有期懲役に処する。

第 430 条【軍人逃亡罪】 ① 公務の執行中に，職場を無断で離れ，国を裏切って境外に逃亡し又は境外において国を裏切って亡命し，国家の軍事的利益に危害を及ぼした者は，5 年以下の有期懲役又は拘役に処する。情状が重いときは，5 年以上の有期懲役に処する。

② 航空機又は船舶を操縦して国を裏切って境外に逃亡したこと又はその他の特に重い情状がある者は，10 年以上の有期懲役，無期懲役又は死刑に処する。

第二部　中国現行刑法の全訳 —— 第 12 次改正まで

（2020・改正十一）
第 431 条【軍事機密不法取得罪，軍事機密の窃取，探知，買収又は不法提供罪】　① 窃取，探知又は買収を用いて，軍事機密を不法に取得した者は，5 年以下の有期懲役に処する。情状が重いときは，5 年以上 10 年以下の有期懲役に処する。情状が特に重いときは，10 年以上の有期懲役に処する。

　　② 境外の機関，組織又は個人のために，軍事機密を窃取し，探知し，買収し又は不法に提供した者は，5 年以上 10 年以下の有期懲役に処する。情状が重いときは，10 年以上の有期懲役，無期懲役又は死刑に処する。

─────────────

（1997・刑法）
第 431 条【軍事機密不法取得罪，軍事スパイ罪】　① 窃取，探知又は買収を用いて，軍事機密を不法に取得した者は，5 年以下の有期懲役に処する。情状が重いときは，5 年以上 10 年以下の有期懲役に処する。情状が特に重いときは，10 年以上の有期懲役に処する。

　　② 境外の機関，組織又は個人のために，軍事機密を窃取し，探知し，買収し又は不法に提供した者は，10 年以上の有期懲役，無期懲役又は死刑に処する。

第 432 条【故意軍事機密漏洩罪，過失軍事機密漏洩罪】　① 国家機密保護法規に違反して，軍事機密を故意又は過失により漏洩した者が，情状が重いときは，5 年以下の有期懲役又は拘役に処する。情状が特に重いときは，5 年以上 10 年以下の有期懲役に処する。

　　② 戦時において，前項の罪を犯した者は，5 年以上 10 年以下の有期懲役に処する。情状が特に重いときは，10 年以上の有期懲役又は無期懲役に処する。

（2015・改正九）
第 433 条【戦時流言流布罪】　① 戦時において，根拠のない情報により民衆を迷わし，軍隊の士気を乱した者は，3 年以下の有期懲役に処する。情状が重いときは，3 年以上 10 年以下の有期懲役に処する。情状が特に重いときは，10 年以上の有期懲役又は無期懲役に処する。

　　（削除）② 敵と通謀して根拠のない情報により民衆を迷わし，軍隊の士気を乱した者は，10 年以上の有期懲役又は無期懲役に処する。情状が特に重いときは，死刑に処することができる。

─────────────

（1997・刑法）
第 433 条　① 戦時において，根拠のない情報により民衆を迷わし，軍隊の士気を乱した者は，3 年以下の有期懲役に処する。情状が重いときは，3 年以上 10 年以下の有期懲役に処する。

　　② 敵と通謀して根拠のない情報により民衆を迷わし，軍隊の士気を乱した者は，10 年以上の有期懲役又は無期懲役に処する。情状が特に重いときは，死刑に処することができる。

第 434 条【戦時自傷罪】　戦時において，自ら身体を傷害し，軍事的義務を免れた者は，3 年以下の有期懲役に処する。情状が重いときは，3 年以上 7 年以下の有期懲役に処する。

第 435 条【部隊脱走罪】　① 兵役法規に違反して，部隊を脱走した者は，情状が重いときは，3 年以下の有期懲役又は拘役に処する。

　　② 戦時において，前項の罪を犯した者は，3 年以上 7 年以下の有期懲役に処する。

第 436 条【武器装備事故罪】　武器装備の使用規定に違反して，情状が重く，責任を負う事

故を引き起こした者が，人に重傷害を負わせたとき人を死亡させたとき又はその他の重い結果を生じさせたときは，3年以下の有期懲役又は拘役に処する。結果が特に重いときは，3年以上7年以下の有期懲役に処する。

第 437 条【武器装備用途無断変更罪】 武器装備の管理規定に違反して，武器装備の配備用途を無断で変更し，重い結果を生じさせた者は，3年以下の有期懲役又は拘役に処する。特に重い結果を生じさせたときは，3年以上7年以下の有期懲役に処する。

第 438 条【武器装備軍用物資窃取奪取罪】 ① 武器装備又は軍用物資を窃取し又は奪取した者は，5年以下の有期懲役又は拘役に処する。情状が重いときは，5年以上10年以下の有期懲役に処する。情状が特に重いときは，10年以上の有期懲役，無期懲役又は死刑に処する。

② 銃器，弾薬又は爆発物を窃取し又は奪取した者は，この法律の第127条と同様とする。

第 439 条【武器装備不法売却譲渡罪】 軍隊の武器装備を不法に売却し又は譲渡した者は，3年以上10年以下の有期懲役に処する。大量の武器装備を売却したとき，譲渡したとき又はその他の特に重い情状があるときは，10年以上の有期懲役，無期懲役又は死刑に処する。

第 440 条【武器装備放棄罪】 命令に反して武器装備を放棄した者は，5年以下の有期懲役又は拘役に処する。重要な又は大量の武器装備を放棄したとき又はその他の重い情状があるときは，5年以上の有期懲役に処する。

第 441 条【武器装備紛失罪】 武器装備を紛失した場合において，速やかに報告をしなかったとき又はその他の重い情状があるときは，3年以下の有期懲役又は拘役に処する。

第 442 条【軍隊不動産売却譲渡罪】 規定に違反して，軍隊の不動産を無断で売却し又は譲渡し，情状が重いときは，その直接責任者は，3年以下の有期懲役又は拘役に処する。情状が特に重いときは，3年以上10年以下の有期懲役に処する。

第 443 条【部下虐待罪】 職権を濫用し，部下を虐待して，情状が悪質であり，人に重傷害を負わせ又はその他の重い結果を生じさせた者は，5年以下の有期懲役又は拘役に処する。人を死亡させたときは，5年以上の有期懲役に処する。

第 444 条【傷病軍人遺棄罪】 戦場において負傷し又は病気の軍人を故意に遺棄し，情状が悪質であるときは，その直接責任者は，5年以下の有期懲役に処する。

第 445 条【戦時傷病軍不救助治療罪】 戦時において，救助又は治療の職責を負う者が，救助又は治療の条件があるにかかわらず，重傷病の軍人に対する救助又は治療を拒否したときは，5年以下の有期懲役又は拘役に処する。傷病軍人に重要な身体機能を喪失させたとき，それを死亡させたとき又はその他の重い情状があるときは，5年以上10年以下の有期懲役に処する。

第 446 条【戦時住民殺害財物強取罪】 戦時において，軍事行動区域において罪のない住民を殺害し又はその財物を強取した者は，5年以下の有期懲役に処する。情状が重いときは，5年以上10年以下の有期懲役に処する。情状が特に重いときは，10年以上の有期懲役，無期懲役又は死刑に処する。

第 447 条【捕虜不正釈放罪】 捕虜を無断で釈放した者は，5年以下の有期懲役に処する。重要な捕虜を無断で釈放したとき，数多くの捕虜を無断で釈放したとき又はその他の重い

第二部　中国現行刑法の全訳 ── 第12次改正まで

情状があるときは，5年以上の有期懲役に処する。

第448条【捕虜虐待罪】　捕虜を虐待した者は，情状が悪質であるときは，3年以下の有期懲役に処する。

第449条【戦時執行猶予】　戦時において，3年以下の有期懲役に処せられ，現実の危険性がなく，刑の執行猶予を宣告された犯罪者軍人は，功績を上げてその罪を償うことを認めることができ，確実に功績を上げたときは，判決を撤回し，犯罪とみなさないことができる。

（2020・改正十一）

第450条【本章の適用範囲】　本章は，中国人民解放軍の現役将校，文官の幹部，兵士及び軍籍を有する学生，中国人民武装警察部隊の現役警官，文官の幹部，兵士及び軍籍を有する学生並びに文官職員，軍事任務を執行する予備役の者又はその他の者に適用する。

────────────

（1997・刑法）

第450条【本章の適用範囲】　本章は，中国人民解放軍の現役将校，文官の職員，兵士及び軍籍を有する学生，中国人民武装警察部隊の現役警官，文官の職員，兵士及び軍籍を有する学生，並びに軍事任務を執行する予備役の者又はその他の者に適用する。

第451条【戦時の定義】　①　本章において「戦時」とは，国が戦争状態に入ったことを宣告した時，部隊が作戦遂行の任務を受けた時又は敵の奇襲を受けた時をいう。

②　軍人が戒厳下の任務を遂行するとき又は突発的な暴力事件に対処するときは，戦時として論ずる。

附　則

第452条【施行日】　①　この法律は，1997年10月1日から施行する。

②　この法律の付属文書1に掲げる全国人民代表大会常務委員会が制定した条例，補充規定及び決定は，すでにこの法律に編入され又は適用されていないので，この法律が施行される日をもってこれらを廃止する。

③　この法律の付属文書2に掲げる全国人民代表大会常務委員会が制定した補充規定及び決定は，保留する。そのうち，行政処罰及び行政措置に関する規定は，引き続き有効である。刑事責任に関する規定は，この法律に編入され，この法律が施行される日からこの法律の規定を適用する。

付属文書1

全国人民代表大会常務委員会が制定した次に掲げる条例，補充規定及び決定は，すでにこの法律に編入され又は適用されないので，この法律の施行される日からこれらを廃止する。

1　中華人民共和国軍人職責違反罪暫定処罰条例

2　経済を破壊する重大犯罪者の厳罰に関する決定

3　社会の治安を破壊する重大犯罪者の厳罰に関する決定

218

第 2 編　各　則／附　則

4　密輸罪の処罰に関する補充規定

5　横領罪及び賄賂罪の処罰に関する補充規定

6　国家機密漏洩罪の処罰に関する補充規定

7　国の重点保護貴重瀕滅野生動物捕獲・殺害罪の処罰に関する補充規定

8　中華人民共和国国旗・国章侮辱罪の処罰に関する決定

9　古文化遺跡古墳盗堀罪の処罰に関する補充規定

10　航空機ハイジャック犯罪者の処罰に関する決定

11　登録商標詐称罪に関する補充規定

12　偽造・劣悪商品生産販売罪の処罰に関する決定

13　著作権侵害罪の処罰に関する決定

14　会社法違反罪の処罰に関する決定

15　脱走・再犯の受刑者の処理に関する決定

付属文書 2

　　全国人民代表大会常務委員会が制定した次に掲げる補充規定及び決定は，保留する。そのうち，行政処罰及び行政措置に関する規定は，引き続き有効である。刑事責任に関する規定は，すでにこの法律に編入され，この法律の施行される日から，この法律の規定を適用する。

1　薬物禁止に関する規定[26]

2　猥褻物密輸・制作・販売・頒布の犯罪者の処罰に関する決定

3　女子児童誘拐・売却・略取の犯罪者の厳罰に関する決定

4　売春・買春の厳禁に関する決定

5　脱税・納税拒否の罪の処罰に関する補充規定[27]

6　密航組織・運搬罪の厳罰に関する補充規定[28]

7　金融秩序破壊罪の処罰に関する決定

8　付加価値税専用領収書不正作成・偽造・不法販売の罪の処罰に関する決定

26　本決定は，『中華人民共和国薬物禁止法』第 71 条により 2008 年 6 月 1 日をもって廃止された。

27　本規定は，『全国人民代表大会常務委員会の法律の一部を廃止する決定』により 2009 年 6 月 27 日をもって廃止された。

28　本規定は，『全国人民代表大会常務委員会の法律の一部を廃止する決定』により 2009 年 6 月 27 日をもって廃止された。

第二部　中国現行刑法の全訳 —— 第 12 次改正まで

付　録

◆1　中国刑法大事年表

時間	立法機関	名称	主な内容
1979 年 7 月 1 日	第 5 期 全国人民代表大会	『中華人民共和国刑法』（79 刑法）	新中国最初の刑法典（79 年刑法典）が制定された。
1997 年 3 月 14 日	第 8 期 全国人民代表大会	『中華人民共和国刑法』（97 刑法）	79 年の刑法典が大幅に改正され，新刑法典（97 年刑法典）が制定された。
1998 年 12 月 29 日	第 9 期 全国人民代表大会常務委員会	『外国為替を詐欺の方法により購入し，逃避させ又は不法に売買する犯罪の処罰に関する決定』	① 「外国為替詐欺購入罪」が新設された。 ② 第 190 条が改正された。
1999 年 12 月 25 日	第 9 期 全国人民代表大会常務委員会	『刑法改正法（一）』	① 第 162 条の 1 が新設された。 ② 第 168 条，第 174 条，第 180 条，第 181 条，第 182 条，第 185 条，第 225 条が改正された。
2001 年 8 月 31 日	第 9 期 全国人民代表大会常務委員会	『刑法改正法（二）』	① 第 342 条が改正された。
2001 年 12 月 29 日	第 9 期 全国人民代表大会常務委員会	『刑法改正法（三）』	① 第 120 条の 1，291 条の 1 が新設された。 ② 第 114 条，第 115 条，第 120 条，第 125 条，第 127 条，第 191 条が改正された。
2002 年 12 月 28 日	第 9 期 全国人民代表大会常務委員会	『刑法改正法（四）』	① 第 244 条の 1 が新設された。 ② 第 145 条，第 152 条，第 155 条，第 339 条，第 344 条，第 345 条，第 399 条が改正された。
2005 年 2 月 28 日	第 10 期 全国人民代表大会常務委員会	『刑法改正法（五）』	① 第 177 条の 1 が新設された。 ② 第 196 条，第 369 条が改正された。

第2編　各　則／付　録

2006年 5月29日	第10期 全国人民代表大会常務委員会	『刑法改正法（六）』	① 第135条の1，第139条の1，第162条の2，第169条の1，第175条の1，第185条の1，第262条の1，第399条の1が新設された。 ② 第134条，第135条，第161条，第163条，第164条，第182条，第186条，第187条，第188条，第191条を，第303条，第312条が改正された。
2009年 2月28日	第11期 全国人民代表大会常務委員会	『刑法改正法（七）』	① 第224条の1，第253条の1，第262条の2，第388条の1が新設された。 ② 第151条，第180条，第201条，第225条，第239条，第285条，第312条，第337条，第375条，第395条が改正された。
2009年 8月27日	第11期 全国人民代表大会常務委員会	『法律の一部を改正する決定』	① 第381条，第410条が改正された。
2011年 2月25日	第11期 全国人民代表大会常務委員会	『刑法改正法（八）』	① 第17条の1，第133条の1，第205条の1，第210条の1，第234条の1，第276条の1，第408条の1が新設された。 ② 第38条，第49条，第50条，第63条，第65条，第66条，第67条，第68条，第69条，第72条，第74条，第76条，第77条，第78条，第81条，第85条，第86条，第100条，第107条，第109条，第141条，第143条，第144条，第151条，第153条，第157条，第164条，第199条，第200条，第205条，第206条，第226条，第244条，第264条，第274条，第293条，第294条，第295条，第328条，第338条，第343条，第358条が改正された。

2015 年 8 月 29 日	第 12 期 全国人民代表大 会常務委員会	『刑法改正法（九）』	① 第 37 条の 1，第 120 条の 2，第 120 条の 3，第 120 条の 4，第 120 条の 5，第 120 条の 6，第 260 条の 1，第 280 条の 1，第 284 条の 1，第 286 条の 1，第 287 条の 1，第 287 条の 2，第 307 条の 1，第 308 条の 1，第 390 条の 1 が新設された。 ② 第 50 条，第 53 条，第 69 条，第 120 条，第 120 条の 1，第 133 条の 1，第 151 条，第 164 条，第 170 条，第 237 条，第 239 条，第 241 条，第 246 条，第 253 条，第 260 条，第 267 条，第 277 条，第 280 条，第 283 条，第 285 条，第 286 条，第 288 条，第 290 条，第 291 条の 1，第 300 条，第 302 条，第 309 条，第 311 条，第 313 条，第 322 条，第 350 条，第 358 条，第 383 条，第 390 条，第 391 条，第 392 条，第 393 条，第 426 条，第 433 条が改正された。 ③ 第 199 条，第 360 条の第 2 項が削除された。
2017 年 11 月 4 日	第 12 期 全国人民代表大 会常務委員会	『刑法改正法（十）』	① 第 299 条が改正された。
2020 年 12 月 26 日	第 13 期 全国人民代表大 会常務委員会	『刑法改正法（十一）』	① 第 133 条の 2，第 134 条の 1，第 142 条の 1，第 219 条の 1，第 236 条の 1，第 280 条の 2，第 291 条の 2，第 293 条の 1，第 299 条の 1，第 334 条の 1，第 336 条の 1，第 342 条の 1，第 344 条の 1，第 355 条の 1 が新設された。 ② 第 17 条，第 134 条，第 141 条，第 142 条，第 160 条，第 161 条，第 163 条，第 175 条の 1，第 176 条，第 182 条，第 191 条，第 192 条，第 200 条，第 213 条，第 214 条，第 215 条，第 217 条，第 218

			条，第 219 条，第 220 条，第 229 条，第 236 条，第 237 条，第 271 条，第 272 条，第 277 条，第 303 条，第 330 条，第 338 条，第 341 条，第 408 条の 1，第 431 条，第 450 条が改正された。
2023 年 12 月 29 日	第 14 期 全国人民代表大 会常務委員会	『刑法改正法(十二)』	① 第 165 条，第 166 条，第 169 条，第 387 条，第 390 条，第 391 条，第 393 条が改正された。

◆ 2 単行刑法

全国人民代表大会常務委員会の
外国為替を詐欺の方法により購入し，逃避させ又は不法に売買する
犯罪の処罰に関する決定

(1998 年 12 月 29 日第 9 回全国人民代表大会常務委員会第 6 回会議にて採択され，
1998 年 12 月 29 日第 14 号の中華人民共和国主席令で公布された。)

外国為替を詐欺の方法により購入し，逃避させ又は不法に売買する犯罪を処罰し，国家の外国為替の管理秩序を維持するために，刑法を以下のように補充し又は改正する。

1．次に掲げる事情があり，外国為替を詐欺の方法により購入した者が，その金額が比較的大きいときは，5 年以下の有期懲役又は拘役に処し，詐欺を用いて購入された外国為替額の5％以上 30％以下の罰金を併科する。その金額が非常に大きいとき又はその他の重い情状があるときは，5 年以上 10 年以下の有期懲役に処し，詐欺を用いて購入された外国為替額の5％以上 30％以下の罰金を併科する。その金額が極めて大きいとき又はその他の極めて重い情状があるときは，10 年以上の有期懲役又は無期懲役に処し，詐欺を用いて購入された外国為替額の 5％以上 30％以下の罰金又は財産の没収を併科する。

(1) 偽造若しくは変造された税関が発行した申告書若しくは輸入証明書又は外国為替管理部門が発行した許可文書その他の証書若しくは証票を行使したこと。

(2) 税関が発行した申告書若しくは輸入証明書又は外国為替管理部門が発行した許可文書その他の証書若しくは証票を繰り返して行使したこと。

(3) その他の方法を用いて外国為替を詐欺の方法により購入したこと。

税関が発行した申告書若しくは輸入証明書又は外国為替管理部門が発行した許可文書その他の証書若しくは証票を偽造し又は変造し，かつこれにより外国為替を詐欺の方法により購入したときは，前項の規定により重く処罰する。

外国為替を詐欺の方法により購入することを知りながらその者に人民元の資金を提供したときは，共犯として処罰する。

223

第二部　中国現行刑法の全訳 —— 第 12 次改正まで

　組織体が前 3 項の罪を犯したときは，組織体に対して第 1 項の規定により罰金を科するほか，その責任を負う主管人員及びその他の直接責任者についても，5 年以下の有期懲役又は拘役に処する。その金額が非常に大きいとき又はその他の重い情状があるときは，5 年以上 10 年以下の有期懲役に処する。その金額が極めて大きいとき又はその他の極めて重い情状があるときは，10 年以上の有期懲役又は無期懲役に処する。

2，偽造若しくは変造された税関が発行した申告書若しくは輸入証明書，外国為替管理部門が発行した許可文書その他の証書若しくは証票又は国家機関のその他の公文書，証明書若しくは印章を売買した者は，刑法第 280 条の規定により罪を認定し処罰する。

3，刑法第 190 条を以下のように改正する。

　会社，企業又はその他の組織体が，国の規定に違反して外国為替を国外に預金し又は国内の外国為替を不法に国外に移転し，その金額が比較的大きいときは，組織体に対して逃避させた外国為替額の 5% 以上 30% 以下の罰金を科するほか，その責任を負う主管人員及びその他の直接責任者についても，5 年以下の有期懲役又は拘役に処する。その金額が非常に大きいとき又はその他の重い情状があるときは，組織体に対して逃避した外国為替額の 5% 以上 30% 以下の罰金を科するほか，その直接責任を負う主管人員及びその他の直接責任者についても，5 年以上の有期懲役に処する。

4，国が規定する取引所以外の場所において外国為替を不法に売買した者が，市場の秩序を乱し，情状が重いときは，刑法第 225 条の規定により罪を認定し処罰する。

　組織体が前 3 項の罪を犯したときも，刑法第 231 条と同様とする。

5，税関，外国為替管理部門，金融機関，対外貿易の経営活動に携わる会社，企業又はその他の組織体の職員が，外国為替を詐欺の方法により購入し若しくは逃避させる行為者と共謀して，そのために外国為替を購入する証明書若しくは便宜を提供したとき又は偽造若しくは変造された証明書若しくは証票であることを知りながらこの者に外国為替を売却し若しくは提供したときは，共犯として本規定により重く処罰する。

6，税関又は外国為替管理部門の職員が，特に職責を怠り，大量の外国為替を詐欺の方法により売却され又は逃避され，国家の利益に重大な損失を与えたときは，刑法第 397 条の規定により罪を認定し，処罰する。

7，金融機関又は対外貿易の経営活動に携わる会社若しくは企業の職員が，特に職責を怠り，大量の外国為替を詐欺の方法により売却され又は逃避され，国家の利益に重大な損失を与えたときは，刑法 167 条の規定により罪を認定し，処罰する。

8，この決定の定める罪を犯し，法により追徴又は没収された財物及び罰金は，すべて国庫に納める。

9，この決定は，公布の日から施行する。

224

第2編 各 則／付 録

◆ 3 1997 年以来の中国刑法の立法解釈[29]

全国人民代表大会常務委員会の
中華人民共和国刑法第 93 条第 2 項に関する解釈
（2000 年 04 月 29 日第 9 期全国人民代表大会常務委員会第 15 回会議にて採択）

　全国人民代表大会常務委員会は，村民委員会その他の村基層組織の人員がいかなる業務に従事するときに刑法第 93 条第 2 項に規定する「その他の法律に基づいて公務に従事する人員」に当たるかについて討議して，次のように解釈する。
　村民委員会その他の村基層組織の人員が人民政府に協力して次のような行政管理業務に従事するときは，刑法第 93 条第 2 項に規定する「その他の法律に基づいて公務に従事する人員」に当たる。
　⑴ 災害救済，緊急対応，洪水防止，優待慰問，貧困援助，移民又は救災に関する資金又は物の管理。
　⑵ 社会が寄付した公益事業の資金又は物の管理。
　⑶ 国有地の経営及び管理。
　⑷ 土地の徴用補償費用の管理。
　⑸ 税金徴収の代理。
　⑹ 産児制限，戸籍又は徴兵に関する業務。
　⑺ 人民政府に協力するその他の行政管理業務。
　村民委員会その他の村基層組織の人員が，前項の公務に従事し，職務上の立場を利用して公共の財物を不法に領得し，公金を流用し又は他人の財物を要求し若しくは不法に収受し，犯罪に該当したときは，それぞれ刑法第 382 条及び第 383 条の職務上横領罪，第 384 条の公金流用罪，第 385 条及び第 386 条の収賄罪を適用する。
　以上公告する。

全国人民代表大会常務委員会の
中華人民共和国刑法第 228 条，第 342 条及び第 410 条に関する解釈
（2001 年 08 月 31 日第 9 期全国人民代表大会常務委員会第 23 回会議にて採択）

　全国人民代表大会常務委員会は，刑法第 228 条，第 342 条及び第 410 条に規定する「土地管理法規に違反して」及び第 410 条に規定する「土地の徴用若しくは占用を不法に許可する」の意味について討議して，次のように解釈する。
　刑法第 228 条，第 342 条及び第 410 条に規定する「土地管理法規に違反し」とは，土地

29　中国刑法の立法解釈は，中国の最高立法機関，すなわち全国人民代表大会及びその常務委員会が，刑法に関して出した解釈であり，解釈に関する最高の効力をもつとされる。1997 年以来 9 つの立法解釈が公布された。中国刑法立法解釈の原文は，法律出版社法規中心編『中国人民共和国刑法注釈本』（2009 年，法律出版社）第 239 頁以下参照。

225

第二部　中国現行刑法の全訳 — 第 12 次改正まで

管理法，森林法，草原法その他の法律又は関係行政法規[30] における土地管理に関する規定に違反することをいう。

　刑法第 410 条に規定する「土地の徴用若しくは占用を不法に許可し」とは，耕地，林地その他の農業用地及びその他の土地を徴用し又は占用することを不法に許可することをいう。

　以上公告する。

全国人民代表大会常務委員会の
中華人民共和国刑法第 384 条第 1 項に関する解釈

(2002 年 04 月 28 日第 9 期全国人民代表大会常務委員会第 27 回会議にて採択)

　全国人民代表大会常務委員会は，刑法第 384 条第 1 項に規定する「公務員が職務上の立場を利用し，公金を流用して自己のために使用し」の意味について討議して，次のように解釈する。

　次に掲げるいずれかの行為を行ったときは，「公金を流用して自己のために使用し」に該当する。

　⑴　公金を本人，親族又はその他の自然人に提供して使用させる行為。

　⑵　個人の名義で公金を他の組織体に提供して使用させる行為。

　⑶　個人の利益を図り，個人が組織体の名義で公金をその他の組織体に提供して使用させる行為。

　以上公告する。

全国人民代表大会常務委員会の
中華人民共和国刑法第 294 条第 1 項に関する解釈

(2002 年 04 月 28 日第 9 期全国人民代表大会常務委員会第 27 回会議にて採択)

　全国人民代表大会常務委員会は，刑法第 294 条第 1 項に規定する「黒社会的な組織」の意味について討議して，次のように解釈する。

　刑法第 294 条第 1 項に規定する「黒社会的な組織」は，同時に次のような特徴を有しなければならない。

　⑴　比較的安定した犯罪組織が形成されており，人数が多く，明確な組織者，指導者を持ち，中堅の構成員が固定的であること。

　⑵　組織の活動を支えるために，犯罪活動又はその他の方法により経済的利益を取得し，一定の経済的実力を持つこと。

　⑶　暴行，威嚇又はその他の方法により犯罪活動を組織的に繰り返して行い，悪事を働き，国民大衆を抑圧し又は残害するものであること。

30　中国では，法律は広義の法律と狭義の法律に分けられる。狭義の法律は全国人民代表大会及び人民代表大会常務委員会がつくる法規範をいう。法規とは，行政機関及び地方立法機関がつくる法規範であり，広義の法律に含まれる。

第 2 編　各　則／付　録

(4) 犯罪活動の実施を通じて又は公務員の庇護若しくは放任を利用して，地方の悪勢力を示し，一定の地域又は業界の範囲において，市場を独占し又は重大な影響力を持ち，経済の秩序又は社会生活の秩序を著しく破壊するものであること。

以上公告する。

全国人民代表大会常務委員会の
中華人民共和国刑法第 313 条に関する解釈
(2002 年 08 月 29 日第 9 期全国人民代表大会常務委員会第 29 回会議にて採択)

全国人民代表大会常務委員会は，刑法第 313 条に規定する「人民法院による判決又は裁定に対して，履行能力があるにもかかわらずこれを拒否した者は，情状が重いとき」の意味について討議して，次のように解釈する。

刑法第 313 条に規定する「人民法院による判決又は裁定」とは，人民法院が下した執行内容付きの法的効力のある判決又は裁定をいう。支払い命令，有効な調停書，仲裁裁決，公証した債権文書を法により執行するために，人民法院が下した裁定は本条の「裁定」に含まれる。

次の事情があるときは，刑法第 313 条に規定する「履行能力があるにもかかわらずこれを拒否した者は，情状が重いとき」に含まれる。

(1) 被執行人が財産を隠匿し，移転し，故意に毀損し，無償で譲渡し又は明らかに不合理な低価格で譲り渡し，よって判決又は裁定が執行できなくなったこと。

(2) 保証人又は被執行人が，人民法院に提供した担保財産を隠匿し，移転し，故意に毀損し又は譲渡し，よって判決又は裁定が執行できなくなったこと。

(3) 執行に協力義務を負う者が，人民法院の執行協力通知書を受け取った後，執行の協力を拒否し，よって判決又は裁定が執行できなくなったこと。

(4) 被執行人，保証人，執行協力義務者が公務員と共謀し，公務員の職権を利用して執行を妨害し，よって判決又は裁定が執行できなくなったこと。

(5) その他の執行能力があるにもかかわらず執行を拒否し，情状が重いとき。

国家機関公務員が前 4 項の行為を行い，執行を拒否したときは，判決裁定執行拒否罪の共犯とし，刑事責任を追及する。国家機関公務員が賄賂を収受し，職権を乱用し，前第 4 項の行為を行い，同時に刑法第 385 条，第 397 条に規定する罪を構成するときは，処罰が重い規定により罪を認定し，処罰する。

以上公告する。

全国人民代表大会常務委員会の
中華人民共和国刑法第 9 章の汚職罪の適用主体の問題に関する解釈
(2002 年 12 月 28 日第 9 期全国人民代表大会常務委員会第 31 回会議にて採択)

全国人民代表大会常務委員会は，司法実務の状況に応じて，刑法第 9 章の汚職罪の適用主

第二部 中国現行刑法の全訳 —— 第 12 次改正まで

体について討議し，次のように解釈する。

　法律若しくは法規の規定に従って国家行政管理権を行使する組織において公務に従事する者，国家機関の委託を受け国家機関の代理として職権を行使する組織において公務に従事する者又は国家機関公務員ではないが，国家機関において公務に従事する者が，国家機関を代理して職権を行使する際，汚職行為を行い，犯罪を構成するときは，刑法の汚職罪に関する規定により刑事責任を追及する。

　以上公告する。

全国人民代表大会常務委員会の
中華人民共和国刑法のクレジットカードに関する解釈
（2004 年 12 月 29 日第 10 期全国人民代表大会常務委員会第 13 回会議にて採択）

　全国人民代表大会常務委員会は，司法実務の状況に応じて，刑法に規定する「クレジットカード」の意味について討議し，次のように解釈する。

　刑法に規定する「クレジットカード」とは，商業銀行又はその他の金融機関が発行する電子支払いカードであって，消費支払い，信用貸付け，振替決済，現金の預かり及び引出しその他の機能の全部又は一部を有するものをいう。

　以上公告する。

全国人民代表大会常務委員会の
中華人民共和国刑法の文化財に関する規定は科学的価値のある
古脊椎動物化石及び古人類化石に適用されるという解釈
（2005 年 12 月 29 日第 10 期全国人民代表大会常務委員会第 19 回会議にて採択）

　全国人民代表大会常務委員会は，司法実務の状況に応じて，科学的価値のある古脊椎動物化石又は古人類化石を密輸し，窃盗し，毀損し，転売し又は不法に譲渡したとき，刑法の関係規定が適用されるかについて討議し，次のように解釈する。

　刑法の文化財に関する規定は，科学的価値のある古脊椎動物化石及び古人類化石に適用される。

　以上公告する。

全国人民代表大会常務委員会の
中華人民共和国刑法の輸出後の還付金若しくは税金の控除に
用いるその他の証書に関する解釈
（2005 年 12 月 29 日第 10 期全国人民代表大会常務委員会第 19 回会議にて採択）

　全国人民代表大会常務委員会は，司法実務の状況に応じて，刑法に規定する「輸出後の還

付金若しくは税金の控除に用いるその他の証書」の意味について討議し，次のように解釈する。

刑法に規定する「輸出後の還付金若しくは税金の控除に用いるその他の証書」は，付加価値税専用証書を除く輸出後の還付金又は税金の控除に利用できる機能を持つ収支証書又は税金の完納証明書をいう。

以上公告する。

全国人民代表大会常務委員会の
中華人民共和国刑法第 30 条に関する解釈
（2014 年 04 月 24 日第 12 期全国人民代表大会常務委員会第 8 回会議にて採択）

全国人民代表大会常務委員会は，司法実務の状況に応じて，刑法第 30 条の意味について，そして会社，企業，事業体，機関又は団体等の組織体が，社会に危害を及ぼす行為を行ったが，法律は組織体の刑事責任を追及すると規定されていない場合において，如何に刑法の関係規定が適用されるかについて討議し，次のように解釈する。

会社，企業，事業体，機関又は団体等の組織体が，社会に危害を及ぼす行為を行った場合において，法律は組織体の刑事責任を追及すると規定されていないときは，当該社会危害行為を組織，企画，実施した者に法律により刑事責任を追及する。

以上公告する。

全国人民代表大会常務委員会の
中華人民共和国刑法第 158 条，第 159 条に関する解釈
（2014 年 04 月 24 日第 12 期全国人民代表大会常務委員会第 8 回会議にて採択）

全国人民代表大会常務委員会は，「中華人民共和国会社法」の修正により，刑法第 158 条，第 159 条に規定する資本登録制及び株登録制の会社の適用範囲について討議し，次のように解釈する。

刑法第 158 条及び第 159 条の規定は，法律によって出資の全額の払い込みを会社登記の法定条件とする会社のみに適用する。

以上公告する。

全国人民代表大会常務委員会の
中華人民共和国刑法第 266 条に関する解釈
（2014 年 04 月 24 日第 12 期全国人民代表大会常務委員会第 8 回会議にて採択）

全国人民代表大会常務委員会は，司法実務の状況に応じて，刑法第 266 条の意味について，そして年金，医療，労災，失業，産児等に関する社会保険料又はその他の社会保障処遇

第二部　中国現行刑法の全訳 —— 第 12 次改正まで

を騙取した行為に対して，如何に刑法の関係規定が適用されるかについて討議し，次のように解釈する。

　詐欺，証明資料の偽造又はその他の手段を利用して年金，医療，労災，失業，産児等に関する社会保険料又はその他の社会保障処遇を騙取した行為は，刑法第 266 条が規定する公私の財物を騙取した行為に含まれる

全国人民代表大会常務委員会の
中華人民共和国刑法第 341 条，第 312 条に関する解釈

（2014 年 04 月 24 日第 12 期全国人民代表大会常務委員会第 8 回会議にて採択）

　全国人民代表大会常務委員会は，司法実務の状況に応じて，刑法第 341 条第 1 項に規定する国が特に保護する貴重で絶滅の危機に瀕する野生動物・同製品不法購入の意味について，そして刑法第 341 条第 2 項が規定する不法に捕獲した絶野生動物の購入につき，如何に刑法の関係規定が適用されるかについて討議し，次のように解釈する。

　「国が特に保護する貴重で絶滅の危機に瀕する野生動物若しくはその製品」を知りながら又は知るべきである場合，食用又はその他の目的で不法に購入したときは，刑法第 341 条第 1 項が規定する「国がとくに保護する貴重で絶滅の危機に瀕する野生動物若しくはその製品を不法に購入した」行為に含まれる。

　「刑法第 341 条第 2 項が規定する不法に狩猟した野生動物」であることを知りながら又は知るべきであってもそれを購入した行為は，刑法第 312 条が規定する「犯罪により得た不法な収益又はその果実であることを知りながら，それを買収した」行為に含まれる。

　以上公告する。

参考文献

　夏目文雄訳「中華人民共和国刑法」法経論集（愛知大学）93 号（1980 年）129 頁以下。

　奥原唯弘＝許慶雄訳「中華人民共和国刑法」比較法政 17 号（1980 年）135 頁以下。

　中国研究所編『中国基本法令集』（日本評論社，1988 年）。

　中国総合研究所編『現行中華人民共和国六法 1・2』（ぎょうせい，1988 年）。

　宮坂宏編『現代中国法令集』（専修大学出版社，1993 年）。

　全理其訳＝木村峻郎監訳『中華人民共和国刑法』（早稲田経営出版，1997 年）。

　野村稔＝張凌「中華人民共和国新刑法(1997 年)について」比較法学 32 巻 2 号（1999 年）189 頁以下。

　野村稔＝張凌『注解・中華人民共和国新刑法』早稲田大学比較法研究所叢書（成文堂，2002 年）。

　甲斐克則・劉建利編訳『中華人民共和国刑法』（成文堂，2011 年）

〈編訳者紹介〉

甲 斐 克 則 （かい かつのり）

1954年生まれ
1977年　九州大学法学部卒業
1982年　九州大学大学院法学研究科博士課程単位取得
1982年　九州大学法学部助手
1984年　海上保安大学校専任講師
1987年　海上保安大学校助教授
1991年　広島大学法学部助教授
1993年　広島大学法学部教授
2004年　早稲田大学大学院法務研究科教授（現在に至る）
法学博士（広島大学）
広島大学名誉教授,日本刑法学会元理事・元監事，日本医事法学会元代表理事，日本生命倫理学会元代表理事

〈主要著作〉

『法益論の研究』（成文堂, 2023年),『責任原理と過失犯論（増補版）』（成文堂, 2019年),『医事刑法研究 第1巻〜第8巻』（成文堂、2003年〜),『医事法講座 第1巻〜第14巻』（編者，信山社，2009年〜),「医事法研究 第1号〜第9号」（編者，信山社，2019年〜）その他多数

劉　　建 利 （りゅう けんり）

1979年生まれ
2002年　中国南京師範大学卒業
2008年　慶應義塾大学大学院法学研究科卒業
2012年　早稲田大学大学院法学研究科博士後期課程修了
同　年　中国東南大学法学院副教授（現在に至る）
早稲田大学 博士（法学）

〈主要著作〉

『終末期医療をめぐる比較法的考察 —— 日本と中国を中心に』（早稲田大学出版部, 2012年),『医事行為的刑法規制』（中国東南大学出版社, 2019年),『医学進歩的法律挑戦及応対』（中国東南大学出版社, 2021年）

謝　　佳 君 （しゃ かくん）

1982年生まれ
2004年　四川外国語大学日本語学部卒業，西南政法大学法学部（第2学位）卒業
2007年　西南政法大学大学院修士課程修了
2013年　西南政法大学法学院講師
2015年　西南政法大学法学院副教授（現在に至る）
早稲田大学 博士（法学）

〈主要著作〉

『共同正犯と従犯の区別に関する研究 —— 日中比較法的考察』（早稲田大学出版部, 2013年),〔翻訳〕甲斐克則著『責任原理と過失犯論』（中国政法大学出版社, 2016年),〔翻訳〕甲斐克則著『医療事故と刑法』（法律出版社, 2017年）

学術選書プラス
17
刑　法

中華人民共和国刑法
── 第12次改正まで ──

2025（令和7）年1月30日　初版第1刷発行

編訳者	甲　斐　克　則
	劉　　建　　利
	謝　　佳　　君
発行者	今井 貴・稲葉文子
発行所	株式会社 信 山 社

〒113-0033　東京都文京区本郷 6-2-9-102
Tel 03-3818-1019　Fax 03-3818-0344
info@shinzansha.co.jp
笠間才木支店 〒309-1600 茨城県笠間市笠間 515-3
笠間来栖支店 〒309-1625 茨城県笠間市来栖 2345-1
Tel 0296-71-0215　Fax 0296-72-5410
出版契約 2025-1267-9-01010　Printed in Japan

ⓒ編訳者, 2025　印刷・製本／藤原印刷
ISBN978-4-7972-1267-9 C3332.P.256／326.020 a.017 刑法
1267-0101:012-030-010《禁無断複写》

JCOPY〈（社）出版者著作権管理機構　委託出版物〉
本書の無断複写は著作権法上での例外を除き禁じられています。複写される場合は，
そのつど事前に，（社）出版者著作権管理機構（電話03-5244-5088，FAX03-5244-5089,
e-mail: info@jcopy.or.jp）の許諾を得てください。また，本書を代行業者等の第三者に
依頼してスキャニング等の行為によりデジタル化することは，個人の家庭内利用であって
も，一切認められておりません。

〈講演録〉医事法学へのまなざし
―生命倫理とのコラボレーション
甲斐克則 著

1 医事法と生命倫理の交錯 ― 唄孝一の「ELM の森」を歩く
2 大震災と人権問題
3 尊厳死問題の法理と倫理
4 日本における終末期医療をめぐる法と倫理
5 人工妊娠中絶と生殖医療 ― 医事法・生命倫理の観点から
6 ES 細胞・iPS 細胞の研究推進をめぐる法的・倫理的課題
7 医療事故の届出義務と医療事故防止 ― 医師法 21 条の問題点と法改正への提言
8 持続可能な医療安全確保に向けた制度構築 ― 広島医療社会科学研究センターに期待される役割

ブリッジブック医事法(第2版) 甲斐克則 編

第1講 医事法の意義と基本原理/甲斐克則, 第2講 医療制度と行政規制/柳井圭子, 第3講 医療行為と刑事規制/澁谷洋平, 第4講 インフォームド・コンセント/小西知世, 第5講 医療情報/村山淳子, 第6講 治療行為/加藤摩耶, 第7講 人体実験・臨床試験/甲斐克則, 第8講 医療事故と医療過誤(民事)/山口斉昭, 第9講 医療事故と医療過誤(刑事)/日山恵美, 第10講 医療事故と届出義務・被害者救済/甲斐克則, 第11講 薬害/増成直美, 第12講 安楽死/武藤眞朗, 第13講 尊厳死/千葉華月, 第14講 臓器移植/秋葉悦子, 第15講 人工妊娠中絶/伊佐智子, 第16講 生殖補助医療/永水裕子, 第17講 クローン技術/甲斐克則, 第18講 遺伝をめぐる医療/山本龍彦, 第19講 ヒト由来物質の利用/佐藤雄一郎, 第20講 小児医療/久藤(沖本)克子, 第21講 精神科医療の基本原理と関連法制度/横藤田誠, 第22講 精神科医療と損害賠償/長谷川義仁

信山社

医事法研究　甲斐克則 責任編集
1〜9号 続刊

◆医事法学のさらなる進化と発展を求めて、最新テーマで迫る研究雑誌

医事法辞典　甲斐克則 編集代表
手嶋豊・中村好一・山口斉昭・佐藤雄一郎・磯部哲 編集委員

刑事コンプライアンスの国際動向
甲斐克則・田口守一 編

「侵害原理」と法益論における被害者の役割
アルビン・エーザー 著／甲斐克則 編訳

―― 信山社 ――

医事法講座

甲斐克則 編集

1 ポストゲノム社会と医事法
2 インフォームド・コンセントと医事法
3 医療事故と医事法
4 終末期医療と医事法
5 生殖医療と医事法
6 臓器移植と医事法
7 小児医療と医事法
8 再生医療と医事法
9 医療情報と医事法
10 精神科医療と医事法
11 医療安全と医事法
12 医行為と医事法
13 臨床研究と医事法
14 高齢社会と医事法

信山社